KB039419

함께 쓰는

한국 정치의 이해

논쟁의 단층선

김성수
윤성원 엮음

홍준현
박종서
박지연
김은설
고 건 지음

박영사

서문

한국 정치를 강의하면서 많은 자료들을 접했고 우리나라에 대해 많이 배울 수 있었지만, 마음 한구석에 남는 것이 있었다. 사건 중심의 서술에서 벗어나, 시대와 사건을 관통하는 키워드는 무엇인가에 대한 의문이다. 『역사란 무엇인가』의 저자 에드워드 카(E. H. Car)는 역사란 '과거와 현재의 대화'이자 '과거의 사실과 현재의 관찰자와의 대화'라고 정의한다. 역사는 단지 지난 과거의 사실이 아니며 그것을 이해하고 해석하여 현재의 담론으로 생산하는 것이 우리들의 몫이라는 것이다.

그런 의미에서 나는 『위기의 국가』를 출간하면서 국가란 무엇이고, 어떻게 운영해야 하는가, 국가가 발전하고 실패하는 이유는 무엇인가 찾아보았다. 다양한 국가 사례를 정치사회 갈등, 경제환경 위기, 역사문화 분절, 그리고 국제제재 위협의 네 가지 키워드로 범주화하여 그 원인을 분석했다. 위기 극복을 위하여 각 범주에 따라 법에 의한 통치, 공정한 경쟁과 생산적 분배, 다름을 인정하는 존중과 절제 그리고 전략적 소다자주의를 제안했다. 명쾌한 정답은 없지만 분명한 교훈은 있었다.

우리 정치사에서도 지속적으로 발생하고 있는, 과거의 사실로부터 비롯되는 위기가 존재한다. 그 과정 가운데 발생하는 논쟁들의 해석은 우리에게 중요한 문제이자 교훈이다. 우리는 스스로 말할 수 없는 과거의 사실들을 대화의 장에 불러세운다. 그 과정에서 시대와 사건을 관통하는 키워드로 담론의 논쟁 구도를 명징하게 바라볼 수 있다면, 우리 사회의 공론장이 한층 더 발전할 것이라는 확신이 들었다. 과거는 현재의 우리들이 가지고 있는 현실 사회에 대한 문제의식에 따라 재구성될 수 있다. 사실에 대한 과거의 해석을 넘어, 과거로부터 현재까지의 긴 시간을 관통할 수 있는 키워드로 구성된 공통의 단층선이 제시될 수 있다면, 우리는 한국 정치의 역동성을 찾아내면서 예측력을 키워갈 수 있다.

현재 우리 사회는 다양한 이슈들에 대하여 여러 다른 관점을 가지고 논쟁을 이어 나가고 있다. 주권을 가진 국민들의 입장에서 누구나 논쟁에 참여하면서 나름의 분석을 제공하고 자유롭게 자신의 의견을 개진하는 것은 바람직한 일이다. 하지만 과거의 논쟁들을 사건 중심의 관점으로 바라보다 보니 단편적 분석에 그치는 경우가 많고, 발전적 담론과 체계적 지식의 생산에는 미치지 못하고 있는 것이 현실이다. 이 책은 우리 사회의 열린 공론장을 위한 조그마한 시도이다. 한국 정치사에서 논쟁의 중심을 관통하던 키워드로 한국 정치를 체계적으로 이해하고 미래사회에 대한 예측력을 만들어가기 위한 과정이다. 한국의 역사가 늘 그래왔듯이, 한국 정치는 앞으로 더욱 합리적인 방향으로 변화하고 진보할 것이다. 장차 과거가 되어 있을 현재의 사회가 더 민주적이고 더 평등한 사회로 진화하기 위해 이 책을 다음과 같이 구성하였다.

1장 「한국 정치를 어떻게 이해할 것인가」는 한국 정치 연구에서 오랜 과제로 삼고 있는 논쟁들, 과거에서부터 현재를 넘어 미래에도 계속될 논쟁을 키워드별로 정리한다. 논쟁 구도의 유사성과 지속성, 차별성 등을 제시하면서 담론구도를 소개한다. 한국 정치의 주요 개념들을 영역별로 나누고 유사한 주제별로 융합·선별하여, 논쟁 구도를 만들어 나가는 이 책의 목적을 설명하고 있다.

2장 「한국 정치 이해를 위한 논쟁의 단층선」은 본 책의 골격을 다룬다. 21세기 한국 정치의 이해를 위해서는 통시적·시대별 접근과 사건별 관점이 모두 필요하지만, 현대 한국 정치를 보다 객관적이고 거시적으로 조망하기 위해서는 '시대와 사건을 관통하는' 키워드 중심의 고찰이 필요하다는 저자들의 문제의식에서 비롯된 장이다. 이를 위해 지정학, 정체성, 경제, 과학의 네 가지 키워드를 선정해 각각의 개념들이 어떤 형태와 방식으로 한국 정치의 담론 구도를 형성하는지 포괄적으로 논의한다.

현대 한국사의 주요 정치논쟁들이 기존에는 각각 별개의 사안으로 다뤄진 것과 달리, 본서는 해당 논쟁들이 실제로는 분야별로, 나아가 분야 간에 긴밀히 연결된 것임을 보여준다. 지정학 부분에서는 한반도 지정학의 기원에서 시작하여 해방 이후 냉전, 탈냉전, 신냉전 시기의 특성을 통해 한국 정치논쟁의 기초로서 지정학의 변화 양상을 소개한다. 정체성 부분에서는 지정학과 연동하여 한반도를 중심으로 한 거시 이데올로기의 변용 상황을 논함으로써, 한국 정치에서 보수와 진보가 점하는 의미를 함께 소개한다. 이어 경제 부분에서는 자본주의를 핵심 키워드로 하여 민주주의 위기 현상과 격차사회를 연동해 다룸으로써 경제 현상의 포괄적 이해는 물론 지정학−정체성−경제의 연결고리를 완성한다. 마지막으로 과학 부분에서는 '과학적인 것'의 개념을 성찰함과 동시에, 4차 산업혁명의 도래와 더불어 한국 사회에서 과학의 정치화 현상이 가속화될 수 있고, 이것이 향후 한국 정치 이해를 위한 주요 변수가 될 수 있음을 지적한다.

3장 「논쟁의 실제: 변화와 지속」 부분은 아래 네 개의 키워드별로 각각 구성된다. 첫 번째 '한국 정치와 지정학'에서는 지정학이라는 틀과 관련된 한국 정치의 이슈들을 통찰한다. 여러 이슈 중 신탁통치, 한미일 협력, 북방정책 논쟁을 다루는데, 이 세 가지 이슈는 한국 정치의 논쟁적인 측면과 지정학적 특성을 잘 보여준다. 신탁통치 논쟁은 당시 좌익과 우익 사이에 벌어진 대립 양상을 다룬다. 한반도의 분단을 고착화시키고 한국 정치 발전에 큰 영향을 미친 논쟁이다. 이러한 냉전 시대의 이념적 대립은 지금까지도 남북 간의 근본적인 대립으로 이어져 한국 사회에 영향을 미치고 있다. 한미일 협력은 21세기 대한민국이 직면한 가장 뜨거운 지정학적 주제이기도 하다. 어떤 선택을 내리는 것이 우리에게 더 이익이 될까? 외부적 지정학을 어떻게 내부적으로 '판단'하는지, 즉 이해의 양태에 따라 달라질 것이다. 북방정책 논쟁은 유연하고 기민한 상황판단과 대응의 중요성을 시사한다. 역동적인 국제정치는 행위자와 상호작용하며 끊임없이 변화한다. 따라서 변화하는 상황에 대한 탄력적인 대응이 중요해질 것이다.

위와 같은 이슈를 다루는 실익은 무엇일까? 지정학적인 틀을 통해 이슈를 통찰하는 과정에서 각각의 이슈가 우리에게 던지는 시사점을 분석하고 궁극적으로는 이슈들을 종합하여 도출되는 이슈 간 유사성과 지속성을 식별

하는 것이다. 다양한 지정학적 이슈를 망라하는 유사성과 지속성을 도출해
내는 작업은 미래 한국 정치에서 발생하리라 예상되는 사건에 적용 가능성
과 예측력을 제공할 것이다. 나아가 외부의 지정학적 상황에 대한 독자의 판
단과 견해를 형성하는 데에도 도움이 될 것이다.

　이어지는 '한국 정치와 정체성'은 한국 사회 갈등의 중심인 정체성의 형
성과 이에 대한 다양한 의견을 다룬다. 독립 이전, 대한민국에는 '해방'이라
는 하나의 목적을 가진, '한 민족'의 정체성이 존재했다. 그러나 독립 이후
민족국가를 건설하는 과정에서 신탁통치부터 전쟁, 그리고 분단까지 이어지
는 심각한 정치적 갈등이 발생했다. 국민 정체성과 반공 정책이 강화되었고,
반공을 사상적 기반으로 하는 보수주의가 지배 세력의 주축이 되었다. 이 시
기 현대적 의미의 보수와 진보 개념이 형성되며, 이념이 정체성을 대체했다.
그러나 대한민국의 정치적 이념은 서구의 보수 및 진보 개념과는 다른 형태
를 띠었다. 한국의 보수와 진보는 근대화 세력과 민주화 세력으로 양분됐다.
이후 6월 항쟁을 통해 87년 체제가 시작되었고, 지금까지 87년 체제냐, 포스
트 87년 체제냐와 같은 논쟁들이 이어지고 있다. 기존의 연구들에서는 한국
의 정체성과 이념에 대해 단편적인 시각을 제시했다. 반면 본 장에서는 대한
민국의 정체성이 공동의 정체성으로 시작하여, 어떻게 이념 논쟁으로 대체
되었는지에 대해 3당 합당과 지역주의 논쟁 같은 여러 역사적 사건들을 통
과하는 과정을 다룸으로써 보다 총체적인 시각을 제시하고자 하였다. 결론
적으로 정체성은 지정학 및 경제와 불가분한 존재임을 역설하며, 진정한 자
유민주주의 달성이 필요함을 주장한다.

　'한국 정치와 경제'에서는 한국 경제가 '산업화 시기'를 거쳐 급속 성장하
고 '경제 개혁기'를 거쳐 변모하는 과정과 그로 인한 결과인 21세기 한국 경제
의 현황에 관해 논한다. 이를 위해 먼저 이승만 정권기부터 김영삼 정권기 이
전까지 한국 경제에서 산업화 시기의 정책 결정을 톺아보고, 이 시기 정책이
수행되는 과정에서 발생한 논쟁에 관해 살펴본다. 구체적으로 산업화와 민주
화를 추구하는 과정의 방향성에 관한 논쟁인 '산업화 우선론 대 민주화 병행
론' 논쟁, 특정 기업에 특혜를 제공하여 경제 발전을 이끌게 한 정책 방향에

대한 논쟁인 '중소기업 병행 발전 대 특정 기업 우대 발전' 논쟁을 다룬다.

다음으로, 김영삼 정권 이후의 경제 개혁기와 관련하여서는 본격적인 산업화가 마무리된 후 정부 주도의 경제 발전 구조가 민간 영역으로 이전되는 과정과 세계화 현상을 통해 경제가 변화하는 양상을 논한다. 또한, 그 과정에서 이뤄진 대기업집단과 중소기업 간의 양극화 심화 과정을 살핀다. 더불어, 경제 개혁기 주요한 논쟁 중 하나인 '생산적 복지 논쟁'에 관해 다룬다. 경제의 성장기와 개혁기를 살펴본 이후에는 21세기 한국 사회에서 나타나고 있는 경제 현황을 분석한다. 한국 사회에서 극도로 심화된 양극화 현상을 기반으로 추후 한국 경제 및 사회 발전에 발생할 영향을 다룬다. 마지막으로는 앞선 논의를 간략히 요약하고 한국 사회의 주요한 문제로 꼽히는 '양극화'를 해결하기 위한 제언을 끝으로 마무리한다.

과학이 정치 전면에 등장한다. '한국 정치와 과학'에서는 우리 사회에서 과학 혹은 과학기술이 핵심 쟁점으로 작용하는 이슈들, 통칭 과학이슈가 어떤 방식으로 정치화되어 본질과 멀어지는지를 다룬다. 우리는 일반적으로 우리 사회가 과학 이슈를 구성하는 논쟁 및 의견차를 판단하고 그 판단에 근거한 의사결정을 함에 있어 당연히 과학적 사실을 기준으로 삼는다고 생각한다. 하지만 이러한 인식과 달리 실제 우리 사회는 여러 과학 이슈를 모종의 흐름 하에서 객관적 과학과는 거리가 있는 방향으로 소비한다. 본 책에서는 이처럼 과학 이슈가 어떻게 비과학으로 나아가는지를 '과학 이슈 정치화의 이론적 이해'를 통해 그 왜곡의 원리와 구조를 파악한다. 이를 바탕으로 '광우병 이슈'와 '탈원전 이슈'가 어떻게 왜곡되었는지를, 각 이슈와 관련된 객관적 사실들과 실제 이슈의 정치화 양상을 비교하며 이해하고자 한다. 이에 더해 미래의 한국 사회에서 발생할 주요 과학 이슈 중 특히 중요도가 높은 '인공지능(AI)의 일자리 대체 이슈'가 현시점에서 어떤 사실과 인식 간 괴리를 보이는지, 나아가 어떻게 정치화될지를 이야기한다. 한국 사회에서 정치적으로 중요했던 몇몇 과학 이슈들을 개별 사례 단위로서 과학적 사실에 기반해 서술한 저술들은 이미 다수 존재한다. 하지만 본서는 이슈들을 한 데 묶음으로써 우리 사회에서 과학 이슈가 어떻게 정치화되는지 그 원리를 파

악하기 위한 사례로 활용하며, 이를 통해 한국 정치 속 과학 이슈의 동학 그
자체를 이해하는 데에 목적을 두고 있다는 점에서 차별점이 있다.

마지막 4장 「미래지향적 정치를 위하여」에서는 3장에서 구체적으로 논의
된 사안들을 발판 삼아 본서가 제시한 키워드 간 연결성을 중심으로 한국 정
치의 지속 가능한 발전을 위한 함의점들을 추가로 제시한다. 탈냉전 이후 또
다른 세계질서의 전환기 속에서, 우리가 살아가는 한국이 국익을 수호하고
국력을 신장하기 위해서는 불필요한 갈등과 소모적 논쟁으로 인한 국력의
소비를 최소화해야 한다는 성찰적 인식에 따른 결론의 장이다. 본 장은 먼
저 논쟁의 생산과 재생산 구도를 철학적으로 살핀다. 이를 위해 포스트모더
니즘과 구분되는 신실재론(new realism)의 관점을 차용해 사실과 거짓이 뒤섞
이는 현상, 나아가 소위 '객관적' 사실이 지니는 의미를 고찰하고, 행위자 간
'복수의 현실'이 존재할 수 있음을 인정하는 마음가짐이 선행될 필요가 있다
고 역설한다. 과거와 현재를 관통하는 실례들을 관찰함으로써 건전한 정치
와 생산적 논쟁을 위한 자세의 필요성을, 철학적 사고가 풍성한 사회를 위한
민주시민교육의 중요성을 논증한다.

이어 본서의 네 가지 키워드—지정학, 정체성, 경제, 과학—를 이항화(二
項化)해 분야별 결절점들을 중심으로 설명한다. 한국 정치를 바라보는 독자
들의 시각을 확장하고 그에 따른 한국 정치의 생산성 향상을 도모하기 위함
이다. '지정학–정체성' 결절점에서는 한반도가 처해 있는 지정학적 조건에
의해 시대를 막론하고 이어진 현상으로 자주(또는 자강) 노선과 편승(또는 동
맹) 노선에 의한 정체성 분화에 대해 소개한다. 3장에서 다룬 신탁통치와 북
방정책, 한미일 협력 논쟁 역시 큰 틀에서는 '자주 대(對) 편승' 구도의 일환
임을 보여주는 것이다. '지정학–경제'의 결절점에서는 '냉전→세계화→세계
화의 둔화(slobalization) 또는 탈세계화→신냉전'으로 이어지는 지정학적 변혁
과 그에 따른 도전과제를 제시함과 동시에, 3장에서 논의된 근대화 논쟁, 경
제개혁 논쟁, 격차사회 논쟁 등과 연동해 지정학적 도전에도 불구하고 경제
성장을 달성해 온 한국사회의 잠재력에 초점을 맞춘다. '지정학–과학' 결절
점에서는 신냉전기 소위 '자유주의 대 권위주의' 구도의 진영별 글로벌 공급

망 재편 양상을 주시한다. 해당 공급망 재편이 AI, 디지털, 바이오, 우주 산업 등 4차 산업혁명을 대표하는 과학기술 분야를 중심으로 이뤄지고 있다는 점을 지적한다. 3장에서 논의한 '과학 이슈의 정치화'가 불가피하다면, 지정학적 경쟁 구도에서 살아남기 위해 '과학을 긍정적으로 정치화할 수 있는 방향은 무엇인가'에 대해 논한다.

이어 '정체성-경제-과학' 결절점을 함께 다룬다. 민족적 민주주의와 '선 건설 후통일' 담론 등이 이후의 근대화 논쟁 및 경제 민주화 논쟁 등과 긴밀히 연결된다는 점에 주목한다. 이러한 연결성을 통해 격차사회 문제의 미래지향적 해결을 위해서는 세계화 현상에 대한 진보-보수 진영이 지닌 시각의 다양성을 바탕으로 하는 정체성 차원에서의 '지형의 변화'가 필요함을 제안한다. 자본주의와 민주주의 간 '상생'을 도모하는 것이다. 아울러 정체성과 경제의 매개적 관념으로 과학의 역할을 소개한다. 이분법적 진보-보수 논리를 극복하고, 경제 안보 및 기술 냉전 시대를 헤쳐가기 위한 원천기술 확보와 기초과학 지식의 확장이 중요함을 밝힌다. 산업계와 학계, 연구기관 간 조화롭고 굳건한 체계를 지속 가능하게 확보해 나가는 방향성을 설정하는 일이야말로 한국 정치의 기본 논쟁이 되어야 한다는 의미다. 한국 정치 논쟁의 미래지향적 방향성은 보수와 진보의 대립이 아닌, 자본주의와 민주주의의 상생 가능성, 그리고 과학기술과 민주주의의 병행 가능성에 초점을 맞춰야 하는 것임을 지적한다. 그리고 무엇보다 '우리 시대의 한국 정치'가 직면한 문제는 어느 특정 분야만 강조해서 풀 수 있는 것이 아님을, 또한 '우리 시대의' 힘만으로 단기간에 해결할 수 있는 것도 아님을 기억하고, 역사에 대한 이해와 민주시민 철학에 대한 교육, 그리고 양자의 끊임없는 내면화만이 한국 정치의 정초(定礎)를 올바르고 튼튼하게 하는 것임을 강조한다.

본서에서 다루고 있는 과거와 현재, 그리고 미래에 예견될 논쟁은 한국 정치를 공통분모로 갖고 있다. 뒤집어 말해, 위의 논쟁들은 우리가 한국 정치를 이해하기 위해 반드시 짚고 넘어가야만 하는 단층선의 핵심을 구성한다. 우리가 추구하는 자유민주주의의 토대가 바로 이 '논쟁' 자체이기 때문이다. 건강한 논쟁이 없는 사회는 죽은 사회나 다름없다. 우리 사회가 진일보하기 위해서는 틀린 것이 아니라 다른 관점이 존재한다는 사실에 대한 인정이 필요하다. 자본주의와 공존하는 민주주의 사회에서 긴장은 필연적이기에, 국가의 발전과 국민의 이익을 위한 선택을 둘러싼 치열한 논쟁은 반드시 있어야 한다. 다수의 복리를 강조하는 공리주의의 등장 이후, 자유와 평등을 보장하는 민주주의와 불평등을 인정하는 자본주의 사이의 긴장 관계는 상시 존재한다. 논쟁의 핵심은 바로 이 긴장 관계를 어떻게 조율할 것인가이다. 즉 우리의 근현대사를 관통하는 하나의 단어는 '논쟁'이다. 한국 근현대사는 논쟁의 역사이다. 역사는 똑같지는 않아도 비슷한 패턴으로 반복된다. 그렇기에 과거의 쟁점은 현재에도 유용하며, 그로부터 파생된 현재의 논쟁은 더 나은 해법을 찾기 위한 방법이 될 수 있다.

이 책이 세상에 나오기까지 함께한 제자이자 저자들이 있다. 한양대학교 정치외교학과 윤성원 교수, 그리고 함께 한국 정치 발전을 고민하기 위해 결집한 한양대학교 홍준현 박사과정생과 고건, 김은설, 박종서, 박지연 학부생들이다. 이 책의 토대가 된 〈한국정치론〉 수업은 한양대학교만의 특화된 인재 육성 교육 모델인 IC-PBL(Industry Coupled Problem/Project-Based Learning) 형태로 진행되었다. 단순한 지식 전달식 강의가 아닌, 한국 정치를 공부하는 학생들의 지식 창출을 목표로 했다. 기획 단계에서부터 네 가지 키워드를 설명한 후 청년세대가 생각하는 한국 정치를 담고 싶어 가능한 그들의 의견을 유지했다. 여러분들의 애정 어린 비판과 응원이 필요한 부분이다.

끝으로, 편집회의 때마다 변덕스럽게도 주제의 접근법을 바꾸고, 반복되는 수정 요구를 견디어 준 이들에게 큰 고마움을 전하고 싶다. 어려운 상황에서도 책의 의도를 이해해 주고 흔쾌히 출판에 도움을 준 박영사의 임재무 전무님과 최동인, 양수정 대리님께도 지면으로나마 감사드린다.

2024년 9월
팔팔계단이 보이는 사회과학관에서
저자 중 한 명 김 성 수

차례

제4장 **미래지향적 정치를 위하여** | 윤성원

제1장

한국 정치를 어떻게
이해할 것인가?

한국 정치를 어떻게 이해할 것인가?

'한국 정치를 어떻게 볼 것인가?' 다시 말해, '한국 정치를 어떻게 이해할 수 있을까'의 문제는 정치연구의 본질적인 질문이자 해결되지 않은 오랜 과제이다. 질문이자 과제에 답하기 위해 이 책에서는 한국 정치의 '논쟁' 그 자체에 주목하고자 한다. 과거에서 현재에 이르기까지 그리고 이 순간 대중의 관심이 집중되었던 한국 정치사의 역사적인 논쟁에서부터, 앞으로 우리 정치사에서 이어질 관련 논쟁을 망라함으로써, 논쟁 구도의 유사성과 지속성, 차별성 등을 부각시키는 것이 목적이다. 이를 위해 한국 정치의 주요 논쟁 사례를 영역별로 나눈 뒤, 유사한 주제별로 융합, 선별함으로써 논쟁 구도를 통해 한국 정치를 이해하고자 시도하였다. 성격과 배경이 유사한 주요 논쟁을 재구성하고 분석하는 과정을 통해 통시적 성격을 잃지 않으려 노력하였고, 동시에 공시적 차원의 비교 포인트를 제공함으로써 한국 정치의 지형을 총체적으로 통찰하기 위한 시각을 제공하고자 하였다. 갈등과 긴장의 한국 정치를 이해하고 대안적 해결책을 제시하기 위해서는 대한민국 사회의 주요 논쟁에 대한 거시적인 종합적 분석의 과정이 필요하기 때문이다.

1. 한국 정치의 논쟁에는 어떤 것이 있는가?

한국 정치사는 달리 표현하면 '정치논쟁'의 역사라 해도 과언이 아닐 것이다. 김호기·박태균은 스페인 출신의 미국 철학자 조지 산타야나(George Santayana)의 "과거를 기억하지 못하는 이들은 그 과거를 반복하기 마련이다"는 말을 인용하면서, 지난 70여 년 동안의 정치논쟁이 없었다면, 우리 사회는 계속 같은 자리에 머물렀을 것이라 주장한다. 우리는 왜 논쟁의 중요성을 강조하는가? 그것은 논쟁이 단순한 인정투쟁의 장이 아니라, 한 사회의 쟁점을 분명히 함으로써 더 나은 해법을 찾을 수 있게 만들기 때문이다. 이들에 따르면 다행히 한국 정치사에는 중요한 논쟁들이 많이 있었고, 그것이 한국 정치 발전의 길라잡이가 된 셈이다.[1]

그렇다면 한국 정치사에서의 주요 논쟁은 무엇이 있을까. 여기에 대해서는 많은 관점이 존재할 것인데, 가령 정치사를 서술한 전문가의 학술적 관점에 따라 아래와 같은 분류가 가능할 것이다. 대통령, 선거, 정당, 민주화라는 정치과정 또는 정치 제도적 키워드를 중심으로 바라보거나[2] 혹은 권력구조, 국가보안법, 탈원전, 모병제, 낙태 등 한국 정치의 주요 논쟁이나 정쟁의 쟁점이 되어왔던 키워드를 중심으로 분류하는 것이다.[3] 다른 한편으로는 정치를 바라보는 시선에 따라 구조와 시스템을 핵심으로 보기도 하고, 특정한 쟁점을 논쟁의 중심으로 설정하는 경우도 있다.[4] 여기에서는 먼저 기존의 연구와 저서를 중심으로 한국 정치사의 논쟁을 어떤 방식으로 개괄하고 있는가를 살핌으로써, 한국 정치 논쟁의 지형도를 구체화하기 위한 밑그림을 그려보기로 하자.

김호기·박태균은 광복, 정부 수립, 분단 체제의 형성과 연관된 논쟁, 박

---

1 김호기·박태균, 『논쟁으로 읽는 한국 정치사』 (서울:메디치미디어, 2019), p. 4.

2 강원택, 『한국 정치의 결정적 순간들』 (서울: 21세기북스, 2019).

3 김계동·박선영, 『한국사회 논쟁: 민주사회 발전을 위한 찬성과 반대논리』 (서울: 명인문화사, 2019).

4 김호기·박태균 (2019).

정희 시대의 빛과 그림자를 담은 논쟁, 민주화 시대의 개막과 진전을 알리는 논쟁, 1997년 외환위기 이후 한국 사회를 보여주는 논쟁을 분석하여, 한국 현대사의 흐름을 보여준 바 있다.[5] 다른 사례로 김현성은 민주주의의 핵심 기제인 선거를 중심으로 한국 정치사를 분석하였다. 주지하다시피, 선거는 자신의 권리를 대신할 대리인을 선출하고 이를 통해 국정의 방향을 결정하는 민주주의의 핵심이다. 한국에서는 1948년 최초의 근대적 민주 선거가 도입된 이래 50여 차례가 넘는 크고 작은 선거가 있었고, 그에 따라 여러 에피소드가 발생하기도 하였다. '닭죽 사건', '피아노표', '샌드위치표', '막걸리 선거' 등 어두운 시대의 선거 문화를 보여주는 기상천외한 부정행위들에서부터 독재 세력에 맞서 시민들의 저항과 혁명으로 이어진 선거, 그리고 진보와 보수가 엎치락뒤치락 치열하게 경쟁한 선거에 이르기까지, 선거는 우리 정치사의 가장 극적인 순간을 보여준다. 무엇보다 중요한 것은 한국 정치와 함께해 온 선거제도가 과거로 끝난 것이 결코 아니라는 사실이다. 선거는 현대 정치에서도 국민 의식의 지평을 보여주는 사례이자 결과이다. 따라서 김현성은 선거를 제대로 읽는다면 과거는 단지 '죽은 역사'로 머무르지 않을 것이고, 끊임없이 말을 거는 '살아 있는 역사'로 다가온다는 사실에 주목하고자 했다.[6]

이와 별개로 김계동·박선영의 저서는 한국 정치사에서 진행되고 있는 논쟁을 폭넓게 정리하고 있다는 점에서 의의가 있다.[7] 이들의 저서는 한국 사회에서 가장 논쟁적인 12개 주제에 대한 전문가 차원의 의견을 담고 있다. 각각의 주제는 한국 사회의 흐름을 보여주는 핵심적인 주제들인데, 해당 저서에서는 찬성과 반대의 개별적 입장을 떠나 각 분야의 전문가 의견을 총체적으로 담아냄으로써, 논쟁적 주제에 대한 근본적인 이해력을 높이기 위한 목적에 충실하고자 하였다. 이를 위해 김계동·박선영은 한국 정치사의 논

---

5   김호기·박태균 (2019), p. 4.

6   김현성, 『선거로 읽는 한국 정치사』(파주: 웅진지식하우스, 2021), pp. 4-5.

7   김계동·박선영 (2019).

쟁을 다음과 같은 12개의 항목으로 정리하였다. 여기에서는 이후의 논의를 위해 참고 수준에서 각각의 항목을 잠시 살펴보도록 하자.

① 권력구조

권력을 통해 국가와 사회를 구성하는 제반 요소들이 이루어지도록 하는 권력구조는 국가 운영의 근간이며, 국가 발전의 정치사회적 안정의 토대가 된다. 이러한 권력구조와 관련된 논쟁의 핵심은 권력의 분배 문제에 있다. 대통령제하에서 권력구조 논쟁의 핵심은 대통령에게 권력이 지나치게 집중되는 것을 방지하는 것이다. 그렇다고 해서 권력을 분점하게 되면 대통령제의 의미를 살릴 수 없는 문제가 있다. 결국 대통령에게 부여하는 권력의 적정선과 권력 분점에 대한 논쟁으로 귀결된다. 권력의 집중을 해결하기 위해 권력 분산과 분권 정부 제도가 제안된 까닭이다.

② 국가보안법

내재적 문제와 국제적 문제가 혼합된 한반도의 분단 상황에서 국가안보는 중차대한 문제이다. 국가보안법은 국가의 안전과 안정을 유지하기 위해 제정된 법률로, 특별히 국가안보와 관련된 사안에서 국가의 이익을 보호하고 국민의 생명과 재산을 지키기 위해 필요한 조치를 취할 수 있도록 규정하고 있다. 문제는 조치의 범위와 강도이다. 따라서 국가안보를 위한 통제와 제약과 관련된 개인의 자유가 쟁점이 되는데, 대표적으로는 국가안보를 위한 국가의 통제, 개인의 사생활 보호, 알 권리 등과 관련한 문제, 국가보안법으로 인한 표현의 자유와 양심의 자유에 대한 침해의 문제가 대표적이며, 이 외에도 처벌조항이 국민의 기본권을 과도하게 제약한다는 점 등이 쟁점으로 다뤄지고 있다. 또한 국가보안법에서 규정한 내용의 구체성이 떨어지고 명확하지 않아 자의적 법률 해석의 폭을 지나치게 넓힐 수 있어 이로 인한 우려 또한 존재한다. 처벌조항이 기본권을 과도하게 제약한다는 점 등도 관련 쟁점에 속한다.

③ 탈원전

원자력 발전은 저렴한 에너지 공급과 기술 활용을 통한 에너지 자립성, 상대적인 친환경성 등의 장점으로 전세계적으로 활용되고 있는 기술이다. 한국은 원자력 발전소의 건설과 운영에 있어 기술선진국으로 분류되며, 국내 전력공급에 있어 석탄 발전에 이어 두 번째로 많은 양을 생산하고 있다. 하지만 잠재적 위험도와 차후 관리 및 폐기 비용, 처분기술의 문제 등 여러 문제 또한 존재하는 실정이기에 전세계적으로 탈원전에 대한 논쟁이 계속되고 있다. 탈원전과 관련한 주요 쟁점은 '원전 대체 에너지의 안정성과 신뢰성'이다. 구체적으로는 원자력 발전의 에너지 효율성을 기타 발전을 통해 대체하거나 안정적인 수급이 가능할지에 대한 현실적인 논쟁이 포함되며, 이에 따라 대체 에너지의 경제성과 친환경성, 비용 분담의 문제 등도 주요 쟁점으로 꼽히고 있다.

④ 핵무장화

북한은 2009년 5월 25일 2차 핵실험 이후 2017년 9월 3일 6차 핵실험에 이르기까지 지속적인 핵실험을 단행하고 있으며, 이는 남북관계를 경색시키는 주된 요인 가운데 하나이다. 이러한 북한의 핵실험과 미사일 발사 등의 이슈가 있을 때마다 핵무장과 관련한 논쟁이 벌어지는데, 주요 쟁점으로는 한국의 핵무장과 관련된 논쟁을 꼽을 수 있을 것이다. 한국의 핵무장을 주장하는 전문가들에 따르면 2003년 이후 본격화한 북한의 핵무기와 미사일 개발이 이미 높은 수준이라고 평가하고 있으며, 미국 본토에 대한 북한의 핵 공격 위협이 현실화될 경우 한국이 핵 공격을 당해도 미국이 쉽게 핵무기를 통한 반격에 나서지는 못할 것이라 우려한다. 미국의 확장 억제(핵우산) 정책이 북한의 한국에 대한 현실적인 핵공격에 대해 충분히 신뢰할 수 있는 수단이 아니라는 것이 핵심적인 골자이다. 반면 한국의 핵무장에 반대하는 전문가들은 현재 미국이 제공하는 확장 억제력의 강화를 강조하면서, 동시에 북한의 핵무기 관련 기술과 제반 사항에 대해 과대평가된 측면이 있다는 사실을 강조하며 한국의 핵무장이 불필요함을 주장한다.

⑤ 국정원 수사권

1961년 중앙정보부로 창설된 국가정보원(국정원)은 국가 차원에서 정책을 결정하는 데 필요한 정보 수집 및 판단과 분석을 통한 기초 자료를 생산하기 위한 핵심 정보기관이다. 과거 권위정부 시절 정보기관이 국가안보가 아닌 정권안보의 하수인 역할을 자행하면서 반성과 개혁의 문제가 민주화 이래 꾸준히 제기되고 있다. 따라서 국정원의 대공 수사업무 권한이 포함된 수사권 분리와 관련된 문제가 핵심적인 쟁점으로 존재한다. 수사권 분리를 찬성하는 입장에서는 국정원의 수사권을 경찰로 이관할 것을 주장하며, 정보기관에 대한 독립적인 감사 기능을 강화함으로써 과거 수차례 반복된 국정원의 과도한 수사권 남용으로 인한 문제 예방에 초점을 맞춘다. 반면 반대측에서는 국정원의 수사권이 경찰로 이관될 경우 경찰의 업무 및 행정 범위가 지나치게 광범위해짐에 따라 대공수사를 비롯해 특수한 수사에 필요한 기능이 현저히 약해질 수밖에 없음을 주장하며, 이로 인한 안보 공백 및 악화의 필연성을 강조한다. 여기에 추가적으로 국정원의 대공수사 권한이 그 자체로 정치적 중립성 및 인권에 대한 문제의 소지가 있다는 근본적인 입장도 존재한다.

⑥ 모병제

군사력은 국가의 생존을 위해 가장 중요한 요소로, 물리적 군사력을 구성하기 위해서는 병력의 지속적인 충원을 통한 축적이 요구된다. 한국은 징병제도를 택하고 있으나, 최근 인구감소의 지속과 군 인권문제 등으로 인해 징병제에서 모병제로의 전환에 대한 논의가 사회적 문제로 대두되고 있는 실정이다. 모병제는 본인의 지원에 의한 직업군인들로만 군대를 유지하는 병역제도로, 영국, 미국, 중국, 일본 등이 대표적인 사례로 꼽힌다. 이와 관련하여서는 군 인력 감소 및 충원의 문제와 병력의 전반적인 전문성 문제, 국방의 의무가 직업적인 것으로 전환됨에 따라 발생하는 사회적 지위의 변화, 강제 징집된 병력에 대한 인권 문제 등이 대표적인 쟁점으로 꼽히고 있다. 이 외에도 군 병력 유지를 위한 비용의 문제와 병영 문화, 사회 노동 인구의 전문성 및 사회적 효율의 문제 등도 존재한다.

⑦ 사형제

사형제도는 범죄를 예방하고 범죄자를 처벌하기 위해 제정된 제도로서 대한민국의 건국 이후 법제도화의 과정을 거쳐 실정법으로 명문화되었다. 한국은 1997년의 사형집행을 마지막으로 현재까지 사형집행이 이루어지지 않아 사실상 사형폐지 국가로 분류되고 있으나, 흉악한 범죄 사건이 발생해 대중에 큰 충격이 발생한 때마다 사형제도와 관련한 문제가 사회적 문제로 대두되고 있다. 크게는 사형제도를 폐지할 것이냐 아니면 존치할 것이냐의 문제로 갈음해볼 수 있는데, 두 입장은 국가에 의한 생명권 침해의 정당성 여부와 범죄 예방 효과의 유무, 응보(應報·범죄에 대한 응당한 보복) 합치 문제 등의 주요 쟁점에서 첨예하게 의견 대립이 일어나고 있는 실정이다. 사형제도 문제는 한국사회만의 논쟁이 아니라 현재 전 세계적으로 논의되는 문제인 관계로, 사회구성원의 생명권과 인권 보호를 위해 어느 쪽이 더 합당할 것인가를 놓고 범지구적 논의가 이뤄지고 있다.

⑧ 낙태

낙태는 여성이 자연적으로 분만하기 이전, 모체에 문제가 있어 발생하는 자연유산과 달리 태아를 어머니의 자궁에서 인위적으로 배출시키는 인공유산의 경우를 가리킨다. 한국에서는 「모자보건법」 제14조 규정에 따라 유전적 질환, 법정 전염병, 산모 건강이 위독할 경우 같은 의학적 이유와 강간이나 근친상간 같은 법적·윤리적 사유에 한해 낙태를 허용하고 있다. 이러한 낙태시술의 허용과 낙태죄 폐지를 두고 한국뿐만 아니라 전 세계적에서 논란이 일어나고 있는데, 이러한 논란은 여성의 권리 증진과 자기결정권의 문제가 사회적 사안으로 대두됨에 따라 더욱 증폭되고 있는 상황이다. 낙태를 둘러싼 논쟁은 윤리·법·의료 등의 다양한 차원을 포괄하고 있는 사회적 문제로서, 다방면에 걸쳐 활발한 논의가 이뤄지고 있다. 구체적으로는 윤리적 측면에서 낙태가 태아의 생명을 인위적으로 훼손한다는 점과 여성의 자기 신체에 대한 자기결정권이라는 측면에서 논쟁이 이뤄지고 있으며, 법적 기준에 있어서도 낙태의 허용 범위와 관련하여 활발한 논쟁이 이뤄지고 있는 실정이다. 의료적인 차원에서는 낙태 시술의 안정성 여부가 논쟁의 대상이 되며, 사회적 차원에서는 낙태를 선택하는 여성에 대한 비난이나 차별 등의 문제가 포괄된다.

⑨ 특목·자사고

특수목적 고등학교(특목고)와 자립형·자율형 사립고(자사고)는 고교평준화 이후 발생하는 고교교육의 하향평준화, 학생 개개인의 학력 차이로 인한 국가경쟁력의 저하, 학생들의 선택권 박탈, 사립학교의 자율성 침해 등의 문제를 막기 위해 신설된 제도이다. 본래의 의도와 달리 2000년대 이후 학생과 학부모들 사이에서 특목고와 자사고에 대한 선호 현상이 높아지고 이에 따라 사교육이 과열되기 시작함에 따라 부작용이 불거지자 특목고와 자사고에 대한 존치 문제가 사회적 논쟁의 사안으로 대두되기 시작하였다. 이러한 특목고와 자사고에 대한 쟁점은 크게는 폐지 여부를 둘러싼 논쟁에서부터 세부적으로는 교육 방식과 과정에 대한 문제, 고등학교의 성격 및 제도와 입시의 연계 문제, 이외에 학교 서열화에 따른 사회적 지위의 부작용 문제, 사교육 과열에 따른 사교육비 지출의 문제와 사학의 자율성 및 자주성 및 교육의 자율성 문제 등이 쟁점으로 존재한다.

⑩ 대안미디어

현대 사회에서 대중매체는 사회와 정치의 유지 및 발전을 위한 기본적인 제반 사항이다. 대중매체는 다양한 정보를 사람들에게 빠르고 정확하게 확산시켜 사회 구성원의 정체성 확립과 유지의 주요한 원천으로 작동하기도 하며 권력 견제의 수단으로 한 사회의 민주적 절차를 유지하기 위한 중요한 요인으로 작동하기도 한다. 하지만 정치권력(정부)과 경제권력(기업)이 언론과 결탁함에 따라 대중매체가 지나친 상업화나 권력친화적으로 작동하는 등 신뢰성에 기반한 보도 기능이 약화되는 경우가 발생함에 따라 이를 보완하기 위한 새로운 미디어 형태에 대한 사회적 수요가 발생하게 되었다. 대안미디어는 이러한 문제에 대한 대안으로서 기존 언론의 지배 질서와 영리 추구 및 정치적 당파성에서 벗어나 기존의 언론들이 보도하지 않는 현실의 문제와 모순을 폭로하거나 그 대안을 제시하는 것을 목적으로 한다는 점에서 새로운 공론장의 형태로 주목받고 있다. 그러나 대안미디어가 증가함에 따라 가짜뉴스, 허위정보, 악의적 정보 역시 범람하고 있어 정보의 신뢰성에 따른 문제 역시 사회적 쟁점으로 대두되고 있는 상황이다.

⑪ 난민

유엔의 정의에 따르면 난민은 국가적 분쟁이나 다양한 종류의 사회적 박해를 피해 피난을 떠난 사람들이나 이와 같은 위협에 노출될 우려가 있어 모국의 보호를 원치 않는 자를 가리킨다. 난민은 국제법에 따라 정의되고 보호받을 권리가 있으며 생명과 자유를 위협받는 상황으로 추방되거나 송환되지 않을 권리를 가진다. 한국에서도 지난 세기의 6.25 전쟁으로 인해 대량의 실향민이 발생했었다는 점에서 난민 문제를 실제로 경험한 국가라 할 수 있다. 대한민국 건국 이후로는 국제적 분쟁 및 문제가 지리적으로 먼 거리에 위치한 국가들에서 발생하여 난민문제가 크게 대두되지 않았으나, 2018년 예멘 난민이 제주도로 입국, 481명이 난민신청을 함에 따라 난민신청허가 폐지와 개헌을 둘러싼 문제가 사회적 쟁점으로 부상하게 되었다. 구체적으로 살펴보자면 한국 정치에서 현재 난민과 관련된 쟁점은 난민 수용의 윤리적 문제, 법적 문제, 의료적 문제, 사회적 문제의 차원으로 구분할 수 있으며, 이로 인해 발생할 수 있는 사회 차원에서의 문화적 충돌 역시 난민과 관련된 쟁점 가운데 하나로 꼽히고 있다.

⑫ 한미동맹

6.25 전쟁의 휴전 이후 한국은 한미상호방위조약을 통해 미국과 동맹을 맺으면서 그 관계를 지속해 오고 있다. 분단이라는 특수한 상황으로 인해 한미동맹은 실질적 위협을 방지하기 위한 실효적 관계로 존재하며 한국의 안보 문제에 있어 지대한 군사안보적 역할을 수행하고 있다. 하지만 동맹의 발효 이후 약 70년이 지남에 따라 국제적 외교 관계 또한 새롭게 변화되고 재편되고 있어, 한국 전쟁 시기 조인된 비대칭 조약의 구체적 사안 및 관계 변

화의 필요성이 쟁점으로 떠오르고 있다. 이에 따른 한미동맹의 기본적인 쟁점은 동맹 관계의 유지 여부에서부터 동맹 관계 축소 및 확대 여부, 군사적 관계를 둘러싼 조약의 실질적 항목에 관한 논의, 경제적 관계에 따른 동맹 변화의 필요성에 대한 논의 등이 다양하게 제기되고 있다. 또한 동맹 관계에 있어서도 다자안보협력체제나 등거리 외교로의 변화의 주장과 지정학적 위치에 따른 최대의 국가 발전을 도모하기 위해 미국과의 동맹을 강화해야 한다는 주장 또한 대립하고 있는 상황이다.

김영명은 한국의 정치변동을 분단, 산업화, 힘겨룸이라는 세 가지 요인으로 분석하여 대한민국 건국부터 노무현 정권까지의 한국 현대 정치를 설명한다.[8] 먼저 분단은 6.25 전쟁 이후 발생한 최초의 정치변동으로 20세기 중엽 한국을 지배한 중요한 요인이자 이후 한국 정치사의 변동과 밀접한 관계를 맺고 있는 핵심적인 정치적 요인이다. 분단으로 인해 한국은 미국과 소련의 영향권에 따라 물리적 분할이 이뤄졌으며, 국제적 양강 체제의 극단적 대립 속에서 한국은 냉전시기 양국의 전초기지이자 최전방이 되었고, 이는 한국 정치의 상수이면서 동시에 국제 상황에 따른 변수로 자리 잡게 된다. 국제 정세에 따라 지정학적 요인이 분단이라는 정치적 요인이 된 셈인데, 이는 이후 한국에서 발생한 산업화와 민주화라는 다른 두 정치적 요인과도 밀접한 연관관계를 맺고 있다. 1960년대 한국에서 일어난 산업화는 북한과의 체제경쟁과 밀접한 관계를 맺고 있으면서 경제적 발전을 통해 민주화를 위한 기틀을 마련하였으며, 민주화는 산업화를 추진하는 데 필요한 사회 공공의 환경을 조성하였다. 정리하자면 한국의 정치적 변동의 심급에는 분단, 산업화, 민주화가 존재하며, 세 가지 요인은 서로 분리하여 작동하는 것이 아니라 복잡한 상관관계와 상승작용을 지속적으로 발생시키며 한국 정치사의 흐름에 지대한 영향을 끼쳐왔던 셈이다.

강원택은 대한민국 정치사를 대통령, 선거, 정당, 민주화라는 4가지 키워

---

8 김영명, 『한국의 정치변동』(서울: 을유문화사, 2006).

드를 바탕으로 설명하였다. 그러면서 그는 한국 사회의 변화를 위한 실마리를 찾기 위해서는 정치 제도적 특성에 대한 이해가 선행돼야 한다는 점을 강조한다.[9] 신진욱·이세영은 갈등과 통합, 정치와 시민, 이념과 정당 등의 렌즈를 통해 한국 정치 변화의 가능성을 모색하였다. 이를 통해 도출된 12개의 키워드는 다음과 같다. ①균열과 통합 ②정치 양극화 ③지역주의와 계급 분열 ④세대론 ⑤포퓰리즘 ⑥팬덤 정치 ⑦촛불과 태극기 ⑧미디어 ⑨민주주의와 자유 ⑩정치의 책임과 정당성 ⑪보수와 진보 ⑫제3지대와 회색지대.[10] 강원택은 한국 정치의 결정적 순간들을 이러한 12개의 키워드를 중심으로 살펴봄으로써 한국 정치사의 전개 과정과 특성, 문제점을 찾아본다.

홍익표는 현대 사회의 불확실성과 예측 불가능성 속에서 한국 정치를 이해하기 위한 22개의 키워드를 제시하고, 이에 대한 한국 정치사의 사건과 현황을 문구 형태로 정리하여 명제화하고 있다.[11] 그가 한국 정치의 역사와 구조, 특징을 분석하기 위해 제시한 명제는 다음과 같다. ①신자유주의: 경제에 침식된 정치 ②민주주의: 대의되지 않는 민주주의 ③투표: 계급에 반하는 투표 ④공화국: 박제된 공화국의 이상 ⑤정경유착: 박정희 모델로서의 연고자본주의와 부패 ⑥보수주의: 보수주의의 굴절과 변형 ⑦복지: 비난회피전략으로서의 복지 ⑧북한: 북한변수의 지속적 동원 ⑨세계화: 세계화의 압력과 FTA의 정치경제 ⑩지역주의: 지역주의와 소용돌이의 정치 ⑪촛불시위: 직접행동과 거리의 정치 ⑫언론: 시장에 종속된 공론장 ⑬소셜 네트워크: 소셜 네트워크 세대의 정치참여 ⑭감시사회: 감시사회의 도래와 디지털 파놉티콘 ⑮사법부: 다른 수단에 의한 정치 ⑯소수자: 소수자 억압사회와 배제의 정치 ⑰정의: 부정의사회, 그들만의 정의담론 ⑱인정투쟁: 물화 지배 사회의 인정투쟁 ⑲위험사회: 복합적 위험사회와 불확실성의 정치 ⑳교회: 탈정치화된 교회와 정치화된 교회의 병존 ㉑토건국가: 토건국가와 개발

9   강원택 (2019).

10   신진욱·이세영, 『한국 정치 리부트: 열광과 환멸의 시대를 이해하는 키워드 12』 (서울: 메디치미디어, 2023).

11   홍익표, 『한국 정치를 읽는 22개의 키워드: 신자유주의부터 포퓰리즘까지』 (서울: 오름, 2019).

의 먹이사슬 ㉒포퓰리즘: 혼동을 부추기는 포퓰리즘 논쟁.

　　기존에 간행된 저서와 연구를 바탕으로 한국 정치사에 대한 대략적인 큰 그림을 그려보았다. 전문가에 따라 다양한 관점이 존재하며, 그에 따라 한국 정치사를 바라보는 렌즈의 초점이 바뀐다. 물론 이것이 전부는 아닐 것이며, 현재도 한국 정치사를 개괄하기 위해 새로운 렌즈를 창안하기 위한 시도 또한 계속되고 있을 것이다. 중요한 것은 앞서 지적한 바와 같이 우리가 과거를 바라봐야 하는 이유이다. 한국 정치사와 그 속의 논쟁을 되돌아본다는 것은 무엇을 의미할까? 우리는 왜 과거를 돌아봐야 하며, 논쟁을 통해 역사를 개괄해야 하는 것일까?

2. 논쟁은 지나간 것인가?

　　한국 정치사를 논쟁과 키워드를 중심으로 살핀다는 것은 우리가 걸어온 길을 다시금 되돌아보는 일이다. 본격적인 이야기를 전개함에 앞서 반드시 제기되어야 할 핵심적인 질문이 있다. 우리를 둘러싼 논쟁들은 과연 진정한 의미에서 온전히 과거의 일이라 치부할 수 있는가? 혹은, 그와 같이 치부하는 것은 가능한 일인가? 절대로 그렇지 않다. 대한민국은 한반도라는 지정학적 조건에서 벗어날 수 없고, 세계 정치사에서 유례없이 빨랐던 산업화와 민주화의 자장으로부터 결코 단절될 수 없다. 한국은 정치·경제·문화 등 모든 면에 있어 급속한 변화와 발전을 이뤄왔지만, 그러한 변화와 발전의 속도가 지정학적 조건과 민주화, 산업화를 비롯한 한국의 특수한 정치적 요인으로부터의 단절을 의미하는 것은 아니다. 사건은 과거가 되었지만, 사건의 영향력은 현재진행형으로 존재한다. 오늘날 한국은 디지털 시대를 선도하고 있으며, 정치와 경제에 있어 기적과도 같은 급속한 전환을 이뤄내고 있다. 하지만 변화의 속도와 무관하게, 정치문화 인식의 전환은 여전히 요원해 보인다.

　　2020년대의 대한민국 사회는 일제 식민지 시기에 태어난 1920~1930년대부터 디지털 네이티브로 불리는 Z세대가 공존한다. 압축된 성장 과정으로 인해 짧은 시간 안에 서로 다른 경험적 층위를 배경으로 가진 사람들이 공존하는 것이다. 실존적 경험이 다르니 세상을 보는 인식 또한 다를 수밖에 없고, 세대 간의 정치적 입장 또한 첨예하게 대립할 수밖에 없다. 정치적 논쟁을 유발하는 바탕으로서의 정치적 인식에 차이가 존재한다는 뜻이고, 이는 곧 현대 한국 사회의 정치적 지형도가 복잡다단할 수밖에 없음을 의미하는 것이기도 하다. 즉, 한국 사회에서 정치와 관련된 논쟁은 끝난 것이 아니며, 과거에 발생했으나 완전하게 봉합되지 않은 문제들이 계속해서 현재에 반복되리라는 것이다.

따라서 중요한 것은 하나의 논쟁을 성급히 봉합하고 과거의 것으로 치부하는 것이 아니다. 오히려 과거의 논쟁조차 성숙한 정치의식을 통해 다시금 숙의하고, 이를 통해 우리가 마주한 현실 속에서 정치적 합의에 이르기 위한 인식과 통찰을 얻어야 한다. 과거의 논쟁에 대한 고민 없이 성급한 봉합만을 시도한다면, 우리가 경험한 정치적 혼란이 유사한 형태로 반복되는 현실을 목도하게 될 것이다. 혹자는 정치의 목표란 '사회 통합'이기에 이처럼 논쟁에 초점을 맞추는 태도에 대해 반문을 제기할 수도 있을 것이다. 하지만 명심해야 할 사실이 있다. 근대 국민국가의 출현 이후 완전체에 가까운 통합이 표면적으로나마 달성된 경우는 나치와 같은 전체주의 국가의 사례가 유일하며, 그조차도 사회 내적으로는 부분적인 균열과 잡음이 항시적으로 존재했단 사실을 기억해야 한다. 이는 '조화와 통합'을 지향하는 그 어떤 사회도, 이상적 현실을 사회에 완전히 구현하는 것은 불가능에 가깝다는 사실을 보여준다. 공동체를 이루는 구성원들의 성향과 기호, 직업, 이해관계는 개별 구성원의 목적과 상황에 따라 다를 수밖에 없다. 그렇기에 사회 내부의 긴장과 균열, 갈등은 회피해야 할 일시적 사태가 아니라 직면하고 인정해야 할 필연적인 사회적 현실이다.[12]

---

12 신진욱 · 이세영 (2023).

3. 논쟁의 지형

앞서 살펴본 바와 같이 한국 정치의 쟁점은 한 영역에 국한되어 있지 않으며, 국제 정세와 국내 상황에 따라 다양한 영역으로 확장된다. 위에서 언급된 키워드를 대략적으로 범주화하더라도 정치구조, 선거제도, 민주화를 둘러싼 논쟁으로부터 생산과 분배, 불균형, 복지와 관련한 경제 쟁점, 북한과의 관계, 사회적 불평등, 교육, 환경 문제 등, 다양한 영역에서 쟁점이 첨예화되고 있다. 최근 몇 년간에는 경제 불균형과 사회적 격차 확대, 북한과의 관계가 쟁점으로 떠올랐고, 환경문제가 범지구적 화두로 떠오름에 따라 기후변화, 환경오염과 관련하여 신재생 에너지 확대와 관련된 사안이 주목받았으며, 디지털화에 따른 정책과 제도 문제도 중요한 이슈로 떠올랐다.

물론 각각의 쟁점은 영역에 국한되지 않고 한국 사회 전반에 영향을 미칠 수 있는 중요한 사안들이다. 하지만 보다 중요한 것은 개별적인 이슈를 독립적인 것으로 생각할 뿐만 아니라, 각각의 쟁점을 촉발시킨 공통 분모를 식별하고 이로부터 근본적인 원인이 무엇인가에 대해 고찰하는 것이라 할 수 있다. 다양한 의견이 교차하고 충돌하는 지점, 즉 논쟁을 유발하는 보다 근원적인 한국 정치의 지형도를 살펴보아야 한다. 이를 위해 한국 정치의 논쟁을 유발하는 구조적인 지형을 살펴볼 것인데, 여기에서는 네 가지 유형에 주의를 기울이고자 한다.

첫째, 지정학적 요인이다. 한국 정치사에서 출현하는 모든 논쟁은 한반도라는 지정학적 요인에서 시작된다 해도 과언이 아니다. 대한민국은 반도에 위치한 국가로 지정학적 관점에서 살펴볼 때 대륙 세력과 해양 세력이 교차하는 지점에 위치하고 있다. 때문에 과거로부터 한반도에 위치한 국가들은 대륙이나 해양에서 일어나는 세력 변화에 따른 지정학적 상황에 민감하게 반응해야만 했다. 지난 20세기에 일어난 서구에 의한 근대화의 물결이 해양을 통해 아시아로 전개되어 일본을 거쳐 한반도에 영향을 미친 것 역시, 대륙 세력과 해양 세력이 교차하는 반도 국가의 지정학적 요인에 따른 것이라 할 수 있다. 마찬가지로, 한반도가 일본의 제국주의적 확장 정책에 휘말려 만주 침략을 위한 근거지로 동원되어 많은 수탈과 희생을 경험한 것 역시 한반도의 지정학적 요인이 원인이라 할 수 있다. 광복 80년을 바라보는 현재에도 여전히 진행 중인 일제강점기 식민통치 시대에 대한 평가나 친일파 관련 논쟁 또한 지정학적 요인과 밀접한 관계를 맺고 있다.

1945년 광복 이후 벌어진 한반도의 분단 현실은 소련과 미국의 분할 점령에 따른 이데올로기적 대립의 산물이다. 이로 인해 결과적으로 한반도의 남과 북은 사회주의와 민주주의, 공산주의와 자본주의라는 이데올로기적 대립이 가장 첨예하게 벌어지는 대결의 장이 되었다. 이후 소련의 붕괴를 기점으로 하는 탈냉전 시기에 맞춰 노태우 정부의 적극적인 북방정책 추진으로 인해 중국·러시아와 수교한 이래 상당한 관계 진전을 이루었다. 하지만 대륙 세력인 중국·러시아와의 관계 개선은 다른 한편으로 대륙 세력의 팽창을 억제하려는 해양 세력 국가인 미국과 일본의 관계를 고려하지 않을 수 없는 딜레마의 시작점이기도 했다. 냉전의 종식 이후 전략적 모호성을 통해 한국은 정치와 경제를 타국과 분리하여 독자적인 스탠스를 유지하고자 하였지만, 최근 국제 정세의 가파른 변화로 인해 전략적 모호성을 견지하는 것이 점차 한계 국면에 다다르고 있다. 국제 사회에서 높아진 대한민국과 위상과 영향력을 활용하여, 소위 북방 정책과 한미일 협력 사이에서 어떤 방식으로 국익을 위한 조율 전략을 내세울 것인가 역시, 반도 국가라는 지정학적 상황에 따른 필연적인 쟁점이다.

냉전 시기와 탈냉전 시기를 거쳐 분단 상황이 공고히 된 한반도의 상황은 '냉전 시대의 마지막 유산'이라 할 수 있다. 설상가상으로 2020년 이후 국제 사회는 가파른 변화 속에 국가 간 관계의 재편 양상을 거쳐, 새로운 대결 국면으로 진입하고 있다. 이른바 '신냉전' 시대의 도래이다. 우크라이나 전쟁을 둘러싸고 서방 세력과 러시아의 갈등이 격화되었으며, 대만을 둘러싸고 미국과 중국의 군사적 갈등 또한 점차 가시화되고 있다. 이러한 신냉전의 대결구도는 한반도에도 불가피한 영향을 미치고 있는데, 특히 중국과 러시아를 배경으로 삼은 북한과 마주한 대한민국의 한미일 협력 강화는 신냉전을 견인하는 최전선에 해당한다. 중국과의 경제적 차원에서의 경쟁이 점차 치열해지고 있으며, 대만 문제에 있어서도 온전히 예외일 수 없는 지정학적 위치에 놓여 있는 것이 한국의 현실이다. 이러한 현실에 맞춰 G2 시대를 대비한 논의가 필수적으로 요구된다.

둘째, 정체성이다. 한국 정치에서의 정체성 논쟁은 민주주의와 독재정권, 이데올로기 등의 문제와 관련되어 있다. 그리고 이는 앞서 언급한 지정학적 문제와 직결된 문제이기도 하다. 한국은 지리적으로 한반도의 남쪽에 위치하고, 북쪽으로는 북한과 국경을 이루고 있다. 반도라는 지정학적 현실과 분단이라는 특수한 물리적 현실에 따라, 북한이라는 적성국과의 인접 상황 및 이에 따른 한반도의 안보 문제는 국민 정체성을 주조하는 틀의 가장 큰 밑바탕이 될 수밖에 없었다. 이를 바탕으로 한국 정치에서 발생한 정체성과 관련된 대표적인 쟁점과 논쟁을 살펴보자면, 유신체제·햇볕정책·민주주의 위기론 등을 꼽을 수 있다. 이러한 쟁점들은 모두 이데올로기와 탈이데올로기, 공산주의와 자유민주주의의 대립뿐만 아니라 대북정책을 비롯한 전반적인 정책적 시각에서부터 평화에 대한 인식론적 문제 등 광범위한 범주를 모두 포괄하고 있다. 양극화에 따른 민주주의 위기와 생산과 분배의 문제, 정권의 도덕성을 둘러싼 논쟁으로까지 연결되는 한반도의 국민 정체성 문제는 주로 보수와 진보의 논쟁으로 집약된다. 이러한 현상은 더 나아가 특정 계층의 정체성을 바탕으로 세력화하는 팬덤현상으로 나타난다. 팬덤은 정치적 부족주의로 진화되면서 사회 내 불평등과 결합하고 강력한 결집력을 지닌 정체성 정치를 탄생시킨다. 결국 절제와 균형의 민주주의가 무너지는 현상이 나타나곤 한다.

셋째, 경제. 대한민국은 1960년대 이래 집약적인 경제 발전을 이룬 고도성장 국가로, IMF 기준 세계에서 14위의 경제 규모를 갖춘 나라이다. 또한 수출 중심의 산업 구조를 바탕으로 고도로 발전된 정보통신(IT) 산업과 문화적 인프라를 갖춤으로써 글로벌 수준의 경제 연결망에서 매우 중요한 역할을 차지하고 있는 경제 대국이다. 현재도 메모리 반도체·이차전지·디스플레이·스마트폰을 비롯한 제조업 분야의 다양한 고부가가치 산업이 세계 수준의 성장과 혁신을 보이고 있으며, 제4차 산업 혁명과 관련된 기술 및 특허 분야에서도 괄목할만한 성장을 기록 중이다. 이와 같은 집약적인 경제성장과 미래 가치 기술의 확보는 국제 사회에서 대한민국이 지닌 경제적 영향력을 증대시켰다.

한국 정치에서 경제와 관련된 논쟁은 크게 성장 대 분배의 구도를 중심으로 형성되어 있다. 산업화와 근대화로 축약되는 집약적인 경제 발전의 속도와 방향을 둘러싼 논쟁에서부터, 고용·소득·주거·자산·복지·교육·노동환경 등에서 발생하는 다중격차의 문제, 분배와 관련하여 보편적 복지와 선별적 복지로 대립하는 복지 제도를 둘러싼 논쟁, 부동산·금융·자산 관련 정책 문제, 사회적 불균형과 경제 민주화에 대한 논쟁이 대표적인 경제 관련 쟁점이라 할 수 있다. 여러 논쟁 중에서 주요한 이슈를 정리하면 다음과 같다.

① 소득 불평등

산업의 고도화에 따라 직업의 다양성이 증대되고 이에 따른 소득 분포 역시 다양해짐에 따라 소득 격차가 지속적으로 확대되고 있다. 한국 사회의 경제 전망과 관련된 보고서에서조차 소득 격차와 관련하여서는 낙관적인 전망을 찾아보기 어려운 것이 현실이다. 소득 격차의 확대에 따른 소득 불평등의 심화는 갈수록 사회적인 불안과 사회적 불평등을 증대시키는 주요 요소가 될 것이다. 이에 따라 소득 격차의 확대와 소득 불평등에 대한 국가적 개입과 이를 위한 정책적 논의가 필요하다.

② 고령화와 인구 감소

2022년 기준 우리나라의 65세 이상 고령인구는 전체 인구의 17.5%를 기록하고 있으며, 2025년에는 20.6%를 기록하여 초고령사회로 진입할 것이라는 전망이다. 수치상으로 나타나듯 대한민국은 상대적으로 길었던 베이비붐의 여파와 기대수명의 증가에 저출산의 고착화가 맞물리면서 빠른 속도로 고령화가 진행되고 있다. 부존자원이 부족한 대한민국의 특성상 인구의 양적 감소는 질적 감소로 이어질 확률이 매우 높으며, 또한 절대적 생산인구의 감소에 따른 경제 활력의 감소는 대한민국 경제의 규모와 성장에 치명적인 악재로 작용할 것이다. 노인인구의 증가와 1인 가구의 증가로 인해 핵가족 중심의 가족 구조 또한 크게 바뀌었으며, 이에 따라 생활 경제의 구조도 점차 변화의 조짐이 나타나고 있다. 통계청은 우리나라 인구가 2050년에 4천만 명 선으로 떨어지고, 2072년에는 1977년 수준인 3천600만 명 선이 될 것으로 전망하고 있다.

③ 산업 구조 조정

과거 한국은 1980년대 말에서 1990년대 초 국제 경제 질서의 가파른 변화에 적응하기 위해 산업 구조의 질적 변화를 구체화하였다. 수출부진, 관세인하, 상품 및 서비스시장 개방 등 신자유주의 기조에 따라 국제 경제 구조가 변화함으로써 한국 또한 산업 구조를 중화학공업 중심의 수출지향적 축적구조로 변경할 수밖에 없었던 것이다. 이에 따라 한국도 첨단산업 부문에 대한 국가의 정책지원과 독점적 대자본의 대규모 투자를 기반으로 하여 산업의 자동화와 합리화를 통한 고부가가치화를 도모하였고, 이에 따라 반도체·컴퓨터·신소재 등의 기술 중심 산업과 교통·상업·통신 중심의 3차 산업 구조로 재편에 성공할 수 있었다. 최근 4차 산업 혁명과 국제 질서의 재편이 빠르게 일어나고 있어, 다시금 산업 구조의 재편이 중요한 화두로 떠오르고 있는 실정이다. 4차 산업 혁명에 맞추어 한국 또한 제조업 중심에서 기술·특허·정보·아이디어 등 지식을 생산하거나 활용하여 서비스를 제공하거나 고부가가치의 지식을 생산하는 지식기반 경제로의 전환을 시도하고 있다. 이에 따라 산업 구조 조정과 미래 산업 육성에 따른 문제 해결과 관련된 문제가 주요 쟁점으로 떠오르게 될 것이다.

④ 고용문제

현재 대한민국은 전체적인 실업률은 타국에 비해 낮은 상황이지만, 청년 실업률은 상대적으로 높은 것으로 나타나고 있다. 대한민국 경제의 고도성장기가 끝남에 따라 각 기업이 신입 인력의 채용을 크게 줄였으며, 기술에 발전에 다른 산업 구조의 변화로 인해 자동화 시스템과 인력 효율화가 증대됨에 따라 청년 실업률이 급증하고 있는 실정이다. 여기에 더불어 외국인 노동자의 유입과 인공지능(AI)의 보편화로 인해 청년실업으로 대표되는 한국 사회의 고용 문제는 갈수록 첨예해질 전망이며, 산업 구조의 변화에 따른 고용 불안정의 문제도 갈수록 불거지고 있는 상황이다. 이러한 시대에 각 계층 및 세대와 교육 수준에 맞춘 적절한 일자리 창출과 직업 교육, 고용 불안정 해소의 문제는 한국 사회가 성장하기 위해 반드시 해결해야만 하는 주요 쟁점이라 할 수 있다.

넷째, '과학'이다. 과학 기술이 발전하고 보편화됨에 따라 한국 정치 또한 과학과의 연관성이 갈수록 높아지고 있다. 특히 기후·환경·의료·안전 등 생활에 밀접한 과학기술에 관련된 논쟁이 한국 정치의 주요 이슈로 부상하고 있다. 최근에 등장했던 광우병이나 유전자 기술, 후쿠시마 원전 오염처리수 방류 등의 사안은 과학기술에 기반한 문제가 정치의 국면에서 가시화된 대표적인 논쟁 사례이다. 과학기술의 객관성에도 불구하고 첨단 기술과 활용에 내포된 불확실성의 문제로 말미암아 정치적 입장에 따라 서로 다른 해석과 해결책을 내세우는 경향이 한국 정치에서도 강하게 나타난다. 달리 말하자면 객관적인 과학기술의 문제가 정치적으로 '쟁점화'되는 것이다. 또한 과학기술의 발전에 따라 사회 구조와 경제에 갈수록 많은 영향을 미치고 있는 현실에서, 과학기술을 둘러싼 정책과 규제, 윤리적 문제가 한국 정치의 쟁점으로 초점화되는 것은 자명해 보인다. 특히 현대 국제 사회가 직면한 전 지구적 문제로 말미암아 환경·에너지·인공지능·바이오 기술과 관련 주제들이 정치 논의의 중심으로 떠오를 것이다.

구체적인 예시로 최근 에너지 정책에서 지속 가능한 발전을 둘러싸고 논쟁이 치열하게 벌어지고 있다. 탈석탄 및 탈원전 정책 사이의 시각 차이로 인한 문제에서부터 신자유주의에 기반한 발전주의적 기조와 지속 가능한 발전 기조의 담론적 대립 역시 치열하게 벌어지고 있다. 보다 구체적으로는 경제성장을 유지하면서 환경 보호와 지속 가능한 발전을 어떻게 균형 있게 추구할 것인가에 대해 첨예한 의견 대립이 벌어지고 있다. 이러한 현실로 인해 신재생 에너지와 환경 보호에서의 구체적인 정책을 어떻게 조율할 것인가에 대한 논쟁 또한 지속될 것이다. 보건 분야에서의 의약품 규제나 디지털 분야에서의 인공지능 기술 관련 논쟁 또한 기술 발전의 속도에 맞물려 우리 사회의 주요 쟁점으로 부상하게 될 것이다.

4. 논쟁을 넘어

　지금까지 한국 정치사에서 진행된 핵심적인 논쟁의 지점과 현재 진행 중인 논쟁에 대해 간략하게 살펴보고, 여기에 더불어 앞으로의 한국 정치에서 중요한 쟁점으로 부상하게 될 분야들에 대해서도 전망해 보았다. 과거와 현재, 그리고 미래에 나타나리라 예상되는 쟁점에 이르기까지, 한국 정치사에서 생겨날 논쟁들은 모두 한국 정치의 발전 과정에서 필수적으로 동반되어야 하는 필연적인 과정이라 할 수 있다.

　서로 다른 관점을 가진 사람들이 각기 다른 주장을 두고 펼치는 논쟁은 자유주의적 가치에 기반한 그 자체로 이미 민주주의의 소산이다. 다시 말해, 논쟁이란 고대로부터 현대에 이르기까지 민주주의의 발전 과정을 견인해 온 고유한 제도적·사상적 특징이다. 자본주의와 함께하는 민주주의는 국가의 발전과 국민의 이익을 고려한 정치적 선택을 내리기 위해 매 순간 치열한 논쟁을 반드시 동반해야만 한다. 자유와 평등을 지향하는 민주주의와 불평등을 인정하는 자본주의 사이에서 벌어지는 긴장 관계는 항구적인 필연이기 때문이다. 한국 정치의 역사는 근현대사를 관통하는 무수한 쟁점으로부터 비롯된, 치열한 격론을 벌여온 논쟁의 역사이며, 그러한 쟁점들과 논쟁들은 현대의 우리에게도 배울 점을 늘 제공해준다. 역사는 동일하지만은 않은, 그러나 비슷한 패턴의 반복을 통해 발전해 왔기 때문이다.

　한국 정치사에 있어서 논쟁의 장 역시 마찬가지이다. 한국 정치의 논쟁사는 한국의 역사가 비슷한, 그러나 동일하지만은 않은 반복을 통해 조금씩 변화하고 또 발전하면서 현재에 이르렀음을 우리에게 알려준다. 일제강점기의 식민통치로부터 벗어나 독립과 해방을 맞이하고 민주주의 제도를 정리하는 과정에서, 한국 정치 논쟁의 중심에는 민주주의와 관련된 정치구조와 제도에 대한 논쟁이 있었다. 산업화 시기를 거쳐 신자유주의의 시대에 이르면서, 경제에서의 소득과 분배 문제를 경험했고, 복지를 둘러싼 논쟁의 비중이 점차 높아지는 것을 볼 수 있었다. 탈민족주의의 부흥과 함께 이민, 난민 정책이 한국 정치의 중요 이슈로 떠올랐으며, 환경 문제가 국제적인 이슈로 떠오름에 따라 에너지 정책과 질병, 환경오염, 탈원전, 대체 에너지가 주요 안건으로 떠올랐다. 정보통신 기술에 기반한 디지털 환경 속에서, 통신기술과 관련된 윤리 문제가 대표적 이슈로 자리하게 되었다. 모든 논쟁은 서로 다른 키워드를 통해 정련되고 가시화되고 있지만, 한국의 지정학적 요인을 비롯한 앞서 제기한 근본적인 정치적 지형이 늘 배경에 있음을 기억해야 한다.

논쟁은 무의미한 소모전이 아니다. 논쟁은 각 논점이 지니는 장단점을 분명히 하고 이를 비교함으로써 더 나은 해법을 찾기 위한 생산적인 과정이다. 이를 위해서는 자신의 주장을 논증하기 위한 과학적 방법론에 의거한 근거가 제시되어야 하며, 이를 통해 주장의 타당성을 입증하기 위한 개별적인 판단의 절차가 필수적으로 요구된다. 논쟁은 기준이 있고 공정해야 한다. 선과 악으로 구분하는 갈라치기는 하지 않아야 한다. 편을 가르고 상대를 공격하는 일은 가장 편리한 방식이다. 우리 정치사에서 스스로 기득권임을 자각하지 못했고, 전문가의 조언과 시민사회 그리고 언론의 비판을 수용하지 않은 결과를 목격했다. 공존을 추구해야 할 우리 사회는 적대와 증오, 분열과 배제의 논리가 지배하는 곳이 되곤 했다. 좁은 정체성의 갈라치기가 아니라 소통하는 넓은 성격의 국가 정체성을 구축하는 아우르기 논쟁이 되어야 한다.

논쟁은 단지 상대를 비난하기 위한 정쟁의 장이 아니다. 의견을 개진하고 개별적인 논점을 비교하고 가장 사회적 효용이 높은 선택을 하기 위한 합리적인 민주적 절차이다. 논쟁의 구도가 이념이나 정쟁에 사로잡혀 맹목적인 반대나 반대를 위한 반대의 장이 되어서는 안 된다. 우리 정치사에서 책임져야 할 정책 실패를 그릇된 애국주의로 일거에 대치해 버리는 정치적 효과를 생산하는 장면을 목격했다. 이러한 효과는 정치적 팬덤으로 이어졌다. 공적 공간을 사적 욕망의 장으로 변형시키는 거리의 정치가 일상화되었다. 진영에 속하면 비판해서는 안 되는 성역, 동조해서는 안 되는 금기 영역이 되었던 잘

못을 반복해서는 안 된다. 진영으로 만들어진 성역은 민주주의의 근간을 흔들리게 할 것이기 때문이다. 논쟁의 장은 민주적 규범의 핵심인 상호존중의 공간이 되어야 하고, 동시에 절제에 입각한 책임 있는 공간이 되어야 한다.

한국 정치가 보다 발전적으로 전개되기 위해서는 사실에 대한 명확한 확인과 과학적이고 합리적인 근거를 바탕으로 하는, 논쟁을 통한 숙의(熟議)가 이루어져야 한다. 민주주의는 다양한 의견을 존중하는 것만을 의미하지 않는다. 카를 마르크스(Karl Marx)는 '역사는 한 번은 희극으로 또 한 번은 비극으로 반복된다'고 했다. 세상은 한순간에 바꿀 수 없다. 점진적으로 개선해 나가는 것이다. 합리성과 타당성을 수반하는 다양한 의견을 모아 공정한 합의에 이르는 과정까지, 그 모든 절차를 포함하는 것이 바로 민주주의이다.

제2장

한국 정치 이해를
위한 논쟁의 단층선

한국 정치 이해를 위한 논쟁의 단층선

1장에서 한국 정치 이해를 위한 주요 논쟁 항목을 살피고 논쟁의 지형을 구성하는 4가지 주요 키워드—지정학, 정체성, 경제, 과학—를 소개했다. 본 장에서는 각 키워드가 지니는 배경과 의미를 조금 더 자세히 논한다. 개별 논쟁에 대한 분절적 이해를 넘어 우리 사회의 주요 논쟁을 끊임없이 창출하고 구성하는 구조에 집중함으로써 한국 정치 이해를 위한 일종의 플랫폼을 제공하고자 하는 것이다. 물론 현대 한국 사회의 논쟁은 과거의 논쟁과 다르다. 그러나 논쟁을 유발하는 구조와 양태는 매우 유사하다. 18세기 프랑스 철학자 볼테르(Voltaire)는 역사는 되풀이하지 않지만, 인간은 되풀이한다고 했다. 한반도에서 살아가는 행위자들은 모두 한반도라는 구조 속에 존재한다. 각국이 통제력과 영향력을 확장하여 힘의 상관관계를 자국에 유리하도록 변화시키려는 세계질서의 구조적 속성은 볼테르가 살았던 18세기나 지금이나 마찬가지다. 인간의 본성 또한 마찬가지일 것이다. 오늘날 수많은 논쟁 속에 매몰되어 살아가는 우리는 어쩌면 과거의 행동을 답습하고 있는 것인지도 모른다. 역사적 논쟁을 숙의하고 시대를 관통하는 논쟁 구조를 체계적으로 이해하여 사회의 긍정성과 민주성을 축적해 나갈 수 있는 거시적 시각을 함양하는 일이 무엇보다 중요한 이유다.

1. 지정학

1.1. 한반도 지정학의 기원

대륙을 둘러싼 명(明)과 후금(後金)의 패권 경쟁이 치열해지던 17세기 초, 광해군은 조선과 지리적으로 근접하고 날로 강대해지는 후금과의 군사적 충돌을 피하고자 했다. 후금과 서신교환을 통한 전략적 소통을 유지하는 한편 명으로의 원군 파병은 최대한 거부하는 방식이었다. 그러나 대신들은 뿌리 깊은 화이관(華夷觀)에 입각해 있었고, 명에 대한 충성을 절대적 가치로 여겼다. 1623년 광해군 실각 후 조선은 친명반청(親明反淸)의 길로 돌아섰고, 인조의 친명외교는 정묘호란과 병자호란으로, 그리고 조선 역사의 지우고 싶은 기억인 삼전도의 굴욕으로 이어졌다. 270여 년이 지나 1895년 청나라가 일본과의 전쟁에서 패하고 동북아 국제질서의 판세가 요동치자 고종은 삼전도비를 한강 주변에 매립할 것을 명했다. 인조가 당한 치욕을 3세기가 다 가도록 잊지 않고 있었던 셈이다.

그림 1 | 삼전도비

일본은 한국 병탄 이후인 1917년 삼전도비를 다시 세웠다. 역설적이었다. 청일강화조약(시모노세키조약) 제1조가 "청국은 조선국이 완전무결한 독립 자주국임을 확인한다"는 것이었다는 점을 고려하면 더욱 그랬다. "완전무결한 독립 자주국임을 확인한다"는 사실이 무색하게 일본은 한반도가 오랜 기간 청의 종속국이었고, 이제 조선은 청의 위치를 대신한 일본의 식민 지배를 받아야 하는 대상임을 정당화하려 했다.[13] 삼배구고두례(三拜九叩頭禮)는 없었지만, 한반도는 만국공법(萬國公法)하의 세계질서로 완전히 편입되었다. 일찍이 황준헌이『조선책략』에서 언급한 대로, "조선이라는 땅은 아시아의 요충"이었다. 중국 중심의 세계질서가 무너진 이후 한반도는 지정학적 세계에 완전히 노출되었다. 패배와 굴욕의 상징으로서 삼전도비는 청의 요구에 따라 만들어졌고, 청을 격파한 일본에 의해 이 땅에 다시 세워졌다. 오늘날 삼전도비는 치욕의 역사를 기억하는 장소가 되었다.

그러나 삼전도의 굴욕을 과거의 일만으로 치부해서는 안 된다. 한반도 외교정책의 역사는 본원적 딜레마의 역사였다. 국제체제 변환기, 즉 주변 강대국들의 세력전이 현상이 발생할 때마다 세력전이의 양태와 균세(均勢)의 형태를 면밀히 살펴야 했다. 12세기 송(宋)과의 외교관계를 단절하고 금(金)에 복속하기로 한 것도, 13세기 후반 이후 약 100년간 원(元)의 간섭을 받게 된 것도, 이후 반원운동을 통해 명(明)에 사대하기로 한 것도 모두 선택이 아닌 생존을 위한 전략적 차원의 문제였다. 이처럼 역사는 한반도 지정학의 기원이 지니는 심대함을 보여준다. 오늘날 학술적 차원에서 사용하는 '지정학(geopolitics)' 개념이 1899년에 탄생한 점을 고려하면,[14] 한반도 지정학을 세계 지정학의 기원을 구성하는 지역적 개념으로 바라볼 수도 있을 것이다.

지정학은 지리와 정치 간의 융합적 사고로부터 출발했다. 국제사회의 무정부성을 당연시한다. 무정부적 국제환경에서 살아남기 위해 국가들은 국

13 신병주, "조선 역사상 가장 치욕스러웠던 1637년 그날의 이야기," 내 손안에 서울 (2022년 3월 24일), https://mediahub.seoul.go.kr/archives/2003921.

14 Amitav Acharya and Barry Buzan, *The Making of Global International Relations: Origins and Evolution of IR at Its Centenary* (Cambridge University Press, 2019), p. 46.

제2장 한국 정치 이해를 위한 논쟁의 단층선   29

력 신장에 전력을 기울여야 한다. 국제정치이론의 신현실주의(Neorealism)와 맞닿은 부분이다. 독일의 라첼(Friedrich Ratzel)과 영국의 맥킨더(Halford Mac-kinder) 등이 초창기 지정학 개념 발전에 공헌했다. 특히 라첼이 제시한 '생활권(Lebensraum)' 개념은 독일 내 현실주의자들에 의해 광범위하게 받아들여졌고, 나아가 사회적 다원주의와도 연결됐다. 팽창주의와 민족주의, 인종주의의 결합은 히틀러(Adolf Hitler)라는 괴물을 낳았다. 동쪽 지방의 생활권을 획득함으로써 독일의 경제·사회적 문제를 영구히 해결하고자 한 히틀러는 지정학을 앵글로색슨 패권에 도전하는 대륙 간 투쟁으로 여겼다.[15] 맥킨더는 심장지대(heartland) 개념을 제시했다. 심장지대를 통제하는 국가가 전 세계를 통제한다는 논리였다. 맥킨더에 따르면 중유럽과 동유럽은 심장지대에 속했다.[16] 지정학은 자연스레 2차 세계대전을 규정하는 핵심 개념이 됐다.

지정학적 차원에서 한반도는 동북아의 심장지대였다. 열강에 의해 끊임없이 분할의 대상이 됐다. 1894년 청나라와 일본 간 서울을 중심으로 한 분할안 또는 한반도 중립화안이 영국에 의해 제기됐다. 2년 후인 1896년 일본은 러시아에 대동강을 중심으로 한 남북 분할안(대동강-원산), 서울을 중심으로 한 남북 분할안을 각각 제시했다. 1903년에는 러시아가 일본에 북위 39도선 분할안을 제시했다.[17] 세력균형의 양상에 따른 지정학적 특성은 행위자 차원에서 공수(攻守)가 교체된 것 말고는 무정부성 내에서 국력 신장이라는 국제정치의 본질을 공유했다. 이홍장은 조선을 청의 핵심이익 수호를 위한 최전선이라고 봤다. 야마가타 아리토모(山縣有朋)의 '이익선' 개념에 최초로 포함된 지역이 조선이었다. 미국 외교관 샌즈(William Sands)는 러시아의 조선 정책은 조선이 "일본의 심장을 겨냥하고 있는 칼(a sword aimed at the heart of Japan)"이라는 인식에 바탕하고 있다고 기록했다.[18]

15   Alan Bullock, *Hitler and Stalin: Parallel Lives* (Vintage Books, 1993), p. 687.

16   Acharya and Buzan (2019), p. 47.

17   이완범, "한반도 분할의 국제정치학: 19세기말-20세기 초 열강간의 논의를 중심으로," 『국제정치논총』 제42집 4호 (2002), pp. 191-215.

18   김학준, "서양인들이 관찰한 조선의 모습들: 청일전쟁 발발 직전으로부터 조선의 망국까지의 시

1.2. 냉전, 탈냉전, 그리고 신냉전

지정학은 현대 한반도를 관통하는 핵심 개념이다. 프리드먼(George Friedman)의 표현에 따르면 "한국은 놀라운 경제성과를 거둔 동시에 중요한 지정학적 문제를 안고 있는 작은 나라"다.[19] 슈나이더(Scott A. Snyder)는 한반도가 직면한 지정학적 특징을 "저주(curse)"로 불렀다. 주변의 "나쁜 강대국들(bad neighborhood)"이 역사적으로 한반도를 군사 충돌의 장소로 이용했다는 것이다.[20]

지정학의 본질은 강대국 정치다. 선과 악의 문제가 아니다. 한반도를 둘러싸고 있는 강대국들이라면 모두 마찬가지다. 리비어(Evans J. R. Revere) 전 미국 국무부 동아시아태평양 담당 차관보는 중국학자와의 대담 경험을 소개하며, "중국의 대북(對北) 시각은 한반도에 대한 중국의 시각에 입각한 것이라기보다는 사실상 중미관계에 종속되는 것으로 이해하는 것이 바람직하다"고 밝혔다.[21] 한국에 대한 미국의 시각도 마찬가지다. 미국의 동북아시아 전략은 미국의 세계전략과 대중전략에 좌우될 것이다. 미군 철수의 가능성도 배제해서는 안 된다. 설령 그런 일이 단기간 일어나지 않는다 하더라도, 미국은 자국의 필요에 따라 지역별 관여 정도를 조정할 것이다. 한반도 지정학의 격변과 귀환은 언제나 발생할 수 있다.

냉전(Cold War)은 지정학적 격변이었다. 누구도 냉전이 정확히 언제 시작됐는지 모른다. 냉전 종식 시점에 대해서도 명확한 동의는 존재하지 않는다.[22] 그러나 냉전의 시작과 종식이 한반도의 지정학 환경과 구도를 결정했다는 점은 분명한 사실이다. 냉전은 한반도의 분단으로 이어졌고, 분단은 현

기," 『한국정치연구』 제18집 3호 (2009), p. 254.

19 조지 프리드먼, 『다가오는 유럽의 위기와 지정학』 (서울: 김앤김북스, 2020), p. 9.

20 Scott A. Snyder, "Three Geopolitical Constraints on South Korea's Foreign Policy," Council on Foreign Relations (2015.7.31.), https://www.cfr.org/blog/three-geopolitical-constraints-south-koreas-foreign-policy.

21 Evans J. R. Revere, "The Prospects for Korean Reunification. Great Decisions." Foreign Policy Association (2016년 2월 19일) https://youtu.be/fiWmVELM-RM?si=6rkwfulK4A6PJKCz.

22 Michael Lind, "Welcome to Cold War II," *The National Interest* 155 (May 2018), pp. 9-21.

대 한국 정치를 이해할 수 있는 시원(始原)이 된다. 지정학적 단층선은 이데
올로기적 단층선과 직결된다. 자유민주주의와 사회주의의 대립 구도는 비단
군사안보 영역에만 국한되는 것이 아니다. 정치, 경제, 사회문화, 과학 영역
에 이르기까지 광범위한 영향을 미친다. 요컨대, 지정학은 현대 한국 정치논
쟁 구도의 출발점이라 해도 과언이 아니다.

　탈냉전(Post Cold War)이 한반도에 미친 영향도 다대하다. 1991년 남북기
본합의서를 통해 일반 국가 간의 관계가 아닌 민족 내부의 특수 관계라는 남
북관계의 기본 틀이 형성됐다. 공산권과의 관계 개선에 대한 의지를 드러
낸 것은 군사정권의 후신이자 보수정권인 노태우 정부 때였다. 대한민국은
1990년 소련과, 1992년 중국과 각기 관계를 정상화했다. 특히 탈냉전기 한
중 교역은 수교 이후 30년간 약 47배 증가했다. 중국은 한국의 최대 교역 상
대국이 되었고, 한국은 중국의 3위 교역 대상으로 자리매김했다.[23] 국가 대
국가로서 한중관계 발전은 한국 정치의 지형을 바꾸어 놓기에 충분했다. 한
중관계는 1992년의 '우호관계'에서 2017년 '실질적 전략적 협력동반자 관계'
로 격상됐다. 탈냉전기 초입 무렵 한반도 비핵화에 관한 공동선언 역시 발표
됐다. 노태우는 집권 기간 "앞으로 10년 안에는 통일이 이루어질 것을 확신
한다"고 여러 차례 언급했다.[24] 탈냉전과 자유민주주의 승리에 전 세계가 환
호하던 시기였다.

　그러나 탈냉전기에도 한반도는 종종 냉전의 마지막 유산(last remaining
vestige of Cold War)으로 불렸다.[25] 시대착오적이고, 탈냉전과 자유주의 흐름
을 역류한다는 비판 속에서도 북한은 주체와 선군 사상에 힘입어 국가안보

23　이정남, "한중수교 30주년, 그리고 한중관계의 미래," 『미래정책포커스』 제33호 (2022년 8월 5
　　일), p. 104.

24　문재철, "노태우 대통령, 10년 내 통일," KBS (1991년 7월 2일), https://news.kbs.co.kr/news/pc/
　　view/view.do?ncd=3705668.

25　United Nations (2015) Divided Peninsula 'Last Remaining Vestige of Cold War,' Republic of
　　Korea President Tells UN. https://news.un.org/en/story/2015/09/510152; Adena Eliasoph
　　(2015) The Cold War's Last Frontier: Where North Korea Meets South. NATO Association of
　　Canada. https://natoassociation.ca/the-cold-wars-last-frontier-where-north-korea-meets-
　　south/.

와 정권안보를 유지해 나갔다. 고비 때마다 불거져 온 북한 붕괴론이 무색하게 북한은 세습 구도를 지속했다. 특히 북한의 핵무기 개발은 탈냉전기 한반도 냉전 구도를 지속 가능하게 한 원동력과 다름없었다. 핵무기 개발에 따른 냉전 구도 지속은 복합적 성격을 띤다. 한쪽에서는 북한이 합의 내용을 재해석하거나 새로운 요구를 제기하는 방식으로 핵 개발을 지속했다. 다른 한쪽에서는 '북한붕괴론'이 체계적이고 일관적인 대북정책과 북핵정책의 수립을 가로막았다.[26] 요컨대, 한반도는 탈냉전 속 냉전의 지정학을 유지해 왔다.

냉전의 정확한 시작 시점에 대한 상반된 평가가 존재하듯이, 탈냉전 시기를 뒤로 하고 신냉전이 도래한 것인가에 대한 논쟁이 존재한다. 이에 대한 평가는 현재 전환기에 놓인 국제체제가 어떤 형태로든 다시 일정한 궤도에 오르게 되면 후대 역사가들의 몫으로 남게 될 것이다. 분명한 점은 최소 미국 중심의 일극적(一極的) 탈냉전기가 종료했다는 것, 그리고 신냉전 담론이 훨씬 더 증가했다는 것이다.[27] 문제는 한반도가 신냉전 시기의 도래를 견인하는 최전선에 있다는 점이다. 공교롭게도 신냉전 초입에 러시아의 크림반도 병합 및 침공 사태로 우크라이나가 지정학적 비극의 표상이 되고 말았지만, 대만 문제와 더불어 한반도 문제는 얼마든지 신냉전기를 상징할 수 있는 지역적 대표성을 지니고 있다. 안미경중(安美經中)도, 미국과 중국 간 전략적 모호성을 견지하는 것도 한계에 직면했다. 안보 개념 자체가 군사안보와 경제안보가 뒤섞인 일종의 '혼용적' 담론으로 활용되고 있다. 국제질서의 전환기에 미국, 일본, 유럽 등과 협력 구도를 심화하는 문제는 곧 복합적 협력 구도를 구성하는 일이다. 정치, 경제, 군사 안보가 융합하는 것이다.

한반도는 국제질서의 전환기마다 생존전략을 찾아야 하는 곳이었다. 냉전은 돌연히 종식되었지만, 탈냉전의 지정학이 한반도가 직면한 핵심 딜레마를 해소해 주지는 못했다. 현재의 한반도는 다시 새로운 냉전의 소용돌이

---

26   전봉근, 『북핵위기 30년: 북핵외교의 기록과 교훈』 (서울: 명인문화사, 2023), pp. 413-414.

27   Burhanettin Duran (2022) New Cold War Discourses Becoming More Widespread. SETA. https://www.setav.org/en/new-cold-war-discourses-becoming-more-widespread/; Elliott Abrams (2022) The New Cold War. Council on Foreign Relations. https://www.cfr.org/blog/new-cold-war-0; Michael Lind (2018).

에 들어서고 있다. 북한은 2023년 말 이후 '한반도 2국가론'을 주창하고 있다. 아울러 2024년 6월 러시아와 북한이 '포괄적·전략적 동반자 관계'를 수립하고, 양국 간 1961년 '조·소 우호협조 및 상호원조조약' 수준의 자동 군사개입 조항을 명시한 것은 한반도에 드리운 신냉전의 표상이다. 냉전은 공산주의 진영의 몰락으로 종식되었지만, 신냉전은 사회주의 또는 권위주의 진영의 부활로 도래하고 있다. 지정학에 대한 이해는 필연적으로 정체성에 대한 이해를 수반한다.

2. 정체성

2.1. 이데올로기 시대의 부활

덜레스(John Foster Dulles, 1888-1959) 전 미국 국무장관은 한미상호방위조약의 목적이 "한국이 이 지역에서 자유의 최전선(forefront of liberty)임을 세계에 알리는 것"에 있다고 했다.[28] 덜레스의 말이 상징하는 대로 한반도는 냉전이 낳은 첫 '열전의 장(場)'이었다. 6.25 전쟁은 공산주의 진영에 저항하는 북대서양조약기구(NATO: North Atlantic Treaty Organization)의 발전 경로를 형성하는 데 커다란 영향을 미쳤고, 소련의 원자폭탄 개발, 중국 대륙의 공산화 등과 더불어 트루먼(Harry S. Truman) 행정부의 냉전 정책 형성에 중요한 분기점 역할을 했다.[29] 달리 말하면 지정학적 요소가 공산주의 대 자유민주주의(또는 자본주의적 민주주의)라는 이데올로기적 대립 구도로 발현되는 최전선에 한반도가 위치한 것이었다. 이는 한국 정치의 영속적 논쟁을 유발하는 구조적 조건으로 작동한다.

냉전의 시대에는 적과 동지의 구분이 분명했다. 탈냉전기에는 그렇지 않

28   김학재, 『판문점 체제의 기원: 6.25 전쟁과 자유주의 평화기획』(서울: 후마니타스, 2015), p. 447.

29   Walter Lafeber, "NATO and the Korean War: A Context," *Diplomatic History* 13-4 (October 1989), p. 461.

았다. 상술한 바와 같이 탈냉전기 중국은 한국과의 관계를 '전략적' 수준까지 끌어올렸었다. 그런 차원에서 중국의 대(對)한국 접근은 단순히 경제적 동기에 입각한 것만은 아니었다. 특히 탈냉전 초기에는 한반도 전체가 한국의 영향력 아래 놓일 수도 있다는 점을 중국이 인식하고 있었다고 볼 필요가 있다. 중국 입장에서는 한국 주도의 통일에 따른 미국의 영향력이 극대화되는 것을 사전에 방지할 필요가 있었던 것이다.[30] 탈냉전기 수세에 몰린 북한을 경영한 김정일도 마찬가지였다. 북한은 정권 수립 이후 늘 주한미군 철수를 부르짖었지만, 김정일 시기에는 동북아 국제정세 안정을 위한 주한미군의 필요성을 비공식적으로 인정할 수 있다는 유연성을 보였다.[31] 김정일 정권 말기였던 2009년 개정된 헌법에는 '공산주의' 단어가 삭제되기도 했다.

이데올로기는 국가 전략의 실현을 위한 도구다. 따라서 심오하고, 내적 지향성을 지닌 철학과 구별된다. 대중을 설득하는 것이 목적이므로, 간단하고 명확해야 한다. 그런 측면에서 공산주의 창시자인 마르크스(Karl Marx)와 엥겔스(Friedrich Engels)가 애당초 이데올로기를 "통치권을 정당화하기 위해 지배계급이 날조한 것"이라고 규정한 것은 역설적이다.[32] 북한은 김정은 시기 이후 다시 공산주의 이데올로기를 활용하고 있다. '자본주의-사회주의-공산주의'는 북한이 강조하는 국가발전 단계다. 공산주의를 이상화하는 것이다. 김정은 시기 북한은 '사회주의의 전면적 건설'을 넘어 "공산주의적 국풍"을 수립하는 것을 이데올로기적 투쟁 과업으로 설정했다.[33]

중국도 마찬가지다. 시진핑(習近平) 시기 중국 국가안보의 핵심 관념은 '총체적 국가안보관(總體國家安全觀)'에서 비롯된다. 공산당의 절대적 지도력

---

30 김경원, 『전환시대의 생존전략』 (서울: 삶과 꿈, 2005), pp. 30-31.

31 Kim Dae-jung, "Conscience in Action: The Autobiography of Kim Dae-Jung," in Jeon Seung-hee(translated.), *Conscience in Action: The Autobiography of Kim Dae-Jung* (Palgrave Macmillan, 2019), pp. 645-646.

32 Leon P. Baradat and John A. Phillips, *Political Ideologies: Their Origins and Impact* (Routledge, 2020), p. 9.

33 최지영, 김진하, 박영자, "북한 최고인민회의 제14기 제9차회의 분석," 『통일연구원』 CO 23-32 (2023년 9월 30일), p. 3.

을 견지하고 영도권을 보장하는 것은 총체적 안전관이 추구하는 최우선 순위다.[34] 중앙국가안전위원회(中央國家安全委員會)를 설립한 것 또한 같은 맥락이다. 국가안보 지휘체계의 핵심 역할은 공산당 중앙이 맡는다.[35] 시진핑 정권은 2018년 마르크스 탄생 200주년 기념행사를 성대하게 거행했다. 시진핑은 "중국 공산당원은 마르크스주의의 충성스러운 신봉자이자 확고한 실천자"라고 강조했다.[36] 주지하다시피 마르크스주의는 유물론에 기반을 둔 사상이다. 그런데 시진핑은 "주혼육인(鑄魂育人)"을 강조한다. 인민을 계도하고 '영혼'을 주조(鑄造)한다는 의미다.[37] 마르크스를 전면에 내세우지만 결국 정권 안보를 위한 이데올로기로 귀결된다.

통치술(統治術)로서 이데올로기 활용은 자유민주주의 정권도 예외가 아니다. 대한민국 정부도 출발부터 그랬다. 한국의 이데올로기는 "한민당 중심의 반공주의에 입각한 강경 우파를 중심으로 출발"했으며, 이는 6.25 전쟁을 거치면서 공고화되었다.[38] 이데올로기적 극단성은 이미 6.25 전쟁 이전부터 한국 사회에 만연해 있었다. 강준만은 『6.25 전쟁의 발발과 기원』저자인 박명림을 인용해 다음과 같이 말했다. "1946년 초 김일성을 살해하려 할 만큼 가장 극단적이었던 김구가 두 한국을 평화적으로 합치려 극단주의를 버렸다가 1949년 또 다른 극단주의자들에게 살해되는 것은 아이러니가 아니라 한국 정치의 어떤 특성의 표출이었다."[39] 반공은 종교화되었고, 이승만은 "어두운 밤의 등탑"이자 "넓은 바다의 나침반"으로 우상화되었다. 해방 후의 왕조적(王朝的) 전통은 남쪽이나 북쪽이나 매한가지였다. 북한에서 김일성은

---

34 共产党, "习近平新时代中国特色社会主义思想. 总体国家安全观," 『共产党员网』. https://www.12371.cn/special/xxzd/hxnr/aqg/.

35 김순수, "중국의 '중앙국가안전위원회' 설립에 관한 연구," 『민족연구』 제63호 (2015), pp. 4-35.

36 신경진, "시진핑 "중국 공산당은 마르크스주의 충성스런 신봉자·실천자," 『중앙일보』 (2018년 5월 4일), https://www.joongang.co.kr/article/22597046#home.

37 송재윤, "중국, 아직도 마르크스를 떠받드는 이유는?," 『조선일보』 (2022년 12월 31일), https://www.chosun.com/opinion/column/2022/12/31/AIH4GMT7KRBJZPFDBNXUPKJF4E/.

38 강원택, 『한국 정치의 결정적 순간들』(서울: 21세기북스, 2022), p. 214.

39 강준만, 『한국 현대사 산책: 1940년대편 2』(서울: 인물과사상사, 2004), p. 257.

이미 1946년부터 "위대한 우리나라의 태양"이자 "우리 민족의 샛별"로 묘사
되었다.[40] 어느 순간 "통일이라는 개념 자체가 분단 종식의 최대 장애물"이
되었다. 한국이 통일을 강조하면 북한은 그것을 즉각 "공격적 흡수통일로
이해"하고, 북한이 통일을 외치면 한국은 그것을 곧 "적화통일"로 여기게 되
었다.[41]

　　한국 사회는 왕조적 전통에 기반한 지도자 우상화 관성을 민주화를 통해
극복했다. 통치자의 권력은 시민의 기본권에 기속(羈束)되어 있는 것임을 점
진적으로나마 증명해 왔다. 북한은 사회주의 '혁명'을 강조하면서도 여전히
'장군님 따라 승리의 한길'을 외친다. 혁명이 아닌 자기방어적 고립이 충만
한 보수적 형태다. 북한은 여전히 왕조적 전통을 고수하는 신유교(新儒敎) 국
가다.[42] 한국은 탈냉전 흐름에 힘입어 북한과의 이데올로기 경쟁에서 확실한
우위를 점했다. 한국의 진보 정권이 추구한 대북화해협력정책의 기조 역시
그랬다. 자유민주주의의 승리를 확신하는 가운데 강자의 의지에 입각한 정
책이라는 논리였다.[43]

　　그러나 상술했듯 탈냉전의 퇴조 현상이 가속화하고, 신냉전의 구도가 짙
어지면서 탈이데올로기 현상이 역행하고 있다. 앞서 북한과 중국의 예를 들
었지만, 한국도 윤석열 정부 이후 이데올로기의 중요성을 눈에 띄게 활용하
고 있다. "자유민주주의와 공산 전체주의가 대결하는 분단의 현실"을 자각
해야 한다고 강조한다.[44] 결국 오늘날 이데올로기에 입각한 정체성 논쟁은
한반도가 처한 지정학적 현실에서 비롯되었으며, 대한민국 정부 수립 무렵
부터 구축된 반공 논쟁의 연장선에 있다.

40　강준만 (2004), pp. 264-272.

41　한완상, 『한반도는 아프다: 적대적 공생의 비극』 (서울: 한울, 2013), p. 297.

42　김성보, "북한의 주체사상: 유일체제와 유교적 전통의 상호관계," 『사학연구』 제61권 (2000), pp.
　　234-252.

43　Kim Dae-jung (2019), p. 425.

44　노정태, "'공산 전체주의'가 철 지난 반공? 민주당은 설명할 의무가 있다," 『조선일보』 (2023년 4
　　월 9일), https://www.chosun.com/opinion/chosun_column/2023/09/11/XIU7GKAU65CIXF-
　　WE4IP2YIVB3E/.

2.2. 보수 대 진보

한국 사회에서 보수와 진보의 전통적 구분 기준은 주로 통일에 대한 관점 차이로 인한 것이었다. 물론 각 진영 내부를 살펴보면 근본주의적인지 점진주의적인지에 따라 정책 선호 방식이 상이하다. 근본주의 성향을 지닌 보수주의자들은 북한 체제와의 공존 가능성 자체를 부정한다. 통일은 곧 북한 체제의 붕괴를 의미한다. 달리 말해 통일은 한국의 주도에 의한 흡수통일이다. 북한 체제의 영속을 부정한다는 점에서는 점진주의 성향을 지닌 보수주의자들도 마찬가지다. 다만 점진주의자들은 북한 체제의 단계적 변화 가능성을 인정한다. 진보계에서도 마찬가지다. 급진적 진보주의자들은 남한 체제를 미국 제국주의에 예속된 부르주아 계급에 의한 지배체제로 묘사했다. 북한의 '민족해방 인민민주주의혁명' 전략과 궤를 같이하는 사조라고 할 수 있다.[45] 분단모순에 앞서 계급모순의 우선적 해결을 추구하는 민중민주주의 계열이다. 반면 점진주의자들은 한국 사회의 민주화를 인정하고, 분단모순의 우선적 해결을 중시한다. 민중민주주의와 대비되는 표현에서 민족민주주의로 불릴 수 있을 것이다.[46]

보수계열이든 진보계열이든 정권을 잡은 후 표출한 공식 담론은 '북한의 점진적 변화 추구'로 어느 정도 수렴해 왔다. 근본주의적 시각으로는 정권 창출 및 재창출이 현실적으로 어렵다는 사실을 자각했기 때문이다. 김영삼 정부(문민정부) 이후 모든 대한민국 행정부는 '민족공동체 통일방안'을 공식적 통일방안으로 계승했다. "점진적 방법을 통해 상호 신뢰를 조성할 수 있는 과도기를 거쳐 기능적으로 통합되면서 궁극적으로 통일을 실현하려는 접근방법"이다.[47] 물론 방법론적 차원에서 정권별 대북 기조와 접근방식은 다르다. 보수는 '힘에 의한 평화'를, 진보는 '대화와 협상에 기반한 평화'를 추구한다. 그럼에도 불구하고 북한의 점진적 변화 추구는 현대 한국의 보수와 진

45 김진환, 이미경, 이인정, 정은찬, 차문석, 『통일문제이해』 (서울: 국립통일교육원, 2021), pp. 180-181.
46 김경원 (2005), pp. 192-195.
47 김진환, 이미경, 이인정, 정은찬, 차문석 (2021), p. 174.

보를 연결하는 지점이다.[48]

현대 한국 사회의 정체성 구도는 훨씬 복합적이다. 북한에 대한 관점은 보수와 진보를 구분하는 중요한 변수이긴 하지만, 유일한 변수는 아니다. 보수와 진보를 '고정된' 정체성으로 바라보는 것도 지양해야 한다. 기실 실체가 지니는 존재적 지위는 '관계'에 의해 결정되기 때문이다.[49] 그런 차원에서 보수주의는 "하나의 이념(ism)이라기보다 경험, 상식과 같은 현실적 체험과 관찰에 의해 형성된 사고방식"에 가깝다.[50] 진보도 마찬가지다. 진보의 기준은 역사의 진보와 더불어 자연스레 교체된다. 본래 자유주의(liberalism)는 개인의 자유를 추구하는 진보적 관점이었다. 그러나 자본주의(capitalism)와 결합하면서 보수적 형태를 띠게 됐다. 예컨대 고리대금업(usury)은 서구세계에서 악한 행위의 상징이었다. 그러나 18세기 이후 경제적 이익을 포함한 사익의 추구는 사회 전체의 선을 증진하는 행위로 인식되기 시작했다.[51] 루터(Martin Luther)의 95개조 반박문으로 촉발된 종교개혁은 진보적 사고의 표상이었다.[52] 오늘날 개신교, 특히 적지 않은 한국 개신교 지도자들은 '개신(改新)'에 걸맞지 않은 보수성을 견지한다.[53]

도덕성을 기준으로 한 진보와 보수의 구분도 옛말이 됐다. 보수적 가치가 본래 무도덕해서가 아니다. 한국 맥락에서 보수의 부패 이미지는 조국 근대화론을 앞세우며 반공 이데올로기로 무장했던 일부 보수층의 이른바 '떡

---

48 2023년 말 이후 북한이 통일과 민족 개념을 폐기하고 한국을 적대국으로 명기하며 '한반도 2국가론'을 추진하는 데 대해 한국 정부가 민족공동체 통일방안을 수정할 수 있다는 견해도 제기되고 있다.

49 Milja Kurki, "Relational Revolution and Relationality in IR: New Conversations," *Review of International Studies* 48-5 (March 2021), pp. 821–836.

50 강원택, 『보수는 어떻게 살아남았나: 영국 보수당 300년, 몰락과 재기의 역사』 (서울: 21세기북스 2020), p. 21.

51 Terence Ball, Richard Dagger, and Daniel I. O'Neill, *Political Ideologies and the Democratic Ideal* (Oxon: Routledge, 2020), pp. 71–72.

52 Michael Reeves, *The Unquenchable Flame: Discovering the Heart of the Reformation,* (London: Inter-Varsity Press, 2009).

53 강인철, "한국 개신교와 보수적 시민운동: 개신교 우파의 극우·혐오정치를 중심으로," 『인문학연구』 제33호 (2020), pp. 3–30.

고물론(論)'에 힘입은 바 크다. 같은 이유로 진보의 도덕성은 상대적 측면에서의 도덕적 우월을 의미했다. 이명박 정부 때까지만 해도 진보 언론들은 보수정권 청와대 수석과 각료들의 평균 재산액, 다주택 소유, 자녀의 미국 시민권·영주권 소유 문제들을 호되게 비판했다.[54] 그러나 민주화 이후 보수와 진보 진영 간 정권교체를 여러 차례 경험한 국민은 정치 엘리트들의 부정부패와 성비위(性非違)가 진영의 문제가 아님을 절감했다. 잇따라 터진 정권별 권력자 측근의 자녀 입시비리 사건들은 보수와 진보 간 권력 투쟁이 기득권 투쟁의 수준에 불과하다는 점을 깨닫게 했다. 오늘의 집권 세력은 어제의 집권 세력을 '적폐'로 규정했고, 다음 날에는 또 다른 집권 세력에 의해 적폐로 규정되었다. 양 세력은 서로를 '헌법 질서의 파괴자'로 불렀다.

어떤 의미에서 한국 정치는 아직도 '1987년 체제'에 갇혀 있다. 정치평론가 진중권은 "정치는 경제의 선행지표다. 민주주의의 후퇴는 곧 경제를 비롯한 사회 전체의 정체로 이어질 것"이라고 지적했다.[55] 옳은 말이다. 보수와 진보 간 생산적 논쟁의 부재는 민주주의의 위기를 불렀다. 그리고 민주주의의 위기는 경제 문제와 직결된다.

3. 경제

3.1. 자본주의 유감

민주주의 위기를 부르짖는 목소리가 뜨겁다. 영국 옥스퍼드대 연구기관이 제시한 데이터에 따르면 민주주의에 기반한 국가의 숫자가 지속적으로 감소하고 있는 것으로 확인됐다. 2008년을 기점으로 자유민주주의가 쇠퇴하

---

54 [사설], "이명박 정부, '1% 프렌들리'에서 벗어나라," 『경향신문』 (2008년 2월 24일), https://www.khan.co.kr/opinion/editorial/article/200802241817425; 김종철, "친서민 공정사회로 간다는데," 『한겨레』 (2010년 8월 25일), https://www.hani.co.kr/arti/opinion/column/436773.html.

55 진중권, 『보수를 말하다』 (서울: 동아일보사, 2020), p. 214.

고, 형식적 선거에 기반한 민주주의 또는 권위주의 형태의 정부가 증가하는 모습이 눈에 띈다.

그림 2 | 민주주의 정권 비율 변화

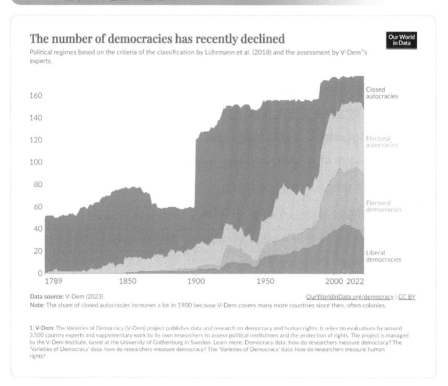

The number of democracies has recently declined

Political regimes based on the criteria of the classification by Lührmann et al. (2018) and the assessment by V-Dem's experts.

Data source: V-Dem (2023)   OurWorldInData.org/democracy | CC BY

Note: The share of closed autocracies increases a lot in 1900 because V-Dem covers many more countries since then, often colonies.

1. V-Dem: The Varieties of Democracy (V-Dem) project publishes data and research on democracy and human rights. It relies on evaluations by around 3,500 country experts and supplementary work by its own researchers to assess political institutions and the protection of rights. The project is managed by the V-Dem Institute, based at the University of Gothenburg in Sweden. Learn more: Democracy data: how do researchers measure democracy? The 'Varieties of Democracy' data: how do researchers measure democracy? The 'Varieties of Democracy' data: how do researchers measure human rights?

21세기 이후 전 세계적인 민주주의의 위기는 정치 또는 이데올로기 위기로 볼 수 있겠지만, 경제위기와도 직결된다. 뒤집어 생각하면 냉전의 종식을 계획 경제 시스템에 대한 자유민주주의 시장경제의 승리로 해석한 경우가 많았다는 점을 떠올려 볼 수 있다. 냉전 종식 무렵 소련의 경제체제는 이전 40년간 이어 온 제국주의적 확장을 더 이상 지속할 여력이 없었다.[56] 그러나 문제는 시장경제로의 전환이 전 세계적인 경제성장을 가져다줄 것이라는

---

56   Henry Kissinger, *World Order* (London: Penguin Books, 2014), p. 313.

탈냉전기 초입의 기대가 이미 21세기가 도래하기도 전에 깨져버렸다는 데 있었다. 1989년 2% 수준에 불과하던 러시아 빈곤층의 비중은 1998년 말 23.8%로 급등했다. 다른 옛 공산권 국가들의 경우도 비슷한 수준을 보였다. 시장경제로의 전환은 소수를 번영케 했지만, 다수의 중산층을 초토화했다. 민영화, 자유화, 분산화라는 워싱턴 합의(Washington Consensus)는 균등한 성장이 아닌 착취와 약탈, 그리고 심각한 경기하강을 수반했다는 비판에 직면했다.[57]

후쿠야마(Francis Fukuyama)가 담대하게 외친 "역사의 종말"은 서구식 자유민주주의에 의한 단순한 이데올로기적 승리가 아니었다. 그것은 인간 역사의 최종 형태로서의 승리였다. 후쿠야마에 따르면 서구식 자유민주주의는 역사를 마감하는 최종적 정부 형태여야 했다.[58] 그러나 탈냉전기 자유민주주의가 수반하는 자본주의에 대한 우려의 목소리가 높아지면서 "자본주의는 당연하지 않다"는 인식이 확대되었다. 사람들은 경제체제와 정치체제 모두 "초부유층의 편에서" 돌아가고 있으며, "대중에게 보장했던 약속을 제대로 지키지 못하고 있다는 사실"을 깨닫게 되었다.[59] 자유주의는 필연적으로 자본주의를 배태했고, 그 속에서 자본주의는 금융화되었다. 카지노 자본주의로 불리는 사회에서 도덕을 포함한 사회적 가치의 영역마저 시장의 가치들로 대체되었다. 시장 우선주의(market triumphalism) 사회 속에서 모든 것이 효용성과 효율성의 관점, 즉 자본주의적 관점으로 해석되었다.[60]

사회 자체의 '계약화'는 자본주의를 살아가는 시민들의 의식을 변화시켰다. 모든 것이 계약화되었다. 위험은 외주화(外注化)되었고 죽음은 하청화(下請化)되었다. "약속을 어기는 편이 더 이득이 될 때에는 효용성 기준에 따라 약속을 어기는 것이" 정당화되는 시대가 되었다.[61] 한국 최초의 여성 대법관

57   조지프 스티글리츠, 『세계화와 그 불만』(서울: 세종연구원, 2020), pp. 410-417.

58   Francis Fukuyama, "The End of History," *The National Interest* 16 (Summer 1989), p. 4.

59   데이비드 하비, 『자본주의는 당연하지 않다』(서울: 선순환, 2021), p. 12.

60   Michael J. Sandel, *What Money Can't Buy: The Moral Limits of Markets* (New York: Farrar, Straus and Giroux, 2013).

61   김영란, 『판결과 정의: 대법원의 논쟁으로 한국사회를 보다』(서울: 창비), p. 82.

인 김영란은 프랑스 노동법학자인 쉬피오(Alain Supiot)를 인용해 아래와 같이 지적한다.

> "저마다 자신에게 유리한 경우에만 약속을 지키는 세상이라면 말이라는 건 이제 아무런 가치도 지니지 못할 것"이고 "이런 사회에서는 가장 약한 사람들이 가장 높은 비용을 지불하게 되며 이에 따라 약자들은 정치가의 말을 조금도 신뢰하지 못하고, 법률에도 아무런 가치를 부여하지 않는다"라고 한다. 법의 제도적 기능은 "각자의 행위가 상식을 벗어나지 않을 수 있는 기준"으로서의 역할인데, 효용성이 기준이 된다면 결국 힘의 원칙만이 가치를 가질 것이다.[62]

현대 한국 사회를 꿰뚫는 지적이다. 외주화된 위험과 하청화된 죽음을 기다리는 것은 사회적 약자들이다. 경제협력개발기구(OECD: Organisation for Economic Co-operation and Development) 회원국 중 산업재해 사망률 1위 국가가 한국이다. 사고나 질병으로 매년 숨지는 2,000명가량의 노동자는 시장 우선주의 사회 속에서 단순한 숫자로 취급된다. 『칼의 노래』 저자인 소설가 김훈은 다음과 같이 일갈했다. "노동자들이 몸이 터져서 죽으면 사업체 대표나 담당 관리들이 빈소에 와서 '명복을 빈다'는 화환을 들이민다. 나는 '명복을 빈다'라는 말에 분노를 느낀다. 현세의 문제를 해결하지 않고서 명복을 빈다니, 노동자들은 명복을 누리려고 고공 작업장으로 올라가는가. 명복은 없다."[63]

자본주의는 인류 역사의 원동력이다. 문제는 인간의 자유의지로부터 비롯된 자본주의가 인간을 소외하는 수준에 이르렀다는 데 있다. 자유 방임주의의 상징처럼 되어버린 스미스(Adam Smith)조차 『도덕 감정론』을 통해 인간이 "연민과 동정심을 지닌 존재이고 타인의 슬픔을 통해 슬퍼할 수 있는 존재라는 점"을 강조했다는 사실을 잊어서는 안 된다.[64] 시장경제가 원활하게

---

62 김영란 (2019), pp. 84-85.

63 김훈, "죽음의 자리로 또 밥벌이 간다," 『경향신문』 (2019년 11월 25일), https://www.khan.co.kr/national/labor/article/201911250600045.

64 Adam Smith, *The Theory of Moral Sentiments* (D.D. Raphael and A.L. Macfie eds.) (New York: Oxford University Press, 1976[1759]), p. 1.

작동하기 위해서는 "시장에 부합하는 사람들의 태도와 제도가 전제 조건"이
돼야 한다.[65]

자본주의는 필수이지만 당연한 것은 아니다. 자유민주주의를 살아가는
시민은 자본주의와 민주주의 간 상생의 길을 끊임없이 모색해야 한다. 부
의 축적을 정당화한 로크(John Locke)에게도 급진적인 모습과 보수적인 모습
이 공존했다는 사실을 기억해야 한다.[66] 평등권과 재산권, 자유권은 편의에
따라 분리할 수 있는 것이 아니다. 자유와 평등, 그리고 효율과 민주는 경쟁
적 공존 관계다. 가치와 실용 차원에서 충돌하는 지점이 있더라도, 반드시
함께 가야 한다. 극대화된 시장사회(market society)를 건전한 시장경제(market
economy)로 되돌리는 것이다. 충돌하는 가치관 사이 합리적 사유체계를 정
립하는 일이 한국 정치의 토대가 돼야 한다.

3.2. 격차사회: 실존적 위협

격차사회는 일본에서 유래한 표현이다. 1980년대 부동산과 주식 투자붐
이 일어나면서 금융소득 비율이 급증했다. 거품경제의 붕괴로 경기가 급속
도로 침체되면서 급여소득이 정체하는 상황이 지속됐다. '1억총중류(一億總中
流) 사회'라는 표현은 옛말이 됐다. 그에 따라 국민들 사이의 안정적 평등의
식도 약화되었다. '격차사회=고이즈미 준이치로(小泉純一郎)'로 통용되던 시
기가 있었다. 신자유주의 기조에 발맞춰 시장 메커니즘을 강화하면서 일본
내 빈부격차를 강화했다는 비판의 목소리가 비등했다. 물론 고이즈미가 호
경기를 이끌었다는 시각도 있지만, 명목임금의 감소 현상은 계속됐다.[67] 스
위스 국제경영개발대학원(IMD)이 해마다 발간하는 『세계경쟁력 보고서』에
따르면 일본의 국가경쟁력은 1989년 1위에서 2023년 35위까지 떨어졌다.
2019년의 30위보다도 다섯 계단 하락한 수치다. 일본이 경험한 '잃어버린 30

---

65   김성수, 『자본주의와 민주주의, 상생(相生)의 정치경제학을 위하여』(서울: 박영사, 2020). p. 92.

66   김성수 (2020), pp. 46-64.

67   이창민, 『지금 다시, 일본 정독』(서울: 더숲, 2022), pp. 195-198.

년'이 고스란히 드러나는 숫자다. 일본 보수주의자들의 언급처럼 잃어버린 30년의 출발점이 1985년 '플라자합의(Plaza Accord)'에 있다는 지적도 틀린 것은 아니다. 실제로 엔화 가치가 급등하면서 수출에 타격을 주었고, 거품경제를 유발하는 주요 원인으로 작용했다. 그러나 동시에 신자유주의적 개혁이 고령화와 디플레이션의 구조적 원인을 제거하지 못했다는 점에도 주목할 필요가 있다. 일본의 장점이었던 사회안전망은 신자유주의적 제도 개혁 이후 붕괴를 경험했다.[68]

21세기 한국은 격차사회를 넘어 '다중격차'를 경험하고 있다. 단순한 소득 혹은 자산 격차의 문제가 아니다. 주거, 복지, 교육, 노동, 건강, 지역, 젠더 등 분야를 가리지 않고 사회적 계급 간 격차 문제가 불거지고 있다. 주택담보대출 규모가 증가하고, 정부는 성장을 부동산 경기부양에 의존하면서 '자가(自家) 보유'가 하나의 이데올로기적 현상이 돼버렸다. 주택과 금융, 자산 간 연계체제가 형성되면서 자가 보유 계층과 미보유 계층, 나아가 자가 보유 계층 및 미보유 계층 내부의 분화가 이뤄지며 일종의 견고한 주택계급(housing classes)이 형성됐다.[69] 노동시장 또한 고임금–고용안정의 1차 노동시장과 저임금–고용불안의 2차 노동시장을 포함하는 이중구조로 고착됐다.[70] 정규직과 비정규직, 대기업과 중소기업 간 노동시장 구분이 뚜렷해졌고, 불평등의 정도 역시 심해졌다.[71]

교육격차와 지역격차 역시 경제적 양극화 문제와 직결돼 있다. 선행학습 여부는 입학 가능한 대학의 수준을 결정할 만큼 중요해졌다. 고소득층 가정 자녀의 서울대 입학 비율 역시 급증해왔다. 선행학습 열풍은 초등학생을 넘어 유치원 단위까지 확산했다. 이른바 '영어유치원 입시' 현상이다. 교육 및

---

68   유영수, 『일본이 선진국이라는 착각』(서울: 휴머니스트, 2021), pp. 190-220.

69   신진욱, "다중격차와 글로벌 다중위기의 도전," 『한림지성』 창간호 (2023년 1월), pp. 25-26.

70   전병유, 황인도, 박광용, "노동시장의 이중구도와 정책대응," 『BOK 경제연구』 제2018-40호 (2018년 12월 10일), p. 2.

71   Hagen Koo, "Rising Inequality and Shifting Class Boundaries in South Korea in the Neo-Liberal Era," *Journal of Contemporary Asia* 51-1 (2021), pp. 1-19.

경제 인프라가 수도권에 집중된 상황에서 '인(in) 서울' 현상은 더욱 강화됐다. 지역 인재들은 '더 좋은' 학교와 '더 나은' 일자리를 찾기 위해 서울로 몰려든다. 나라 인구의 절반 이상(50.5%)이 수도권에 몰려 산다. 15~34세 청년층이 수도권 증가인구의 79%를 차지한다. 수도권 거주 인구 비율 측면에서 한국은 OECD 회원국 중 1위다. 2위인 일본(34.4%)보다 훨씬 높다.[72] 지역 균형발전 담론이 무색하게 수도권–비수도권 격차는 갈수록 커졌다.

수도권과 비수도권 간 의료 서비스 격차도 심각하다. 의료격차의 경우 전문과목 간의 불균형도 심하지만, 지역 간 형평 문제는 간과할 수 있는 수준을 넘어섰다. 고령화가 급속히 진행되는 곳은 지방인데, 의료 인프라는 수도권에만 집중되다 보니 지방에 거주하며 큰 병을 얻은 환자들이 신체적 부담에 경제적·심리적 부담까지 안고 상경(上京)하는 일이 반복된다. 이른바 수도권 '빅5 병원'에서 진료받은 비수도권 환자는 2022년 기준 약 71만 명으로, 10년 사이 40% 이상 증가했다.[73] 자본주의의 위기가 격차사회를 낳았고, 격차사회는 수도권 중심의 국가적 문화와 접목되어 다중격차로 이어졌다. 더 큰 문제는 다중적이고 복합적 문제를 해결하기 위한 사회적 합의와 대안적 담론의 형성이 제대로 이뤄지지 못하고 있다는 데 있다.

다중격차 문제는 어느덧 우리 사회의 실존적 문제가 되어 다가왔다. 세계 최저의 출산율이 지속되면서 '국가소멸'을 우려하는 목소리까지 나온다. 재강조하지만 원인은 분명하다. "청년들 취업이 힘들고, 내 집 마련이 사실상 불가능하며, 대학 서열화가 너무 심하고, 자녀 사교육비에 허리가 휘고, 모두가 서울로만 몰리는 수도권 집중"이 도를 넘은 데 있다.[74] 교육과 결혼, 출산, 육아 등 인간의 실존을 구성하는 주요 행위 자체가 부정적 관념으로 뒤섞이고 있다. 다중격차 문제가 해결되지 않는 이상 세계 최악의 출산율 오

---

72 신호경, "한은, "수도권 인구 비중 OECD 1위…저출산 문제의 원인," 『연합뉴스』 (2023년 11월 2일), https://www.yna.co.kr/view/AKR20231102091751002.

73 홍서현, "서울 '빅5 병원'에 몰리는 환자들…의료격차 심화," 『연합뉴스TV』 (2023년 10월 18일), https://m.yonhapnewstv.co.kr/news/MYH20231018020700641.

74 [사설], "50년 뒤 인구 3600만에 절반이 65세 이상, 나라가 아니다," 『조선일보』 (2023년 12월 15일), https://www.chosun.com/opinion/editorial/2023/12/15/5RJ332VFLBGDXJXQX2AZAGSLBQ/.

명을 벗기도, 실존적 위협에서 벗어나기도 쉽지 않을 것이다.

물론 이를 '21세기적' 문제 또는 '신자유주의적' 문제만으로 치부해서는 안 된다. 성장의 중요성과 분배의 필요성 간 긴장 구도는 언제나 한국 정치를 이해하는 주요한 단층선이었다. 4차 산업혁명 시기 아이디어와 지식이 집약된 창조적 성장의 필요성은 더욱 커졌다. 디스플레이, 이차전지, 바이오, 미래 자동차, 로봇 등 첨단 분야에 대한 국가적 전략 수립은 더욱 중요해졌다. 국가 주도의 전략산업 육성이라는 발전주의적 근대화의 논리가 다시금 적용되는 것이다. 반면 경제적 양극화가 민주주의적 가치를 더 침해하지 않도록 관리해야 할 시점임도 분명하다. 시장사회가 아닌 시장경제가 지닌 본래의 가치 회복이 절실하다. 중소기업을 육성하고 노동자의 경영 참가를 중시하는 대중참여경제론의 외침도 여전히 적실성 있다. 1970년대 근대화론의 대안으로 대중경제론을 주도한 김대중조차 '생산적 복지'를 강조했다는 사실을 기억할 필요가 있다. 생산적 복지는 "시장경제" 외에 다른 길을 찾을 수 없었던 김대중의 현실적 고민에서 비롯된 것이었다.[75] '민주주의와 시장경제의 병행 발전'은 한국 사회가 타협할 수 없는 대전제와 다름없다. 요컨대 한국 정치를 제대로 이해하기 위해서는 경제 분야에서도 예외 없이 통시적·공시적 고려가 동시에 이뤄져야 한다.

4. 과학

4.1. 과학적인 것

과학적인 것(the scientific)은 정치적인 것(the political)과 구분되는가? 정치는 궁극적으로 권리에 대한 문제이고, 주권자는 권리에 대한 '예외 상태'를 결정할 수 있는 자이다. 예외 상태란 말 그대로 예외 상태다. 예외 상태는 주권자가 예외 사례를 설정하면서 형성된다. 예외 사례는 "기껏해야 극

75   김호기, 박태균, 『논쟁으로 읽는 한국 현대사』 (서울: 메디치미디어, 2019), p. 151.

도로 긴급한 사례라거나 국가의 존립이 위험에 처했다거나 하는 식으로 규정될 뿐, 실제 사태에 맞게 규정될 수는 없다."[76] 그러나 예외 상태가 정치적인 것에만 국한되는 것은 아니다. 쿤(Thomas S. Kuhn)은 "축적으로서의 과학관(view of science-as-cumulation)"이라는 "강렬한 개연성에도 불구하고, 그것이 과학의 이미지가 될 수 있는가의 여부를 의심할 만한 이유가 점증"한다고 했다.[77] 쿤의 표현에 따르면 과학적 측면에서 예외 상태는 정상과학(normal science)과 대비되는 '혁명(revolution)'일지도 모른다.[78]

군이 예외 상태 또는 혁명의 개념을 들지 않더라도 과학적인 것은 정치적인 것과 잘 구분되지 않는 경우가 많다. 과학과 정치의 두 가지 입장을 동시에 받아들여야 하는 경우가 그만큼 많다는 의미다. 정치가 과학에 어울리지 않는다고 과학으로부터 정치를 분리하는 것은 가능하지도 않고 바람직하지도 않다. 카이스트(KAIST) 이사장 및 환경부장관을 역임한 김명자는 다음과 같이 말했다.

> "과학자로서 행정과 입법 부문에서 일하고 수십 년 동안 정책연구를 한 처지에서는 흑백논리로 단순하게 생각할 수가 없다. '원자력을 하자'라고 말하려면 원자력의 부정적 측면이 딱 걸리고, '원자력을 하지 말아야 한다'라고 말하려면 한국의 에너지 안보 상황이 딱 걸린다. … 원자력은 고도의 기술공학 분야이면서 동시에 사회적 수용성이 생명인 분야이다. 따라서 여러 분야의 융합적 시각과 이해에 기초할 때 비로소 전체 그림을 볼 수 있다."[79]

과학과 정치의 접합 사례를 든다면 끝이 없을 것이다. 또 다른 예로 생명윤리 문제를 떠올려 볼 수 있다. 생명의 시작은 어디이고 끝은 어디인가? 죽음은 어떻게 정의할 수 있는가? 생명의 시작과 죽음의 '판정 기준'은 무엇이 되어야 하는가? 수태와 출산 사이의 어느 시점이 되어야 인간이 생명권

---

76 칼 슈미트, 『정치신학: 주권론에 관한 네 개의 장』(서울: 그린비, 2010), p. 17.

77 토머스 S. 쿤, 『과학혁명의 구조』(서울: 까치, 1999), p. 146.

78 Pierre Bourdieu, *Science of Science and Reflexivity* (Chicago: The University of Chicago Press, 2004), p. 14.

79 김명자, 『원자력, 무엇이 문제일까?』(서울: 동아엠앤비, 2023), pp. 5-6.

을 지닌다고 할 수 있는가? 인간의 죽음은 언제부터인가? 전뇌사인가, 대뇌사인가, 심장사인가? 생명과 죽음을 사건이 아닌 '과정'으로 봐야 한다면 판정 기준을 설정하는 문제는 더 어려워진다. 생명의 시작을 단세포 접합체(zygote)로 보든 뇌파의 생성으로 보든 태아가 통증을 자각하는 순간으로 보든 유기체적 관점에서는 과학의 영역이지만 결정은 정치의 영역에 속한다. 전뇌사이든 대뇌사이든 심장마비이든 유기체적 관점에서는 과학의 영역이지만 결정은 정치의 문제로 귀결된다. 태아의 권리와 임신부의 권리, 그리고 환자의 권리에 대한 문제와 직결되기 때문이다.

　4차 산업혁명의 선두주자인 인공지능(AI) 문제도 마찬가지다. 특히 2023년은 인공지능 역사에서 기념비적인 해로 기록됐다. 자율주행 기술은 물론이고 챗GPT와 같은 딥 러닝 또는 거대언어모델(LLM: Large Language Model)을 활용한 인공지능 모델이 우리의 삶을 변혁하고 있다. 이른바 '인간-컴퓨터 상호작용(HCI)'이 '인간-인공지능 상호작용'으로 확대되는 현상이다. 그러나 초거대 인공지능이 학습운용능력 증진을 위해 소비하는 일일 전력량은 일반 가구 소비량의 10만 배가 넘는다. 에너지 소모 과정에서 배출되는 이산화탄소는 수백 톤 규모다.[80] 그럼에도 불구하고 전 세계가 인공지능 상용화를 위해 달려가고 있다. 기후변화 시대의 역설이다. 2023년 12월 열린 유엔기후변화협약(UNFCCC) 당사국 총회(COP 28)에서 글로벌 재생에너지 및 에너지효율 서약을 맺은 것과 매우 대조적이다. 세계적 정세 불안과 그에 따른 경제위기, 초저출산과 국가적 인구위기에 직면한 한국이 생산성을 향상하고 세계 시장에서 지속 가능한 경쟁력을 확보하기 위해서는 인공지능 혁명의 선두주자가 되는 것이 필요하다. 그러나 인공지능 관련 글로벌 주도권을 확보하는 문제와 글로벌 기후변화 이니셔티브에서 신뢰성·공공성을 확보하는 문제를 별개로 취급할 수는 없다. 과학자들과 정치가들은 두 가지 입장을 동시에 받아들여야 하는 또 다른 상황에 직면하고 있다.

---

80   김형준, "대뇌 오가노이드, AI 미래 바꾼다." 『머니투데이』 (2023년 11월 5일), https://news.mt.co.kr/mtview.php?no=2023101509204589334.

4.2. 과학의 정치화

"과학적 투쟁(scientific struggles)"은 "이중성(duality)"과 연계된다. 과학의 지속을 위해서는 무엇보다 '원천기술'과 같은 엄밀한 의미에서의 과학적 요소들이 마련돼야 하지만, 동시에 실험 및 연구를 위한 장비를 구입하고 인건비를 지급하며 연구실 운영에 필요한 행정처리 비용 등을 충당하기 위한 재정적 자원을 마련해야 한다. 전자와 후자 모두 생산을 위한 특별한 수단으로서 "과학적 자본(scientific capital)"에 속한다.[81] 같은 맥락에서 2024년도 국가연구개발(R&D) 예산 삭감 파동은 과학적 자본의 중요성을 잘 보여주는 계기가 되었다. 정부출연연구기관(출연연)과 4대 과학기술원의 주요 사업비가 대폭 삭감됐고, 정부 예산으로 연구원과 대학원생들을 채용한 대학들도 비상이다. 과학기술계 연구자들은 인건비 감소에 따라 학생들에 대한 계약 해지가 불가피하고, "연구를 중단해야 하는 상황까지 발생"한다고 하소연한다. 출연연 과학기술인협의회 총연합회 회장은 실험 기기 구동을 위해 들어가는 "전기료 분담"에 대한 고민까지 호소했다.[82] 과학적 자본의 확보는 곧 권리 확보에 대한 문제다. 과학적 투쟁은 '과학적인 것'과 '정치적인 것'의 연결성을 다시금 드러낸다.

과학적 투쟁과 이중성이 과학의 정치화와 불가피하게 연동된다는 의미는 뒤집어 말하면 과학의 정치화를 반드시 부정적으로만 볼 이유는 없다는 의미도 된다. 여기서 말하는 정치화는 당연히 '사회화'의 의미도 내포한다. 과학이 우리 사회에서 가지는 의미에 대한 공론장의 확보가 필요한 것이다. 미래로 갈수록 "인간의 행위, 기술의 사용, 과학을 통한 경유, 정치의 침입을

---

81   Pierre Bourdieu (2004), p. 57.

82   박기용, "'과학 연구 접으라는 것' 예산 삭감 삭풍에 떠는 학계," 『한겨레』(2024년 1월 12일), https://www.hani.co.kr/arti/science/science_general/1124020.html; 전현우, "R&D 예산 삭감' 파장…과학·기술계 '연구 현장 파괴 행위'," 『KBS』(2023년 9월 6일), https://news.kbs.co.kr/news/pc/view/view.do?ncd=7766439; 김한울, "R&D 예산 삭감 여파에 대학 연구개발비 8.4%↓… 학생인건비 축소로 학생연구원 '짐쌀 판'." 『한국대학신문』(2023년 10월 9일), https://news.unn.net/news/articleView.html?idxno=553473.

구분하기가 점점 더 불가능해"질 것이다.[83] 인공지능의 시대는 특히 그렇다. 인공지능이 점차 사람의 일을 대신하고 있다. 국제통화기금(IMF: International Monetary Fund)은 인공지능으로 인해 전 세계적으로 일자리의 40%가 감소할 것으로 전망했다.[84] 물론 일자리를 포함한 산업 양태의 변화를 속단할 수는 없다. 그렇지만 일자리를 잃어버릴 수 있는 위험에 놓인 직군의 사람들을 위한 사회적 안전망 확보는 반드시 이뤄져야 한다. 인간은 데이터를 처리하는 양과 속도 측면에서 인공지능의 상대가 되지 않는다. 하지만 인공지능 시대에도 사람이 판단의 궁극적 '주체'로 남아 있어야 함은 분명하다. 이는 인공지능 시대가 견지해야 할 가치를 설정하는 일과 직결된다. 이성과 합리성은 물론이고, 상호성과 공공성, 나아가 개개인의 마음과 감성까지 고려할 수 있는 공론의 장을 끊임없이 마련해야 한다. 그것이야말로 '과학의 정치화'가 추구해야 하는 방향이다.

물론 현실은 그렇지 못한 경우가 많다. 과학을 '불필요하게' 정치화하는 요소도 다양하다. 주로 과학을 지나치게 '단순화'해 생각하는 데서 비롯되지만, 과학 자체가 지니는 불완전성 또는 불확실성 문제에서도 비롯될 수 있다. 어느 경우이든 과학을 맹신하거나 과학에 대해 무지해서 발생하는 일이다. 기술 발전 속도가 빠른 시대라고 하지만 과학자들은 과학적 목표 달성을 위한 발전 단계를 하나하나 넘어가는 것이 얼마나 어려운지 안다. 코페르니쿠스가 지동설을 설파한지 500년이 다 되어 가지만 인간의 생활 영역은 아직도 우주 한 귀퉁이의 창백한 푸른 점(Pale Blue Dot)에 머물러 있다는 점이 그것을 방증한다.[85]

천문학은 차치하더라도 다른 분야는 어떤가? 예컨대 20세기 화학공학자들의 공로로 이전에 없었던 수만 가지의 새로운 물질들이 만들어졌다. 1941

---

83 브뤼노 라투르, 『과학인문학 편지』 (서울: 사월의책, 2023), p. 76.

84 Dan Milmo, "AI will affect 40% of jobs and probably worsen inequality, says IMF head." *The Guardian* (January 15, 2024), https://www.theguardian.com/technology/2024/jan/15/ai-jobs-inequality-imf-kristalina-georgieva.

85 Carl Sagan, *Pale Blue Dot: A Vision of the Human Future in Space*. (New York: Ballantine Books, 1997).

년 유기염소제인 DDT를 특허 출원해 1948년 노벨생리의학상을 받은 뮐러(Paul Hermann Müller)의 경우도 그랬다. DDT는 말라리아 모기 퇴치 등 살충에 큰 효과를 보이면서 각광을 받았지만, 동시에 생태계 파괴의 주요 원인이라는 것이 대중들에게 인지된 것은 카슨(Rachel Carson)이 『침묵의 봄(Silent Spring)』을 출간한 1960년대 이후가 되어서였다.[86] 인류가 아직도 모르는 것이 많다는 점은 과학에 함부로 '특권적 지위'를 부여해서는 안 된다는 교훈으로 이어질 수 있다. 어느 분야든 과학자들은 "외부인들에 의해 세세한 내용까지 의문을 제기받지는 않기 때문에 자신들의 연구 및 교육에 대해서 … 그리 책임감을 갖지는 않는다."[87] 물론 책임감을 지닌 과학자들이 더 많을 것이다. 핵심은 연구자들 역시 국내 '과학 관리시스템'과 그에 따른 '과학적 투쟁'에서 자유롭지 못하다는 것이다.

　그러므로 과학에 특권적 지위를 부여하는 과정에 '정치적인 것'이 관여할 수 있음을 더욱 주의해야 한다. 그것은 비단 특권적 지위를 부여하는 것에 한정되지 않는다. 특권적 지위를 박탈하는 과정에도 정치적인 것이 관여한다. 한편으로는 권리를 부여하고, 다른 한편으로는 예외 상태를 창출해 권리를 빼앗는 것이다. 2000년대 초중반 한국 사회를 강타했던 황우석 사태는 그러한 측면의 일단을 보여주는 사례다. 복제 배아줄기세포 제작으로 '스타덤'에 올랐던 황우석은 배아줄기세포 조작으로 '루시퍼'가 됐다. 정치인들은 복잡 미묘해야 마땅한 인간 생명공학과 관련된 기술을 "간결하고 인상적으로 압축해" 버림으로써 황우석에게 쉽사리 특권적 지위를 부여했다.[88] 학문적 연구 단계의 과학기술을 임상 단계로 과장해 확대해석한 것이었다. 황우석의 연구는 어느새 과학의 문제가 아닌 정치의 문제, 돈의 문제, 종교의 문제, 민족주의의 문제가 되어 있었다. 이후 줄기세포 논문의 일부 조작 사실

86　Rachel Carson, *Silent Spring. Anniversary edition* (Boston: Mariner Books, 2022).

87　스콧 프리켈, 켈리 무어 엮음, 『과학의 새로운 정치사회학을 향하여: 제도, 연결망, 그리고 권력』 (서울: 갈무리, 2013), pp. 207-208.

88　데이브 레비턴, 『과학 같은 소리 하네: 과학의 탈을 쓴 정치인들의 헛소리와 거짓말』 (서울: 더퀘스트, 2018), p. 25.

이 연구윤리 문제와 함께 불거지자 그가 누렸던 특권적 지위는 신기루처럼 사라졌다. 그 과정에서 황우석의 연구가 지닌 긍정적 가치까지 한꺼번에 묻히고 말았다. 배아줄기세포 추출·배양의 성공 혹은 조작 여부를 떠나 과학이 "생각만큼 그리 명료하지 않다"는 사실은 논쟁 과정에서 간과되었다.[89]

물론 과학 논쟁은 한국 사회에 국한된 문제는 아니다. 그러나 과학 담론은 앞서 언급한 지정학, 정체성, 경제 담론과 더불어 향후 한국 정치 이해를 위한 주요 단층선으로 자리할 것이다. 한국 사회는 특히 21세기 이후 황우석 사태를 비롯해 광우병 논란과 원자력 발전 오염처리수 문제 등으로 국가적 홍역을 치렀다. 광우병 논란과 원전 문제 모두 과학적 불확실성, 즉 해당 사안을 두고 과학적 사실의 진위를 가리는 것이 애초부터 어렵다는 데서 연유했다. 광우병 쇠고기 보도로 야기된 'PD수첩' 사건에 대한 대법원의 판결 역시 과학이라기보다 해당 사건의 '정치적' 성격과 맞닿아 있었다는 점을 기억할 필요가 있다. 과학의 정치화가 '사법화'된 형태로 나타난 것이었다.[90] 세계는 이미 인류세(anthropocene)로 들어섰고, 동시에 '인공지능 대항해 시대'로 접어들고 있다. 한국도 예외가 아니다. 관련 논쟁들이 끊임없이 등장할 것이다. '과학적인 것'과 '정치적인 것'의 융합은 피할 수도 없고, 피해서도 안 된다. 과학 논쟁은 우리가 살아가는 삶의 방식과 점점 더 직결될 것이다. 중요한 것은 과학기술의 발전 속도와 양상에 부합하는 공론장을 형성하고 윤리성과 공공성, 합리성을 갖춘 가치를 만듦에 있다. 이 책은 그러한 방향성을 구축하기 위한 또 하나의 걸음이다.

---

89 데이브 레비턴 (2018), p. 28.

90 김영란 (2019), pp. 205-218.

제3장

논쟁의 실제: 변화와 지속

논쟁의 실제: 변화와 지속

1. 한국 정치와 지정학

들어가며

한반도를 둘러싼 지정학은 크게 두 가지 층위로 대별할 수 있다. 한반도 주변 강대국 간의 역학에 관한 '외부의 지정학'과 이에 대응하는 우리의 대외 전략적 판단인 '내부의 지정학'이다. 외부적 지정학은 '반도적' 특성으로 인해 주변 강대국의 분쟁에 끊임없이 휘말리게 되는 현상에 대한 설명력을 가진다. 외부적 지정학의 틀에서 우리는 '왜 한반도가 그토록 많은 분쟁에 휘말렸는지'를 알 수 있다.

그림 3 | 알프레드 마한(왼쪽)과 그의 저서 <해양력이 역사에 미친 영향, 1660~1783>

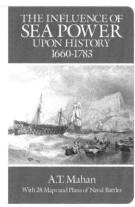

해군력을 중시한 알프레드 마한(Alfred Mahan)은 자신의 연구를 집대성한 〈해양력이 역사에 미친 영향, 1660~1783〉에서 "해양이 육지와 달리 사방이 막힘 없는 거대한 고속도로로서 어느 방향으로나 갈 수 있는 교역로가 된다는 점에 주목"했다.[91] 17세기부터 19세기에 이르는 소비에트 연방(소련)의 남하 정책이나 21세기 현재 남중국해에서 중국의 인공섬 건설의 사례들을 쉽사리 떠올릴 수 있다. 그만큼 더 넓은 세계로 뻗고자 하는 국가에게는 해양으로 나아갈 수 있는 지리적 위치가 전략적으로 중요하다. 반대로 팽창하는 국가를 저지하고자 하는 국가에게도 해당 지점을 봉쇄하는 것이 긴요해진다. 1장 논쟁 지형의 지정학에 관한 서술에서 볼 수 있었듯, 한반도는 대륙 세력과 해양 세력이 교차하는 지리적 특성을 가진다. 이러한 지리적 특성을 고려할 때, 지정학적으로 중요한 위치인 한반도는 필연적으로 근린(近隣) 강대국의 각축장이 될 수밖에 없었다.

2024년 6월 19일 러시아와 북한이 '포괄적·전략적 동반자 관계 조약'을 체결하고 동 조약에 양국 간 자동 군사개입 조항을 포함한 것은 한국 정치에서 지정학이 차지하는 중요성을 보여주는 대표적 사례라 할 수 있다. 북한이 대한민국을 '적대국'으로 규정하고, 남북관계를 '교전국 관계'라 선언한 만큼, 북·러 조약이 한국의 안보에 실존적 위협을 구성하게 된 것이다. 19세기 제국주의 러시아는 팽창주의 세력이었고, 20세기의 소련 역시 공산주의 이데올로기를 필두로 한 팽창주의적 강대국이었다. 그러나 소련에게 이데올로기보다 중요한 것은 강대국으로서의 지위를 확고히 하고 또 유지하는 것이었다. 스탈린이 1950년 김일성의 남침을 허락했던 것도 중국 공산당의 국토 완정(完整)을 탐탁지 않게 여기고, 마오쩌둥의 대만 침공을 억제하려는 차원에서 이뤄졌음을 기억할 필요가 있다. 중국과 러시아의 대(對)한반도 영향력 경쟁의 본질은 6.25 전쟁 이후 74년이 지난 2024년에도 동일하다.

외부적 지정학에 따르면 한반도는 긴장이 쉽사리 고조될 수 있는 가연적(可燃的) 지역이다. 이에 우리는 불이 우리에게 옮겨붙지 않도록 현명한 선택

---

91   김동기, 『지정학의 힘: 시파워와 랜드파워의 세계사』(서울: 아카넷), p. 20.

을 내려야 한다. 즉 내부적으로 어떠한 선택이 우리에게 현명할 것인가를 끊임없이 고민해야 하는 것이다. 이곳이 바로 '내부의 지정학'이 작동하는 지점이다. 비유하자면 한반도는 역사적으로 일본, 러시아, 중국과 맞닿아 있는 경전하사(鯨戰蝦死)의 위치에 놓였다.[92] 결국 우리 역사는 선택의 과정이라 할 것이며 이러한 맥락에서 한국 정치를 살펴볼 수 있다.

두 차원의 지정학이 교호작용을 통해서 한국 정치의 양태에 많은 영향을 미쳐왔고, 미래에도 그럴 것이다. 지정학의 시각에서 신탁통치 논쟁, 한미일 협력 논쟁, 북방협력에 관한 논쟁을 살펴보면서 한국 정치 논쟁의 지속성과 유사성을 통찰하고, 역사가 우리에게 안겨주는 교훈을 짚어보고자 한다.

1.1. 신탁통치 논쟁

1) 신탁통치 논쟁의 개요

1945년 해방된 한국은 '정치적 진공상태'가 되었다. 자연스럽게 '어떤 정치체제를 택할 것인지'에 관하여 국내외로 치열한 논쟁에 휩싸였다. 논점의 시작은 미소공동위원회가 제안한 신탁통치 실시 여부였다. 친탁을 주장하는 세력은 좌익과 일부 우익 세력으로 나뉘었다. 우선 좌익은 미소 양국의 지원을 통해 사회주의 국가를 건설하고 민주주의 발전 기반을 마련할 수 있다고 주장하였다.[93] 또한 사회주의 체제 구축을 위한 토대 마련, 봉건적 토지 소유제 개혁, 노동자 권익 보호 등을 신탁통치를 통해 달성할 수 있다고 기대

---

92 다만 한반도의 지정학적 전략 요충지로서의 개념에 대해 비판적인 인식 또한 존재한다. 김학노에 따르면, ① 반도라는 지정학적 정체성이 우리의 자기의식을 제한하며, ② 지정학적 인식이 한반도가 중국과 일본이 상대 진영을 침략하기 위한 교두보가 될 위험을 과도하게 강조하며, ③ 한반도 외에도 대륙과 해양을 잇는 우회하는 길이 많이 존재함을 역설한다. 보다 자세한 내용은 김학노, "한반도의 지정학적 인식에 대한 재고: 전략적 요충지 통념 비판," 『한국정치학회보』 53권 2호 (2019), pp. 5-30. 지나치게 한반도의 전략적 요충지 통념을 강조하는 것은 자칫 허무주의에 빠지게 할 수 있고 일종의 '자기충족적 예언(self-fulfilling prophecy)'마저 될 수 있다. 그럼에도 우리가 둘러싸여 있는 지정학적 현실에 입각해 역사적 사건들을 분석하는 것은 필요하다. 한반도가 주변 강대국에 둘러싸여 있고 한반도를 둘러싸고 긴장이 주기적으로 형성되고 있는 점은 분명한 사실이기 때문이다.
93 김성보, "21세기에 돌아보는 1945 한반도의 지정학," 『역사비평』 2018 가을호 (2018), p. 73.

하였다. 이에 반해 찬탁 진영의 일부 우익 세력은 한국이 자체적으로 정치체제를 수립할 준비가 부족하며, 정치적 안정과 경제 재건을 위해서 국제사회의 지원이 필요하다고 주장하였다. 그들은 신탁통치 기간 국제사회의 도움을 받아 행정 시스템을 구축하고 경제 기반을 마련해야 한다는 점을 강조하였다.[94]

대부분 우익 세력은 신탁통치를 반대하였다. 이들은 신탁통치는 외세의 간섭으로 인한 국가 주권의 침해와 분단의 고착화를 야기할 것이며, 미소 양국의 냉전적 갈등 속에서는 한국이 중립적인 국가로서 발전하기 어려울 것이라고 예상하였다. 더불어 신탁통치는 한국의 분단을 심화시키고 내부 갈등을 심화할 것으로 생각하였다. 민족 자주독립의 정신에 따라 한국 스스로 정치체제를 수립하고 국가를 운영해야 한다는 것이 그들의 핵심 주장임을 엿볼 수 있다.[95]

각 세력 간의 주요한 논쟁 내용도 다양하였다.[96] 신탁통치의 필요성에 대해 찬성 측 입장은 산업화, 교육 발전, 경제 자립에 대한 지원, 사회주의 체제 구축, 민주주의 발전 보장 등을 그 근거로 들었다. 반대 측은 정치적 자주성 침해, 국가 주권 약화, 냉전 갈등 속의 어려움, 분단 고착화, 내부 갈등 심화 등을 이유로 찬탁 진영을 반박하였다. 신탁통치의 기간에 대한 논쟁도 존재하였다. 찬탁 진영은 신탁통치를 통해 사회 민주화와 경제 발전을 이루고 사회주의 체제에 적응할 수 있는 시간을 확보해야 한다고 주장한 반면에, 반탁 진영은 최단기간 내에 신탁통치를 종결하고 한국 스스로 정치체제를 운영해야 하며, 장기간의 신탁통치는 의존성을 심화시키고 자주독립 정신을 약화시킬 것이라고 대응하였다.

치열한 논쟁의 과정 끝에 1948년 8월 남한에서 단독정부가 수립되었고 9월 북한에서 조선민주주의인민공화국 수립됨으로써 한반도는 분단되었다. 결과적으로 신탁통치에 관한 논쟁은 한국의 분단을 고착화하는 데 결정적인

---

94 김성보 (2018), p. 73.
95 김성보 (2018), p. 73.
96 박명수, "제2의 반탁운동과 1947년 초 국내 정치세력 동향," 『숭실사학』 제39집 (2017), p. 196.

역할을 했으며, 좌우 대립을 심화시키고 한국 정치 발전 지형에 영향을 미치게 된다.

2) 신탁통치 논쟁의 배경 및 전개

한반도의 분단을 초래했으며, 현재까지도 이어지는 좌우 대립에 영향력을 행사한 신탁통치를 이해하기 위해서는 역사적인 배경과 그 당시 내·외부적 지정학에 관한 서술이 필요하다. 상술한 바와 같이 지정학은 지리적인 위치가 미치는 영향을 거시적인 차원에서 보는 학문으로서, 외부적 지정학과 내부적 지정학으로 나뉜다.[97] 외부적 지정학은 국외의 요소가 미치는 영향과 그 관계성을 설명하고, 내부적 지정학은 국내 요소의 영향과 그 관계성에 대한 설명이자 우리의 대응이다.

1930년대 일본은 만주 침략을 시작으로 한반도에 대한 영향력 확대를 시도하였다. 이는 '동아시아 공동체'라는 이름 아래 지역 패권을 추구하려는 팽창주의의 일환이었다. 미국은 1930년대까지 한반도에 대해 비교적 소극적인 정책을 유지하였으나, 점차 한반도의 전략적 중요성을 인식하게 되었다. 일본 패망 이후 한반도의 정치적 미래에 대한 논의를 시작하면서, 한반도에 대한 영향력 확대를 위해 노력하였다. 이를 위해 미국 내에서는 한반도에 대한 신탁통치 논의가 활발하게 벌어졌다. 신탁통치를 지지하는 세력은 한국의 독립을 위해서는 국제사회의 협력이 필요하다고 생각하였으며, 신탁통치를 통해 한국이 민주주의 국가로 발전할 수 있을 것으로 주장하였다. 반대하는 측에서는 신탁통치가 한국의 자주독립을 지연시키고, 국제사회의 간섭을 초래할 가능성에 대한 우려를 표하였다. 또한 신탁통치가 한국 사회의 분열을 심화시킬 것이라고 주장하였다.[98]

미국은 크게 세 가지의 요인을 고려하여 한반도에 대한 신탁통치를 결정하였다. 첫째, 일본 패망 이후 한반도의 정치적 불안정을 방지하고자 하였다. 둘째, 국제사회와의 협력을 통해 한국의 독립을 준비코자 하였으며, 마

---

97   김성보 (2018), p. 53.

98   신복룡, "해방정국에서의 신탁통치 파동," 『사회과학논총』 제23호 (1999), p. 8.

지막으로 소련의 영향력 확대를 막고자 하였다. 1943년 카이로 회담에서 미
국, 영국, 중국은 한국의 독립을 약속하였고, 1945년 포츠담 선언에서는 카
이로 선언의 한국 관련 조항이 이행되어야 한다는 맥락의 언급을 하였다.[99]
그러나 미국의 신탁통치안은 한국 내에서 찬성과 반대 논쟁을 불러오는 계
기가 되었다. 해방 이후 한국에서는 민족적 자주성에 대한 열망이 높아졌
다.[100] 이는 민족주의를 강화시켰지만, 자주성을 추구하는 방법에 대한 대립
이 이념적 분열과 연동되었고, 결국 분단과 직결되었다.

1945년 12월 28일 미국과 영국, 소련 세 나라가 외무장관 회의를 거쳐 발
표한 모스크바 결정은 한반도 내의 신탁통치 파동으로 이어졌다. 그러나 신
탁통치안이 '신탁통치 절대 반대'라는 극단적 형태로 표출된 근인(近因)은 언
론의 오보(誤報)였다. 먼저 모스크바 3국 외상 회의에서 나온 '한국 문제에
관한 결정' 내용은 다음과 같다.[101]

① 한국을 독립 국가로 재건하고, 민주적 원칙에 따라 국가를 발전시킬
조건을 마련하며, 장기간에 걸친 일본 지배의 참혹한 결과를 가능한 한 조속
히 청산하기 위해 한국에 임시 민주 정부가 수립되어야 한다. 임시정부는 한
국의 산업, 교통 및 농업과 한국 국민의 민족 문화를 발전시키기 위한 모든
필요한 조치를 취해야 한다.

② 임시정부의 수립을 지원하고 적절한 조치를 사전에 마련하기 위해,
남한의 미군사령부와 북한의 소련군사령부 대표들로 구성된 공동위원회가
설립될 것이다. 위원회는 제안서를 준비하는 과정에서 한국의 민주 정당 및
사회단체들과 협의해야 한다. 위원회에서 마련된 권고안은 공동위원회 대표
로 되어 있는 양국 정부가 최종 결정을 내리기 전에 소련, 중국, 영국 및 미

---

99   장원석, "[교과서 바로 보기] 신탁통치안의 기원과 왜곡," 『내일을 여는 역사』 제23호 (2006년 3
     월), p. 361.

100 김동노, "6.25 전쟁과 지배 이데올로기," 『아시아문화』 제16호 (2000), p. 286.

101 미국 국무부 외교편찬실(Office of the Historian) 홈페이지에 게재된 내용을 우리말로 옮긴 것
     이다. 원문은 다음을 참조할 것. https://history.state.gov/historicaldocuments/frus1945v02/
     d268.

국 정부의 심의를 거쳐야 한다.

③ 공동위원회는 한국의 임시 민주 정부 및 민주 조직들의 참여하에 한국 국민의 정치·경제·사회적 발전, 그리고 한국 내 민주적 자치 정부 발전 및 국가 독립을 지원하기 위한 대책들(신탁업무들)을 마련한다. 공동위원회의 제안은 한국 임시정부와 협의한 후 미국, 소련, 영국 및 중국 정부의 공동심의를 위해 제출되어 최대 5년의 4개국 신탁통치에 관한 합의를 도출한다.

④ 남북한에 영향을 미치는 긴급 현안들을 고려하고, 남한의 미국 사령부와 북한의 소련 사령부 간의 행정적·경제적 사안에 대한 항구적 조정 방안을 마련하기 위해 미소 사령부 대표 회의를 2주 이내에 소집한다.

'한국 문제에 관한 결정' 내용을 통해 알 수 있듯이 미소 공동위원회의 결정은 기본적으로 한국에 수립될 임시정부와의 협의를 사전에 거치게 되어 있었다. 신탁통치의 기간 역시 "최장 5년"으로 명시됐다. 그러나 모스크바 3상회의 결정서가 발표되기 전부터 『동아일보』에서 "소련이 대일참전의 대가로 한반도를 차지하려 한다"는 내용의 반소(反蘇) 기사가 잇따라 나왔고, 급기야 "소련은 신탁통치 주장, 미국은 즉시 독립 주장, 소련의 구실은 38선 분할점령"이라는 내용의 기사가 송출됐다.[102] 이는 3상회의 결정 내용과 상반되는 것이었다. 『동아일보』는 사설을 통해 "차라리 옥쇄(玉碎)하자"는 표현을 썼고, 『조선일보』는 "신탁보다 차라리 우리에게 사(死)를 주는 것이 나을 것이다"라고 주장했다.[103]

이러한 분위기하에서 대규모의 반탁운동이 일어나는 것은 정해진 수순이었다. 3상회의 결과가 '왜곡되게' 전해진 직후 좌익과 우익을 가리지 않고, 완전한 자주와 독립의 쟁취를 위한 '구국의 애국정신'이 한반도를 압도했다. 물론 신탁통치에 반대 의사를 표명했던 조선인민공화국 중앙인민위원회와 조선공산당은 얼마 지나지 않아 3상회의 결과를 받아들였다. 1945년 9월 조선건국준비위원회를 대체한 조선인민공화국은 주로 공산주의 계열이 지지

---

102   강준만, 『한국 현대사 산책: 1940년대편 1』 (서울: 인물과사상사, 2004), p. 146.
103   강준만 (2004), pp. 146-148.

했기 때문에, 당시 미군정에 의해 '정부 참칭 단체'로 격하되었음에도 불구하고 국내 세력 구도 측면에서 대한민국 임시정부를 지지하는 우파 계열과의 충돌은 불가피한 것이었다.

좌우의 분열을 막고자 한 움직임도 있었다. 이러한 입장을 가장 잘 표현할 수 있는 인물이 여운형이다. 여운형은 인민대표회의 소집과 관련하여, 각 정당 대표로만 구성되는 방법과 중앙인민위원회와 임시정부 요인들이 공동으로 구성하는 방법 등 다양한 구성 방식이 있음에도 불구하고, 정당을 초월하여 구성되는 방법이 가장 공정하고 정당하다고 주장하였다.[104] 그의 제안은 남북한의 주요 정당과 미소 군정으로부터 인정받지 못하였으며, 이 발언 이후 얼마 지나지 않아 모스크바 3상회의 결정문이 채택되었다. 상기한 대로 이 결정은 한반도에 대한 신탁통치 실시를 포함하고 있었는데, 우익진영은 반탁운동을 통해 자율 정부를 구성하려는 움직임을 보였고, 좌익진영은 모스크바협정을 지지하고 통일정부 구성을 촉구하였다. 여운형은 이러한 상황에서 남한 단독정부 수립은 민족분단을 초래할 것이며, 통일은 공산당을 포함한 좌우연립 합작 정부를 통해서만 이루어질 수 있다고 주장하였다. 또한 그는 소련의 주장에 따라 미소공동위원회가 반탁운동 세력을 제외하고 다른 정치 세력들과 임시 통일정부 구성에 관한 협의를 진행하도록 촉구하였다.[105]

여운형의 이러한 성명은 종전의 포괄적 좌우 합작론을 선택적 좌우 합작론으로 수정했다는 것을 시사한다. 그는 우익진영의 비민주주의적 요소를 반대하며 좌우합작을 주장하였는데, 주된 내용으로는 미소공동위원회의 교착상태를 해결하기 위해 미소공동위원회의 재개를 촉구했고, 반탁운동 세력을 제외하고 다른 정당과 사회단체 대표들을 불러서 통일된 임시정부 구성에 대해 협의하도록 요구하였다.[106] 미소공동위원회의 무기 휴회 이후, 미

---

104   양동안, "여운형의 민족통일노선," 『정신문화연구』 제27권 제4호 (2004), p. 142.
105   양동안 (2004), p. 143.
106   양동안 (2004). p. 145.

군정은 모스크바협정에 입각한 한반도 문제 해결을 거부하는 이승만과 김구를 대체하기 위해 좌우합작운동을 전개하도록 여운형을 포함한 새로운 협조 세력을 형성하였다. 여운형은 좌우합작을 적극적으로 추진하며, 이러한 접근이 진정한 통일정부를 이룰 것이라고 주장하였다. 그는 남북한 사회의 이질성을 극복하기 위해 이북에서 토지개혁을 실시하고, 통일정부가 수립되면 민주주의적인 정책을 시행할 것이라고 설명하였다.[107]

뜨거운 반탁의 열기는 대표적 우파 지도자의 암살로 이어졌다. 한국민주당의 수석총무였던 송진우는 반탁운동이 '미군정을 접수하자'는 결론으로까지 이어지자 다음과 같이 말했다.

> "여러분의 그런 생각이 모두 애국심에서 나온 것이란 걸 나도 알고 있지만 그러나 나라를 이끄는 지도자들로서 우리가 경박해서는 안 되겠지요. 여기 누구라도 모스크바 삼상회의에서 결정된 의정서의 원본을 제대로 읽어본 분이 있습니까? 내가 알고 있기로는 그 의정서의 내용이 미소 공동위원회를 설치한 후 한국의 정당·사회단체들과 협의해서 남북을 통일한 임시정부를 세우고 5년 이내의 신탁통치를 하는 것으로 되어 있는데, 내가 알고 있는 게 정확하다면, 길어야 5년이면 통일된 우리의 독립 정부를 세울 수 있는 것을 그렇게 극단적인 방법으로까지 반대할 이유는 없지 않겠습니까? […] 물론 나도 신탁통치에는 반대합니다. 그러나 반대 방법은 다시 한번 여유를 가지고 냉정히 생각해 봅시다."[108]

송진우는 1945년 12월 30일 암살당했다. 송진우를 암살한 한현우는 "조국광복의 천재일우의 호기를 맞는 오늘날의 모든 현상은 우리 민족의 자멸을 호소하고 있지 않는가"라며 "나의 살인 행위를 정치테러의 본질로 볼 때에 당연한 의거(義擧)"라고 주장했다.[109] '완전 자주독립'이라는 나름의 공명심에 의한 행위일지는 몰라도 궁색한 변이었다. 송진우는 일제강점기 1936

---

107   양동안 (2004), p. 145.

108   강준만 (2004), p. 152.

109   조선일보, "송진우 살해범 한현우, 옥중수기 발표," 『조선일보』 (1946년 5월 12일), https://db.history.go.kr/id/dh_002_1946_05_12_0110.

년 베를린올림픽 당시 '일장기 말소사건'을 일으킨 장본인이었으며,[110] 해방정국의 합리적 우파로 분류되는 인물이었다. 그러나 '반탁만이 애국'이라는 논리가 횡행하던 분위기에서 합리적인 대화와 타협이 이뤄지기는 극히 어려웠다. "명분과 열정이 만나고, 피해의식과 자존심이 만나 바람을 일으키게 되면 그게 일진광풍(一陣狂風)"이 되는 것은 시간문제였다.[111] 1945년 12월 송진우 암살에 이어 1947년 7월과 12월에 여운형과 장덕수가 각각 암살당했다. 1949년 6월에는 김구까지 암살당했다. 미소 간 냉전의 전개라는 외부의 광풍 못지않게, 내부의 지정학 역시 광풍이 되었고, 분단의 고착화와 골육상잔의 비극으로 이어졌다.

그림 4 | 신탁통치 반대운동

110　일장기 말소사건. 『동아일보』는 1936년 손기정 선수의 베를린올림픽 마라톤 우승 소식을 전하며 사진 속 손기정 선수의 유니폼에 있던 일장기를 지우고 보도했다. 이 사건으로 인해 당시 『동아일보』 사장이었던 송진우를 비롯한 임원진들이 물러났고, 일선 사원들은 구속됐다.

111　강준만 (2004), p. 155.

3) 신탁통치의 영향

당시 정국의 주도권은 극우와 극좌 세력이 쥐고 있었다. 여운형, 김규식과 같은 좌우합작 추진 세력이 움직일 공간은 턱없이 부족했다. 신탁통치 파동은 1946년 1월 24일 소련이 《타스통신》을 통해 모스크바 3상 회의에서 신탁통치를 제안한 주체가 '미국'이라는 사실을 공개한 이후에 일단락되었다. 앞서 언급한 바와 같이 신탁통치 파동의 시작도 1945년 12월 27일 "소련은 신탁통치 주장, 미국은 즉시 독립 주장, 소련의 구실은 38선 분할점령"이라는 언론들의 오보에서 비롯된 것이었다. 정작 결정문이 나온 것은 다음 날인 12월 28일이었다. 모스크바 결정의 전문(全文)이 내포하는 맥락과 배경은 삭제되고, '신탁통치 결정'이라는 문구 자체가 논쟁을 촉발하고 격화시켰다.

그렇기에 한국의 신탁통치 논쟁은 단순히 좌우 성향의 대립으로 보아야 하는 것이 아니라, 국제적 상황과 강대국의 영향력 속에서 발생한 복잡한 역사적 사건으로 조명되어야 한다. 먼저 외부의 지정학 차원에서, 신탁 논쟁을 둘러싼 외부적인 요인 중 가장 명확하고 중요한 것은 미국과 소련 간의 대립이었다. 2차 세계대전 종전 후 미국과 소련은 각기 자신의 목적과 이익을 위해 한반도에 강력한 영향력을 행사하고자 하였다. 미국은 분단된 한반도에서 경제적, 군사적, 정치적 지원을 통해 남한에 통제력을 발휘했다. 반면 소련은 북한 지역 내 공산주의 체제를 강화하는 데 중점을 두었다. 이념적 차이로 인해 한국은 남북으로 분열되었고, 양측 간의 대립으로 군사적 긴장 역시 심화되었다. 신탁통치 문제에 따른 정치갈등 역시 마찬가지였다.

결과적 차원에서 미소 간 이념적 대립은 남북 분단의 근본적인 원인이 되었다. 신탁통치 파동은 해방 직후의 한국이 미소 양국의 이념 대립에 깊이 갇히게 되는 계기로 작용했다. 한국 사회를 '좌우' 형태로 깊게 분열시켰고, 분단의 고착화를 잉태했다. 이것이 남북한 정부 수립 이후 계속되는 갈등과 대치를 야기했음은 물론이다. 한반도 전체의 관점에서 이러한 분열은 민족 자주성과 민족주의의 약화로 이어졌다. 해방 정국에서 민족과 반민족의 대결 구도는 좌익과 우익 간의 구도로 변용되었다. 민족의 일치성을 외부 이념의 영향으로 상실하게 된 것이다. 이러한 대립의 유산은 오늘날까지도 남아 한국 사회의 통일과 발전 담론에 지속적인 영향을 미치고 있다. 여전히 한국은 북한을 공식적인 국가로 인정하지 않고, 북한은 적화통일을 주장하는 등 서로를 적대시하고 대립 관계를 유지하고 있다. 냉전기 미국과 소련의 대립이라는 국외적 요소가 신탁통치 논쟁에서 발현되고 한반도를 분단시킨 결과가 현대에 다른 양식으로 발현되고 있다는 점을 증명한다.

신탁통치 파동은 한국 사회 내 친미 반공주의 세력을 성장시켰다. 반공주의가 한국 사회에서 중요한 이념으로 자리 잡았다. 이는 현대 한국 사회에도 지속적으로 영향을 미치고 있으며, 남북 간의 갈등과 대립이 계속되는 근본적인 이유 중 하나가 되었다. 한편 신탁통치 파동을 계기로 발생한 사회적 혼란과 경제적 어려움은 국내의 정치적 불안정으로도 이어졌다. 정치적인 불안정은 시민들의 불안을 증폭시키고 정부의 효과적인 운영과 국가의 안정적 발전에 지장을 초래하였다. 민주주의 발전은 그만큼 더디게 됐다.

신탁통치 논쟁이 지니는 국제정치적 함의에도 주목할 필요가 있다. 1942년 하반기 이후 중국 국민당 정부의 한반도에 대한 팽창주의와 그에 따른 미국의 한반도 정책 변화가 신탁통치 논쟁의 중요한 배경 요인이었다. 이후 냉전 시대의 이념적 대립은 논쟁의 양상을 더욱 다면화하였다.[112] 아울러 한반도의 분단은 전 세계적으로 군사적 긴장을 촉발했으며, 냉전기의 대립은 세계 정치의 틀을 형성하는 데 영향을 미쳤다. 따라서 신탁통치 문제는 단순히 한국 내에서의 문제가 아니라 국제정세에도 영향을 미친 것으로 평가할 수 있을 것이다. 이는 냉전기의 한국과 북한 사이의 이념적 대립이 현재까지도 계속되고 있음을 보여주고 있으며, 상술하였듯 분단된 상태의 한국과 북한 사이의 긴장 관계가 외부 강대국들의 이해와 관련이 있음을 시사한다.[113]

이러한 이념적 대립은 정치, 경제, 사회, 문화, 외교 등 다양한 분야에서 발현되었다. 먼저, 정치체제 측면에서 자본주의는 자유 선거, 다당제, 시장 경제, 개인의 자유를 강조하는 반면, 공산주의는 일당 체제, 계획 경제, 사

112　박다정, "태평양전쟁 초기 중국의 팽창주의와 미국의 한반도 신탁통치 결정 (1941~1943)," 『역사학보』 제256집 (2022), p. 381.

113　김성보 (2018), p. 61.

회적 평등을 강조하였다. 다음으로 경제체제 측면에서 자본주의는 사유 재산, 자유로운 시장 경쟁, 개인의 경제 활동을 중시하는 반면, 공산주의는 생산 수단의 공동 소유, 국가 계획 경제, 사회적 평등을 위한 경제 정책을 추구하였다. 사회 체제에서 측면에서 자본주의는 계급 사회, 사회 계층 이동 가능성, 개인의 책임 강조를 특징으로 하지만, 공산주의는 무계급 사회, 사회 계층 이동 제한, 국가의 사회 통제 강조가 주된 특징이다. 마지막으로 문화 체제에서 자본주의는 개인의 자유로운 표현과 다양한 문화적 가치 존중을 강조하는 반면, 공산주의는 국가 주도의 문화 정책과 사회주의적 가치 강조를 특징으로 한다.

신탁통치 논쟁은 일면 강대국의 일방주의적인 사례로 받아들여질 수 있을 것이다. 신탁통치안은 당시의 한국 사회에서 즉각적인 자주독립을 원하던 민중의 강력한 정서에 직면하였다. 그러나 이러한 독립 욕구는 당대의 국제질서와 분명히 대립하는 부분이 있었다. 신탁통치 논쟁은 국내적 차원의 대립을 격화한 국제적 문제였다. 달리 말해 신탁 논쟁은 앞서 말한 외부적인 영향만이 아니라 내부적인 변화와 대립을 통해 한국 사회의 모습을 형성하는 과정이기도 했다.

이러한 상황에서 지정학적 국제감각을 바탕으로 새로 대두된 세계질서를 이해하는 통찰력을 가지는 것이 중요하다. 당시의 한반도는 미국과 소련의 대립이라는 큰 틀 안에 위치하고 있었다. 따라서 한국 정부와 국민들은 국익과 국제정세를 적절히 고려하여 행동할 필요가 있었으며, 이는 세계질서의 변화를 인식하고 이에 맞추어 정책을 수립하는 능력이 필요하다는 것을 의미하였다. 또한, 이념과 체제의 갈등을 조정하고 극복할 수 있는 이념적 융합 능력도 필요하였다. 무엇보다 다양한 이념과 가치관을 융합하여 국가의 발전을 위한 새로운 길을 모색하는 것이 절실했던 상황이었다.[114]

한편 미군정 기간 한국 사회가 근대화되었다는 점은 부정하기 어렵다. 당시 기준으로는 현대적인 교육 시스템, 의료 시스템, 행정 시스템 등이 도

---

114   김성보 (2018), p. 79.

입되었고, 미국의 경제적 지원은 한국의 전후 복구 과정에 큰 도움이 되었다. 이렇듯 신탁통치와 그에 따른 결과는 부정적인 측면뿐 아니라 긍정적인 측면도 동반하고 있다. 분명한 점은 신탁통치에 관한 논쟁이 현대 한국의 기반을 마련하는 데 중요한 역할을 한 것이라고 볼 수 있다. 부정적인 점과 긍정적인 점이 공존하고 있는 점, 그리고 현대 한국 사회의 지형에 지대한 영향을 주었다는 점을 고려할 때, 신탁통치 논쟁은 한국 정치를 이해하기 위해서는 반드시 짚고 넘어가야 할 사건 중 하나인 것은 분명하다. 국제정세와의 조화, 이념적 대립의 조정, 국가발전을 위한 새로운 길 모색 등 다양한 측면에서 한국이 직면했던 과제, 그리고 앞으로 직면해야 할 과제의 거울이다.

4] 신탁통치 논쟁의 시사점

2차 세계대전 이후 국제연합 헌장에 근거하여 설계된 신탁통치 제도는 당시 식민지 지배로부터 독립을 위한 과도기적 제도였다. 현재 기준으로 유효한 국제법상의 제도라고 볼 수는 없으나 1945년부터 1948년까지 한국에서 시행되었던 사례와 같이, 신탁통치 제도는 완전한 독립을 위한 역사적 과정이라는 의의를 지닌다. 해방정국의 혼란을 극복하고 진정한 독립을 이룰 수 있을 때까지의 과도적인 조치였다. 신탁통치 제도가 추구했던 자치능력 향상, 국제적 책임, 주민 복지 증진과 같은 가치는 현대 국제사회에서도 여전히 중요한 요소 중 하나이다. 국제사회에서 다양한 국가와 지역이 상호 협력하여 평화와 안정, 인권 존중, 지속 가능한 발전을 추구하는 데 기여한다는 차원에서 현대적 의미가 있다.

또한 신탁통치 파동이 한반도 분단의 원인 중 하나로 지적되고 있는 만큼 향후 남북 화합과 통일 과정에서의 교훈으로 활용될 필요도 있다. 신탁통치 논쟁은 주민들의 자주적 의지와 국제사회의 협력이 통일에 중요한 요소가 되어야 한다는 점을 보여주는 사례다. 신탁통치 제도는 그런 측면에서 과거의 제도일 뿐만 아니라, 현재에도 남북통일을 위한 과제와 이를 뒷받침할 수 있는 국제 협력의 중요성을 상기하는 역할을 한다. 요컨대 신탁통치 제도는 현대에도 그 의의가 여전히 유효하며, 국제사회의 평화와 발전을 위한 중

요한 요소로 작용하고 있다. 신탁통치 논쟁은 현재진행형이며, 오늘의 우리
는 해당 논쟁이 지닌 과거와 현재의 함의를 함께 고려하여 이를 해석하고 이
해해야 한다.

1.2. 한미일 협력 논쟁

1) 한미일 협력의 형성과정[115]

논쟁의 형성과정을 자세하게 들여다보는 연유는 역사 속에서 발생한 사
건과 그 과정에서 우리가 취한 일련의 '선택'들이 현재의 논쟁을 형성했다는
데 있다. 한미일 협력 논쟁을 이해하기 위해서는 근대의 일제강점기부터 살
펴봐야 한다. 왜 하필 근대일까? 대외적으로 근대 이전까지 한국(조선)은 중
국과의 조공—책봉 질서 속에서 외교관계를 형성해왔다. '대국'인 중국이 '소
국'인 한국을 책봉하고 위협으로부터 보호하는 대신 대가인 조공을 받는 것
이다. 이러한 질서에 편입되어, 근대 이전까지 조선은 국가 차원에서 중국
이외의 외교적 노선을 고려하지 않았다. 한국이 다양한 외교 노선에 대한 실
질적 고민을 시작한 것은 근대에 들어선 이후였다.

우선 한반도 외부적으로, 1930년대 일본은 프리드리히 라첼(Friedrich
Ratzel)과 카를 하우스호퍼(Karl Haushofer)에 의해 정초된 생활권(Lebensraum)
개념에 깊이 매료되었다.[116] 이러한 지정학적 개념과 인식에 기반해 대동아
공영권(Pax Japonica)과 같은 일본의 지정학적 개념을 창출하여 동아시아, 특
히 한국에 대한 식민지배를 정당화하였고 전쟁을 벌였다. 청일전쟁, 러일전
쟁을 차례로 승리한 뒤 일본의 영토적 야욕은 날로 과만해졌고, 동남아시아
로 진출하면서 해당 역내에서 이미 영향력을 행사하던 미국과 마찰을 겪게
된다. 미국의 대일 석유 금수조치와 같은 여러 차례의 갈등은 일본의 진주만

---

115 형성과정에서 나타나는 역사적 사건에 대한 평가를 제하고 최대한 객관적이고 중립적인 시각에
서 통시적으로 서술하고자 한다. 한미일 협력에 관한 논쟁의 형성과정을 살펴보는 차원에서 사건
의 영향과 결과만을 다루고자 함이다. 역사의 흐름에서 나타나는 각각의 사건과 한국이 취한 선택
들에 대한 평가와 견해는 독자의 몫으로 남겨두고자 한다.

116 김동기, 『지정학의 힘: 시파워와 랜드파워의 세계사』 (파주: 아카넷, 2020), pp. 218-220.

공습과 이에 대응하는 미국의 참전으로 이어졌다. 결국 일본의 지정학적 현상변경 시도는 미국과 소련을 위시한 연합군에 의해 패배로 귀결된다. 종전(사실상의 패전)의 뜻을 담은 히로히토 선언(1945년 8월 15일) 이후, 군국주의 국가 일본은 미국을 비롯한 연합군에 의해 강제적으로 해체되면서 민주주의 시스템을 이식받는다. 나아가 자위권을 제외한 국가가 지니는 모든 전쟁에 대한 권한을 포기하는 일본국 헌법 제9조를 통해 일본은 명시적으로 비무장화되었다.

　주지하듯 2차 세계대전 종전 이후, 국제정세가 급변하였다. 안보적 위기 상황이거나 현상 변경이 임박한 때에는 전 세계적으로 지정학의 중요성이 증대된다. 중국의 공산화와 조지 케넌의 '긴 전문(Long Telegram)'은 세계에 냉전(Cold War)의 서막이 열렸음을 알렸다. 특히 종전까지 가치와 이념이 상이함에도 전범국을 상대로 협력을 지속해왔던 미국과 소련이 갈라섰다. 미국 중심 자유민주주의 진영과 소련 중심의 사회주의 진영 간 갈등이 표면화되기 시작하면서 한반도의 전략적 가치가 중요해졌다. 정치적으로 혼란했던 한반도와 달리, 패전 후 일본은 상대적으로 미국의 확실한 영향권 아래에 있었기에 미국은 일본을 동아시아 내 공산권 확대의 저지를 위한 전초기지로 삼았다. 즉, 일본의 공산화를 막고 일본을 일정 정도 다시 무장시켜 공산권 억제를 노렸다. '공산권의 확대 억제'라는 지정학적이고 현실적인 이유에서 대일평화조약(Treaty of Peace with Japan, 샌프란시스코 조약)이 탄생한 것이다.[117] 옳고 그름을 떠나, 동 조약은 동아시아 냉전 체제의 형성을 상징적으로 보여준다. 미국의 입장에서 바로 직전까지 적국으로 상대해왔음에도 불구하고 당대의 전략적 가치와 인식으로 인해 일본과의 새로운 관계 국면으로 들어선 점은 지정학의 힘을 보여준다. 미국의 대동아시아 정책이 반전(反轉)하는 일련의 과정은 '역코스(reverse course)'로 불린다. 냉전 체제 형성 이후의 한반도는 이남의 미군정과 이북의 소련 통치, 5.10 총선거, 6.25 전쟁의 과정을

117　본질이 평화조약임에도 한국, 중국을 비롯한 피해 당사국의 참여가 결여된 점에서 그 한계가 종종 지적된다. 자세한 내용은 도시환, "한일조약체제와「식민지」책임의 국제법적 재조명,"『국제법학회논총』제57권 제3호 (2012), pp. 23-24 참고.

겪었고, 이를 통해 38도선을 경계로 지정학적 진영(block)이 형성되었다. 북쪽은 사회주의 진영이, 남쪽으로는 자유주의 진영이 형성된 것이다. 한반도를 중심으로 일어난 일련의 사건들과 그 양태는 한반도가 외부 지정학의 영향을 크게 받음을 방증한다.

그림 5 | 1951년 샌프란시스코 조약 체결 당시의 모습

외부의 지정학이 변동함에 따라 자연스레 한국의 '선택'은 자유주의 진영 국가와의 협력 강화였다. 광복 이후 다양한 세력이 등장하고 이북에는 공산주의 세력이 국가 건립을 위한 움직임을 전개하면서, 자연스레 '안보'가 중요한 가치로 자리매김했다. 다만 자유주의 블록의 형성과 협력 추진이 곧 자유주의 국가를 표방했던 한미일 세 국가의 협력으로 곧장 이어진 것은 아니었다. 앞서 말했듯 샌프란시스코 체제는 미국과 일본 및 일부 국가 사이에 형성되었던 조약이었기에, 한국과 일본 사이의 화해와 즉각적인 협력은 이루어지기 어려웠다. 1965년 한일기본조약 체결 이전까지는 한미협력과 미일협력이 분리되어 존재했을 뿐, 한미일 삼국 간의 협력은 없었다. 한미일 삼각 협력이 이루어지기 위해서는 한일 간의 산적한 문제들이 선결되어야 하

는 것이었다.[118] 다시 말해 한미일 삼각 협력이 성사되기 위한 핵심적인 독립 변수는 한일관계가 된다. 따라서 한미일 협력에 대한 논쟁을 더욱 정확하게 이해하기 위해 한일관계를 살펴보고자 한다.

한일 간의 협력이 공식적으로 시작된 시점은 1965년 한일기본조약이 체결된 박정희 정부부터다. 그러나 양국 간 협력이 처음 시도된 것은 이승만 정부까지 거슬러 올라간다. 5.10 총선거를 통해서 들어선 이승만 정부는 샌프란시스코 조약 체결 과정에서 서명국 명단에 한국이 배제된 사실을 인지하였고, 연합국최고사령부(SCAP: Supreme Commander for the Allied Powers)에 일본과의 회담 의사를 표명하였다.[119] 보상을 비롯해 양국 간의 산적한 문제를 해결해야 했기 때문이다. 이에 SCAP 외교국 중재하에 1952년 2월, 이승만 정부와 요시다 시게루 내각 사이에 1차 회담이 개최된다.[120] 어업, 기본관계 등 다양한 현안이 양국 간 오갔으나, 청구권 문제에서 근본적인 시각차만 확인한 채 회담은 중단됐다.[121] 특히 한국 정부와 개인의 일본 정부에 대한 청구권과 재한 일본인의 재산 청구권 문제를 놓고 크게 대립하였다. 이승만정부는 관계 개선을 대가로 순수채권으로 22억 달러를 요구했다. 일본은 보험, 국채 등 확정적 채권으로 2,000만 달러를 제시 하였다. 결국 공식적인 조약이 체결되는 1965년까지 7차례에 달하는 한일 간의 공식적인 접촉이 있었으나 양국 간 유의미한 합의는 없었다.

1965년 박정희 정부의 상황은 대일 강경 기조를 이어가던 이승만 정부와

---

118 물론 한미, 미일 관계가 항상 우호적이고 좋았던 것은 아니다. 한미 간 효순이·미순이 사건이나 미일 간 미군기지 문제와 무역 마찰 등 갈등의 순간도 있었다. 그럼에도 한일 양국 모두에게 우방으로서 미국은 일종의 '상수'였고, 특별히 다른 국가와의 관계에 비해 대미(對美) 관계가 견고하다는 점에서 '한미, 미일 관계를 대체로 우호적인 것'으로 간주하고자 한다.

119 한국이 샌프란시스코 조약 서명 자격에서 제외된 이유는 패전국 일본의 식민지였기 때문에 승전국의 자격으로서 서명에 참여하는 것이 어려웠기 때문이다. 자세한 내용은 김웅희, "한일기본조약의 의의와 한계: 한일관계 50년의 성찰," 『일본연구논총』 제43호 (2016), pp. 193-216 참고.

120 김태기, "1950년대초 미국의 대한(對韓) 외교정책," 『한국정치학회보』 제33집 제1호 (1999), pp. 370-375.

121 윤석정, "이승만-기시 정권기 한일회담 재개교섭: 청구권 문제와 비공식 접촉을 중심으로," 『한국정치외교사논총』 제39집 제2호 (2018), p. 109.

는 달랐다. 군사 정변을 통해 정권을 잡았기에 경제 발전을 통해서 집권의 정당성을 구축하고자 했다. 경제개발계획을 시행하기 위해서는 대규모 자금이 필요했으나 미국의 대외 원조도 줄어드는 상황이었다. 대외적으로 냉전기임을 고려했을 때, 자금원을 다양화하는 것도 여의치 않았다. 이에 6.25 전쟁 이후 고도성장을 구가하던 일본으로 눈을 돌려 경제 발전을 위한 자금을 확보하고자 한다. 1962년 11월 김종필 당시 중앙정보부장이 비밀리에 방일하여 외무대신 오히라 마사요시를 만나 한-일간의 조약에 대해 큰 틀에서 합의하였고, 이후 1965년 6월 22일 〈대한민국과 일본국 간의 기본관계에 관한 조약〉의 형태로 서명된다. 협상을 통해서 양국의 외교관계를 형성하였으며, 한국은 일본으로부터 무상 3억 달러, 유상 2억 달러의 경제적 지원을 받게 된다.[122]

한일기본조약과 국교 정상화에 대한 평가는 상당히 엇갈린다. 우선, 한일 간 국교를 정상화하여 경제 발전을 위한 실질적 자금을 마련해왔다는 점에서 긍정적인 평가가 존재한다. 다른 한편, 배상이 아닌 '독립 축하금'의 명목이라는 점, 개인의 피해 보상이 제대로 이루어지지 않은 점, 문화재 반환의 실패, 독도 문제 등의 논거로 한일기본조약과 한일 회담에 대해 부정적인 평가를 내리기도 한다.[123] 한일기본조약을 비교적 자세하게 논한 것은 해당 조약이 오늘날 한미일 협력에 많은 영향을 미치는 한일관계의 중요한 축을 형성하기 때문이다. 또한, 한일기본조약과 국교 정상화에 대하여 어떠한 평가를 내리는지는 현재 한미일 협력의 필요성에 대한 입장과 큰 연관성을 보인다. 궁극적으로 '현재의 이익이냐'와 '과거사의 해결이냐'라는 가치판단의 영역에 도달한다. 반드시 그렇지는 않지만 어떠한 가치에 더 중점을 두느냐에 따라 한미일 협력에 대해서도 특정한 입장을 취하게 된다.

---

122 이성우, "한일갈등의 역사적 기원과 정치적 쟁점," 『이슈&진단』 제381호 (2019).

123 조약의 성패에 대한 평가는 복합적인 면모를 보인다. 평가 관련 내용은 한일기본조약에 대한 긍정·부정 평가를 병렬적으로 평가한 김웅희, "한일기본조약의 의의와 한계: 한일관계 50년의 성찰," 『일본연구논총』 제43호 (2016), pp. 193-216. 긍정·부정 평가를 종합적으로 평가한 이원덕, "한일관계 65년 체제의 성격과 한일 신시대의 과제," 『일본학보』 제127호 (2021), pp. 17-43 등을 참고할 것.

　　논의의 초점을 논쟁의 형성과정으로 다시 옮겨 보자. 한일기본조약을 기점으로 한일 양국 간 협력이 시작되었다는 점은 분명하다. 그러나 동시에 양국 사이에 해결되지 않은 문제들도 많이 쌓여있었다. 독도 문제, 위안부(성노예), 징용 문제 등이 대표적이고, 이러한 사안들을 임시로 '봉합'한 채 시작된 한일 협력은 차후 '미래지향적'인 양국 관계를 형성하는 데에 문제의 씨앗이 되었다.

　　조약 체결 이후 한국은 경제 발전을 통해 일본과 우호적인 관계를 쌓는 듯했다. 그러나 양국 관계는 일련의 사건들로 인해 다시 긴장 국면에 들어선다. 1973년 8월 김대중이 백주 대낮에 일본 도쿄에서 중앙정보부 요원들에 의해 납치된 사건이 대표적이다. 또한 1974년에는 재일 한국인 문세광이 일본 경찰의 권총을 빼앗아 입국한 후 박정희 대통령에게 발포하려다 육영수 여사가 총에 맞아 사망하는 사건이 발생하였다. 저격 사건에 대해 한국의 자작극을 의심하는 일부 일본 언론의 보도, 한국을 한반도의 유일한 합법 정부로 인정하지 않는 듯한 일본 정부의 발언, '조총련(재일본조선인총련합회)'을 포함해 일본 내 반한(反韓) 친북 단체에 대한 엄중한 단속을 촉구한 한국 정부의 요구 등으로 인해 양국 관계는 단교 위기까지 치닫는다.[124]

　　그러나 1980년대 들어 나카소네 야스히로(中曾根康弘) 총리의 방한 및 일본 정부의 대한(對韓) 경협자금 지원 결정 등으로 훈풍을 맞이한 한일관계는, 1990년대 김영삼 정부의 권위주의 청산과 대중적 지지 확보를 위한 '역사 바로 세우기' 등으로 인해 다시 위기에 직면하기도 했다. 그러나, 전쟁과 식민지배에 대한 사죄의 뜻을 담은 '무라야마 담화', 한반도에 대한 '고통'과 '사과'를 밝힌 아키히토(明仁) 일본 천황의 담화, 1998년 김대중-오부치 공동선언 등으로 인해 다시 한번 관계 개선의 전기를 맞이했다.[125] 한편, 일본 자위

124　기미야 다다시, 『일본의 한반도 외교: 탈식민지화·냉전체제·경제협력』 (서울: 제이앤씨, 2013), pp. 75-76. 하지만 당시 중앙정보부 판단기획국장 김영광의 건의로 조총련 모국방문사업이 박정희 대통령의 승인으로 실행되면서 일본 내 친북세력의 동력은 점점 역사 속으로 사라지게 된다.

125　김성수, "일본 국왕 김 대통령 초청 만찬서 한국 고통 사과," 『MBC 뉴스데스크』 (1998년 10월 7일), https://imnews.imbc.com/replay/1998/nwdesk/article/2005187_30723.html.

대의 해외 군사 개입 가능성을 담은 '미일 가이드라인'이나 에토 다카미(江藤隆美) 총무청 장관의 망언 등으로 인해 양국 관계가 일시적으로 위기를 맞기도 했다. 특히 1997년에 개정된 미일 가이드라인(Guidelines for U.S.A-Japan Defense Cooperation)은 일본의 국방력을 자위권으로 한정시킨 기존의 방위지침보다 영향권이 팽창된 '주변 사태'에서의 일본의 방위협력을 규정했다. 2000년대 이후에도 독도, 역사 교과서 문제 등이 산발적으로 이어졌으나, 양국 관계는 큰 변화 없이 비교적 원만한 상태를 유지했다.

그러나 탈냉전기를 거쳐 외부의 긴장이 수그러들면서, 다자주의적 협력을 강조했었던 대외환경이 변화하고 있었다. 특히 2008년 금융위기를 기점으로 미국의 경제적 영향력이 상대적으로 쇠퇴하고, 1990년대부터 2000년대를 거쳐 중국이 매해 두 자릿수 경제성장률을 웃돌면서 미국의 패권에 도전하는 국가가 되었다. 경제력의 상대적 상실은 다자주의와 협력을 핵심 가치로 내세웠던 미국 주도의 자유주의적 국제질서의 쇠락으로 이어졌다. 이에 미국에 대항하는 세력을 중심으로 한 진영이 형성되거나, 지역 강국을 중심으로 한 소다자주의(小多者主義)적 현상이 대두되었다.

이러한 시대적 조류 속에서 집권한 이명박 정부는 한일관계의 진전을 도모했다. 이명박 정부는 '성숙한 세계국가'를 표방하면서 일본과의 성숙한 동반자 관계 구축을 외교 목표로 내세웠다. 이에 2008년 한일 협력을 계기로 한미일 3국 간 외교·안보 담당 장관과 차관급 회의가 수시로 개최되었다.[126] 이러한 협력들은 결국 한일 군사비밀정보보호협정(GSOMIA)의 체결 추진으로 이어진다. GSOMIA는 상호 군사정보의 제공 규정을 명문화한 것으로, 일본 방위상의 제안을 통해 2011년 1월 양국 국방장관회담에서 비공개로 진행되었다.[127]

그러나 체결 과정 자체가 비밀리에 이루어졌고, 밀실 추진 과정이 세간에 알려지자 협정추진 반대 여론이 강하게 형성되었다. 이에 정치적인 부담

---

126   박영준, "한국외교와 한일안보 관계의 변용, 1965~2015," 『일본비평』 12호 (2015), pp. 159-160.

127   김지선, 유재광, "한일관계에서 관심전환외교와 지연된 화해: 이명박 정부 (2008-2013) 대일정책을 중심으로," 『글로벌정치연구』 제15권 1호 (2022), p. 31.

을 느낀 이명박 대통령은 서명식을 50분 남기고 연기를 통보하였고 사실상 협정은 폐기되었다. 정권에 대한 여론이 악화하는 가운데 2012년 이명박 대통령은 독도 방문에 이어 과거사 문제에 대한 천황의 사과를 요구했다. 이것이 국내 정치 차원의 분위기 환기를 끌어낸 것과는 관계없이, 한일관계는 악화일로로 접어들었다.[128] 정리하자면 이명박 정부 시기의 한일관계는 마치 롤러코스터를 탄 것처럼 굴곡이 컸다.

이명박 대통령에 이어서 집권한 박근혜 대통령 시기에는 한미관계와 한일관계 모두에서 변화가 있었다. 먼저 박근혜 정부는 중국과의 관계를 돈독히 하는 데 신경을 썼다. 2008년 경제 위기 이후 중국의 위상이 변한 점, 한국과의 교역량이 많다는 점, 그리고 중국과의 협력이 북핵 위기의 해법이 될 수 있다는 기대가 저변에 있었다.[129] 유사한 외부적 상황을 맞이했음에도 박근혜 정부는 이명박 정부의 초기와는 다른 내부적 판단을 내린 것이다.

2014년 시진핑 주석의 한국 방문에 이어 2015년 박근혜 대통령의 방중은 한중관계의 정점을 연상케 했다. 당시 중국은 통상적 외교 관례를 뛰어넘었다는 평가가 나올 정도로 박 대통령을 예우했다. 전 세계 30여 개국 정상들이 참여한 전승절 70주년 행사의 특별 오찬에 초청된 것은 박 대통령뿐이었다. 비공산권 국가로는 유일하게 박근혜 대통령이 중국의 전승절 행사에 참석하면서 양국 관계가 급속도로 좋아지는 듯했다. 그러나 핵 문제에 있어 강력한 대북 제재를 원했던 우리 정부와는 달리 중국 정부가 제재에 미온적 입장을 견지하면서 한중 간 전략적 온도 차이가 불거졌고, 양국 관계는 결국 고고도미사일방어체계(THAAD, 이하 '사드') 문제로 인해 경색 국면으로 접어들게 되었다. 한국 정부가 핵무기 방어를 위한 사드 배치를 결정하자, 중국이 강력히 반발하며 '한한령(限韓令)'을 내린 것이다. 사드 논쟁에도 지정학적 이유가 중요하게 자리하고 있었다.[130]

128 신욱희, 『한미일 삼각안보체제 (형성, 영향, 전환)』 (서울: 사회평론아카데미, 2019), pp. 288-299.

129 이문기, "박근혜 정부 시기 한중관계 평가와 바람직한 균형외교 전략의 모색," 『현대중국연구』 제18권 제2호 (2016), pp. 117-118.

130 중국은 한국의 사드 배치에 대해 "지역 국가의 전략 안보 이익과 지역의 전략 균형을 엄중하게 손

한일관계 측면에서 박근혜 대통령은 취임 초기 일본과의 관계에서 강경한 기조를 유지했다.[131] 3.1절 기념사에서 '역사'에 관한 키워드를 강조하며 한일관계에서 역사적 가치를 중시할 것을 분명히 했다. 그러나, 앞서 대중외교에서 보았던 안보 정책에서의 급변은 한일관계에서도 마찬가지였다. 대일 강경 기조는 임기 중반에 도달하며 변화하였다. 2015년 양국 외교부 장관에 의해 발표된 '위안부' 합의가 계기였다. 2014년 3월 핵안보정상회의에서 미국은 한미일 협력을 위한 한일관계 개선을 희망하였고 이에 따라 한국과 일본이 양국 관계의 최대 화두였던 위안부 문제에 대해 합의를 한 것이다. 그러나 당시 대다수의 여론조사에 의하면, 위안부 합의에 대한 국민적 여론은 부정 평가가 많았다.[132] 위안부 합의 이후 박근혜 정부는 이명박 정부 당시 무산된 한일 GSOMIA를 다시 논의한 뒤 체결하였다. 안보 분야 외에도 경제 분야에서 한일 통화 스와프를 위한 논의를 진행하였다.

이명박, 박근혜 정부와 유사한 대외환경을 맞이한 문재인 정부는 대일 외교에서 '투-트랙(two-track, 화전양면전술)' 전략을 선보이고자 했다. 박근혜 정부의 위안부 합의에 대하여 비판적인 면모를 취하면서도 미래지향적 협력 사안을 분리하여 대응하겠다는 것이다.[133] 고조되는 지정학적 긴장과 역사적 문제 모두에서 실리를 챙기기 위해, '역사' 문제와 '협력'의 문제를 구분하여 접근하겠다는 의도였다. 그러나 대법원의 2018년 일본제철 강제징용 피해자에 대한 배상 판결 이후, 일본은 2019년 경제산업성의 주도 아래 한국으로 반도체 및 디스플레이 제조 핵심 소재의 수출을 제한하는 무역 제재를 단행하였다. 아베 신조 내각은 역사 문제와 협력 문제를 분리하고자 한 문재

상시키는 결과를 초래할 것"이라고 주장했다. 기본적으로 사드의 레이더가 중국 쪽으로 향하는 것에 대한 거부감, 중국 미사일에 대한 미국의 요격 능력 향상에 대한 우려가 컸기 때문이다. 이상국, "동북아안보정세분석: 주한미군의 사드 배치 결정 이후 중국의 반응과 한국의 대응," 동북아안보정세분석. 한국국방연구원 (2016년 7월 26일), p. 1.

131   신욱희 (2019), p. 304.

132   TNS코리아에 의한 여론조사만이 조사에 대한 긍정 평가가 부정 평가보다 많았으며, 리얼미터, 조원씨앤아이, 중앙일보, 타임리서치, 대한민국갤럽에 의한 조사에서는 부정 평가가 많았음.

133   윤석정, "문재인 정부의 대일 투-트랙(Two-Track) 외교와 한일관계: 한일관계의 게임 체인저로서 강제동원판결," 『일본학보』 제132호 (2022), p. 45.

인 정부의 투–트랙 정책을 받아들이지 않은 것이다. 일본의 무역 조치에 대한 반대급부로 국내적으로는 반일 감정이 촉발되었고, 일본 제품 불매 운동이 전개됨과 동시에 '한일전', '죽창가' 등 정치적 프레임이 조성되었다. 문재인 정부 시기 한일관계는 악화된 상태에서 종료되었다.

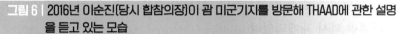

그림 6 | 2016년 이순진(당시 합참의장)이 괌 미군기지를 방문해 THAAD에 관한 설명을 듣고 있는 모습

나아가 문재인 정부는 초기 중국과 미국의 사이에서 전략적 모호성을 띠는 외교 노선을 강조하였다. 전략적 모호성이란 위험 회피를 추구하는 '헤징' 전략으로 '안보' 중심 미국과 '경제' 중심 중국 사이의 줄다리기 외교이다. 한반도의 지정학적인 요소를 고려할 때, 문재인 정부가 판단하기에는 전략적 모호성이 우리의 이익에 봉사하는 결정이었다. 그러나 대외적으로 미국과 중국 사이의 경쟁이 심화하면서 소위 '안미경중'의 현실적 적용이 어려워졌고, 오히려 트럼프 정부가 북한 문제에 적극적으로 개입하면서 미국과의 교류가 확대되는 양상을 띠기도 했다.

문재인 정부와 유사한 대외환경을 맞이한 윤석열 정부는 한미일 협력을 강조하는 기조를 보인다. 대통령 후보 시절부터 '자유', '민주' 등의 자유주의적 가치를 강조한 윤석열 대통령은 집권 초부터 미국과의 동맹을 강조하는 전략적 명확성을 강조했다. 자유주의적 가치에 입각한 국정철학은 당연하게도 자유주의 진영의 국가인 미국 및 일본과의 협력으로 이어졌다. 이를 확인할 수 있었던 점이 2022~2023년 수차례에 걸친 한미·한일 정상회담이다. 2023년 캠프 데이비드 선언은 정치·경제·기술·안보 등 전방위 분야에서 한미일 협력의 수준을 격상시켰다. 문재인 정부 시기 중단되었던 한미일 연합합대훈련 역시 재개되었다.

　한미일 협력은 위의 역사적 과정을 보여왔다. 통시적으로 과정을 살펴보면서 이를 한반도에 대한 지정학적 차원에서 이해해보고자 했다. 외부적으로 지정학적 불안정성에 노출된 대한민국은 반도를 둘러싸고 영향력을 행사하는 강대국 사이에서 외교를 행해왔다. 내부의 전략적인 판단을 통해서 위협을 최소화하고 실리를 챙기고자 하였다. 이를 위해 때로는 지정학적인 상황을 고려해서 특정 강대국과 가까이 지내기도 하고 멀게 지내기도 하였다. 한국의 선택은 이들의 직접적 영향 아래 이뤄진 것이었다. 우리가 앞으로 내려야 하는 국가적 선택 역시 그러할 것이다. 그렇다면 미·중 전략 경쟁의 시대 한미일 협력 사안에 대한 우리의 선택은 무엇이 되어야 하는가?

　한미일 협력의 논쟁 구도의 한쪽 기둥에는 대개 역사적 정의보다는 안보와 경제를 이유로 한미일 삼각 협력의 필요성을 주장하는 진영이 있다. 반대쪽 기둥에는 일제 강점의 역사로 인해 미·일 중 특히 일본과의 협력을 지양하거나, 미·일과의 밀월을 통한 전략적 명확성이 우리에게 가져다줄 수 있는 안보적 불안을 우려하는 진영이 위치한다. 요컨대 한미일 협력의 논쟁에 관한 의견 차이는 '한반도가 처한 지정학적 상황을 고려했을 때, 한미일 협력(전략적 명확성)이 우리의 안보를 신장하는가?'와 '역사성과 정체성이 어느 정도로 중요한가?'의 주제에 대한 시각차로 정리할 수 있다. 즉 양측 모두 내부 지정학적인 차원에서 현실(외부)을 이해하되, 이해의 양태가 다른 것이다.

2) 한미일 협력 찬성

주지하듯 한미일 협력이 필요하다고 주장하는 진영은 주로 안보적 차원과 경제적 차원에서 그 근거를 마련한다. 우선 안보적인 측면에서, 이들은 6.25 전쟁과 그 이후 70여 년간 이어져 온 북한의 크고 작은 도발들이 한미일 안보 동맹의 필요성을 방증한다고 주장한다. 특히 북한이 비대칭전력인 핵무기의 개발을 통해 재래식 무기에서 한국과의 격차를 상쇄하고자 하는 상황을 미루어보았을 때, 이에 대응하기 위해 한미일 안보 협력은 불가피하다는 것이다.

또한 미국은 여전히 전 세계에서 가장 강력한 군사력을 보유하고 있으며 우리의 가장 가까운 우방이라는 점을 근거로 제시한다. 안보적 측면에서 중국이나 다른 나라와 협력하기는 어렵다. 즉 현실적으로 한국에게 가장 안보적 이익을 줄 수 있는 국가는 미국밖에 없다는 점을 강조하는 것이다. 일본 역시도 강력한 경제력을 기반으로 하는 군사적 잠재력을 가지고 있다. 21세기 미국은 대외 전략 기조 중 하나로 동맹국들에 책임 나누기(Burden Sharing)를 채택하고 있다. 특히 트럼프 정부 이후, 책임 나누기 기조는 명확해졌으며 바이든 정부도 이 기조에서 크게 벗어나지 않았다. 일례로 주한미군 방위비 문제를 들 수 있다. '미국 우선주의'를 내세운 트럼프 대통령은 대통령에 당선되자, 후보시절 공약이었던 방위비 분담 비율 조정을 공식화하였다. 이에 한미 양국은 2020년 1월부터 협상을 개진하였으나 양국 간 견해 차이가 커 협상 타결이 난항을 겪었다. 결국 협상은 다음 행정부인 바이든 정부에 들어서 타결되었고 인상률은 2020년은 동결, 2021년은 13.9%, 나머지는 전년도 한국의 국방비 증가율을 각각 적용하는 것으로 조정되었다.[134] 소극적인 대외 전략으로 수정되는 미국의 대외 전략 기조를 미루어보았을 때, 향후 동아시아에서 강력한 경제력을 가진 일본이 미국의 책임을 일정 부분 이어받아 역내에서 더 많은 영향력을 갖게 될 확률이 높다. 따라서 이러한 변화

134 장영호, "韓·美 방위비분담금 협상행태의 비교연구: 美트럼프·바이든 행정부 중심," 『군사발전연구』 제15권 2호 (2021), p. 47.

하는 상황들을 고려했을 때, 한미일이 협력하는 것이 한국의 안보에 도움이
될 것이라고 역설한다.

　경제적인 측면에서도 한국이 한미일 협력을 하는 것이 이익이 된다고 주
장한다. 한국의 주력 산업이라 할 수 있는 반도체와 배터리 등의 첨단 분야
에서 미국과 일본 산업이 긍정적인 교호 작용을 보일 수 있음을 강조한다.
반도체 분야의 TOSHIBA, INTEL, QUALCOMM, 2차 전지의 Panasonic 등
현재 첨단 기술 분야에서 선두를 달리고 있는 기업 중 다수는 미국과 일본의
기업들이다.[135] 나아가 이들과의 협조가 우리 기업의 반도체 공정에도 필수
적이라는 점은 한미일 협력 필요성을 배가시킨다. 따라서 한미일 협력을 주
장하는 이들은 산업·경제적 측면의 이익 또한 강조한다.

　'전략적 모호성'이 더 이상 통하지 않는 시대가 도래했다는 점도 주요 논
점이다. 전략적 모호성은 소위 안미경중(安美經中), 즉 '안보는 미국, 경제는
중국과 협력한다'는 전제를 두고 있다. 쉽게 말해 경제와 안보를 분리하여
각각 우리에게 이익이 되는 국가에 접근한다는 것이다. 그러나 경제가 일종
의 안보처럼 배타성을 강하게 띠고 있는 '경제안보' 혹은 '경제-안보 넥서스'
의 현실에서는 더 이상 경제와 안보를 분리할 수 없다. 미국의 인도-태평양
경제 프레임워크(IPEF), 반도체 4국(한국, 미국, 일본, 대만)의 동맹인 칩4(CHIP4),
그와 대조되는 중국의 일대일로(BRI), 중국·러시아·인도·남아프리카공화
국이 주도하는 브릭스(BRICS) 등은 사실상 경제와 안보가 합쳐진 경제안보의
시대가 도래했음을 보여준다.[136] 생산의 과정에서 글로벌 가치 사슬(Global
Value Chain)에 들어가지 못하면 특히 첨단 분야에서는 도태되는 상황이 연출
된다.

　또한 미국의 '반도체 칩과 과학법(CHIPS and Science Act of 2022)'이나 '인

135　몇몇은 특정한 측면에서 우리와 경쟁 관계에 있음에도, 여전히 우리 기업과 협력을 하고 있다. 가
　　령, 미국의 '애플'사는 한국의 '삼성전자'와 스마트폰 시장에서 경쟁 중이지만, '애플'사는 자사의
　　스마트폰 부품을 한국의 기업들로부터 조달받는 모습을 예로 들 수 있다.

136　이외에도 미국·영국·호주의 안보 파트너십인 오커스(AUKUS)나 러시아·중국·카자흐스탄 등
　　공산권 국가가 협력하는 정치·경제·안보 협의체인 상하이협력기구(SCO)처럼 미국이나 중국을
　　중심으로 한 국가 공동체들이 창설되고 있다.

플레이션 감축법(Inflation Reduction Act)'은 한국과 같은 나라들이 미국과 중국 중 하나를 선택하도록 강요한 것이나 마찬가지임을 보여주는 사례이다. 즉 일련의 경제안보 공동체의 형성이나 미국의 압박을 고려했을 때 한국은 대외적 상황에 의해 '선택'을 내려야 할 수밖에 없는 상황이다. 따라서 불가피하게 선택이 필요한 상황이라면 미국을 비롯한 자유주의 진영과의 협력을 선택하는 것이 우리가 선택할 수 있는 대안 중 가장 비용−편익적인 측면에서 나은 대안이며 한미일 협력도 이러한 연장선상에서 이해해야 한다고 주장한다. 아래의 주장은 이를 함축적으로 잘 보여준다.

> "안보에 협력하는 국가는 경제도 협력하지만 경제에 협력한다고 안보까지 협력하는 것은 쉽지 않다. 대표적인 사례가 한중관계다. 따라서 안보 협력의 대상이 경제협력의 대상보다 관계의 성숙도나 강도가 높다. 이러한 합리성에 근거하면 한국은 미국을 선택하는 것이 국익에 유리할 뿐 아니라 경제안보라는 개념에 부합하는 선택이라 할 수 있다."[137]

위의 주장을 환언하면, '안보와 경제라는 두 마리 토끼를 모두 잡을 수 있는 선택지는 미국과의 협력이다' 정도가 될 것이다. 한미일 협력을 주장하는 사람들의 생각을 윗글에서 명확하게 알 수 있다. 그러나 한미일 협력이 과연 경제와 안보의 차원에서만 이득일까?

이들에 따르면 사실 경쟁의 심화는 비단 경제와 안보의 영역에 국한되지 않는다. 소련의 붕괴 이후부터 2008년 경제 위기까지 이르는 '미국 주도의 자유주의 국제질서(LIO: Liberal International Order)' 시대에서는 다양한 분야에서의 전 세계적인 협력과 연대가 강조되었다. 그러나 '협력과 연대'의 시대와는 다르게 현재는 '경쟁'의 시대로 변모하면서 미국이나 중국을 중심으로 '진영 뭉치기' 현상이 발생하고 있다. 물론 협력과 연대의 시대에도 국가 간 경쟁은 존재했으나, 현재는 경쟁 쪽으로 무게중심이 급속히 이동하고 있다.

---

137 반길주, "미·중 전략적 경쟁 시대 경제안보의 부상과 한국의 전략적 선택지," 『전략연구』 제29권 제2호 (2022), p. 320.

환경, 에너지, 식량 등 다양한 분야에서 '안보' 개념이 접목되고 있는 현상과도 연결할 수 있다. 분야를 가리지 않고 경쟁의 기조가 뚜렷해지고 있는 것이다. 에너지 분야에서 경쟁 구도가 두드러지게 나타나는 점 역시 에너지 수입 의존도가 매우 높은 국가인 한국으로서는 신경 쓰이는 부분이다. 예컨대, 우크라이나 전쟁 이후 전 세계적으로 식량안보와 에너지안보의 중요성이 부각된 점은 이를 잘 보여준다. 한미일 3국 모두 자유주의 진영에 속하며 이외에도 영국을 비롯해 EU, 호주 등이 모두 자유주의 진영에 속한다는 점을 미루어볼 때, 다양한 영역에서의 한미일 협력이 포괄적 차원에서 보더라도 우리에게 많은 이익과 이득을 안겨줄 것으로 보는 것이다.

아울러 한미일 협력 찬성 측에서는 흔히 미·중 양자택일의 대안으로 제시되는 중견국 외교나 제3지대 외교와 같은 선택에 대해서는 현실성이 없다는 점을 지적한다. 역사적으로 냉전기에도 미국과 소련 그 어느 편에도 서지 않는 아시아와 아프리카의 국가들의 제3지대 연합인 비동맹운동(NAM: Non-Aligned Movement)이 있었다. 그러나 냉전이라는 거시적 흐름에서 그들이 가진 영향력과 NAM을 통해 얻을 수 있었던 이익은 미미했다. 결국 이들에 따르면 한국이 역사적으로 반도적 특성으로 인해 늘 '선택'의 문제에 봉착해 왔듯이, 한국은 한미일 협력(자유주의 협력)이냐 혹은 중·러와의 협력이냐의 기로에 서 있는 것이다. 이러한 전제에서 한미일 협력, 즉 자유주의 진영과 협력하지 '않는' 선택을 한다면 우리가 얻을 수 있는 이익은 적지만 다양한 분야에서 우리가 대가로 치를 수 있는 기회비용이 어마할 것이라 예상한다.

찬성의 관점을 견지하는 사람 중 일부 극단의 사람들을 제외한다면 이들이 역사적 정의(justice)와 정체성을 무시하는 것은 아니다. 다만 국가 이익과 생존의 문제에 있어서 '현재 우리에게 무엇이 더 중요한가?'라는 경중의 문제로 접근하는 것이다. 상술했던 근거들에 대해 생각해본다면 한미일 협력을 통해서 국가의 생존을 보장하고 나라를 조금이나마 더 부강하게 만드는 것이 미래의 한국에 더 바람직한 '선택'이라고 믿는 것이다.

3) 한미일 협력 반대

한미일 협력에 대해서 반대하는 견해는 크게 두 가지 이유를 제시한다. 앞서 말했듯 먼저 한국의 역사성과 정체성의 차원에서 일본과의 협력을 반대하고, 둘째 전략적 명확성이 되레 한국의 안보와 경제에 악영향을 끼칠 수 있다는 것이다.

첫째로 한국의 역사적 정체성 차원에서 한일 간에는 아직 해결되지 못한 문제들이 많다. 특히 일본군 강제 징용 문제, '위안부' 피해자 보상 문제, 독도 문제 등은 '한국인'이라는 정체성과 밀접하게 연결된 매우 중요한 부분이다. 이러한 문제들을 매듭짓지 못한 채 한미일 협력부터 진행하는 것은 어불성설이며 오히려 장기적인 측면에서 미래지향적인 한일관계에 나쁜 영향을 미칠 것으로 주장한다. 다음의 문장은 역사적 정체성을 강조하는 이들이 주장을 아주 잘 집약한다.

'역사를 잊은 민족에게 미래는 없다.'

해당 문구의 기원은 분명치 않으나, 이는 역사가 우리에게 주는 교훈이 있음을 의미한다. 잘못된 과거가 반복되지 않게 하는 것이다. 나아가 과거의 문제를 제대로 해결하지 않은 채 일본과의 협력을 추진하는 것은 피해자의 처지에서도, 정의의 관점에서도 옳지 않다. 섣부른 접근이 한일관계의 지속가능성을 잠식할 수 있다는 의미다. 즉 미래지향적인 한일관계를 위해서라도 한일 사이의 주요 현안을 우선 해결한 뒤, 협력을 진행해야 한다는 것이다.

두 번째 이유로 제시되는 것은 전략적 명확성이 한국에게 이익이 되지 않는다는 점이다. 우선 전략적 명확성으로 인한 문제를 지적한다. 국제정치학자 스나이더(Glenn Snyder)의 개념을 빌려, 동맹의 연루(entrapment)와 방기(abandonment)의 문제를 들 수 있다. '방기'란 위기 상황에서 동맹국이 동맹파트너를 배반함으로써 자신의 안보 이익을 취하는 것을 말하며, '연루'란 동맹파트너의 안보 이익에 따라 자신의 안보 이익에 부합하지 않는 분쟁에 끌려 들어가게 되거나 군사원조를 제공하는 것을 의미한다.[138]

138 서정경, "중국의 부상과 한미동맹의 변화: 동맹의 방기(Abandonment) - 연루(Entrapment) 모델

이러한 개념을 현재의 한미동맹과 미일동맹에 원용해본다면, 한미일 협력의 강도가 높을수록 향후 양안(兩岸) 분쟁에 한국이 '연루'될 가능성 또한 크다고 할 수 있다. 특히 양안 문제를 둘러싸고 군사적 긴장도가 고조되고 있는 2024년 현재의 시점에서 이러한 우려의 현실성은 더욱 높아지고 있다. 반면 '방기'에 대한 우려도 존재한다. 역설적이지만 한미일 협력에 대한 우리의 의존이 심화할수록 방기로 인한 위험성이 증가한다. 가령 윤석열 정부는 워싱턴 선언(Washington Declaration)을 통해 우리의 독자적 핵무기 개발 가능성을 줄이고 미국으로부터 핵우산에 대한 재확인을 받았다. 그러나 국제법적인 구속력도 없이 오직 미국의 핵우산에만 의존하는 것이 옳은지에 대한 우려 또한 커졌다. 이는 '방기'의 문제에 대한 우려로 연결된다. '과연 북한이 핵을 발사했을 때 미국이 연쇄 핵전쟁을 각오하고 한국을 위해 핵우산을 제공할 것인가?' 미국의 이익과 한국의 이익이 충돌할 때, 당연하게도 미국은 자국의 이익을 우선시할 것이다.

나아가 전략적 모호성은 경제 분야에서도 큰 타격을 줄 수 있다. 지난 박근혜 정부 당시 THAAD 배치로 인한 중국의 '한한령(限韓令)' 조치로 무수한 한국의 기업들이 피해를 보았다. 또한 미국에 대항하는 국가들의 움직임도 심상치 않다. 미국의 상대적 쇠퇴와 글로벌 이데올로기로 등장한 다원주의는 다극 체제의 가능성을 시사했고, 비서구, 비국가 행위자의 영향력이 전에 비해 크게 올랐다.

역사적으로 군사력은 대개 경제력으로부터 기인했다. 일례로 세계 2차대전을 일으켰던 국가인 일본과 독일, 패권국으로 발돋움했던 미국의 경우가 그러했다. 개혁이나 근대화가 되었든, 획기적인 과학기술을 통해서든, 경제력을 기르고 난 뒤 그것에 기반하여 군사력에 투자를 하는 형태를 띠었다. 따라서 궁극적으로 국제무대에서의 영향력은 한 국가의 경제력에서부터 발흥한다고 이해할 수 있다.

관련하여 기축통화로서 미국의 달러가 가진 영향력이 미국의 패권을 공

적 시각에서," 『신아세아』 제15권 제1호 (2008), p. 96.

고히 해온 주요 변인 중 하나임은 틀림없다. 특히, 미국의 달러를 석유 결제 대금으로 하는 페트로-달러(Petro Dollar) 체제는 기축통화로서 달러의 가치를 유지시켜 온 동인이다. 이 페트로-달러 체제는 1970년대 미국과 최대 산유국인 사우디아라비아 사이의 비공식 계약에 근거하는데, 2020년대에 들어 미국의 달러 체제에 균열이 가는 모습이 보인다. 특히 미국의 바이든 대통령이 사우디아라비아의 권위적 통치를 이유로 빈살만(Mohammed bin Salman) 왕세자를 외교적으로 고립시키는 행보를 보이자, 양국 관계가 경색되기 시작했다. 그러는 와중에 중국이 이 틈을 노리며 적극적 외교를 전개해 사우디와 밀접한 관계를 맺기 시작했다. 사우디와 이란의 화해에 중국이 중재에 나선 것과 석유수출국기구(OPEC: Organization of the Petroleum Exporting Countries 또는 비엔나 그룹)가 증산을 요구한 미국의 뜻에 반하여 석유 감산 조치를 결정한 행보, 사우디-중국 간 석유 대금의 위안화 결제 논의 등은 미국의 페트로 달러 체제에 균열을 드러내는 사례들이다. 또한, 남아메리카의 지역 강국이라 할 수 있는 브라질과 중국이 2023년 4월 14일 열린 정상회담을 계기로 양국 재무부 간 양해각서를 체결하고 자국 통화(중국 위안과 브라질 헤알)를 활용한 무역을 강화하기로 합의한 뒤 실제 위안화로 무역을 완료한 것은 중국과 사우디, 그리고 브라질 등 비서구 국가들의 영향력이 증대하고 있음을 보여준다.[139]

이에 더해 2023년 4월 IMF의 세계경제전망 보고서를 바탕으로 블룸버그가 추산한 수치에 따르면 2028년까지 세계 경제성장에 대한 미국의 기여 비중이 11.3%인데 비해 중국이 세계 성장에서 차지하는 비중은 미국의 두 배인 22.6%에 이를 전망이다. IMF는 인도의 기여 비중 역시 12.9%로, 미국보다 많을 것으로 예측했다. 나아가 BRICS 국가의 세계 경제 기여도가 G7의 기여도를 뛰어넘을 것이라고 밝혔다.[140] 또한 최대 규모 투자기업인 골드만 삭스

139　권영미, "中-브라질간 위안화 결제 무역 첫 완료…달러 중개 없었다," 『news1』 (2023년 10월 5일), https://www.news1.kr/articles/5190076.

140　Alexandre Tanzi, "China to Be Top World Growth Source in Next Five Years, IMF Says," *Bloomberg* (April 17, 2023), at https://www.bloomberg.com/news/articles/2023-04-17/chi-

(Goldman Sachs)가 2023년 발표한 '2050년 경제 전망 보고서'에서는 중국이 실질 국내총생산(real GDP)에서 미국을 뛰어넘을 것으로 예측했다. OECD 역시 '2060년 경제 전망'에서, 중국, 인도, 인도네시아, 필리핀과 같은 아시아 국가들이 세계 GDP의 절반을 차지할 것이라 전망한다.[141] 요컨대 상술한 사례들을 바탕으로 미국의 패권이 상대적으로 쇠퇴하고 있음을 추론할 수 있다.

그림 7 | 골드만 삭스사의 보고서를 시각화한 자료

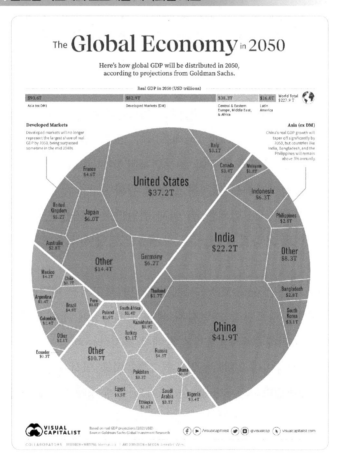

---

na-to-be-top-world-growth-source-in-next-five-years-imf-says.

141   OECD iLibrary, "Economic projections to 2060," https://www.oecd-ilibrary.org/sites/719db-0de-en/index.html?itemId=/content/component/719db0de-en.

논의를 종합하면 우리는 미국 중심의 일극 체제가 다극 체제로 변모하는 과정을 목도하고 있다. 더불어 세계화가 진행되면서 국제질서는 심화된 다원주의 체제(deep pluralism)로 전환하고 있다. 종전의 미국 주도의 자유주의 국제질서에서는 영향력을 갖지 못했던 중국, 브라질, 인도 등이 세계질서에서 부흥하는 세력으로 떠오른 것이다. 이러한 상황을 고려한다면, 한미일 협력의 일변도 전략을 택하는 것은 우리에게 좋지 않다. 특히 에너지 의존도가 높은 한국의 지정학적인 상황과 미국의 희망대로 행동하지 않는 자원 강국들의 움직임을 고려했을 때, 더욱 그러하다.

미·중 경쟁의 시대에서도 미국의 기업들이 중국과의 협력을 강화하는 모습들은 우리에게 미국 일변도의 전략적 명확성이 좋지 않음을 보여준다. 지속된 분쟁에도 불구하고 지난 2022년 미·중 무역량은 역사상 최대치를 기록했다. 일례로 테슬라의 CEO인 일론 머스크는 중국 투자를 확대하겠다는 뜻을 밝히기도 했다.[142]

미국뿐만 아니라 유럽 국가들도 중국과의 협력을 놓고 있지는 않다. 2023년 마크롱 대통령은 중국을 찾아 "유럽은 미국의 졸개가 아니다. 동맹은 속국을 의미하는 것이 아니다" 등의 발언을 쏟아 냈다. 2024년 5월 5년 만에 유럽을 찾은 시진핑 중국 국가주석이 처음 방문한 국가도 프랑스였다. 시진핑은 중국과 프랑스가 "동서 문명의 중요 대표"라고 화답했다. 마크롱 대통령의 이러한 행보는 미국과 중국 사이에서 전략적 모호성을 띠는 프랑스 외교 전략으로 해석할 수 있다. 물론 지금 한국이 처한 분단 현실과 핵무장 상황 등 프랑스와의 국력 차이를 고려한다면 프랑스의 경우를 우리에게 대입하는 것은 적절치 않을 수 있다. 그럼에도 한미일 협력을 반대하는 이들은 한국이 지나치게 한미일 협력에 의존적인 노선을 걷는다면 다양한 영역에서 피해가 초래될 수 있음을 경고하는 것이다.

142　김태영, "테슬라, 미-중 갈등 속에도 中 투자 확대… '메가팩' 공장 신설," 『서울경제』 (2023년 4월 10일), https://www.sedaily.com/NewsView/29O8Y27T6N/GF0602.

4) 한미일 협력 논쟁의 시사점

한미일 협력에 관한 논쟁은 외교적 선택에 관한 딜레마다. 외부의 지정학적 상황 변경에 대해 우리가 취해야 할 태도에 관한 것이다. 단순하게 말하자면 '전략적 모호성'이냐 '전략적 명확성'이냐의 문제이다. 지구의 지각판이 크게 변동하여 반도의 지리적인 조건이 바뀌거나, 앞으로의 한국이 엄청난 수의 인구나 풍부한 자원을 추가로 얻게 될 확률은 희박하다. 현재의 지정학적 구도가 지속되는 한, 앞으로도 우리는 유사한 딜레마의 문제에 놓일 가능성이 크다. 대륙과 해양 세력이 교차하는 지점으로서 한반도는 딜레마의 요람이고, 지정학으로 말미암은 남북 분단 및 대치 상황 자체가 딜레마의 소산이다.

한미일 협력에 관한 논쟁에서 볼 수 있었듯, 지정학은 과거의 한반도 행위자들뿐만 아니라 오늘날을 살아가는 우리에게도 '선택'을 강요한다. 무엇이 현명한 선택일까? 어떠한 선택이 우리에게 더 이익이 되고 중요할까? 너무 섣불리 결정할 필요는 없다. 다만 더욱 현명한 선택을 하기 위해 우리가 처한 지정학적 현실과 과거의 유사한 논쟁들을 끊임없이 반추하고 고려해야 할 시점에 놓인 것만은 분명하다.

1.3. 북방정책 논쟁

1) '북방외교와 북방정책' 그리고 지정학

우리가 흔히 말하는 북방정책은 노태우 정부 시기 수행된 대 공산권 외교를 가리킨다. 그러나 광의에서 '북방외교'는 노태우 정부시기에 시행된 북방정책만을 의미하는 것은 아니다. 다수의 학자에 따르면 북방외교의 어원 자체는 1973년 박정희 대통령의 6·23 선언에서 유래된 것으로 본다.[143] 1973년 이전까지의 한국 외교는 '동독과 수교한 국가들과 외교를 하지 않을

---

143 신범식, "북방정책 – 역사적 회고와 미래적 전망: 문재인 정부의 신 북방정책에 대한 함의," 『계간 외교』 제125호 (2018), pp. 93-109; 정기웅, 윤익중, "북방정책에 대한 소고: '북방'과 '정책'의 지속과 변화," 『글로벌정치연구』 제14권 제1호 (2021), pp. 153-172.

것'이라고 밝힌 서독의 할슈타인 원칙(Hallstein Doctrine)처럼 일종의 '한국판' 할슈타인 원칙을 지켜나가고 있었다. 주지하듯 냉전기에 형성된 자유주의와 공산주의의 지정학적 블록은 우리의 대외정책에도 지대한 영향을 미쳤다. 냉전기의 국제 환경에서 한국은 안보와 국가의 안정성을 확립하는 동시에 경제적인 이익을 추구해야 했었기에 자유주의 진영과의 긴밀한 관계 유지는 필수적인 것이었다.

그러나 1970년대에 들어서 대외환경에 변화가 감지되었다. 1960년대에 접어들면서 '제3세계 국가들의 독립과 비동맹 외교가 확산했고 […] 남북한을 동시에 인정하거나 북한과 수교하려는 분위기'가 형성되었다.[144] 당시 1960~70년대에 남북한 사이에 합법적 정부의 인정 문제는 매우 중요했다. 1953년 휴전 이후 남북한 체제 경쟁은 심화되었고, 남북은 각자 한반도의 '불완전한' 일부분이었다. 한국은 주로 자유주의 진영 국가로부터 한반도의 유일한 정부로 인정을 받아 외교관계를 맺어왔고, 반대로 북한은 공산권 국가와 관계를 유지해왔다. 그러나 탈냉전은 이러한 기류를 변화시키기에 충분했다.

거시적 관점에서 탈냉전의 시초는 데탕트(détente)였다. 박정희 대통령은 문호 개방과 남북관계 정상화에 대한 의지를 연설에 담으며, 당시로서는 획기적인 정책적 전환을 가했다.[145] 그러나 대통령의 전향적 선언에도 불구하고, 공산권 국가와의 외교관계에서 가시적인 성과나 큰 전환은 거의 없었다. 할슈타인 원칙의 포기가 주로 비동맹 중립국에 초점이 있었을 뿐, 공산권 국가들과 관계 개선에 대한 의식 변화나 정책 의지가 미미했기에 의미 있는 수준의 변화로 이어지기 어려웠다는 것이다.[146] 따라서 '실천적'으로 북방외교가 실현되기 시작한 시점은 가시적인 외교적 성과가 나타난 노태우 정부부터라고 보는 것이 타당하다.

---

144 임춘건, 『북방정책과 한국정치의 정책결정』 (서울: 한국학술정보, 2008), p. 68.

145 황병태, "한국 외교와 외교관: 제1권 황병태 전 주중대사," 『오럴 히스토리 총서』 제1권 (2014년 2월 28일), p. 76.

146 신종대, "남북한 외교경쟁과 '6.23선언'" 『현대북한연구』 제22권 제3호 (2019), pp. 217-218.

종합하면 북방외교는 넓은 의미에서 단편적인 서구 중심적 외교 정책에서 벗어나, 그동안 도외시했던 공산권 국가들과 관계를 맺기 시작하는 것을 의미한다. 그 취지와 내용을 생각하면 북방정책 자체가 논쟁과 논란을 빚기는 어려워 보인다. 진영을 가리지 않는 폭넓은 외교가 결코 나쁜 선택은 아니기 때문이다.

그렇다면 북방정책에 대한 논쟁은 무엇을 말하는 것일까? 논쟁은 두 가지 층위로 구성된다. 우선 북방정책의 시행 과정에서 발생한 북방정책의 '추진' 논쟁이다. 해당 논쟁은 노태우 정부 당시 북방정책을 시행하면서 발생했던 국내 정치적인 논의이다. 다른 층위의 논쟁은 북방정책의 '평가'에 대한 논쟁이다. 정책의 사후적 평가의 과정에서 발생한 것이다. 먼저 다음 목에서 노태우 정부 당시, 정책의 추진 과정에서 파생된 논쟁부터 다루고자 한다.

2) 북방정책의 추진 과정과 논쟁

1988년 출범한 노태우 정권은 박정희 정부 시기의 데탕트와 유사하게 탈냉전기라는 시대적 조류와 마주하고 있었다. 데탕트와 핑퐁외교를 통한 자유 진영의 미국과 공산권 중국 간의 수교는 세계정세에 큰 지각 변동이 일어나고 있었음을 알렸다. 탈냉전기에 분명한 점은 냉전기와는 달리 '적'과 '동지'의 구분이 모호해졌다는 것이다. 특히 경제 분야에서 국가 간 협력이 강화되었으며 우루과이 라운드(UR: 1986~1994), 1995년 1월 세계무역기구(WTO) 출범으로 이어지는 일련의 과정은 경제적 세계화를 상징적으로 보여주었다. 아울러 평화와 협력의 분위기가 형성되면서 국제정치 무대에서도 다자주의가 대두되었다. 한반도를 넘어 전 지구를 둘러싸고 있던 갈등과 대립의 지정학이 협력의 기조로 변화하고 있던 것이다. 이에 공산권 국가에 대한 우리의 시선도 '북한과의 체제 대결에서 상대를 돕는 적국'이라는 적대적인 인식에서 '교역과 협력의 가능성을 가진 상대'로 점차 전환되기 시작했다.

특히 1988년 서울 올림픽은 변화하는 시대 조류와 맞추어 외교 다변화를 꿈꾸던 한국에게 좋은 기회가 되었다. 특히 공산권 국가들이 대거 참가하면서, 올림픽은 우리에게 동구권 국가와 자연스레 접촉을 할 수 있게 되는

계기가 되었다.[147] 나아가 신자유주의적 경제 기조의 확산도 공산권 국가로
의 진출 열망에 일조했다. 한국 기업들은 인건비가 저렴하여 생산 비용을 절
감할 기회의 땅인 중국과 동구권 국가들과의 수교를 원했다.[148] 새로운 시장
에 대한 요구가 컸던 경제계의 정책적 요구는 개방적인 외교 정책으로 수렴
되었다. 노태우 정부 자체도 "공산권 국가들과의 수교는 동아시아의 안정과
평화, 공동의 번영에 기여하게 될 것이며, 북방외교의 성공은 또한 통일로
가는 지름길"이라는 기대를 갖고 있었다.[149] 정리하자면 노태우 정부는 변화
하는 시대적 흐름에 힘입어 새로운 외교를 통해 경제적 이익을 추구하는 동
시에 북한을 비롯한 공산권 국가들과의 관계 개선을 통해서 한반도 평화로
나아가고자 했던 것이다.

그림 8 | 1988 서울 올림픽 당시 소비에트 연방 사이클팀

---

147 임춘건 (2008), p. 121.

148 김호기, 박태균, 『논쟁으로 읽는 한국 현대사』 (서울: 메디치 미디어, 2019), p. 218.

149 한국민족문화대백과사전. '북방외교'

이에 노태우 대통령은 1988년 7월 7일 '민족자존과 통일 번영을 위한 대통령 특별선언'(통칭 7·7 선언)을 통해 남북 상호 교류, 재외 동포의 자유로운 남북 왕래, 문호 개방, 이산가족 상봉, 남북 교역의 민족 내부 교역으로의 간주 등에 대한 의지를 국민에게 알렸다.[150] 박정희 정부의 6·23 선언과 마찬가지로 미국과 자유주의 진영 국가 중심의 단편적 외교에서 탈피하고자 한 것이다. 북한에 의한 KAL기 폭파 사건이 직전 해인 1987년에 있었다는 점을 고려한다면, 노태우 정부의 북방외교에 대한 의지가 얼마나 강했는지 읽을 수 있는 대목이다.

1988년 3월 24일 헝가리에 서울무역사무소를 설치하는 것을 기점으로 이듬해에 공산권 국가로는 최초로 헝가리와 수교를 맺었다. 나아가, 1989년 7월까지 유고슬라비아, 구소련, 폴란드, 불가리아 등 동부 유럽 지역에 무역사무소가 차례로 설치되었으며,[151] 1989년 11월 폴란드를 시작으로 1989년 12월 유고슬라비아와 수교를 맺게 된다. 일련의 과정은 자연스레 통일에 대한 기대감을 높이게 하였다. 국내적으로 통일을 염원하는 이들의 활동 또한 활발해졌고 이 과정에서 서경원 의원, 문익환 목사, 대학생 임수경, 소설가 황석영의 잇따른 방북 사건이 발생한다.

상술한 방북 사건으로 대내적으로 노태우 정권은 보수 진영의 반발에 직면했다. 특히 정치권과 기득권 세력에서의 반발이 심했다. 노태우 대통령이 보수 정당인 민주정의당 소속이었다는 점을 고려하면, 보수 진영의 반발은 언뜻 이해하기 힘들다. 그러나 당시 보수 진영은 전두환 정부 시절 기득권 집단으로 반공 이데올로기를 통해서 득세한 세력이다. 따라서 노태우 정부의 개방적인 시도는 이들의 '반공' 가치와 정치적 지지기반을 상실케 할 수 있다는 우려를 들게 했다. 이에 갈등과 반발이 조금씩 표면화되기 시작한다. 1989년 3월 21일 제45기 육군사관학교 졸업식에 참석한 노태우 대통령에게 당시 육군사관학교장이었던 민병돈 중장이 경례를 하지 않고 축하 연설에서

---

150   김호기, 박태균 (2019), p. 215.

151   한국민족문화대백과사전. '북방외교'

10분가량 북방정책에 대해 비판하는 발언을 쏟아냈다.[152] 현역 육군 중장이 상급자인 국군 통수권자에게 경례를 거부하고, 공식 석상에서 상급자의 정책에 대해 비판하는, 일종의 항명 사태가 발생한 것이다. 이외에도 보수 진영 곳곳에서 노태우 대통령의 급진적인 정책이나 급격한 사회의 변화에 대한 우려를 표명했다.

국내적으로 보수 세력만이 대통령의 정책에 대해서 반발한 것은 아니었다. 진보 세력인 야당은 야당대로 노태우 대통령의 북방정책이 정치적 이해에서 비롯된 것이라는 비판을 제기했다. 특히 대통령이 중간 평가와 지방의 회의원 선거를 위해 국면 전환용으로 활용하였으며 북방정책의 정치화라고 반발하였다.[153] 진보 진영은 북방정책의 필요성을 인정하였으나 노태우 정부의 진정성을 의심한 것이다. 당시 한반도를 둘러싼 외부의 지정학이 변하고 있었음은 자명하나, 보수 진영과 진보 진영의 이들이 각각 내부적으로 바라보는 지정학 변화의 속도 차는 엄연히 존재했다.

상기와 같은 정치권 내에서의 비판에도 불구하고 북방정책은 지속적으로 추진되었다. 특히 1989년부터 대한무역투자진흥공사(KOTRA)의 모스크바 사무소 개설과 소련 상공회의소 서울사무소의 개설과 같은 소련과의 꾸준한 교류는 결국 1990년 소련과의 공식적인 수교로 이어졌다.[154] 다만 중국과의 수교는 '천안문 사태'나 '대만 문제(양안 문제)'로 어려움을 겪었다. 특히 자유 진영과 우호적인 관계를 맺어온 대만과 외교적 관계를 지속하는 것은 '하나의 중국' 원칙을 표방해온 중국과 필연적으로 마찰할 수밖에 없었다. 이에 더해, 중국의 대표성에 대한 국제법적인 문제도 봉착해 있었다. 그러나 중국과 수교하기 위해 노태우 정부는 결국 대만과의 단교를 택하였다. 수교 공식 발표 직전에 이상옥 외무장관은 진수지(金樹基) 중화민국(대만) 대사를 불러, 중국과의 관계에서 실질적인 진전이 있었음을 밝혔다. 이후 대만과의 줄다

---

152   장종덕, "육군사관학교 졸업식파문, 민병돈 교장 사의표명," 『KBS뉴스』 (1989년 3월 25일), https://news.kbs.co.kr/news/pc/view/view.do?ncd=3685997.

153   임춘건 (2008), pp. 145-146.

154   정종욱, "북방정책의 평가: 외교적 측면," 『국제문제연구』 제15권 제1호 (1991), p. 12.

리기 끝에 이상욱 외무장관과 진수지 주한 중화민국대사가 양국 관계를 '최
고 수준의 비공식관계'로 설정하는 것으로 합의함과 동시에 한국은 대만과 단
교했다.[155] 결국 1992년 대만과의 단교는 곧바로 한중수교로 이어졌다. 결과
적으로 노태우 정권 시기에 공산권 양대 국가인 중국·소련과 수교를 맺었다.

　　남북관계의 측면에서도 북방외교는 의미 있는 진전을 이루어냈다. 사실
UN 동시 가입 이전까지, 남북은 한반도 내 각자의 합법적 정부 인정 문제
로 인해 갈등을 겪었다. 이러한 갈등은 국제무대에서 체제 대결의 양상으로
치달았다. 서로를 한반도의 '합법적' 정부로 인정하지 않으면서, 국제사회에
서도 그 분쟁이 이어진 것이다. 그러나 이 갈등은 1991년 9월 남북한이 UN
에 동시 가입하는 것으로 일단락되었다. 남북은 3개월 뒤인 1991년 12월 31
일 〈남북기본합의서〉를 채택하였다. 정식 명칭은 '남북 사이의 화해와 불가
침 및 교류·협력에 관한 합의서'다. 이 조약이 특히 남북관계에 있어서 남
다른 의미가 있는 점은 통일 이전의 남북관계를 '잠정적 특수관계'로 규정하
여, 서로에 대한 인정 등의 내용을 담고 있기 때문이다. 비록 〈남북기본합의
서〉가 조약이 아닌 정치적 담화문의 형태이기에 법적 구속력이 떨어지지만,
오늘날 남북관계의 중요한 축을 이루고 있다는 점에서 그 의의가 있다.[156]

---

155 자세한 내용은 조희용, 『중화민국 리포트 1990-1993』(서울: 선인, 2022) 참고.

156 헌법재판소 헌재 2000. 7. 20. 98헌바63, 판례집 12-2, 52, '남북교류협력에 관한 법률 제9조 제
　　3항 위헌소원'.

그림 9 | 양안문제는 미·중 갈등과 함께 2020년대에 들어서 다시 동아시아 역내의 뜨거운 감자로 부상하고 있다.

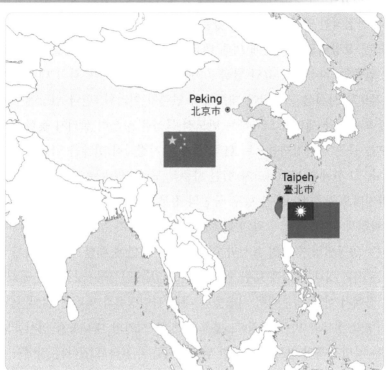

3] 북방정책의 평가에 관한 논쟁

　북방정책에 대해서도 논쟁의 여지가 있는 만큼 복합적인 평가가 가능하다. 우선, 북방정책의 긍정적인 측면은 중국과 소련과의 수교를 통해서 외교를 다각화하였다는 점이다. 특히 경제적으로 높은 잠재성을 지닌 중국과의 수교가 눈에 띄었다. 2022년 기준 한국과 중국 양국의 교역량이 연간 3,100억 달러를 웃도는 수준으로 발전했다. 러시아와의 교역 역시 우크라이나 전쟁이 발발하기 전까지 꾸준히 증가하는 모습을 보여왔고, 불곰사업을 통한 양국 간 국방 협력 역시 북방외교가 낳은 긍정적 결과 중 하나였다.[157] 중국

157　정식명칭은 '대한민국 정부와 러시아연방 정부 간의 군사기술분야·방산 및 군수 협력에 관한 협정'.

과 소련 외에도 수많은 공산권 국가와 수교를 맺으면서 외교관계가 이전보다 다양해졌다. 무엇보다 북방정책의 궁극적인 목표였던 북한의 개방을 향한 직·간접적인 압박을 가할 수 있는 환경을 조성했다.

또한, 북방외교는 북한에 의해 대륙 진출이 가로막힌 상황을 극복하고자 했던 일종의 '지정학적 고립 탈출'을 위한 시도였다. 북한과의 대치로 인해 지리적으로 사실상 고립되어 대륙과의 연결이 어려워, 한국 입장에서는 대륙 세력과 해양 세력이 교차하는 반도적 특성을 충분히 살리지 못한 측면이 있었다. 물론 북방정책만으로 한국이 처한 지정학적 한계를 극복하지는 못했으나, 그 한계를 벗어나고자 했던 자주적 노력이었다는 점은 분명하다.

마지막으로 북방정책은 향후 국민의 정부와 참여정부에서 시도된 대북화해협력정책(일명 햇볕정책) 및 평화·번영정책, 나아가 문재인 정부의 대북 평화공존·공동번영 정책의 효시라 할 수 있다. 북한에 대한 인식 변화를 담아냈다는 점과 상대 체제에 대한 인정을 담고 있는 실질적·실천적인 정책이었다는 점에서 향후 정부에서 시행했던 대북 관여정책과 맥락을 같이한다. 물론 이명박 정부와 박근혜 정부, 윤석열 정부 시기의 대북정책 역시 기본적으로는 북방정책의 철학에 기초한 남북협력을 추진하고 있다는 점에서 정책 기조(基調)로서 북방정책의 의미에 대한 긍정적인 평가가 가능하다.

다만 북방외교도 최종 목표 달성 측면에서는 명백한 한계를 노정한다. 북방정책의 주요한 지향 중 하나는 우호적인 분위기 형성과 통일로의 나아감이었다. 당시 외무부는 "국제질서와 한반도 주변 정세의 변화를 능동적으로 활용하며 한반도 안보 환경을 개선시켜 새로운 남북 관계를 설정할 목적하"에 북방외교를 추진하였다. 공보처 역시 북방외교의 목표를 "중·소를 비롯한 전통적인 친북한 사회주의 국가와의 관계 정상화를 이룩함으로써 북한으로 하여금 한반도의 현실을 받아들이도록 함; 북한이 개혁·개방 정책을 통하여 국제사회의 책임 있는 일원이 되도록 유도함"이라고 밝혔다.[158] 결과

---

158   정기웅, "노태우 정부 이후 역대 정부의 북방정책: 통일정책에서 국가전략으로," 『국제지역연구』
      제25권 제1호 (2021), p. 249.

적 관점이긴 하나 정책이 제시된 이후 35년 이상 경과하기까지 북방정책은 북한의 개혁·개방을 의미 있는 수준으로 달성하는 데 실패했고, 통일을 성취하는 마중물이 되지도 못했다.

그림 10 | 2022년 북한이 발사한 화성 17호

관련하여 정책이 '당초에 의도했던 효과를 성취했는지의 여부'를 판단하는 총괄적 평가(summative evaluation)의 관점에서 바라본다면, 북방외교는 통일 정책이라는 측면에서 그 한계를 보인다. 비록 〈남북기본합의서〉라는 남북관계에 있어 중요한 문서가 도출되었으나, 그것을 넘어서는 실질적 성과는 도출되지 않았다. 나아가 북방외교로 인해서 북한을 지나치게 압박하고 자극한 측면도 존재한다. "북방정책이 북한 정권에게 일종의 군사적 공격(offensive)처럼 느껴졌다"는 것이다.[159]

탈냉전 세계질서에 힘입은 '공격적' 북방정책의 실행이 역설적으로 북핵 문제를 가속화하며 한반도 평화 전선에 부정적인 영향을 미쳤다는 분석도 가능하다. 물론 북방외교가 북한이 핵을 만들도록 종용한 것은 아니지만, 북

---

159   주용식, "노태우 북방정책의 딜레마와 한국 북방정책에 대한 함의," 『국제지역연구』 제25권 제4호 (2021), p. 157.

방외교의 목적이 평화로운 통일의 지향이었다는 점에서 북방정책 표방 이후 북핵 문제가 본격화하고, 한반도 문제의 핵심으로 남아 있다는 점은 정책의 한계로 평가된다.

북방정책에 관한 논쟁을 추진 과정과 평가로 구분해 살펴봤다. 추진 당시, 광의에서의 지정학적 환경이 변화하고 있었다는 점에서 지정학적 인식은 곧 현실적인 인식이었다고 할 수 있다. 그런 차원에서 추진 과정에서의 논쟁은 '현실적인 대외인식'과 '대내적·정치적 이해관계'—또는 기존의 이데올로기 대립 구도에 입각한 신념—의 충돌이라고 정리할 수 있을 것이다. 후대에도 국가 정책이나 선택을 내리는 상황에서 유사한 충돌 구도가 반복될 수 있다. 결국 이 과정에서 대립 구도를 감시하고 견제하며 비판하는 시민 사회의 역할이 더욱 중요해진다. 정치 엘리트가 자신의 이익을 끝까지 관철하려 하거나, 특정 이데올로기에 대해 지나치게 경직된 사고를 지님으로 인해 전환기의 세계질서를 편협하게 해석하거나 왜곡하지 않도록 해야 할 것이다. 결국 국가와 정치 의제에 대한 시민들의 꾸준한 관심과 건설적인 비판이 반드시 수반되어야 한다.

어떠한 관점에서 바라보느냐에 따라 북방정책에 대한 평가 역시 다양할 것이다. 서문에서 김성수 교수가 지적하셨듯 역사가 에드워드 카(E. H. Carr)는 '역사는 과거와 현재의 끊임없는 대화'라고 했다. 역사에 대한 평가는 끊임없는 '현재성'의 개입으로 인해 변경될 여지가 크다. 특정 사건에 대해서 단기간에 평가를 내리기는 힘들다. 평가하는 시점마다 각각의 '현재'가 견지하는 가치관, 상황, 시대정신에 따라서 평가 기준 역시 달라질 것이다. 특정한 사건을 통시적·공시적 관점에서 종합적으로 보는 것이 중요한 이유다.

4] 북방정책 논쟁의 시사점

북방정책은 변동하는 외부의 지정학에 대응하고 가로막힌 반도의 한계를 극복하고자 한 시도였다. 그것의 성패와 관련해서는 복합적인 평가가 존재하나 우리의 외교를 다각화했다는 점에서는 분명한 성공이다. 북방정책이 시간이라는 긴 강의 하류에 있는 우리와 후세에게 주는 교훈은 무엇일까?

북방정책은 외교 측면에서 '관점의 대전환'이었다. 외교적 다양성에 대해 스스로 한계를 두었던 한국판 '할슈타인 원칙'에서, 외교적 다양성과 평화를 추구한 시도였다. 나아가 이러한 시도들은 대북 접근 방안을 심화하는데도 기여하였다. 체제 경쟁 상대라는 종전의 북한에 대한 적대적인 인식에서 탈피하여, 북한과 대화와 협력을 통해 평화로 나아가고자 하는 시도였다. 특히 이 과정에서 도출된 남북기본합의서 체결(1991년 12월), 한반도 비핵화 공동선언(1992년 1월) 등은 가시적 성과로 남았다. 앞서 논했듯 위와 같은 대전환은 단순한 대북 접근을 넘어서 김대중 정부의 '철의 실크로드' 구상과 노무현 정부의 동북아 균형자론, 대북화해협력정책, 이명박 정부의 '비핵·개방·3000' 등 차기 정부들의 통일 구상으로 이어지게 되는 계기가 되었다.

2018 북미정상회담 결렬 이후, 북한과의 대치와 교착 상태가 이어지고 있는 2024년 현재에도 북방정책의 창의적인 전환은 우리에게 큰 교훈이 된다. 그것은 바로 우리가 급변하는 국제역학에 맞추어 언제든 창의적인 전환 시도를 줄 수 있는 준비가 되어 있어야 한다는 것이다. 대외 환경의 변화는 언제든지 급작스럽게 찾아올 수 있기 때문이다. 그 누구도 2018년에 트럼프 대통령과 김정은 위원장이 만날 것으로 생각하지 못했다. 또한 베를린 장벽이 무너질 것으로 예측한 이도 없었다. 기회는 소리소문없이 다가온다.

논의를 종합하면 북방정책은 우리가 외부의 지정학과 대외적인 상황 변화에 탄력적이고 민감하게 반응해야 함을 알려준다. 세계의 강대국들이 흥망성쇠를 거듭하면서 갈등을 겪는 시기도 존재하지만, 또 다른 때에는 모두가 다자주의적인 협력을 지속하는 기간도 존재할 것이다. 바다의 파도와 같이 시시각각 움직이는 역동적인 변화에 민감하게 대처하지 못한다면 살아남지 못한다. 그러한 의미에서 미국의 학자 레온 메긴슨(Leon C. Megginson)이 다윈의 「종의 기원」을 정리한 다음의 문장은 우리가 가져야 할 중요한 마음가짐을 함축한다.[160]

---

160 Leon C. Megginson, "Lessons from Europe for American Business," *The Southwestern Social Science Quarterly* 44-1 (June 1963), p. 4.

"가장 지적인 종이 살아남는 것이 아니며, 가장 강한 종이 살아남는 것도 아니다. 살아남는 종은 자신이 처한 변화하는 환경에 가장 잘 적응하고 조절할 수 있는 종이다."

나가며

이라크 전쟁과 2008년 미국발 금융위기는 21세기에 들어선 이후 미국의 상대적 쇠퇴를 보여준다. 또한 빠른 경제적 성장을 통해 부상한 중국은 '화평굴기(和平崛起)'를 표방하면서도 팽창적이고 공세적인 대외정책으로 미국과 다양한 방면에서 전략적인 경쟁을 하고 있다. 다자주의적인 통합을 외치던 자유주의 국제질서는 자연스레 쇠퇴하였고 지역 강국을 중심으로 하거나, 미국이나 중국을 중심으로 소수의 국가끼리 협력을 강화하는 '소다자주의적'인 경향이 국제사회 곳곳에서 나타나고 있다.[161] 다른 나라와의 무역과 타국으로부터의 자원 수입에 의존하는 한국으로서는 대외적 불안정성이 증대하였다. 즉, 2024년 대한민국이 마주한 국제환경이 전보다 우호적인 환경이 아님은 분명하다. 그러나 이는 비단 '지금, 이 시점'에 국한된 문제는 아닐 것이다. 역사가 알려주듯이, 영원한 패권국은 없다. 모든 강대국은 흥망성쇠를 거듭해왔으며, 앞으로 등장하는 미래의 국가들도 예외가 아니다. 전환기 마찰과 분쟁은 분명히 존재하며, 통시적 관점에서 평화와 마찰의 시대는 끊임없이 반복될 것이다. 따라서 미래에도 언제나 우리에게 우호적인 대외환경이 펼쳐지리라는 보장은 없다.

앞서 보았던 한국 정치의 지정학적 주제들은 공통으로 우리에게 기민한 '선택'의 중요성을 알려준다. 변화하는 외부의 지정학과 국제역학에 맞추어 우리의 전략적 판단과 외교적 선택의 중대성은 커질 것이다. 특히 한국이 수출지향적인 경제구조를 나타내고 있다는 점에서 우리에게 불리한 대외환경일수록 선택의 중요성은 배가된다.

---

161 김성수, 『위기의 국가』 (파주: 명인문화사, 2024), pp. 413-417.

다만 대내 지정학의 '전략적인' 선택은 국내정치적인 요소에 의해서 좌우된다. 다시 말해 자유민주주의 아래에서 대한민국의 선택은 국민주권의 대리인인 지도자(대통령 및 의회)의 판단이며, 궁극적으로는 투표의 결과라 할 수 있다. 결국 국내정치가 대한민국의 대외적 선택을 결정짓는 것이다. 따라서 우리의 국내정치적 결정 과정을 이해하는 것이 우리의 대외적 선택을 가늠하고 예측할 수 있게 하는 출발점이 됨을 기억해야 할 필요도 있다.

대내적 지정학을 의논하는 과정에서 건전하고 이성적이며, 다원주의를 표방하는 토론을 지향해야 함에도 불구하고 우리는 종종 지나친 분열과 갈등에 직면한다. '친일', '반일', '종북', '친미' 등의 원색적인 표현이 이를 잘 보여준다. 왜 이러한 지나친 분열과 갈등이 등장한 것일까? 이를 알아보기 위해 다음 장에서는 '정체성'을 분석 틀로 하여 한국 정치를 파악해 보고자 한다. 갈무리하면 정체성의 이해와 지정학에 대한 이해는 겉놀 수 없다는 결론에 다다른다. 국내정치적 결정을 좌우하는 핵심적인 키워드인 '정체성'을 통해 한국 정치의 결정 동학에 대한 이해를 보다 심화해 보고자 한다.

2. 한국 정치와 정체성

들어가며

'대한민국의 정체성'은 지정학, 경제 등 다양한 측면에서, 그리고 복잡한 역사적 사실과의 상관관계 속에서 접근해야 할 주제이다.[162] 광복 이후 약 80여 년의 시간을 바쁘게 달려온 우리나라는 2024년 기준 전 세계 경제 규모 13위의 국가가 되었다.[163] 하지만 결코 녹록한 환경은 아니다. 현재 의과대학 증원 이슈, 비트코인 논란 등 여러 정치적 갈등이 여전하다. 경제적 상황도 어렵다. '한강의 기적'은 이미 오래된 일로만 느껴진다.

정치·경제적으로 산적한 현안들을 쉽게 해결하지 못하는 주요한 이유는 사회 내 편재한 갈등이다. 갈등의 중심에는 '정체성'이 놓여 있다. 그러나 오늘날의 정체성 담론은 우리 사회를 반추하고, 방향성을 설정하는 방식으로 이루어지지 않고 있다. 오히려 편가르기 차원에서 특정 정체성을 선택하고, 그것을 밝히도록 강요받고 있다. 즉, '정체성의 정치화'가 발생하는 것이다.[164] 이러한 정체성의 정치화는 정치적 부족주의로 연결된다. 현대 사회가 견지하는 다원성이 무색하게 차별의식이 강화되면서 동조하는 사람들끼리 부족을 이룬다. 에이미 추아(Amy L. Chua)는 "정치적 부족주의가 기록적 수준의 불평등과 결합하면서 오늘날 우리는 양 정치 진영 모두에서 맹렬한 정체성 정치를 목격하게 됐다"고 단언했다.[165] 따라서 지금은 '대한민국의 정체성'은 무엇인지 진지하게 고민해 볼 시점이다. 특히 한반도는 이데올로기 전쟁의 참화를 겪었던 지역 중 하나이기에, '대한민국의 정체성'이 지니는 특성에 대한 성찰의 필요성이 더욱 가중되고 있다.

---

162 김창록, "법적 관점에서 본 대한민국의 정체성," 『법과사회』 제59호 (2018), p. 274.

163 International Monetary Fund, 검색어: GDP, current prices. https://www.imf.org/external/datamapper/NGDPD@WEO/WEOWORLD/KOR.

164 강원택, 『한국인의 국가정체성과 한국정치』 (서울: EAI(동아시아연구원), 2007), p. 39.

165 김성수, "팬덤을 넘어 부족주의로 진화하는 정치," 『국민일보』 (2022년 9월 5일), https://www.kmib.co.kr/article/view.asp?arcid=0924262332.

현대 대한민국 정체성의 기점은 '독립' 시점과 직결된다. 독립 이전 우리의 정체성은 '민족'이라는 단일하고 공통된 정체성이었다. 우리나라는 '단일민족'이라는 개념 아래에서 민족 정체성을 형성해 왔다. 이러한 개념은 거주 영역의 지리적 제한성에 의해 형성됐다. 한반도는 삼면이 바다에 둘러싸여 있고, 북쪽의 접경지역은 험준한 산과 강으로 이루어져 외부와의 접촉이 상대적으로 제한됐다. 지정학적으로 보았을 때, 국가가 하나의 민족으로 구성되어야 한다는 당위성은 한국인에게 어느 정도는 자연스러운 개념이었다. 그렇기에 한반도 내 민족 통합이 촉진되었고, 막강한 대륙 국가에 대한 두려움도 오히려 민족 간의 단결을 호소하는 요인이 되었다. 요컨대, 민족의 단결은 외세와의 충돌에서 국가를 굳건히 보호하는 역할을 해왔고, 주변 강대국의 반복되는 공세는 한국인의 민족 동질성을 더욱 굳건히 하는 계기가 되었다.[166]

또한, 일제강점기 유입된 서구 문물은 한국 사회 내 자기와 타자에 대한 인식을 형성했다. 서구 문물의 주체에 대한 이질성을 깨달았고, 한반도 행위자들은 스스로를 하나의 '민족'으로 인식하기 시작했다.[167] 이러한 맥락에서 일제강점기라는 상황은 '해방'이라는 공통의 목표를 설정시켜, '한민족'이라는 하나의 정체성을 강화시켰다.

대한민국 임시정부도 공동의 정체성에 대한 좋은 사례이다. 물론 임시정부 안에서도 공산주의와 민주주의 등 이념의 차이가 존재했다. 김구의 백범일지에 따르면, 당시 임시정부의 주요 구성원이었던 이승만은 '민주주의', 이동휘는 '공산주의'를 주창했다.[168] 이동휘는 레닌에게서 독립자금을 얻어와 상해에서 국민대표회의를 소집했다. 이를 기점으로 국민대표회의는 '잡종회'라 불릴 정도로 파벌이 나뉘었다.[169] 임시정부에 참여한 공산당은 내부 분열을 겪었는데, 이는 통합적인 독립운동을 어렵게 만들었다. 결국 임시정부의 좌우합작 시도는 실패로 돌아갔고 이후 공산주의 운동 역시 다양하게 분기

166 홍사명, 『한국인의 정체성 한국인은 누구인가?』 (서울: 온북스, 2022), p. 83.
167 유헌식, 『근대 한국사회의 정치적 정체성』 (서울: 소명출판, 2023), p. 113.
168 김구, 『백범일지』 (서울: 돌베개, 2005), p. 309.
169 유헌식 (2023), p. 158.

했다.[170]

하지만 이는 개인 혹은 단체 내 정치적 견해의 문제였을 뿐, 민족 정체성 혹은 국가 정체성 수준의 분화까지를 의미하는 것은 아니었다. 그저 1920~30년대 민족해방운동이 민족주의, 사회주의 등으로 이념의 분화를 겪었고, 다양한 갈래로 전개되었을 뿐이다. 독립 이후 형성된 이념 분쟁의 렌즈를 가지고 역사를 바라본다면, 한국의 정체성에 대해 혼란스러움을 느낄 수 있다. 요컨대, 독립 이전까지 한반도에는 오히려 이념적인 정체성이 존재하지 않았다고 보는 것이 타당하다.

대한민국은 독립 이후 새로운 민족국가를 건설하는 과정에서 분단까지 이어지는 심각한 정치적 갈등을 경험했다. 이 과정에서 진보와 보수가 등장하고 이념 논쟁이 시작되었다.[171] 해방 이후 한국 사회에서는 반공과 친미, 경제 성장제일주의와 안보 이데올로기를 사상적 기반으로 하는 보수주의 세력이 지배 세력의 주축이 되었다. 2차 대전 직후 미국이 주도하는 봉쇄정책과 동서냉전 구도가 한반도에 그대로 적용되어 남북 간 분단 질서는 더욱 굳어졌다. 반공과 친미의 구도 속에서 보수세력이 헤게모니를 장악하고 냉전 질서를 국내적으로 흡수하면서 성장과 안보 이데올로기를 바탕으로 한 기반을 확충하여 나갔다.[172]

첨예한 이데올로기 대립 속에서 보수세력은 민주적 제도의 확립과 자주적 독립의 길을 모색하는 데는 상대적으로 소홀했다. 그들은 미국 반공 정책의 테두리 속에서 외연을 보장받으며, 도덕성의 취약함과 미미한 대중적 지지를 만회하고자 하였다. 따라서 보수주의자들은 친미와 반탁의 입장에서 좌파를 소련에 예속된 세력, 반민족적인 세력, 찬탁 세력으로 규정했다. 이처럼 반공주의는 타 세력을 자신과 대립하는 세력으로 몰아가는 수단이 되어, 보수주의의 가장 큰 무기이자 힘이 되었다. 이 과정에서 한국 사회 내

---

170   유헌식 (2023), p. 159.

171   이러한 이념 대립은 앞선 한국 정치와 지정학에서 살펴본 신탁통치 논쟁과 연결된다.

172   윤민재, "한국 보수세력의 이념과 활동에 대한 정치사회학적 연구," 『사회이론』 제26호 (2004), pp. 243-253.

이념의 완충지대는 배제되었고, 흑백 논리가 만연해졌다. 결국, 당대 보수와 반공은 한국 사회를 대표하는 이념이 되었다.[173]

특히 반공주의는 이승만 대통령 때부터 적극적으로 활용되었다. 이승만이 상해임시정부를 방문하여 회의하던 중 소련의 힘을 빌려 독립운동을 강화하자는 의견이 나오자, 그는 "공산주의는 민주주의에 반대되는 사상"이며 "동양에서 표본적 민주주의 문명국가를 구현시키려는 우리 이념에 합치될 수 없는 이론"이라고 주장했다.[174] "뭉치면 살고 흩어지면 죽는다." 이는 6.25 전쟁 당시 이승만 대통령이 평양 탈환 환영 시민대회에서 한 말이다.[175] 그는 이 말을 즐겨 사용했는데, '반공, 통일'의 구호를 통치 수단으로 활용하며 정부를 수립해 나갔다.[176]

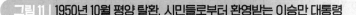

그림 11 | 1950년 10월 평양 탈환. 시민들로부터 환영받는 이승만 대통령

---

173   윤민재 (2004), p. 253.

174   이나미, "박정희 정권과 한국 보수주의의 퇴보," 『역사비평』 95호 (2011), p. 46.

175   김환영, "2600년 전 사람 이솝 '뭉치면 살고 흩어지면 죽는다'" 『중앙일보』 (2011년 5월 1일), https://www.joongang.co.kr/article/5427243#home.

176   이주영, "[연재] 이승만시대 (23) 미, 이승만 귀국 막아... '뭉치면 살고 흩어지면 죽는다' 호소," 『뉴데일리 경제』 (2012년 8월 27일), https://biz.newdaily.co.kr/site/data/html/2012/08/27/2012082710012.html.

그러나 이승만은 지지자를 결집하기 위해 공산주의 자체에 반대하지 않는다는 의사를 종종 드러냈다. 1945년 10월 21일 중앙방송 연설에서 "나는 공산당에 대해 호감을 가지고 있는 사람"이라며 "그 주의에 대하여 찬성하므로 우리나라의 경제 대책을 세울 때 공산주의를 채용할 점이 많이 있다"라고 했다. 초대 대통령 기념사에서도 "기왕에도 누누이 말한 바와 같이 우리는 공산당을 반대하는 것이 아니라 공산당의 매국주의를 반대하는 것이므로 이북의 공산주의자들은 이것을 공실히 깨닫고 일제히 회심해서 우리와 같은 보조를 취하여 하루바삐 평화적으로 남북을 통일해서 정치와 경제상 모든 권리를 다 같이 누리게 하기를 바라며 부탁합니다"라고 말했다.[177]

이승만은 반공주의뿐만 아니라, 자유민주주의를 강조하는 모습을 보였다. 이는 1948년 8월 대한민국 정부 수립 선포식 기념사에서도 살펴볼 수 있다. 당시 이승만은 "민주주의에 대한 믿음, 인권과 개인의 자유 보호, 관용과 협조, 고통받는 사람들의 생활 조건 개선, 그리고 외국 경제원조의 필요성"을 강조했다. 또한, 자유민주주의를 정치이념으로 하여 어떠한 독재주의나 침략주의도 용인하지 않을 것을 주장했다. 그러나 그가 강조했던 '자유민주주의'란 사실상 반공주의를 의미했다는 점에서 비판받기도 했다.[178]

반공주의, 자유민주주의와 같은 이념적 정체성 외의 국가 정체성도 이 시기 발전했다. 먼저 '국민'으로서의 정체성이다. 미국의 경제학자이자 저명한 반공 사상가인 로스토우(Walt Whitman Rostow)는 국가발전의 단계를 크게 4단계로 구분했다.[179] 바로 국가건설, 국민 형성, 정치적 참여의 증진, 분배의 개선이다. 한국에서는 4단계 중 앞의 3단계가 동시에 진행되며 국민국가가 건설되었다. 그러나 국가건설 초기 단계에서 사람들에게 남한 국민으로서의 정체성을 갖게 하는 것은 어려웠다. 국민 정체성은 구성원들이 국가의 여러 상징, 즉 언어, 역사, 신화, 제도 등을 함께 내면화할 때 형성된다.

177 이나미 (2011), p. 48.
178 이나미 (2011), p. 41.
179 이러한 4단계의 구분은 역사적이라기보다는 분석적이기에 각 단계의 순서는 국가별로 다르게 나타날 수 있다.

또 이런 내면화는 국민이 집단으로 국가의 존재와 행동을 체험함으로써 일어난다. 1948년 정부가 수립되면서 적어도 법적, 제도적으로는 영토와 주권을 지닌 국가가 만들어졌다. 보편적 참정권을 지닌 국민도 탄생했다. 그러나 국민이 헌법상 부여된 참정권을 실질적으로 누리기까지 상당한 시간이 소요되었을뿐더러, 독립 이후 국가를 수립하는 과정에서 발생한 여러 사건은 정체성의 내면화를 힘들게 했다.[180] 예컨대, 제주 4.3 사건이나 여순 사건 등은 '권리와 의무의 주체로서의 국민 정체성'을 지녔음을 느낄 새도 없이 동족상잔의 소용돌이로 휘말리게 했다.

이러한 상황 속에서 민중들로 하여금 국민으로서의 소속감을 느끼게 만든 최초의 계기는 이승만 정부 시 농지분배를 통한 경제적 이해관계의 충족이었다. 1940년대 말 한국은 인구의 70.9%가 농업에 종사하고 있었고, 그 중 70% 이상이 소작 내지는 자소작(自小作) 상태였다. 이런 사회에서 구성원들에게 작지만, 농지를 분배한 것은 그들이 속한 정치적 공간에 대한 인식을 확실하게 했다.[181]

농지분배 이후 얼마 지나지 않아 발발한 6.25 전쟁은 국민 정체성과 반공정책을 강화하는 계기가 되었다. 전쟁은 적과 동지를 분명히 나누어, 구성원들이 배타적 동류의식을 갖도록 만든다. 즉, 외적인 '구분 짓기'를 통해 내적인 통합이 강화되는 효과를 기대할 수 있다. 3년간의 전쟁으로 남한에는 북한과 공산주의에 대한 적개심이 확산되었다. 즉, 전전 남한 내에서 벌어졌던 좌우 갈등에서는 미처 알지 못했던 배타적 구별을 느끼기 시작한 것이다. 북한을 동족이 아닌 적으로 느끼게 되는 배타성이 한국만의 국민 정체성을 확립하는데 크게 영향을 미쳤다.

---

180   김일영, "한국에서 보수와 진보의 의미 변화와 현위상: '뉴라이트', '뉴레프트' 그리고 자유주의," 『철학연구』 제100집 (2006), pp. 28-29.

181   김일영 (2006), p. 30.

그림 12 | 자작지와 소작지의 면적 변화 (한국 농촌 경제 연구원, "농지 개혁사 연구")

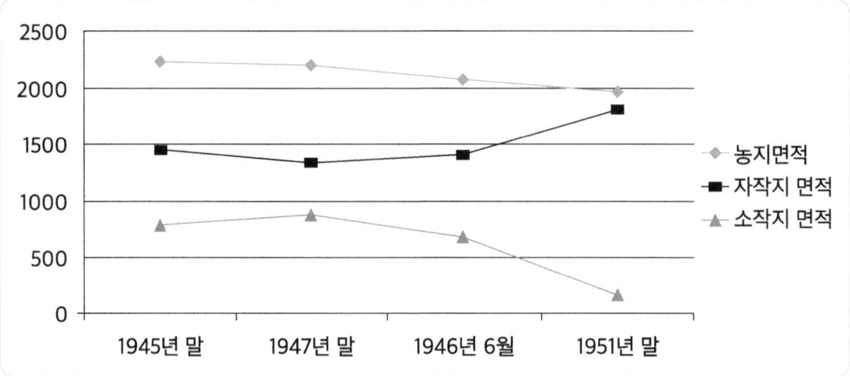

또한, 전쟁 시기 확산된 대북 적개심으로 인해 반공 정책은 더욱 강화되었다. 이 시기 반공 정책은 인권을 침해하는 등 부작용이 있었음에도 국민의 거부감은 크지 않았다. 결국 하나의 민족을 꿈꿨던 이들이 적대적인 두 국가로 변모한 것이다. 상대를 '북한 괴뢰'나 '남조선 괴뢰'로 지칭하며 정체성을 부정하고, 서로를 제거해야 할 집단으로 인식하는 경향이 만연해졌다.[182] 위로부터의 반공 정책이 아래, 즉 일반 국민에게까지 퍼져 내면화되었다고 볼 수 있다.

이렇듯 농지분배, 6.25 전쟁의 발발, 그리고 전쟁 중 강화된 반공주의 사상은 한국만의 국민 정체성 확립과 관련한 결정적 계기가 되었다. 국민 정체성의 형성은 국민적 통합 내지는 내부적 단결 효과를 더해주었다. 그러나 이는 냉전적이고 억압적인 정체성이기에 냉전이 끝나거나 남북 간의 긴장 완화, 혹은 민주화가 진척된다면 언제든지 바뀔 수 있었다. 즉, 전쟁과 반공을 통해 형성된 국민 정체성은 지속성 면에서 한계가 있었다.

요컨대, 세계적 차원의 냉전과 한반도 차원의 분단이라는 시대적 상황에서 한국의 집권 세력은 '반공주의'라는 하나의 이념적 특징을 활용했다. 이는 해방 이후 권력을 장악한 보수세력이 시대의 변화를 넘어 일관적으로 견

---

182 정태헌, "누가 대한민국을 위태롭게 하는가: 대한민국의 정체성 논쟁," 『기억과 전망』 제10집 (2005), p. 216.

지했던 이념적 특징이다.[183] 우리가 살펴보았듯, 이러한 풍조는 이승만의 단정 수립 과정에서 일어난 좌우 갈등, 북한에서 배제와 폭력으로 희생된 사람들이 남하해서 형성된 반공, 극우 세력의 영향, 6.25 전쟁 등 역사적 비극으로 인해 더욱 강화되었다고 볼 수 있다.[184]

◆ 건국절 논란과 이승만 재평가 ◆

건국절 논란과 이승만 재평가 논란은 앞서 살펴본 반공주의 및 국가 정체성 논의와 긴밀한 연결성을 갖는다. 두 가지 논쟁에 대해 간략히 살펴보자.

먼저 건국절 논란은 1919년 임시정부 수립과 1948년 정식 정부 수립 중 어느 쪽을 중시하느냐가 쟁점이다. 이 논란은 1995년 <조선일보>가 이승만의 생애를 다룬 기사를 연재하며 시작되었다. 2007년에는 소위 뉴라이트라 불리는 교과서 포럼을 중심으로 민간단체인 '대한민국 건국 60주년 기념 사업추진위원회'가 만들어졌다. 이어 이명박 정부에서 2008년 민관합동기구로 '건국 60년 기념 사업단'을 만들면서 '건국절' 논란이 본격화되었다.[185]

요컨대 1948년 8월 15일을 건국으로 보는지 혹은 대한민국 정부 수립으로 보는지가 쟁점이다.[186] 대한민국 헌법 전문은 "유구한 역사와 전통에 빛나는 우리 대한국민은 3·1운동으로 건립된 대한민국임시정부의 법통과 불의에 항거한 4·19 민주이념을 계승하고,……"라 되어 있다.[187] 임시정부가 선포한 대한민국을 계승한다는 사실을 명확히 하는 것이다.[188] 2018년 '중·고교 역사과 교육과정 및 집필 기준 시안'에서 대한민국의 '건국'은 1919년 상해 임시정부 수립에서 비롯했으며, 대한민국 '정부' 수립은 1948년에 이뤄졌다는 사실을 분명히 구분하고 있다. 현재 중·고교생이 배우는 교과서도 1948년 8월 15일을 '대한민국 정부

183　김병곤, "한국 보수주의의 이념적 특징," 『역사비평』 제95호 (2011), p. 25.

184　김병곤 (2011), p. 61.

185　신주백, "정부수립과 한국근현대사 속에서 광복·건국의 연속과 단절," 『한국근현대사연구』 제48집 (2009), pp. 56-57.

186　이완범, "건국 기점 논쟁: 1919년설과 1948년설의 양립," 『현상과 인식』 제33집 제4호 (2009), p. 72.

187　대한민국 헌법.

188　이완범 (2009). p. 74.

수립'으로 표현하고 있다.[189]

　문재인 대통령은 2017년 광복절 경축식에서 "국민주권은 임시정부 수립을 통해 대한민국 건국이념이 되었고, 오늘 우리는 그 정신을 계승하고 있습니다. 그렇게 국민이 주인인 나라를 세우려는 선대들의 염원은 100년의 세월을 이어왔고, 드디어 촛불을 든 국민의 실천이 되었습니다."[190]라고 말했다. 대한민국의 건국이 1948년이 아닌 1919년에 이뤄졌다는 점을 강조한 것이다. 이에 대해 여야의 평가는 극명하게 갈렸다. 당시 추미애 민주당 대표는 문재인 대통령의 발언은 현대사를 명쾌히 정리하는 "역사적 정의(Historical Definition)"라고 했다. 그러나 홍준표 당시 자유한국당 대표는 "좌파 진영이 상해 임시정부를 처음 만들었을 때를 건국일로 보는 것은 북한을 의식하기 때문"이라며 비판했다.[191]

　2023년 제78주년 광복절 경축사에서 윤석열 대통령은 "우리의 독립운동은 국민이 주인인 나라, 자유와 인권, 법치가 존중되는 자유민주주의 국가를 만들기 위한 건국 운동이었다"라고 말했다. 윤 대통령은 특정 시점을 대한민국 건국으로 규정하기보다는 '독립운동 전체가 건국의 과정'이라 말함으로써 건국절 논란을 피하고자 한 것으로 보인다.[192]

　정리하면 대한민국 건국 시점에서 1919년과 1948년 모두 중요한 대립축이며, 각기 나름의 논리적 근거가 있다. 논란과 이념 간 갈등을 덜어내려는 여러 노력을 볼 수 있으나, 정부 성향이 달라지면 언제든 다시 쟁점으로 떠오를 수 있다.[193] 이에 필자는 건국 시기에 대한 논쟁을 차분히 돌아볼 시점이 되었다고 생각하는 바이다.

　다음으로 이승만 재평가 논쟁이다. 2024년 영화 '건국전쟁'이 흥행하며 관련 논쟁에 불을 지폈다. 이 영화에서는 한미상호방위조약의 성과, 여성에 대한 참정권 부여, 제1공화국 시기 교육 열풍 등이 산업화와 경제 발전의 기반이 됐다고

189　홍석재, "건국절 논란 '1948년 정부 수립' 못박아…국정화 왜곡 바로잡기," 『한겨레』 (2018년 5월 2일), https://www.hani.co.kr/arti/society/society_general/843057.html?utm_source.

190　제72주년 광복절 경축식 (2017). 행정안전부 대통령기록관. https://www.pa.go.kr/research/contents/speech/index.jsp.

191　박민철, "정치권 건국절 논란 1919 VS 1948…왜?" 『KBS 뉴스』 (2017년 8월 17일), https://news.kbs.co.kr/news/pc/view/view.do?ncd=3534698.

192　김미나, ""대통령에게 건국 논란 안 붙였으면" 건국절 논쟁은 피해갔다 '건국절 주장' 선 그은 경축사," 『한겨레』 (2023년 8월 15일), https://www.hani.co.kr/arti/politics/bluehouse/1104437.html.

193　박상현, "[3.1 운동. 임정 百주년] (11) 건국절 논란… '통일돼야 진짜 건국'" 『연합뉴스』 (2019년 1월 16일), https://www.yna.co.kr/view/AKR20190111056400005.

평가하고 있다.[194] 이승만 대통령의 1948년 광복절 성명인 '대한민국 정부 수립과 우리의 각오'를 살펴보면 그의 건국 기초를 알 수 있다. 그는 민주주의에 대한 전적인 신뢰, 민권과 개인 자유의 보호, 자유의 올바른 실천 등을 강조했다.[195]

이러한 건국 기초에 근거하여, 이승만 정권에서 의회정치와 정당정치는 지속적인 탄압과 무력화 공작에도 불구하고 유지되었다. 또한, 선거제도의 파행적 변경이나 극단적인 선거 부정은 존재했으나, 선거 자체가 중단되지는 않았다. 즉, 이승만 정권은 자유민주주의의 형식적 외피를 전면 포기하거나 부정하지는 않았다.[196]

통치 시기 민주주의, 시장경제를 이식한 헌법 체계는 이승만 대통령의 공적임이 분명하다. 그의 재임 시기 의무교육 취학률이 96%에 이르렀다는 점도 기억할 필요가 있다. 당시 완성된 공교육 제도가 후일 대한민국의 민주주의 및 경제 발전의 밑바탕이 되었다는 점에 이의를 제기하기는 어려울 것이다. 그러나 이러한 공적에도 불구하고 3.15 정·부통령 선거로 인해 정권의 정당성은 사실상 형해화되었다. 3.15 선거는 노골적인 부정선거였고, 시민들은 "이승만 물러가라" 등의 구호를 외치며 시위에 나섰다.[197] 이승만은 세계 역사상 학생 혁명에 의해 추방된 첫 국가원수라는 오명을 얻었다.[198]

마지막으로 이승만에 대한 재평가 시도가 건국절과 함께 논의된다는 점에 주목할 필요가 있다. 1995년 조선일보 연재 기사엔 "자신의 건국기념일을 정부에서조차 제대로 기념하지 않는 나라"라는 언급이 있다. 뉴라이트 계열 인사들의 주장과 일맥상통한다. 건국을 중심에 놓고 반공을 핵심 기치로 강조하면 건국에 참여한 이들의 공이 커진다. 반면 사회주의 계열이나 남한 단독정부 수립에 반대한 독립운동가들은 배제된다. 이 때문에 뉴라이트의 건국절 주장은 반민족 행위를 합리화하기 위한 시도라는 의심을 받기도 한다. 요컨대 이승만 대통령의 공과에 대한 재평가가 필요하다는 화두는 논란과 함께 진영 간 공방에 불을 붙이고 있다.[199]

194 이택선, "이승만 전문가 본 '건국전쟁' 흥행…'586세대의 이승만 찾기'" 『중앙일보』 (2024년 2월 19일), https://www.joongang.co.kr/article/25229648#home.

195 金珖燮[김광섭] 편, 『이대통령훈화록』 (중앙문화협회, 1950), 행정안전부 대통령기록관. https://www.pa.go.kr/research/contents/speech/index.jsp?spMode=view&catid=c_pa02062&ar-tid=1310444.

196 이나미 (2011). pp. 41-42.

197 홍석률, "4월혁명과 이승만 정권의 붕괴 과정," 『역사문화연구』 제36호 (2010), p. 165.

198 이병완, 『박정희의 나라 김대중의 나라 그리고 노무현의 나라』 (서울: 나남, 2009), p. 16.

199 금준경, "보수정부와 조선일보의 이승만 영웅만들기 프로젝트," 『미디어오늘』 (2024년 2월 18일),

지금까지 한국 내 정체성이 어떻게 형성되기 시작했는지 알아보았다. 정체성 논쟁은 데탕트와 같은 지정학 논쟁뿐만 아니라 다양한 경제적 논쟁과도 연결되어 있기에 종합적으로 살펴보고 이해해야 한다. 대결과 갈등은 낡은 것을 청산하고 새로운 것을 탄생시키기 위한 과정이라는 점에서 나름의 의의가 있다.[200] 이에 한국만의 역사적 사건들을 중심으로 하여 정체성 갈등이 어떻게 진행되었는지 살펴보려 한다. 유신체제를 시작으로 현대 한국사회의 보수 대 진보 정체성 논쟁, 그리고 87년 체제와 자유민주주의 논쟁까지 현대사의 정체성 논쟁을 톺아보자.

2.1. 유신체제 논쟁

1) 박정희 시대의 이데올로기

4.19 혁명으로 이승만 정권이 무너졌다. 의원 내각제로 정부의 형태가 바뀌며, 민주당의 장면이 국무총리가 되었다. 장면 역시 반공주의자였다. 그는 독실한 천주교 신자였기에, 무신론에 입각한 공산주의를 받아들이지 못했다. 이에 그는 미·소의 이데올로기 대립을 '그리스도교적 견해에 입각한 민주주의와 전체주의적 물질주의, 즉 공산주의와의 싸움' 시대로 인식했다. 장면 정부는 반공주의의 시대이자, 동시에 국민들에게 자유를 허락하여 자생적 민주주의 질서를 수립하고자 하는 시기였다.[201]

4.19 혁명 직후 실시된 1960년 7.29 총선의 결과는 민의원 의석 233석 중에서 민주당이 175석, 무소속이 49석, 자유당이 2석, 사회대중당이 4석, 한국사회당이 1석, 기타 단체가 1석을 차지하여 민주당 의석이 민의원 전체 의석의 2/3선인 156석을 훨씬 넘어섰다. 일부 지역에서는 신-구파의 대결이 팽팽히 전개되면서 당이 결국 복수 공천을 할 정도로 공천 경합이 치열했다. 그러나 혁명 이후 집단적 시위가 지속되며 사회의 응집력은 약화되었다. 보

---

https://www.mediatoday.co.kr/news/articleView.html?idxno=315979.

200   정태헌 (2005), p. 212.

201   이나미 (2011), p. 48.

수 야당이었던 민주당은 7.29 선거로 권력을 획득했지만, 당 내 신파와 구파 간 파벌 대립이 본격화하면서 취약한 정권 기반에서 벗어나지 못했다. 한편 진보 세력이 7.29 총선에서 참패하여 의회 내 교두보를 형성하지 못하자, 학생 및 지식인층이 연합하여 체제에 도전하기 시작했다. 이는 정국 혼란의 새로운 원인이 되었다.[202] 혼란한 상황에서 장면 정권은 제대로 된 대처 능력을 보여주지 못했다.

당시 대한민국의 군대는 발전과 진보에 대해서 적극적이었다. 또한 6.25 전쟁을 거치며 조직화뿐 아니라 양적으로 팽창된 상태였다. 그러나 출신 군사학교별로 대립하며 파벌이 조성되었다. 1950년대부터 정치권과의 유착이 군 내부 기강을 흐리기도 했다.[203] 이러한 맥락에서 박정희에 의해 5.16 군사 정변이 발생했다.

군사 정변으로 권력을 잡은 박정희와 집권 세력은 '반공'과 '친미'를 중심으로 한 '혁명 공약'을 발표했다.[204] 혁명 공약의 내용은 다음과 같다.

[혁명 공약]

1. 반공을 국시의 제일의로 삼고
지금까지 형식적이고 구호에만 그친 반공 태세를 재정비 강화한다.

2. 유엔 헌장을 준수하고 국제협약을 충실히 이행할 것이며
미국을 위시한 자유우방과의 유대를 더욱 공고히 한다.

3. 이 나라 사회의 모든 부패와 구악을 일소하고
퇴폐한 국민도의와 민족정기를 다시 바로 잡기 위하여
청신한 기풍을 진작시킨다.

202 편집부, "5·16군사정변과 제3공화국: 정변의 실체와 민주공화당의 정당정치를 중심으로," 『한국정치외교사논총』 제15호 (1997), p. 146.

203 편집부 (1997), p. 147.

204 복거일, "독립운동 세대서 경제 발전 세대로… 이승만 후계자는 박정희였다," 『조선일보』 (2023년 11월 29일), https://www.chosun.com/opinion/column/2023/11/29/K4AXUU2MNBBZJHA-DETACA5WEKQ/.

4. 절망과 기아선상에서 허덕이는 민생고를 시급히 해결하고 국가자주경제 재건에
총력을 경주한다.

5. 민족적 숙원인 국토통일을 위하여
공산주의와 대결할 수 있는 실력배양에 전력을 집중한다.

6. (군인) 이와 같은 우리의 과업이 성취되면
참신하고도 양심적인 정치인들에게 언제든지 정권을 이양하고
우리들 본연의 임무에 복귀할 준비를 갖춘다.

(민간) 이와 같은 우리의 과업을 조속히 성취하고
새로운 민주공화국의 굳건한 토대를 이룩하기 위하여
우리는 몸과 마음을 바쳐 최선의 노력을 경주한다.

『동아일보』 1961년 5월 16일(호외), 「오늘 미명 군부서 반공 혁명, 장도영 중장이
총지휘, 장면 정권을 불신임, 군사혁명위서 성명 발표」[205]

(1) 반공주의, 민족주의, 민주주의

박정희는 해방 이후 좌익사상에 동화되어 남로당 세포조직에 들어갔다 발각되어 사형의 위험에까지 몰리게 됐던 경험이 있다. 이러한 그의 좌익 경력은 계속해서 그를 따라다니며, 미국이 박정희의 사상을 의심하게 되는 근거를 제공했다.[206] '혁명 공약'에서 반공과 친미를 매우 강조한 것도 이와 같은 상황과 무관하지 않은 것으로 보인다. 정통성이 취약한 권위주의 정권들은 체제 유지의 수단으로 반공 이데올로기를 강조했다. 박정희 스스로도 반공을 거부하는 '자유'와 '민주'는 진정한 의미의 자유와 민주가 아니라고 주장했다. 즉, 자유와 민주는 반공의 전제하에서만 유의미한 것이며, 반공이 부재한 자유와 민주는 국민 총화를 파괴하고 총력 안보태세를 저해하는 요인이라고 본 것이다.[207]

205 국사편찬위원회, "5.16 군사 정변시 내세운 혁명 공약," (n.d.), http://contents.history.go.kr/front/hm/view.do?levelId=hm_150_0010.
206 임혁백, "박정희에 대한 정치학적 평가," 『평화연구』 제20권 제2호 (2012), p. 56.
207 김지형, "1960~1970년대 박정희 통치이념의 변용과 지속," 『민주주의와 인권』 제13권 제2호 (2013), p. 185.

1968년 국민교육헌장에서는 '반공 민주주의'라는 용어가 등장했다. 1971년의 교과서에서는 자유민주주의를 사실상 반공주의로 파악하고 있었다. 이렇듯 박정희 정권이 자유민주주의를 반공주의와 동일시한 것은 공산주의를 압도하기 위한 명목으로 '개발 우선적 사고'를 정당화하려는 목적으로 볼 수도 있다. 자유민주주의를 지키기 위해서는 공산주의를 이겨야만 하고, 경제 재건과 절대적인 방위력이 필요했다. 특히 유신체제에 들어서는 반공교육이 국민윤리뿐 아니라 전 교과 활동에서 시행되도록 권장되었고, 멸공 사상까지 등장했다.[208]

이처럼 반공주의는 박정희의 집권기 일관되게 보이는 이데올로기이다. 궁극적 '통치 이념'으로서의 반공주의는 국력 배양론으로부터 시작하여 데탕트 시기의 자주국방론, 유신 형성 전후의 총력안보론으로 구현되었다. 이 같은 담론들은 반공주의를 떠받치는 하위 담론으로 기능하며 동시에 상호 연계, 보완의 성격을 띠었다. 특히 박정희 정권은 국가 생존의 우선성을 강조하며, 국가안보의 절대화를 추구했다. 냉전과 분단이라는 한국의 현실 속에서 반공주의와 함께 국가권력에 의한 강력한 이념 통제가 진행되었다. 안보에 대한 강조와 냉전 상황의 결합이 반공주의를 통한 이념의 경직성을 낳았다.[209]

물론 박정희의 통치 이념, 혹은 그 시대의 이데올로기를 '반공주의'로만 설명할 수는 없다. 우리가 주목해야 하는 또 다른 축은 바로 '민족주의'와 '민주주의'이다. 박정희는 민족주의와 반공주의의 맥락과 상호관계 속에서 민주주의의 변용을 상시화했다. 보편과 특수, 서구와 한국이라는 이원적 구분 아래에서 궁극적으로는 민주주의가 해체되었다.[210]

쿠데타를 통한 집권이라는 정당성의 한계와 미국으로부터의 압력으로 인해 박정희는 형식적으로나마 민주주의를 유지했다.[211] 그러나 김지형은 박정

---

208   이나미 (2011), p. 48.

209   김병곤 (2011), p. 24.

210   김지형 (2013), pp. 171-172.

211   최광승, 조원빈, "박정희의 민주주의관과 유신체제 정당화," 『한국동북아논총』 제26권 제2호 (2021), p. 53.

희의 '민주주의' 용례를 살펴보면, '민주주의'라는 용어를 지향해야 할 목표 또는 도달하거나 이루어야 할 과제라는 의미에서 사용한 경우가 없었다고 분석했다. 이러한 주장의 근거로 박정희가 재임 기간 남긴 각종 휘호를 들었다. 그가 남긴 휘호는 총 646건 정도인데, 이 중에서 '민주' 또는 '민주주의'가 포함된 휘호는 단 8건이었다고 한다. 박정희는 서구 민주주의보다는 민족적 민주주의, 즉 한국적 민주주의를 추구했다. '반공주의'와 함께 '반서구 민주주의'가 안티테제적 통치 이념의 주요 내용을 형성했다.[212]

그림 13 | 동아일보 (1967년 4월 15일)

---

212 김지형 (2013), pp. 174-175.

특히 박정희는 민족과 국가를 앞세워 장기집권을 정당화했다. 5·16 쿠데타 직후에는 '행정적 민주주의'를, 1960년대 중반에는 '민족적 민주주의'를 주창했다. 이들은 실상 국가주의의 다른 표현이었다고 볼 수 있다. 이러한 민주주의의 변형을 통한 국가주의의 제창은 통치자의 절대 권력을 옹호하기 위한 것이기도 했다. 박정희는 "아세아에 있어서는 국민 대중의 생활 조건을 개선하려는 시도와 노력이 효과를 거두기 위해서는 말할 것도 없이 대개 비민주적인 비상 수단을 쓰지 않으면 안 되기 때문에 정부가 서구에서 말하는 민중의 정부가 되기에는 거의 불가능에 가깝다"라고 주장했다.[213]

실제로 대통령 권한의 확대는 개헌을 통해 보장되었다. 1960년 4·19 이후 개정 헌법에서 채택했던 의원 내각제와 양원제를 다시 대통령중심제 및 단원제로 되돌렸다. 이렇게 개정된 제3공화국 헌법에서 대통령제는 이승만 정권기의 대통령제보다 더 강력한 권한을 가진 것으로 평가된다. 대통령의 긴급명령권과 계엄선포권이 더욱 강화되었기 때문이다. 게다가 선출직이었던 대법원장과 대법관이 국회의 동의 또는 법관 추천 회의를 통해 대통령이 임명하도록 변경되었고 헌법재판소도 폐지되었다. 이는 사법부 독립성의 약화, 대통령 권한의 강화라는 결과를 초래했다.[214]

박정희 정권은 1963년 대선으로 합법적인 권력을 보장받고, '삼권 분립'과 같은 최소한의 민주주의 기본 틀을 유지하고자 했다. 하지만 박정희 정권에서 주장했던 '민주주의'를 진정한 자유민주주의로 보기에는 한계가 있다. 1960년대 중반 이후 정치 위기가 본격화되자, 반민주주의적 강압 조치를 연달아 취하기 시작했기 때문이다.[215]

박정희 시대의 이데올로기를 살펴볼 때, 제7대 대선을 주목할 필요가 있다. 박정희와 김대중은 제7대 대통령 선거에서 민주주의 개념에 대한 상이한 인식을 드러냈다. 박정희는 '민족적 민주주의'를 지속해서 강조했다.

---

213   박정희, 『우리 민족의 나갈 길』 (서울: 동아출판사, 1962), p. 226.

214   이나미 (2011), p. 50.

215   김지형 (2013), p. 170.

1967년 제6대 대선 연설에서 민족적 민주주의의 일차적 목표를 '자립'이라고 제시하며 민족적 민주주의를 더욱 적극적으로 내세웠던 것의 연장선이었다. 제7대 대선 당시 김대중은 '대중적 민주주의'를 주장하며, 한국 사회를 특권층과 대중 일반이 맞서는 대립구조로 이해했다. 경제 발전과 안보를 강조한 박정희의 '민족적 민주주의'와, 특권층에 맞서는 대중들의 민주주의를 강조한 김대중의 '대중적 민주주의'에 대한 논쟁이 이어졌다. 하지만 당시의 유권자들이 '민족적 민주주의'냐 '대중 민주주의'냐 하는 문제를 이데올로기 차원에서의 쟁점으로 이해했다고 보기는 어렵다. 유권자들로서는 '박정희냐 김대중이냐', '여당이냐 야당이냐', '3선 허용이냐 정권교체냐' 하는 선택의 범주 안에 머물 수밖에 없었을 것이다.[216]

편중된 자금과 지원을 바탕으로 제7대 대통령 선거와 제8대 국회의원 선거를 치렀음에도, 박정희와 공화당은 사실상 실패에 가까운 결과를 얻었다. 당시 박정희 후보와 김대중 후보의 득표 차는 100만 표가 채 되지 않았다. 곧이어 열린 총선에서도 신민당이 선전했다. 1971년 대선과 총선을 기점으로, 박정희는 경제 발전을 우선하기 위한 형식적 민주주의 체제를 유지하는 것조차 자신의 집권에 현실적인 위협이 될 수 있다는 사실을 깨달았다. 결국 새로운 통치 체제이자, 반영구적이고 권위주의적인 집권체제인 '유신체제'가 등장하게 된다.[217]

박정희 정권은 유신체제와 동시에 국가주의를 더욱 노골화한 '한국적 민주주의'를 주창했다.[218] 특히 서구 민주주의를 '선진국'의 민주주의와 동의어로 사용했고, 개발도상국과 신생국의 민주주의를 그것과 대비되는 개념으로 사용했다. 제2차 세계대전 이후 독립한 신생국에 이식된 서구 민주주의가 뿌리내리지 못하고 대부분 실패하게 되었다는 사례를 들며, 한국도 마찬가지라고 판단했다. 우리의 역사적 배경과 환경에 적응된 민주주의의 토착

---

216   김지형 (2013), p. 176.

217   최광승, 조원빈 (2021), p. 53.

218   이나미 (2011), p. 53.

화가 필요하다고 여긴 것이다. 이것이 그가 의도한 한국적 민주주의였다.[219] 박정희 대통령의 1972년 헌법개정안 공고에 즈음한 특별담화문에서 '한국적 민주주의'의 내용에 대해 살펴볼 수 있다. 담화문 내용은 아래와 같다.

> "그러나 지금까지 우리가 걸어온 길은 도리어 안정을 저해하고
> 비능률과 낭비만을 일삼아 왔으며
> 파쟁과 정략의 갈등에서 벗어나지를 못했습니다.
>
> 그 이유는 명백합니다.
>
> 그것은 남의 민주주의를 미숙하게 그대로 모방만 하려 했기 때문입니다.
> … 우리는 모든 면에서 한시바삐 안정을 이룩하고
> 능률을 극대화하여 번영과 통일의 영광을 차지해야 하겠습니다.
>
> 그러기 위해서는 몸에 알맞게 옷을 맞추어서 입는 것과 마찬가지로 우리의 역사와
> 문화적 전통, 그리고 우리의 현실에 가장 알맞은 국적 있는
> 민주주의적 정치제도를 창조적으로 발전시켜서
> 이것을 신념을 갖고 운영해 나가야 할 것이라고 믿습니다.
>
> 나는 오늘 공고된 이 헌법 개정안이 평화통일을 지향하며
> 능률을 극대화하여 국력을 조직화하고 안정과 번영의 기조를
> 굳게 다져 나감으로써 민주주의제도를 우리에게 가장 알맞게
> 토착화시킬 수 있는 올바른 헌정생활의 규범임을 확신합니다."[220]

한국적 민주주의 외에도 박정희는 '효율'과 '능률'을 굉장히 강조했다. 위의 특별담화문에서 볼 수 있듯이, 유신헌법은 효율과 능률을 극대화하는 장치였다. 도달하고 이룩해야 하는 가치로 민주주의를 바라보기보다는 능률에 맞추어 얼마든지 변용, 변형할 수 있는 대상으로 보았다.[221] 물론 이러한 능률 위주의 한국적 민주주의에 부정적인 측면만 있는 것은 아니다. 한국이

---

219   최광승, 조원빈 (2021), p. 56.
220   박정희, "헌법개정안(憲法改正案) 공고(公告)에 즈음한 특별담화문(特別談話文)," (1972년 10월 27일), https://www.pa.go.kr/research/contents/speech/index.jsp#this_id3.
221   김지형 (2013), p. 178.

1955년 국제통화기금과 세계은행에 가입할 때 1인당 국민총소득은 65달러로, 아프리카의 가나, 가봉보다 낮았다. 그러나 박정희 정부의 경제개발 5개년 계획으로 산업화가 시작되었고, 제1차 경제개발계획 마지막 해인 1966년 한국의 연평균 경제성장률은 11.9%였다. 제2차 계획(1967~1971년) 당시 연평균 성장률은 10.0%, 제3차 계획(1972~1976년)에는 10.2%에 이르렀다.[222] 이처럼 효능을 앞세운 유신체제 속에서 국가 주도의 개발 경제는 상당한 효과를 도출했다. 그러나 이 과정에서 민주주의의 공고화는 늦어졌고, 권위주의 통치가 '우리의 정치제도'라는 개념으로 쓰여지기도 하였다.

또한, 역사적 전통을 근거로 삼아, '개인'과 '국가'가 언제나 하나의 조화로운 상태였다는 통합적 정체성을 국민에게 강조했다. 유신체제를 정당화하기 위해 서구와의 차이를 강조하는 데서 그치지 않고, 국가주의를 역사적 전통이라 강변한 것이다. 이는 결과적으로 개인주의적인 욕구와 민주적, 민권적 요구를 제한하는 논리적 기제가 되었다.[223]

(2) 7.4 남북공동성명과 유신체제의 공고화

한국적 민주주의, 효율과 능률 외에 유신체제를 정당화한 중요한 근거가 있다. 바로 데탕트가 가져온 국제정세의 불확실성이다. 국제정세의 변화와 남북관계는 박정희 정권에 의해 유신체제 수립의 정당성 근거로 활용되었다. 외부 환경의 변화에 대응하기 위해서는 내부 체제를 단속해야 한다는 명분이었다.[224] 이를 활용하여 당시 한국이 겪고 있던 사회적 어려움이 내생적인 것이 아닌, 외생적임을 주장했다. 이는 박정희의 저작에서도 살펴볼 수 있는데, 그 내용은 다음과 같다.

---

222   박초롱, "한국경제, 기적을 만들다," 『KDI 경제정보센터 클릭경제교육(종간)』 (2015년 7월 29일), https://eiec.kdi.re.kr/material/clickView.do?click_yymm=201508&cidx=2437.

223   김지형 (2013), p. 183.

224   김연철, "7 · 4 남북공동성명의 재해석," 『역사비평』 통권 99호 (2012), p. 222.

"나는 우리가 전례 없는 비상사태에 처해 있음을 국민에게 알리는 한편, 국토를 수호하고 국민의 생명과 재산을 보호해야 할 일차적 책임을 지고 있는 대통령으로서 두 가지 중요한 결단을 내리게 되었다. 그 하나는 남북 간에 대화의 문을 연 것이다. […] 또 하나의 중요한 결단은 남북대화를 뒷받침하고, 국력 배양을 가속화하기 위한 국정 전반에 걸친 유신적 개혁이었다."[225]

유신체제를 더 잘 이해하기 위해, 데탕트 당시의 국제정세부터 7.4 남북 공동성명까지의 흐름을 따라가 보자. 2차대전 이후 1960년대 초까지 미국은 국제관계에서 독점적 지위를 유지했다. 그러나 소련과 중국의 군사적 부상, 베트남 전쟁의 실패, 유럽과 일본 등의 경제적 부흥으로 인해 지위가 흔들렸다. 특히 중국이 핵 개발에 성공한 이후 소련을 겨냥한 냉전적 봉쇄정책의 효과도 반감됐다. 미국의 경제도 크게 흔들렸는데, 1971년 8월 달러화의 금 태환이 정지되며 부상한 '달러 위기'가 그러했다. 이에 미국은 공산 진영의 분열을 활용하여, 중국과의 관계 개선을 통해 전략적 목표 및 소련 압박을 달성하려 했다.

존슨(Lyndon B. Johnson) 행정부에 이은 닉슨(Richard Nixon) 행정부는 '괌 선언'을 통해 "아시아 분쟁의 아시아화"를 추진했다. 닉슨독트린으로 명명된 미국의 아시아지역에서의 긴장 완화 정책은 미·소, 미·중 간 긴장을 완화함으로써 미국의 방위 부담을 낮추려는 목적이었다. 미국의 긴장 완화와 관계 개선은 냉전 체제 형성 이후 진행된 최초의 '탈냉전적' 노력으로 미국은 냉전 외교를 데탕트로 전환해 나갔다.[226]

그러나 데탕트는 미국의 군사력에 의존하는 아시아 동맹국들에는 위기였다. 한반도의 남북 대립은 동북아를 중심으로 한 국제적 데탕트 분위기에 있어 장애물로 비추어졌다. 이에 미국과 중국은 남북 간 긴장 완화를 요구했다. 동북아의 전반적인 긴장 완화는 한국에 남북 관계의 개선이라는 과제를

---

225   박정희, 『한국 국민에게 고함』 (서울: 동서문화사, 2006), p. 805.

226   남광규, "남북대화의 국내적 활용과 '7·4남북공동성명'의 도출," 『평화학연구』 제17권 제3호 (2016), p. 26.

던졌다.[227] 닉슨 행정부는 박정희 정권에 대해 남북대화에 나설 것을 요구했고, 남북 간 '선의의 경쟁'을 제안한 1970년 박정희의 8.15 선언은 이러한 맥락에서 나온 것이었다.[228]

이후 1971년 8월 한국은 남북 적십자 회담을 북측에 제의하였고, 북한은 이를 수락했다. 이로써 남북 적십자사 사이의 접촉이 시작되었고, 이를 계기로 남북 간 대화의 물꼬가 트였다. 비밀 접촉을 진전하며 고위급 정치회담까지 진행되었다. 이러한 대화를 통해 합의된 내용을 1972년 7월 4일에 서울과 평양에서 남북공동성명의 형식으로 정리하여 내외에 공포하였다. 7.4 남북공동성명에서 가장 핵심적인 내용은 지금도 남북한 사이의 통일 원칙으로 인용되는 '자주통일, 평화통일, 민족대단결'의 3대 원칙이다. 그리고 상대방에 대한 중상 비방 및 무장 도발의 중지, 불의의 군사적 충돌을 막기 위한 적극적인 조치와 서울과 평양 사이의 상설 직통전화 설치, 다방면적인 제반 교류의 시행, 남북적십자회담 성사, 남북 조절위원회의 구성 운영이 포함되어 있다.[229]

7.4 공동성명은 남북 간 자발적으로 이뤄진 첫 합의인 만큼 그 자체로 지니는 의미 역시 상당하다. 실제 7.4 공동성명 이후 남북 간 대화 채널과 통신 연락선, 실무회담 등이 마련되었다.[230] 또한, 이를 계기로 그동안 적십자 회담에 한정됐던 남북 간 접촉이 정치, 경제, 체육, 문화 등 다방면으로 확산됐다. 이는 남북 관계 발전의 밑바탕으로 작용하여 이후 남북기본합의서, 한반도 비핵화 공동선언, 6.15 공동선언 등으로 이어졌다.[231]

그러나 역설적이게도 7.4 공동성명 이후 남한은 유신체제, 북한은 수령

---

227   남광규 (2016), p. 27.

228   김연철 (2012), p. 224.

229   이주철, "조약으로 보는 우리 역사 7·4 남북공동성명," 『내일을 여는 역사』 제11호 (2003), pp. 228-230.

230   BBC, "분석: 7.4 공동성명 50주년…'남북 대화의 틀' 마련," 『BBC NEWS 코리아』 (2022년 7월 4일), https://www.bbc.com/korean/news-61992350.

231   김두환, "7.4 공동성명의 '明과 暗'" 『연합뉴스』 (2003년 7월 2일), https://n.news.naver.com/mnews/article/001/0000402817?sid=100.

1인 지배체제의 길로 들어섰다. 남한은 유신체제를 통해 권위주의 체제가 공고화되었고, 북한에서도 '김일성 독재체제'의 제도적 강화가 이루어져 김정일로의 후계 구축을 준비했다. 물론 남북 간 상당한 차이가 있지만, 해방 이후 남북한 정권 모두가 '통일문제'를 각자의 체제 정당화와 권력 강화에 활용해 왔다. 결과적으로 공동성명이 남북 정권 강화에 이용된 것으로 추론 가능하다.[232]

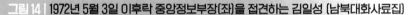

그림 14 | 1972년 5월 3일 이후락 중앙정보부장(좌)을 접견하는 김일성 (남북대화사료집)

이와 같은 역설적 결과는 근본적으로는 남북한이 지닌 상대에 대한 이념적 적대감에 기초했다. 남북이 겉으로는 통일을 주창하면서도 속으로는 '자기 방식의 통일'을 추구했고, 후자를 달성하기 위해서 정권 강화는 필수적 전제였다. 예컨대 북한은 7.4 남북공동성명을 남북 대결의 청산과 남북 간 합작을 위한 구체적인 실천 계획으로 보았지만, 그것은 어디까지나 북한 정권의 안전보장을 전제로 한 합작을 의미하는 것이었다. 따라서 북한 정권에 위협이 되는 주한미군의 주둔은 자주의 원칙에, 한국의 총력안보 강화나 국

232 김성진, "[평양NOW] 남북관계 단절 속 7.4공동성명 51주년," 『연합뉴스』 (2023년 7월 4일), https://www.yna.co.kr/view/AKR20230704121300535?input=1195m.

군 현대화 정책 등은 평화의 원칙에 어긋난다는 태도를 보였다. 반공 정책 역시 민족 대단결 원칙에 위배된다고 주장했다.

따라서 북한은 자주, 평화, 민족 대단결의 원칙에 따라 북한의 혁명에 찬동하여, 남한 내 여러 공산당을 반대하는 법과 장치를 없앤 후 남북이 합작해 통일해야 한다는 것으로 내용을 해석했다. 사실 공동성명에 합의한 1972년 당시 남북 간 대화나 공동합의가 도출될 정도의 성숙한 상황이 조성된 것도 아니었다. 결국, 남과 북은 공동성명의 주요 내용을 둘러싸고 해석의 차이점을 계속 드러냈고, 지금까지도 그 틈새는 좁혀지지 않고 있다.[233]

2) 권위주의 체제의 한국적 보수화, 그러나 박정희는 보수인가?

10월 유신 이후 체계적이고 강화된 억압 장치, 국가주도 경제개발 전략, 의회정치의 부정, 적극적인 정보정치를 수반한 권위주의 체제가 진행되었다. 이 시기 동안 야당은 정권 경쟁에서 배제되었다. 나아가 국가안보라는 명분으로 정권 안보가 극단적으로 추구되어 정권 유지를 위한 공안 정치가 지속되었다. 그리고 경제개발, 경제 효율성이라는 명목하에 경제의 불균등 발전, 노동의 저임금, 공업화 우선 정책을 펼쳤다. 그러나 규칙적 선거와 뜨거운 교육열, 그리고 제한되었지만 언론의 역할을 통해 민주화운동의 발전과 이념적 진화가 이루어지기도 했다. 야당 등 정치세력은 정치사회 내부에서의 제도적 활동보다는 시민사회의 양심 세력에 더 의존하는 활동 양상을 보여주었다. 야당의 소장 세력들과 연계된 '재야'로 지칭된 양심적 지식인, 종교 집단이 형성되었고, 나아가 일부 야당의 정치이념 또한 안보를 중시하고 '보수'를 넘어서는 새로운 지향의 '자유민주주의'로 재탄생하기 시작했다.[234]

박정희 정권을 단순히 보수나 수구 세력이라 표현하기는 어렵다. 친일파의 잔영이 강하게 남아 있던 당시 지배 세력을 대신해 군부 엘리트로 채

---

233   남광규 (2016), p. 35.

234   송주명, "한국 시민사회의 보수적 지배 이념의 균열," 『한일공동연구총서』 제16호 (2007), p. 87.

워 넣었고, 농경 위주의 한국 사회를 산업사회로 바꾸려 시도했다. 수출 지상주의, 새마을 운동 등 당시로서 엄청난 변화를 끌어낸 것을 미루어보아 박정희 시대는 엄밀히 말하자면 '진보의 시대'였다. 물론 박정희 시대에 자행됐던 정치적 자유의 억압은 그 자체가 한국 사회 발전 과정의 둔화를 가져왔다. 하지만 단기간에 경제발전을 이루기 위해 특정 부분에 힘을 쏟아야 했던 시대적 상황을 부인하기 힘든 것도 사실이다. 분명 박정희 시대는 긍정과 부정이 복합된 시기였고, 동시에 민주주의를 왜곡했더라도 민주주의를 이뤄내는 경제적인 토대를 만들어낸 역설적 시기였다.[235]

이처럼 박정희 시대의 이데올로기에 확실한 명과 암이 존재함에도, 우리는 왜 박정희 시대를 단순히 '보수'로 뭉뚱그려, 부정적으로 평가하고 있을까? 이는 우리 사회에서 진보와 보수의 의미가 한국적 특색을 가지고, 형성 및 발전했기 때문이다. 한국적 특색의 진보와 보수, 그 이념의 차이와 기원에 대해 아래의 '진보-보수 논쟁'을 통해 알아보자.

2.2. 진보-보수 논쟁

1) 원론적인 보수와 진보

프랑스 혁명 이후 자유주의 및 인권 사상이 전 유럽으로 확산하면서 구질서 해체도 본격화했다. 이때 새로운 정치 질서가 형성되는 과정에서 서구의 보수주의와 진보주의 개념이 공고화되었다. 보수주의는 전통, 종교, 권위, 역사의 개념을 중시했다. 이에 반해 진보주의는 고전적 자유주의와 계몽주의로 대표된다. 자유주의와 계몽주의 철학은 중세의 기독교 중심적 철학과 전통에 기반을 둔 정치 질서를 타파하고자 했다. 자유, 평등, 진보의 내용을 강조했기에 보수주의와 양립하기 어려웠다. 보수주의자들은 진보, 변화, 자유, 탈권위를 지향하는 진보주의의 사상에 위협을 느낄 수밖에 없었다. 서구의 보수주의는 인간은 본성상 종교적 존재이며, 건강하고 평화로운

---

235 현승윤, 『보수·진보의 논쟁을 넘어서』 (서울: 삼성경제연구소, 2008), p. 63.

삶을 유지하기 위해서 종교적 정향을 채택해야 한다고 보았다. 또한, 사회는 오랫동안 이어져 내려온 전통과 관습을 고수하고 지켜낼 때만 안정된 질서를 유지할 수 있었다. 보수주의는 '합리적' 이성에 바탕을 두고 사회문제를 해결할 수 있다는 사고에 회의적인 입장이었기 때문에 이성보다는 전통, 관습, 관행, 종교에 의지해야 한다고 강조했다. 이들에게 있어 인간은 완전할 수 없으며 그러한 불완전성은 종교에 의해 보완되어야 하는 것이었다.[236]

대표적인 사상가들의 의견도 살펴보자. 보수주의자인 버크(Edmund Burke)는 이성에 따른 역사의 진보를 낙관하는 계몽주의와 개인의 제한 없는 자유를 허용하는 자유주의가 인류문명을 위협하는 존재라고 인식하였다. 이 때문에 버크는 신을 모든 것의 중심에 놓고 인간이 그에 종속되는 전통적이고 종교적인 진단을 제시하였다.[237] 헤겔(Georg Wilhelm Friedrich Hegel)의 진보 사상은 '질서 있는' 발전과 연관된 것이었다. 카(E.H.Carr)가 언급한 대로 전진과 후퇴를 반복하고, 정립과 반정립이 충돌하며 변증법적으로 진보함을 의미하는 것이다. 그러나 보수도 변화를 전혀 용인하지 않는 것이 아니라는 점을 기억할 필요가 있다. 보수주의자 입장에서도 혁명을 막기 위한 개혁 혹은 필요에 따른 부분적 변화는 가능했다. 즉, 영미권에서의 진보와 보수 개념은 그 출발점에서 보자면 서로 반대되는 것이 아니다.[238]

진보가 '변화의 방식' 즉 '점진적 변화'를 뜻할 때는 보수와 일치하지만, '변화의 이유'에서는 두 입장 간 차이가 있다. 진보의 인간관, 사회관, 역사관이 보수와 다르기 때문이다. 진보주의자는 '인간에 대한' 믿음을 가진다. 인간의 합리성, 계몽주의, 산업혁명의 결과로 진보가 이루어졌다고 믿는다. 즉 진보주의자는 인간 이성을 통한 사회 진보에 대한 확신이 있다. 튀르고(Anne Robert Jacques Turgot, Baron de Laune), 콩도르세(Marquis de Condorcet) 등 프랑스 계몽주의자들을 중심으로 인간 사회의 진보에 관한 이론이 제시되었는데, 그 이전에는 역사는 진보하는 것이라기보다 순환하거나 오히려 황

---

236   윤민재 (2004), p. 246.
237   윤민재 (2004), p. 247.
238   이나미, "한국의 진보·보수 개념 변천사," 『내일을 여는 역사』 제67호 (2017), p. 101.

금시대로부터 후퇴되어 가는 것으로 여겨졌다. 반면 보수주의는 신으로부터 부여받은 이성을 신뢰했으나, 상대적으로 진보에 비해서는 그 역할을 간과했다. 버크는 "각 개인이 가진 이성의 양은 작기 때문에 오랜 세대에 걸쳐 축적된 국민 전체의 은행 및 자본을 각자가 이용함으로써 더 훌륭한 결과를 얻을 수 있다"라고 했다. 즉 사람의 이성은 불완전하므로 전통에 의지해야 한다는 것이다. 단적으로 정리하면, 진보는 평등을 믿는 것이고 보수는 불평등을 믿는 것이다.[239]

일반적으로 이념은 보수-진보라는 이분법적인 형태로 설명되고 있다. 그러나 우리가 살펴보았듯이 보수와 진보가 고유한 단 하나의 속성만을 담고 있는 것이라고 볼 수 없다. '보수와 진보'라는 용어의 추상성이 높고, 그 의미 또한 포괄적이다. 따라서 그에 대한 해석은 사람마다, 또 집단마다 매우 다르게 정의될 수 있다.[240]

보수와 진보는 사회를 구성하는 양축이고 서로 엎치락뒤치락하면서 사회를 구성해 나가기 때문에 중요하다. 우리가 걱정해야 하는 것은 보수와 진보의 진정한 의미를 모른 채, 유행에 따라 어느 한 편으로 쏠리는 사람이 많은 경우이다. 이러한 현상은 '팬덤 정치'라 불리는 정치현상과 연결하여 볼 수 있다. 정치인을 '선택받는 객체'로 전락시켜, 유권자로부터 지지와 인기를 받기 위해 애쓰게 만든다. 유권자들은 논점을 찾지 못하고, 정치인의 대변인 역할만을 자처한다. 이런 사회는 경박성과 휘발성(volatility) 때문에 안정을 찾기가 어려운데, 한국도 이런 모습을 보이는 것이 아닌가 싶어 우려스럽다. 사회 안에서 더 나은 방향으로 나아가기 위한 논의와 소통이 점차 사라지고, 맹목적인 정체성 정치만이 발생하는 것이다. 이 문제를 극복하기 위해서는 한국에서 보수와 진보의 의미가 무엇인지를 정리할 필요가 있다. 그러나 한국의 보수, 진보 개념은 일차원적으로 간단히 설명될 수 있을 만큼 단순하지 않다.[241]

---

239   이나미 (2017), p. 103.
240   강원택 (2005), p. 195.
241   김일영 (2006), p. 27.

2) 근대화 세력 vs 민주화 세력

한국만의 보수와 진보에 대해 논하기 위해서는 산업화 세력 및 민주화 세력과 관련한 이해가 필수적이다. 한국 사회 이념 갈등의 원인 중 하나는 산업화 세력과 민주화 세력의 상호 불인정과 불화이다.[242] 특히 유신 시기 민주화운동의 활성화는 현대 한국사회의 보수 대 진보 정체성 논쟁과 직결된다.

(1) 한국적 보수와 진보: 지역과 세대, 그리고 자유

서구의 보수, 진보는 근대국가의 형성과 개인과 시민의 발전 속에서 이루어졌다. 모든 경우가 그런 것은 아니지만, 그러한 대립과 갈등, 경쟁은 민주적인 제도와 내용을 침식하지 않고 오히려 건강한 체질로 전환했다. 이는 보수와 진보가 함께 성숙할 수 있는 사회적인 기반을 마련했다고 평가할 수 있다. 반면 한국 사회 내 보수-진보의 형성과 발전은 근대적인 역사 발전의 내용이 생략된 채 체제 이데올로기와 접합되었다. 그 과정에서 이념의 발전은 '정치 권력'의 장악과 사회 저변의 헤게모니 획득에 치중되었다.[243]

특히 '진보'는 우리 사회에서 부담되는 단어였다. 미군정의 반공 정책과 좌파 배제 정책은 진보적인 세력을 담당한 사회주의 세력의 사회적 입지를 약화시켰다. 또 한국정치사회에서 '진보'의 내용은 곧 반민족적이고 한반도 적화야욕의 공산주의로 매도되었다. 그 결과 진보 정치 세력들은 반공과 냉전의 분위기 속에서 성장하기 어려웠고, 자신들의 정치철학을 현실정치에서 전개할 가능성은 제한되었다. 진보의 이념이 정치영역뿐만 아니라 사회 전반에 걸쳐 금기시되면서 친미, 반공, 안정과 질서를 기치로 하는 보수주의 철학이 굳건하게 자리 잡게 된 것이다.[244]

그러나 한국 보수주의의 이념은 취약한 면이 있다. 이는 서구의 근대화 과정과는 매우 다른 경로로 한국의 근대화가 진행된 것에 해답이 있다. 한국

---

242 김환기, "[세계포럼] 산업화 세력과 민주화 세력의 악수," 『세계일보』 (2014년 1월 15일), https://www.segye.com/newsView/20140115005693.

243 윤민재 (2004), pp. 248-249.

244 윤민재 (2004), p. 250.

의 근대화는 국가권력을 장악한 보수세력의 주도로 추진되었다. 서구 보수주의는 전통사회의 미덕을 강조하며 급속한 근대화가 일으킬 수 있는 문제를 경계했다. 그러나 한국의 근대화 과정에서 보수세력은 이러한 임무를 수행하지 않았을 뿐만 아니라 전통을 지양하고 근대화를 지향했다. 예컨대, 유럽의 경우 근대화를 둘러싸고 이념적 논쟁이 건전하게 이루어졌다. 합리주의에 근거해 근대화를 신속하게 추진하는 과정에서 합리적 사회로의 발전을 추구하는 자유주의와, 전통의 입장에서 경계와 우려를 나타내는 보수주의의 경쟁과 대립으로 나타났다. 반면 한국 근대화의 성격은 국제정세로부터 큰 영향을 받았다. 냉전이라는 상황에서 이념 간 극한적 갈등상태가 지속되었기 때문이다. 세계적 차원의 냉전과 한반도의 분단 아래 한국의 집권 세력은 '반공주의'라는 하나의 이념적 특징을 가졌다. 그리고 산업화 세력과 한국적 보수주의 세력이 추구하는 경제발전은 민주주의와 시장경제 등 미국이 주도하는 서구적 관점에 입각한 규칙기반 질서가 제공하는 공공재의 혜택을 받았다.[245] 이러한 이념적 특징은 보수세력이 경제개발의 긍정적 가치를 강조하게 만들었다.

1960~1980년대 한국의 보수와 진보를 대표하는 근대화 세력과 민주화 세력은 국가권력으로부터 개인이 누릴 수 있는 자율성의 정도에 대해 서로 견해가 달랐다. 권위주의하에서는 노동3권과 참정권(대통령 직접 선거권), 반공법(국가보안법) 등이 주된 쟁점으로 주목받았다. 근대화 세력은 경제발전과 국가안보를 위해 기본권을 일부 제약할 수 있다고 주장했지만, 민주화 세력은 어떤 이유로도 기본권을 제약해서는 안 된다고 맞섰다.[246]

특히 민주화 세력의 '자유'에 대한 경향성은 전태일 열사 분신 사건을 기점으로 변화했다. 전태일의 죽음으로 한국 사회에 존재하는 '소외 집단'의 비참한 형태가 가시화되기 시작했다. 이를 계기로 비판적 지식인들은 공동체 내에서 합당한 몫을 받지 못하는 자들의 처지에서 자본주의와 근대화를

---

245 김성수, "한·아프리카 정상회의 성과와 숙제," 『내일신문』 (2024년 7월 16일), https://m.naeil.com/news/read/516882.

246 김일영 (2006), p. 33.

다시 사유하게 되었다. 따라서 민주화 세력은 '자유'의 개념을 개인의 경제적 이익 추구의 자유보다는 행복 추구의 자유나 인간의 존엄성이 침해당하지 않을 자유의 의미로 사용했다. 학생운동의 주축이었던 대학생들도 생존권이라는 관점에서 경제개발과 근대화를 비판하기 시작했다. 이때 '누구를 위한 근대화인가'라는 문제 제기가 개입되었는데, 민주화 세력은 경제개발 과정에서 확산하던 물량주의와 생산력주의에 대해 비판을 가했다.[247]

그러나 두 세력 간 비슷한 의견을 공유하기도 했다. 국가−시장 관계에서 두 세력 모두 시장보다는 국가에서 문제 해결의 실마리를 찾았다. 물론 두 세력이 국가에 기대하는 바는 경제개발과 재분배로 서로 달랐다. 근대화 세력은 '선 성장 후 분배'를 주장하면서 국가 주도형 성장 방식을 추구했다. 민주화 세력은 성장과 분배가 같이 가야 한다고 주장하면서 그러한 균형을 잡는 중심축의 역할을 국가에서 구했다. 이 무렵 자본은 국가에 기대거나 국가의 보호막 속에서 성장했기에 당연히 근대화 세력과 보조를 맞추고 있었다.[248]

그림 15 | 전태일 열사 동상

---

247 이상록, "1960~70년대 민주화운동 세력의 민주주의 담론," 『역사와현실』 제77호 (2010), pp. 64-66.
248 김일영 (2006), p. 33.

근대화 및 민주화 세력 모두에게 1970년대 초는 이념 발전의 전환기가 되기도 했다. 세계적 불황 국면과 달러화의 금 태환 금지 조치, 미·중 간 관계 개선과 데탕트, 분단 이후 최초의 남북대화 시작, 전태일 사건, 성장 위주의 경제개발이 낳은 모순의 폭발 등을 보았을 때 그 근거가 충분하다.[249] 이때 진행되었던 1971년 4.27 대선은 군인정치 대 문민정치, 재벌육성 경제 대 대중 경제, 반공 대 남북 교류·공존 등 대립하는 정치노선을 둘러싼 '대회전'이었다. 이는 한국 정치의 판도를 개혁세력 대 보수세력의 이념적 경쟁 구도로 바꾸어 놓았다.

1971년 대선은 민주화 세력을 조직화하는 계기가 되었다. 당시 재야와 학생운동권은 공화당의 관권선거 및 금권선거를 저지하고, 공명선거를 이루기 위해 투개표 참관인을 모집해 파견하기로 했다. 재야인사들은 '4월 혁명' 11돌을 계기로 '민주수호국민협의회'를 결성해 김재준 목사, 이병린 변호사, 천관우 선생을 공동 대표위원으로 선출했다. 민주수호국민협의회는 "특정 정당이나 특정 인사 지지를 엄격히 배제하며 민주주의 수호를 위한 공명선거 확보에 주력한다"라는 목표를 내세웠다. 이후 '민주수호전국청년학생연맹' 결성, '민주 수호 구국기도회 및 선거참관인 단합대회' 개최 등 여러 활동이 전개되었다.[250]

4월 27일 대통령 선거 결과, 박정희는 6,342,828표를 얻어 53.19%의 득표율로 승리했다. 이때 김대중은 5,395,900표를 얻었고, 박정희와 불과 94만여 표 차이였다.[251] 민주화 세력은 선거 결과를 두고 부정선거라며 규탄하는 성명을 발표했다. 당시 민주화 세력은 선거 결과에 대해 여당이 노골적인 투·개표 부정을 한 것은 아니지만, 관권과 금권을 활용하여 불공정한 선거운동과 지역감정 동원으로 승리했다며 비판했다.

---

249 홍석률, "1971년의 선거와 민주화운동 세력의 대응," 『역사비평』 통권 98호 (2012), p. 122.

250 성유보, "[길을 찾아서] '반공 대 평화' 차별성 뚜렷한 7대 대선," 『한겨레』 (2014년 2월 19일), https://www.hani.co.kr/arti/society/media/624905.html.

251 중앙선거관리위원회 선거통계 시스템. 검색어 박정희&김대중. http://info.nec.go.kr/main/showDocument.xhtml?electionId=0020240410&topMenuId=CP.

유신체제와 긴급조치 시대의 학생 운동가와 지식인들은 노동운동 현장으로 이동하거나 재야운동에 참여하는 등 인식과 실천의 차원에서 급진적 형태의 저항운동을 강화했다. 특히 학생운동은 민주화운동의 주축이 되었는데, 당시 대학생들에게는 뚜렷한 투쟁 대상이 존재했기 때문이다. 따라서 상황의 옳고 그름에 대한 가치판단 하에 학생 계층이 하나로 뭉칠 수 있었던 것이라 보인다.[252]

또한 1971년 대선에서 우리가 주목해야 할 것은 지역적 이념 대립을 통한 세력의 분화이다. 당시 선거에서는 영·호남의 지역 대결이라는 투표 양상이 뚜렷하게 나타났다. 특히 영남지역 몰표가 박정희의 승리에 결정적인 기여를 했다.[253] 김대중은 전라북도 58.8%, 전라남도 58.4%, 박정희는 경상북도 68.6%, 경상남도 70.8%의 표를 얻었다.[254] 이러한 표의 동서현상은 박정희 대통령의 경제개발계획의 영향이 크다. 제1차 경제개발 5개년계획이 비교적 성공리에 수행되어 국민의 신뢰를 획득했다. 제2차 계획도 성공적으로 완수하기 위해서는 공화당의 재집권이 필요하다는 인식도 팽배했다. 한편 호남지방에서의 패인은 경제개발계획 추진 과정에서 영남 중심 투자 현상이 발생한 것에 대한 호남 지역의 반발로 이해할 수 있다. 7대 대선에서는 표의 동서현상뿐만 아니라, 여촌야도 현상도 볼 수 있었다. 이러한 경향은 1967년 6월 8일 실시된 제7대 국회의원 선거에서부터 발생했다. 김대중은 전체 도시 표의 51.5%, 서울에서 58%의 득표율을 보인 반면, 박정희는 39%의 득표율에 그쳤다. 그러나 이러한 지역주의 양상은 후보자 차원에서 나타난 것이고, 정당 수준으로 이어지지 않았다는 점에 주목하는 의견도 있다.[255] 이러한 지역적 대립은 각 지역에 이념적 선입견을 각인시켜, 지역과 관련 세력을 정치적 전략으로 간주하게 되는 요인이 되었다.

---

252   이창언, "유신체제 하 학생 운동의 집합적 정체성과 저항의 관계," 『역사연구』 제23호 (2012), p. 8.

253   홍석률 (2012), p. 134.

254   한국사사전편찬회, 『한국근현대사사전』 (서울: 가람기획, 2005), 제7대 대통령 선거.

255   정준표, "대통령선거를 통해 본 지역주의의 시작과 그 변화 양상," 『한국정치연구』 제24권 제2호 (2015), pp. 100-103.

요컨대, 한국적 특색의 보수와 진보는 민주화 세력과 근대화 세력의 구분에서 시작했다. 그리고 이 구분은 세대와 지역이 주된 요인이었다. 즉, 우리가 보수를 산업화 세력, 진보를 민주화 세력이라 할 때 일차적 기준은 세대이고 이차적이며 암묵적 기준은 지역이었다는 것이다. 또 학생운동이 계급을, 재야가 노동자 정당을 대신했다. 아울러 산업화의 혜택을 주로 받은 지역은 보수 지역, 그리고 산업화로부터 소외되었던 지역은 더욱 진보적인 지역으로 여겨졌다. 이러한 영향력은 익히 알려진 선거 결과와 권력 구조로 이어졌다. 아울러 이러한 진보와 보수의 개념 정의는 각 개념이 추구하였던 긍정적 가치체계 못지않게 암묵적으로 부정적 이미지를 상대방 반사경에 비추었다. 결국, 보수는 반민주, 진보는 반성장이라는 낙인을 상대방의 현관 문패에 각인시키게 된 것이다.[256]

(2) 민족주의와 이데올로기

진보, 보수의 근대적인 정치 구도는 지금까지 이어지고 있다. 이러한 양상을 민족주의와도 연결하여 생각해 볼 수 있다. 한국의 민족주의는 역사적으로 민족 통합과 단결, 단일민족으로서의 자부심과 긍지를 주요 내용으로 하여 전개됐다. 혈통과 영토, 언어에 기초한 원초적 민족주의와 외세에 대한 저항을 기초로 하는 저항적 민족주의가 한국 민족주의의 바탕을 이루었다. 그리고 이것이 한국의 현대국가 형성 과정에서도 좌우 대립과 체제대립에 큰 영향을 주었다. 한편 한국의 근대화와 산업화 과정에서 민족주의는 대중 동원과 체제 정당성 부여라는 정치 지배 질서의 과제를 수용하기도 했다. 국가와 권력은 분단 상황 속에서 북한을 배제하고 적대시하면서, 안보와 성장의 논리 속에 민족주의를 위로부터 동원하기 시작하였다. 국가 주도적 민족주의는 서구의 역사적 경험에서 나타나는 자유와 평등, 인권의 개념을 민족주의의 틀로 흡수하지 못하였다. 개인은 국가 앞에서 무력한 존재로 남을 수밖에 없었고 민족주의의 논리로 국가의 폭력과 억압, 개인의 무저항이 용인되었다. 특히 분단 현실에서 민족주의는 반공과 안정, 질서의 정치 논리와

256 강명구, "진보 논쟁은 무엇을 놓치고 있는가?" 『인물과사상』 통권 108호 (2007), pp. 95-96.

결합하며 안보 국가, 병영국가의 논리와 점차 결합해 나갔다.[257]

> 李朝王權은 儒敎라는 家族倫理的 性格을 띤 思想을 지배원리로 한 專制主義였
> 다. […] 이러한 모든 惡習은 결국 이 나라에서 건전한 福祉民主國家建設을 해
> 치고 있는 것이다. 이제 우리 民族史의 原木을 培養하지 않으면 안 되겠다.[258]

> 민족주의도 국민국가 내부에서의 민족주의로부터 세계화 속의 민족주의로 발
> 전 변화되어 나가야 될 것입니다. […] 각 민족과 협조하는 민족주의 그리고 나
> 아가서는 전 세계적으로 협조해나가는 그러한 민족주의가 될 것입니다.[259]

그러나 위에서 인용한 박정희, 김대중 대통령의 언급과 같이 전통 혹은
단일한 이념으로서의 민족주의에 대한 비판적 사고 역시 찾아볼 수 있다. 이
들은 민족 동질성의 기반이 되는 전통이 배격될 수 있으며, 국가나 민족 사
이의 경계선을 강화하기보다는 민족 간 협조와 이를 바탕으로 하는 열린 민
족주의로 변화해야 함을 주장했다.

물론 이들과 완전히 대립하는 민족주의 담론을 발전시킨 경우도 찾아볼
수 있다. 그러나 민족주의는 민족의 동질성, 역사적·문화적 연속성, 대외적
배타성과 대내적 결속성과 같은 인식의 틀을 넘어서는 복잡한 것이다. 민족
주의는 서로 다른, 때로는 대립적 요소까지 포함하는 다원적 개념이다. 그렇
기에 민족주의를 하나의 단일한 이념으로 인식해서는 안 될 것이다.[260]

이승만과 박정희 시대를 거치며 지배 담론으로서 한국 민족주의는 국가
주의로 전환되었다. 그러나 민족주의가 반공주의 및 권위주의 체제와 결합
하면서 저항 담론도 만만치 않게 형성되었다. 권위주의 체제가 강화될수록
저항 담론으로서의 민족주의는 다양한 갈래로 전개되었다. 한편으로 권위주
의 체제가 자유민주주의의 보편적 가치를 부정하고 한국의 전통에 의존하는
특수주의 형태를 띰에 따라, 저항 담론으로서의 민족주의는 개인의 자유와

---

257   윤민재 (2004), pp. 256-257.
258   박정희, 『우리 민족의 나갈 길』 (서울: 동아출판사, 1962), pp. 61-84.
259   김대중, "통일과 민족의 운명," 연세대학교 김대중도서관 (1993년 11월 30일), p. 2.
260   김동노, "민족주의의 다원화와 이념 갈등," 『동방학지』 제159호 (2012), p. 370.

주권을 강조하는 보편주의의 원칙을 내세웠다.[261]

(3) 이데올로기 독점 현상

1960년대에서 1980년대에 이르는 시기는 발전주의와 독재로 특징될 수 있는 시대인 동시에 저항과 민주화의 시대였다. 군사정변으로 정권을 잡은 후 경제발전을 앞세웠던 발전국가부터 이들의 정치적 통제와 사회적 억압에 맞서던 저항적 시민사회까지 모두 민족주의에 기초한 정치, 사회 이데올로기를 형성했다.[262]

박정희의 죽음으로 1인 집중적 권위주의 체제는 끝이 났으나, 전두환의 집권으로 민주화는 여전히 요원한 과제가 되었다. 특히 이데올로기 독점 현상이 더욱 심화되었다. 이데올로기는 단지 관념이라기보다는 다양한 효과를 생산하는 의미체계들로 이해할 필요가 있다. 이는 위계적, 복합적 권력관계 속에서 재생산되며, 특정한 문제들만을 부각하고 제기하게 만들기 때문이다. 한편 나머지 문제들은 억압, 배제함으로써 현실 관계에 대한 정확한 인식을 방해하기도 한다. 그러나 이데올로기는 고정된 실체로 존재하지 않고, '변형'의 과정을 거친다. 이 과정은 총 4단계로 나누어 볼 수 있다. 외형상 하나의 지배적 이데올로기 체계가 전체 사회를 지배하는 안정기, 지배적인 체계에 대하여 여타 체계가 경쟁하는 혼돈기, 급격한 변화를 통해 새로운 질서를 만드는 급변기, 그리고 다시 새로운 독점체제가 형성되는 안정기이다.[263] 이러한 이데올로기의 독점과 변형은 민주화 이전과 이후로 나뉘어 진행되었고, 우리나라만의 보수, 진보 개념을 형성하는 데 일조했다.

박정희 사후 신군부는 국가권력을 장악하고 재편하여 권력을 대중의 통제로부터 분리했다. 이는 기존의 극우 반공주의, 사회안정주의, 성장지상주의와 같은 이데올로기를 지배적인 것으로 인정하고 통용하는 과정이었다. 그러나 이러한 이데올로기의 독점은 '변형'을 필요로 했다. 이는 전두환 정

---

261   김동노 (2012), pp. 408-409.

262   박해남, "1990년대의 국제화 · 세계화와 대중 민족주의," 『한국민족문화』 제77호 (2020), p. 77.

263   이광일, "'민주화' 전후 이데올로기 독점과 변형," 『마르크스주의 연구』 제4권 제2호 (2007), pp. 107-108.

권이 내세운 '극우 반공주의=자유민주주의'가 1980년 유혈의 공포를 지나며, 대중에 대한 설득력이 약화됐기 때문이다. 또한, 발전주의와 안정주의는 동전의 양면과도 같았는데, 점차 균열이 발생했다. 이전에는 '자유민주주의=극우 반공주의'가 승리하기 위해, 성장과 발전이 국가의 최대 목표로 설정되었다. 그리고 목표의 달성을 위해 노동3권 등 기본권이 억압되는 것을 기꺼이 감수해야만 했다.

그러나 앞선 자유에 대한 인식 부분에서 언급했듯이, 전태일 열사 분신 사건 등을 계기로 안정주의가 문제시되기 시작했다. 따라서 독점적 이데올로기들은 재구성되기 시작했는데, 주체마다 다른 변형의 과정을 거치며 이념이 분화했다. 구체적으로 살펴보면 반공주의는 극우 반공주의와 인권을 고려하는 반공주의로, 발전주의는 성장제일주의와 분배우선주의로, 발전주의와 연관되어 있던 안정주의는 '안정 속의 개혁'과 '개혁 속의 안정'으로 분리되었다. 전자가 신군부로 대표되는 지배 권력에 의해 옹호되었다면, 후자는 자유주의 정치세력 혹은 자유주의 좌파에 의해 대변됐다.[264]

그림 16 | 5.18 광주민주화운동. 도청 앞 광장

---

264   이광일 (2007), pp. 114-115.

　　5.18 민주화운동의 좌절로 신군부로 대표되는 지배 세력의 승리가 확실시되는 듯했다. 그러나 1970년대 유신 반대 투쟁으로 시민사회에 내면화된 자유주의 정치세력은 지배 세력에 대항하는 핵심적인 거점으로 성장해 나갔다. 또한, 5.18 민주화운동 이후 진보 진영에서는 그동안 금기시되었던 반미를 포함한 사회주의 이념 논의가 활발해지며 여러 다양한 진보적 단체가 생겨났다.[265] 물론 냉전 구도 하에서 냉전 반공주의라는 강력한 힘을 가진 보수주의를 넘어서는 것은 쉽지 않았다. 냉전 구도는 한국 사회에서 정치적 실천과 이념의 범위를 협소화하였다. 결국 타 세력을 모두 자신들과는 대립하는 극단의 세력으로 몰아붙임으로써, 이념의 중간 지대나 완충지대가 배제되는 현상이 계속되었다.[266]

　　보수와 진보에 대한 개념이 정립된 후, 진보는 '관념'으로만, 보수는 '집단'으로서만 존재해 왔다고 평가받았다.[267] 민주화 세력은 강한 정서적 기반 아래 냉전, 분단, 권위주의, 불평등을 넘어서는 새로운 사회로의 진전이라는 공통분모와 '유연한' 기반을 갖추고 있었다. 그러나 진보가 '관념'이었던 것은 그들이 계급적 진보로서 명시적인 상을 갖기보다는 일종의 '운동 문화'로 표현되는 포괄적 정서로서의 성격이 강했기 때문이다. 그럼에도 '범진보'의 다양성과 유연성은 정치적 민주화 이후의 조건 속에서 민주화운동이 분화되는 필연적인 계기로 작용했다.[268] 그러나 진보는 중심적 가치의 부정적 측면을 교정하려는 노력보다는 이를 근본적으로 바꾸려 하는 데 큰 노력을 기울였다. 즉 가치의 리모델링보다는 재건축을 택한 것이다. 의욕은 앞섰으나, 결과적으로는 '이데올로기 독점'이라는 기본구도를 바꾸지 못했고, 대안 제시의 활성화에 성공적이지도 못했다.[269]

　　반면에 보수의 경우, 보수세력이라 불리는 정치집단은 존재하되 그러한

265　이창언 (2012), p. 39.

266　윤민재 (2004), p. 253.

267　이나미 (2017), p. 110.

268　송주명 (2007), p. 85.

269　강명구 (2007), p. 108.

집단의 정체성을 이루는 이념의 실체는 찾기 어려웠다. 특히 한국의 경우 근대화가 과거로부터 물려받은 고유한 전통, 권위 등을 부정하는 차원에서 진행되었다. 예컨대, 한국의 근대화 과정이 보수세력의 헤게모니 하에서 진행되는 동안 유교, 토착신앙 등 전통적이면서도 긍정적인 가치들은 기능을 하지 못했다. 물론 정권의 필요에 따라 충효 등 일부 유교적 가치가 강조되기는 했으나, 전통적 가치는 한국 보수세력의 이념적 중심이 아니었다.[270] 따라서 보수주의의 정치철학은 정상적으로 성장하기 어려웠다고 볼 수 있다. 또, 해방 이후 한국의 정치권은 보수세력의 독무대였다. 그렇기에 그들은 반공주의에 입각한 정치이념과 자금의 독점, 지역 대결 구도의 이용 등을 통해 권력을 쉽게 장악하고 유지할 수 있었다.[271] 요컨대 보수는 중심적 가치에 편승하여 중심적 가치의 부정적 측면을 인지하되 이를 무시 혹은 이용해 왔다. 그 결과 보수는 변화하는 사회에 맞추어 새로운 중심적 가치들을 창출하고, 더 나아가 중심적 가치의 부정적 측면들을 교정하는 데 게을렀다.[272]

이러한 비판을 발판 삼아 각 세력은 1980년대에 이르러 변화의 움직임을 보였다. 진보는 집단을 갖게 되고, 보수도 이념의 체계화를 시도한 것이다. 당시의 활발한 보수-혁신(이하 보혁) 논쟁은 그러한 변화를 반영했다. 1980년대를 거치면서 민주-반민주 구도가 보혁구도로 바뀌며, 진보 보수 논쟁은 더욱 분출했다.[273]

예컨대 5.18 민주화운동 이후 민주화 세력은 '살아남은 자'의 부채로서 실천의 동력을 가졌다. 1970년대 모호하게만 느껴지던 '민중'의 모습을 5.18 민주화운동에서 발견하였고, '민중'에 의한 민주주의의 모습을 사상적으로 정교화하려는 시도가 이어졌다. 이때 시작된 반성과 성찰은 민주화 세력 내부의 대안적 사상에 대한 욕구로 이어졌다. 한국 자본주의 심화에 따른 노동

270   조희연 (2013), p. 26.
271   최치원, "한국에서 보수주의의 의미에 대한 하나의 해석," 『시대와 철학』 제20권 제4호 (2009), p. 238.
272   강명구 (2007). p. 108.
273   이나미 (2017), pp. 110-112.

문제가 사회문제의 중심에 들어서기 시작했고, '미국'에 대한 새로운 인식의 필요성 등이 부상했다. 1985년 여러 변혁론은 이른바 NL(National Liberation: 민족해방파) − PD(People's Democracy: 민중민주파) 구도라 불리는 일정한 틀을 통해 제기되었다. 이는 현재까지도 한국 사회에 잔존하고 있다.[274]

2.3. 자유민주주의 논쟁

1) 1987년 체제로 시작된 자유민주주의

냉전적, 배타적 국가 정체성의 변화는 1980년대 후반부터 나타났다. 1987년 국내적으로도 민주화가 시작되었고, 1989년 베를린 장벽 붕괴를 시작으로 동서냉전도 끝났다. 하지만 북핵 문제 등의 요인이 겹쳐 한반도 차원의 긴장 완화는 쉽게 진행되지 않았다. 그 결과 한국에서는 기존의 냉전적, 배타적인 국민 정체성이 상당 기간 관성을 발휘했다.[275]

민주화를 추진해 오던 세력들은 전반적으로 '진보'로서의 추상적 자기 정체성을 가져왔다. 그러나 민주화된 정치 공간과 냉전적 보수 정치 질서에 반대해 온 기존 야당 세력에 대한 평가, 정치참여와 개혁의 방법 등을 둘러싸고 분화된 견해를 밝히기 시작했다. 결과적으로 '민주화 세력=범진보'라는 종래의 추상적 상은 해체되기 시작했다. 그리고 비 계급적−현실용인적 '개혁 세력'과 계급적이고 근본 변화 지향적인 '진보 세력'의 분화가 빠른 속도로 전개되었다. 계급적이고 근본 변화 지향적 진보 세력의 경우, 민주화운동의 유산인 '범진보'의 분해 속에서 상대적으로 왜소화되는 경향을 보였다. 물론 이들은 원내에 진출했으며, 노동운동의 형식적 지지기반을 갖추고 있었다. 그러나 사회 운동의 좌우 분화 속에서, 탈냉전에 걸맞은 현실적 진보의 상과 이념을 새로이 형성 및 제시해야 하는 곤란한 과제에 봉착했다.[276]

---

274 홍태영, "'민중'이라는 주체의 탄생과 1980년대의 사회적 상상," 『한국정치연구』 제33권 제1호 (2024), pp. 4-5.

275 김일영 (2006), p. 31.

276 송주명 (2007), p. 79.

87년 체제는 일반적으로 1987년 6월 항쟁을 통해 군사 독재체제를 무너뜨려 대통령 직선제 개헌을 이루고, 민주적인 선거를 통해 자유민주주의적인 정부(국가)를 수립하며 형성된 사회체제를 의미한다. 학자들은 87년 체제에 대해 자신만의 정의를 내리기도 한다.[277] 먼저 김성수 교수는 87년 체제는 민주주의의 기본조건인 직접선거와 후보자 간의 자유경쟁이라는 제도적 조건을 완성하였지만, 마지막 단계인 민주주의 공고화는 기존세력 간의 타협이라는 제한성 때문에 미완성된 체제라고 지적했다.[278] 한편 김종엽은 87년 체제를 다음과 같이 정의한다. "정치적 수준에서는 민주화가 난항을 겪으면서도 꾸준히 진전되어 왔지만, 경제적으로는 답보와 정체 그리고 보수적 헤게모니의 확립이 이루어졌으며, 그로 인해 권위주의적 산업화를 추진했던 세력과 민주화 세력 사이에 일정 정도 힘의 균형이 형성된 체제라고 할 수 있다."[279] 유사한 맥락에서 윤상철은 87년 체제가 관료 권위주의적 유신 체제, 군부 권위주의 체제의 극복 과정에서 안티테제로서 출현했고 그 극복 과정에서 한반도 분단 체제의 압력, 한국 사회 특유의 계급 형성 과정, 그리고 정치사회의 선행적 형성으로 인하여 구체제와 구 지배세력을 상당한 수준으로 용인했다는 점을 강조하고 있다.[280]

1987년의 의미를 6월 항쟁을 통한 구체제, 즉 오랜 권위주의적 군사 독재체제의 해체에서 찾아야 한다고 생각한다. 이런 점에서 '87년 체제'의 중심적인 특징은 역시 '정치체제의 변화'이다. 정치적 권력 구조와 통치제도에 초점을 맞출 경우, "87년 체제란 1987년 민주주의 이행 뒤 한국이 선택한 정치적 권력 구조인 바 동시 선거에 바탕을 둔 단임제 대통령제를 뜻하기도 한다."[281]

277 정태석, "87년 체제와 시민사회 이데올로기-가치들의 변화," 『경제와사회』 제117호 (2018), pp. 30-31.

278 Sungsoo Kim, *The Role of the Middle Class in Korea Democratization* (Edison, NJ: Jimoon-dang, 2008), Chapter 6.

279 김종엽, "분단체제와 87년체제," 『창작과비평』 제33권 제4호 (2005), p. 21.

280 윤상철, "87년체제의 정치지형과 과제," 『창작과비평』 제33권 제4호 (2005), p. 54.

281 정태석 (2018), p. 38.

그림 17 | 1987년 6월 서울 소공동 한국은행 앞 시위

　단적으로 1987년 이전에는 '권위주의적·독재적 원리'가 규정력을 발휘했다. 이제는 '민주주의적 원리'가 대중적·국민적 원리가 되어, 과거 권위주의 세력을 포함한 모든 정치적, 사회적 행위자들이 거부할 수 없게 되었다. 민주주의라는 새로운 시대적 원리가 제도정치 세력과 대중의 관계, 정치세력과 대중의 관계를 규정하는 어떤 문화적·도덕적 조건으로 작용했다. 그로 인해 민주주의가 대중의 '대안적인 정치적 기대와 요구'에 강한 규정력을 갖는 조건으로도 사용되었다. 이는 이른바 48년(또는 53년) 체제와 61년 체제하에서 아래로부터 발생한 민중 투쟁의 성과물로서도 볼 수 있다.[282]

　주지하듯이 전두환 정권은 대중적 포위 속에서 '대통령 직선제'라는 형식적 민주주의를 받아들이게 됐다. 한편 1987년 노태우 정권은 '대통령 직선제'하에서 선출된 권력이지만, 군부와 냉전적 보수세력에 의해 지탱되는 권력으로서의 면모가 지속됐다. 대중적 지지보다는 야당의 분열 속에서, 그리고 점차로 강화되는 탈냉전의 분위기와 대중 저항의 분화 속에서 정권의 명

282　조희연 (2013), p. 140.

운을 연장해 갔다고 할 수 있다.[283] 노태우 정부는 형식적이나마 국민과 서민층을 의식하는 태도를 보였다. 이는 권위주의적 통치의 취약성을 만회하기 위한 목적이었다. 예컨대, 노태우 정권의 대표적인 캐치프레이즈인 '보통 사람들의 정부'에서도 이러한 의도가 잘 드러난다.

한편 유신 시기를 동고동락해 온 야당의 면모가 점차 변화하기 시작했다. 가령 야당은 지역주의 요소를 수반한 일인 지도력을 중심으로 분열되었으며, 1990년대 초반의 대통령 선거를 앞두고 야당의 보수세력들이 보수 대통합의 구도하에 거대 여당으로 편입되어 갔다. 반면 호남의 지지하에서 상대적인 '진보성'을 보여주던 야당의 흐름은 재야, 청년운동 등의 '비판적 지지' 세력과 합류하면서 자유주의의 색조를 강화했다.[284]

요컨대 87년 체제는 종속적 파시즘 내지 관료적 권위주의로 불렸던 억압적 정치체제의 해체를 특징으로 한다. 즉, 민주화 시대의 문을 연 것이다. 그러나 '완전한' 정치적 민주주의 내지 자유민주주의 체제가 아닌, 특정한 사상과 정당을 금지하는 '제한적 정치적 민주주의'였다. 또한, 전근대적인 사당 정치, 제왕적 대통령제와 지역주의라는 3김 정치가 새로운 정치체제의 특징으로 자리 잡았다.[285]

민주화 이전의 중심 균열 구조는 '민주주의 대 권위주의'였으나, 이는 점차 민주화의 진행과 동시에 퇴색되었다. 정치적으로 민주주의가 문제 되는 경우, 거시적 차원보다는 미시적 혹은 중범위 차원으로 초점이 변화했다. 예컨대, 정치체제의 민주화 같은 범위에서 각종 제도나 관행 속에 남아있는 권위주의적 잔해의 철폐 같은 차원으로 말이다. 그 결과 제왕적 대통령제의 불식, 국가보안법 개폐, 여러 사회단체의 참정권 확대, 민주화, 소수자의 권리 보호 등이 새로운 쟁점으로 등장했다.

민주화 이후 국가의 자의적 권력 행사로부터 개인의 기본적 자유는 어느

---

283   이나미 (2017), p. 91.

284   이나미 (2017), p. 92.

285   손호철, "'한국 체제' 논쟁을 다시 생각한다: 87년 체제, 97년 체제, 08년 체제론을 중심으로," 『한국과 국제정치』 제25권 2호 (2009), p. 43.

정도 확보되었지만, 개인이 누려야 할 자유의 양과 질을 둘러싼 논란은 여전히 계속되고 있다. 민주화 이후 민주 대 권위를 대신해 핵심적인 균열 구조로 떠오른 것은 신자유주의의 문제, 즉 '국가 대 시장'의 관계였다. 권위주의 하에서는 '발전 대 분배'의 문제가 중심이었다면 탈냉전과 세계화의 물결 속에서 발전과 분배 모두 도전받게 된다. 그러면서 등장한 것이 시장 위주의 신자유주의였다.[286]

　민주화, 탈냉전, 세계화의 물결 속에서 자본이 가장 먼저 국가의 보호막을 벗어났다. 자본은 1980년대부터 민간 주도 경제를 주장했고, 도리어 정치 자체를 장악하려 시도했다. 제14대 대통령 선거에서 정주영의 대통령 출마를 자본이 정치영역에 진출한 예로 생각해 볼 수 있을 것이다. 정주영 후보는 다른 후보들보다 경제운용 능력에 우위가 있음을 선전하며 '경제 대통령론'을 내세웠다. 그러나 선거 결과 김영삼 후보가 유효투표수의 42%를 득표하여 당선되었고, 정주영 후보는 정계 은퇴를 선언했다.[287] 이러한 상황 속에서 정부는 국가 경쟁력 강화를 화두로 삼아 시장원리에 적응하려고 애썼다. 김영삼 정부부터 시작된 각종 개혁과 규제 완화가 그러한 상황 변화를 방증했다. 결국, 민주화, 탈냉전, 세계화의 물결 속에서 보수(근대화 세력)는 과거와 같은 국가 의존성에서 벗어나 시장 중심적 성향으로 발 빠르게 변신했다.[288]

286　김일영 (2006), p. 32.

287　중앙선거관리위원회 사이버선거역사관, 검색어: 대한민국 선거사, http://museum.nec.go.kr/museum2018/bbs/2/1/1/20170912155756377100_view.do?bbs_id=20170912155756377100&article_id=20171208142843743100&article_category=1&imgNum=%EB%8C%80%ED%86%B5%EB%A0%B9%EC%84%A0%EA%B1%B0%EC%82%AC.

288　김일영 (2006), p. 33.

2) 87년 체제의 보수와 진보

(1) 이념이 대체한 지역주의 강화 논쟁

민주화 이후 첫 대선에서 노태우 후보가 당선되었다. 군부 출신 후보가 헌법적 방식으로 '직선'에 의해 당선됨으로써 구 독재체제의 '변형주의적' 재편의 경로가 형성되었다. 1987년 6월 민주항쟁에서 극적으로 표출된 민주화 열망이 1987년 12월 대선을 거치며 좌절된 것이다. 이 좌절은 이후 1988년 4월 총선에서 독특한 형태로 표현되었는데, 이른바 지역주의적 정당 질서이다. 지역주의적 정당 질서의 출현 및 여소야대의 출현은 군부 세력 재집권 전략이 김영삼·김대중의 분열 및 민중들의 강렬한 민주주의 열망에 기초한 투표와 결합해 나타난 결과이다. 1987년 대선에서 군부 세력은 양 김의 위협적 도전을 막아내기 위해 더욱 적극적으로 '지역 분할 전략'을 채택했다. 그리고 '양 김의 분열'은 그 과정에서 '부산·경남의 지역적 대중과 김영삼의 결합' 및 '호남 대중과 김대중의 결합'을 더욱 공고하게 했다.[289]

주지하듯이 87년 체제가 만들어 낸 정치 지형의 특징은 선거에서의 '지역주의'이다. 민주정의당이 대구·경북을, 통일민주당이 부산·경남을, 평화민주당이 호남을, 김종필을 중심으로 하는 공화당이 충청을 표밭으로 삼는 구도가 형성된 것이다. 그리고 이 구도는 1990년 3당 합당을 통해 호남을 고립시키는 반호남 지역주의로 이어졌다.[290]

---

289   조희연 (2013), p. 154.

290   정원식, "'1987년 체제'를 극복해야," 『주간경향』 (2012년 1월 4일), https://m.weekly.khan.co.kr/view.html?med_id=weekly&artid=201201041133161&code=113#c2b.

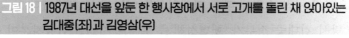

그림 18 | 1987년 대선을 앞둔 한 행사장에서 서로 고개를 돌린 채 앉아있는 김대중(좌)과 김영삼(우)

하지만 이러한 지역감정은 일련의 정권교체 과정에서 상당한 변화가 있었다고 추정된다. 1990년 대구·경북과 부산·경남, 그리고 충청지역을 대표하던 3당(민주정의당, 통일민주당, 신민주공화당) 합당에 의한 민주자유당(이하 민자당)의 창당, 1997년 대선을 통해 호남과 충청을 각각 대표하던 국민회의와 자유민주연합의 공동정부 구성, 신행정 수도 이전을 공약으로 내세운 노무현의 2002년 지역 균형발전, 2007년 대선을 통해 영남을 대표하는 한나라당 이명박의 집권과 수도권 중심 정책으로의 회귀 등을 볼 수 있다. 특히 김대중 정부하에 산업화 세력인 충청의 김종필, 영남의 박태준과 함께한 소위 DJP 연합이 발족되었다. 결국 김대중 대통령의 당선과 국민의 정부 출범은 한국 사회에서 지역감정을 약화한 결정적인 계기가 되었다. 호남 출신인 김대중의 '국민의 정부'가 성공적으로 IMF 금융위기를 극복하며, 김대중 개인과 호남인에 대한 편견이 감소하였다. 또한, 호남 출신 대통령의 배출은 호

남인들의 오랜 정치적 소외에 따른 피해의식을 어느 정도 해소했다.[291]

그러나 당시 김대중 정부가 '햇볕정책'을 토대로 지원한 금융자본이 북한의 핵 개발로 이어졌다는 의심이 제기되면서 지역감정이 악화하기도 하였다. 북한의 핵 개발과 김대중 정부의 정책을 둘러싸고 정당 간 이념 갈등이 발생했다. 이 갈등 속에서 새천년민주당과 한나라당뿐만 아니라 이들을 지지하는 영·호남인들을 각각 반통일세력과 친북세력의 추종자로 규정하는 이념 조작이 있었다.[292] 2007년 7월 30일 조선일보는 "햇볕정책의 최대 수혜자인 북한은 금강산관광의 대가로 받은 거액의 현금을 비롯해 식량과 비료 등의 엄청난 지원을 받았지만, 그 보답이 포탄이요. 아까운 우리측 젊은 장병들의 목숨을 앗아간 만행이요 행패인가"라고 비판했다. 동아일보 역시 "(햇볕정책이) 김정일 정권이 국가 운영에 써야 할 돈을 미사일 개발과 같은 곳에 돌려쓸 수 있도록 여지를 제공했다"라고 주장했다.[293] 지역 갈등과 정책에 대한 프레임으로 인해 초당적 대북 정책의 추진을 이루지 못하고, 오히려 정책적 유연성과 탄력성을 잃어버렸다.[294]

정당 공천 논란도 어느 정도 지역주의의 유산이라 볼 수 있다. 채진원 교수는 한겨레에 "역대 대통령 중 공천 영향력을 포기한 사람은 노무현 전 대통령 정도"라며 "국정 운영에 도움이 되는 지지 기반을 만드는 것도 중요하기 때문에 수평적 당정 관계, 공천 불개입 등은 현실적으로 지켜지기 힘든 구호"라고 했다. 신율 교수도 "대통령실의 '시스템 공천' 메시지는 대통령 본인의 의지일 수는 있지만, 그것이 이뤄질 수 있는지에 대해서는 물음표가 따라붙을 수밖에 없는 것이 한국정치의 현실"이라고 말했다.[295] 지역을 대표하

291   지병근, "민주화 이후 지역감정의 변화와 원인," 『한국정당학회보』 제14권 제1호 (2015), p. 70.

292   지병근 (2015), p. 70.

293   금준경, "이게 다 햇볕정책 때문이다," 『미디어오늘』 (2012년 7월 16일), https://www.mediato-day.co.kr/news/articleView.html?idxno=137856.

294   남시욱, "햇볕정책 대안 찾아야," 『동아일보』 (2002년 7월 10일), https://www.donga.com/en/article/all/20020710/223651/1/Opinion-We-Need-A-Measure?m=kor.

295   김미나, ""윤 대통령, 시스템 공천 당부" 윤심 공천 논란 선긋지만…" 『한겨레』 (2024년 2월 5일), https://www.hani.co.kr/arti/politics/politics_general/1127372.html?utm_source=copy&utm_

는 후보들은 지역 주민이 참여하여야 하거나, 혹은 매우 공정한 시스템 아래에서 이루어져야 한다. 그러나 보수정당 의원 후보는 영남지역 공천을 선호하고, 진보정당 의원 후보는 호남지역 공천을 선호하는 등 각자 지지세가 강한 지역에 출마하려는 의도가 여전히 뚜렷하다. 87년 체제부터 본격적으로 시작된 지역주의의 유산이 여전히 우리의 삶과 제도 속에 녹아들어 있는 것이다.

오늘날의 지역 균열은 영호남의 감성적 지역 균열이 아니라 국가 발전 전략과 정부지원금, 기업 유치, 국가 이벤트 유치, 사회간접자본 유치 등을 놓고 경쟁하는 전국적인 균열을 보인다. 지역발전이 한국 정치에서 중요한 균열의 축을 이루고 있는 한, 지역 격차와 지역발전에 기반을 둔 지역주의를 비합리적이라고 비난하기는 어렵다. 수도권의 공룡화 현상이 가속화되고, 지방경제의 피폐와 인적자원의 유출이 계속되며, 지방이 수도권의 식량 생산기지의 역할로 전락하는 등 지역 격차가 지속된다면 앞으로의 지역 균열은 '수도권 vs 비수도권'의 축으로 전이될 가능성도 있다. 따라서 지역주의를 해소하기보다는 지역 격차를 해소하려는 노력이 필요하다.[296] 또 지역주의는 민주화 이후 한국 정치가 안고 있는 문제들의 원인이 아니라 역으로 한국 정치가 안고 있는 여러 문제 때문에 나타난 결과로 이해되어야 한다.[297]

---

medium=copy&utm_campaign=btn_share&utm_content=20240225.

296 이재호, "한국 지역주의의 변화," 『전남대학교 글로벌디아스포라연구소 국내학술회의』 (2010), p. 110.

297 오승용, "지역주의와 지역주의 연구: 회고와 전망," 『사회과학연구』 제12권 제2호 (2004), p. 208.

(2) 3당 합당 논쟁

그림 19 │ 민주자유당 창당 축하연

　김영삼 정권은 '문민정부'라 불리며, 1993년 제6공화국 2기 정부로 출범
했다. 1990년대는 북방외교로 구공산권 국가와의 수교를 통한 외교적 호황
과 3저 호황부터 이어진 황금기를 맞이했다. 김영삼 정권은 이러한 시기에
출범했으나, 정권 말기인 1997년 IMF 외환위기로 인해 경기침체의 서막을
겪었다. 또, 경제성장에 가려져 있던 여러 안전 시스템의 부재 등 근대화의
그늘이 가시화된 시기이기도 했다. 김영삼 정부에서는 다양한 적폐 청산 및
정치개혁에 대한 시도가 이어졌다. 개혁을 통해 집권 초반에는 큰 호평을 받
았고, 지지율이 83%까지 상승했다. 그러나 1994년 이후 지지도가 하락하기
시작하여 외환위기가 발발한 집권 말기에는 지지율이 6%까지 추락했다. 이
렇듯 평가가 분분한 김영삼 정부를 탄생시킨 결정적 계기가 바로 3당 합당
이었다.
　3당 합당은 사회 곳곳에서 분출되는 다양한 목소리로 인한 질서의 흔들
림을 잠재우기 위한 하나의 선택이었다. 특히 5공 비리 공개, 서울 올림픽으
로 인한 부동산 가격 및 물가 폭등 등을 이유로 노태우 정부에 대한 지지율

이 지지부진했다. 여당으로서는 불안감이 고조됐고, 정부의 정당성을 재입증할 필요성이 부상하고 있었다. 이에 노태우와 민정당은 위기 상황을 뒤집을 해결책을 마련했고, 이것이 바로 합당을 통한 정계 개편이었다. 민주주의 블록의 입장에서 3당 합당은 '야합'이었다. 그러나 구 독재적 보수세력 내부에서는 이를 '변형주의적 재편'이라 주장했고, 일정한 '진보'의 성격도 띠었기에 반김영삼 세력이 이를 넘어서지는 못했다. 이처럼 3당 합당 이후 일련의 지배 블록 내 경합을 거쳐 1992년 문민정부가 성립하였다. 문민정부는 민선 군부 정부를 이어 구 군부 세력과 반독재 우파 자유주의 세력이 연합한 정부이다.[298]

　　3당 합당의 일차적 원인은 여소야대를 극복하려는 노태우 대통령과 제3당, 제4당의 지위에서 벗어나려는 김영삼, 김종필의 이해관계가 맞아떨어진 것이다. 또한, 지역주의 갈등을 이용한 호남의 고립으로 지배정당적인 지위를 유지하고, 내각제 개헌을 통해 계속 집권하겠다는 의도가 내재하여 있었다. 그러나 이러한 의도와 무관하게 3당 합당은 그 뒤 한국 정당정치의 속성을 변화시키는 계기를 마련했다. 3당 합당은 지금까지 지속되고 있는 한국 정당정치의 이원적 흐름(dualistic tendency)을 만들어냈을 뿐만 아니라, 정당정치가 내포하는 대표적 속성에도 의미 있는 변화를 이끌어 왔다. 3당 합당은 노태우로 대표되는 권위주의 체제 출신의 '신주류'가 구주류에 정치적으로 더 의존하지 않아도 되는 상황을 만들었다. 그런 점에서 3당 합당은 노태우로 대표되는 신주류가 과거 권위주의 체제에 대한 부담에서 벗어나 민주화된 환경에 적응한 보수 정치로 변모할 수 있는 계기를 마련한 것이다. 노태우는 박정희, 전두환 시대의 냉전 반공주의를 핵심적 가치로 했던 권위주의 체제의 보수주의를 넘어서, 민주화 이후의 변화된 질서를 수용하는 새로운 보수세력을 형성했다.[299]

　　또 한편, 3당 합당으로 호남에 고립된 야당은 외부 세력과의 적극적인 통

298　조희연 (2013), p. 158.

299　강원택, "3당 합당과 한국 정당 정치: 의도하지 않은 정치적 결과," 『한국정당학회보』 제11권 제1호 (2012), p. 189.

합을 통해 '갈등 치환'을 만들어내고자 노력했다. 지역당 속성을 약화시키기 위해 김대중은 재야인사의 영입으로 이념적 차별성을 강화했다. 안보, 경제, 사회 정책에서도 민자당, 혹은 그 이후의 신한국당과 구분되는 진보적 가치를 내걸었다. 당시 외형적으로는 여전히 비호남 대 호남이라는 지역 구도가 선거에서 지배적이었다. 하지만, 야당의 이러한 대응은 장기적인 관점에서 한국 정당정치에서 보수 대 진보라는 이념적 분화로 이어지게 하는 데 큰 영향을 미쳤다. 3당 합당 이후 정당 경쟁은 지역 균열에 이념이 중첩된 형태로 발전됐고, 3김의 정치적 퇴장과 함께 이념 요인은 2002년 대통령 선거 과정에서 자연스럽게 부상했다. 4당 체계를 변화시키려는 정치적 시도는 여러 대응을 통해 그 당시 행위자들이 의도하지 않은 정당정치의 이념성 강화라는 방향으로 나아갔다.[300]

3당 합당의 문제는 현재까지도 계속 이어지고 있다. 주지하듯이 김영삼 정부의 출범 과정은 3당 합당으로 인해 과거의 유산에서 벗어나지 못했다. 문민정부는 출범 후 금융실명제, 역사바로세우기 등 거대 담론을 중심으로 한 행정개혁에 집중했다.[301] 그러나 김영삼의 정치개혁은 비록 군부 내 엘리트 그룹인 '하나회'를 척결했지만, 권위주의적 군사정권의 등장으로 야기된 지역적 권력 구조를 단지 지역적 네트워크와 연결된 정치 엘리트의 구조 다원화로 대체했을 뿐이다. 또한, 지배구조의 근본적인 변혁과 실질적 민주주의의 공고화라는 개혁은 단행하지 못했고, 법규의 실행보다는 개정 자체로서 과시효과를 내는 수준의 제도적 개혁에 머물렀다. 최장집 교수는 김영삼 정부의 개혁 정책의 한계를 '보수연합에 의한 집권'에서 찾으면서 김영삼 정부 자신의 보수적 경향과 권력 기반, 특히 3당 합당을 통한 집권이 가져온 보수적인 권력 기반 등을 강조했다.[302]

조금 다른 결일지 모르지만, 야합의 관례는 여전히 한국 정치의 부끄러

---

300   강원택 (2012), pp. 189-190.

301   전일욱, "문민정부의 행정개혁," 『한국행정사학지』 제54호 (2022), p. 5.

302   김병문, "김영삼, 김대중, 노무현 정부의 개혁 정책 비교," 『비교민주주의연구』 제8권 제1호 (2012), p. 128.

운 민낯으로 작용하고 있다. 2008년 한나라당 돈 봉투 사건에 이어, 2021년 민주당의 전당대회 돈 봉투 살포 사건 등은 한국 정치가 인습에 젖어 있음을 여실히 보여준다. 두 사건은 당 대표 경선 과정에서 발생했다. 혐의도 정당법 제50조 '당 대표 경선 등의 매수 및 이해유도죄'로 같다. 모두 대의제 민주주의와 정당제 민주주의의 근간을 훼손할 수 있는 엄중한 문제이다.[303] 날로 심화되는 여야 간 대립 속에서 우리 민주주의가 나아갈 방향에 대해 고민하고, 과거 정치 경험으로부터 학습된 악습의 근절이 필요하다.

3) 포스트 87년 체제 논쟁

군사정권이 막을 내리고 1987년 직선제 개헌을 하며 제6공화국이 출범했다. 노태우 정부부터 현재 윤석열 정부까지도 제6공화국에 해당하며, 이는 87년 체제의 연장으로 볼 수 있다. 그러나 김대중 정부를 87년 체제에서 분리한 97년 체제로 봐야 한다는 시각이 있다. 이들의 주요 주장은 '1997년 외환위기가 한국 체제 전환의 기점'이라는 것이다.

1997년 외환위기, 즉 IMF 사태로 한국 내 신자유주의 체제가 전면화되면서 양극화 현상이 발생하게 되었다. 비정규직의 주류화, 청년 실업, 사회적 양극화 등 사회의 근본적인 변화를 겪으며 한국경제는 상대적으로 폐쇄적인 수준에서 가장 개방적으로 변했다. 기존의 발전국가를 해체하고 영미식의 신자유주의를 받아들였다. 주요 국영기업의 사유화, 국내 주요 금융기관과 기업의 해외 매각, 노동의 유연화, 탈규제 등이 대표적이다. 이렇듯 경제를 중심으로 한국 체제를 분류했을 때, 김대중 정부는 이전과 분리되는 97년 체제라는 의견이 설득력 있다.[304]

경제적 체제 전환을 중시한 나머지 87년 체제를 부정하는 의견도 있다. 1987년에 정치적으로 민주화가 이루어졌지만, 노태우, 김영삼 정부 모두 이

---

303   이혜리, "민주당 돈봉투 의혹 닮은꼴 '2008년 한나라당 돈봉투' 판결 살펴보니," 『경향신문』 (2023년 4월 17일), https://m.khan.co.kr/national/court-law/article/202304171703001#c2b.

304   손호철 (2009), p. 43.

전 정권의 경제정책을 답습했다는 것이다. 1961년 이후 군사정권은 고성장을 목표로 한 발전국가 정책을 시행하였다. 노태우 정부와 김영삼 정부는 이런 발전국가 정책을 계속하였고 경제정책 면에서 이전 정부와 체제상으로 분리될 만큼 큰 차이가 없었다. 결국 군사정권과 유사하고 과도한 발전 정책이 외환위기를 초래했다는 것이다. 따라서 체제 분리 기준의 무게중심을 경제체제에 둔다면, 97년 체제의 중요성이 상대적으로 커진다. 이상의 논의를 짧게 정리하면 다음 표의 내용과 같다.

표1 대한민국 시기별 체제 분류

명칭	체제	전환	주요 기점	주요 정권
48년 체제	극우·반공 체제	보수적 패권화	정부수립	이승만, 윤보선
61년 체제	개발독재 체제	발전국가화	군사정변	박정희, 전두환
87년 체제	민주화 체제	민주화 (정치체제 전환)	6월 민주항쟁	노태우, 김영삼, 김대중, ...
97년 체제	신자유주의 체제	신자유주의화 (경제체제 전환)	외환위기	

경제체제가 큰 변환을 맞으며, 비정규직의 일상화 및 사회적 양극화가 심화되는 등 한국 사회는 근본적인 변화를 겪게 되었다. 반면 정치체제의 경우 87년 체제의 연장선에 있지 않은가? 6.25 전쟁 이후 최대의 국난이라는 경제위기에 힘입어 36년 만에 여야 간 정권교체가 이루어졌다. 반독재 민주 정권이 들어서고 김대중 정부에서는 노동조합의 정치참여 허용이, 노무현 정부에서는 사당 정치 극복 등 일정한 민주주의의 진전이 있었다. 그러나 미네르바 사건이나 2009년 〈문화방송〉 'PD수첩'의 PD 체포 사건 등 여전히 '제한적' 민주주의 요소를 보이는 측면들도 드러났다.[305]

'자유민주주의' 논쟁은 포스트 87년 체제를 규정하는 핵심 논쟁 중 하나다. 윤석열 정부 출범 이후 관련 담론이 더욱 증가했다. 윤석열 대통령은 취

---

305 손호철 (2009), pp. 44-45.

임사에서 '자유'라는 단어를 총 35번 언급했다. 또, 5.18 기념식에서는 "오월 정신은 보편적 가치의 회복이고, 자유민주주의 헌법 정신 그 자체"라고 표현하기도 했다.[306] 2023년 4월 하버드 대학교에서의 연설 제목은 '자유를 향한 새로운 여정(Pioneering a New Freedom Trail)'이었다. '자유'와 '민주' 개념이 지니는 중요성에 대해 이의를 제기할 사람은 없을 것이다. 다만 우리 헌법에는 '자유민주주의'라는 단어가 없고, '자유민주적 기본질서'라는 비슷한 표현만 등장한다. 자유와 민주주의 모두 추상적이기에 자의적으로 해석되기가 쉽다. 특히 민주주의 앞에 붙은 '자유'라는 단어는 앞서 살펴봤듯 우리 사회에서 꽤 민감한 단어가 됐다.[307] 한국 정치 지형에서 '자유민주주의'가 정치화된 상황을 주시해야 하는 이유다.

그림 20 | 윤석열 대통령 하버드대 연설

---

306   고철종, "[깊은EYE] 헌법에 없는 단어 '자유민주주의'의 함의," 『SBS NEWS』 (2022년 5월 22일), https://news.sbs.co.kr/news/endPage.do?news_id=N1006756446.

307   김재경, "윤석열 대통령님, 자유가 중요하다면서요?" 『Medium』 (2023년 5월 5일), https://medium.com/lab2050/윤석열-대통령님-자유가-중요하다면서요-d5048b859021.

　　윤석열 대통령과는 반대로 문재인 대통령은 취임식 때 '자유'를 단 한 번도 언급하지 않았다. 심지어 개헌안 논의에서 '자유'라는 단어를 헌법 조항에서 삭제하려다 큰 논란이 발생하기도 했다. 또 교육부는 중고교 역사 교과서 집필 기준에서 우리의 국체(國體)를 자유민주주의가 아닌 민주주의로 기술하도록 확정하기도 했다. '자유'와 '민주주의'에 대한 정권별 시각차는 우리 현대사와 그 현대사를 이끌어 온 주류 세력에 대한 거부감 때문일 수 있다.[308]

　　이명박 정부 시절인 2011년 8월 당시 교육과학기술부는 2009년 개정 교육과정에서 민주주의라는 표현을 모두 자유민주주의로 수정한 바 있다. 당시 역사 교사들은 우리나라에서는 자유민주주의가 공산주의 체제에 맞서는 대립 개념으로 차용된 탓에 민주주의를 자유민주주의로 바꾸면 이승만·박정희 전 대통령의 독재 미화에 악용될 수 있고, 민주주의 개념이 자본주의 시장경제만을 강조하는 것으로 협소해질 수 있다고 우려했다. 하지만 교육과학기술부는 "자유민주주의가 대한민국 건국이념"이라는 이유를 들어 표현을 고쳤다.[309]

　　2023년에 벌어진 홍범도 흉상 논란은 한국 사회에서 자유민주주의 담론이 얼마나 '정치화'되어 있는지를 보여준다. 이 논란은 육군사관학교가 교내에 설치된 독립군 김좌진, 홍범도, 지청천, 이범석 장군과 신흥무관학교 설립자 이회영 선생 흉상의 철거 및 이전을 추진하면서 발생했다. 이종섭 당시 국방부 장관은 "육사에 공산주의 활동 경력이 있는 사람이 있어야 되느냐에서 시작됐다"라고 말해 일제 독립 전 소련공산당 활동을 한 홍범도 장군을 겨냥했다.[310] 문재인 정부 시기 홍범도 장군의 유해가 봉환된 지 2년 만에 발생한 '정치적' 논란이었다. 홍범도 흉상 논란은 우리 사회의 지배적 이데올

308　이기홍, "왜 '자유민주주의' 삭제에 집착할까," 『동아일보』 (2018년 6월 28일), https://www.don-ga.com/news/Opinion/article/all/20180628/90796908/1.

309　이유진, "또 '좌편향' 교과서 운운…'자유'민주주의, '남침' 빠졌다고?" 『한겨레』 (2022년 9월 1일), https://www.hani.co.kr/arti/society/schooling/1057029.html.

310　박민규, "육사 '독립 영웅' 홍범도·김좌진·이범석·이회영 흉상 철거·이전한다," 『경향신문』 (2023년 8월 25일), https://www.khan.co.kr/politics/assembly/article/202308251635001.

로기로 작동했던 반공주의가 과거의 유산이 아니라 현실적 작동 기제로 기능하고 있음을 보여주는 상징이다. 물론 북한의 위협이 실존하고 있는 상황에서 반공주의를 완전히 폐기해서는 안 될 것이다. 그러나 해당 논란은 급변하는 국내외 환경 속에 과거의 독점적 이데올로기를 놓고 경쟁 정치세력 간 벌어진 비생산적 사건이다.

그림 21 | 홍범도 장군 흉상

해방 이후 대한민국은 자유민주주의의 가치 아래 건국되어 존립해 왔다. 그러나 자유민주주의가 진정한 의미를 갖게 된 것은 그리 오래되지 않았다. 산업화와 민주화를 반세기 만에 성취했다는 업적에도 불구하고, 우리의 정치적 논의는 21세기의 시대 상황을 쫓아가지 못하고 있다. 자유주의의 이상을 지켜나가기 위해 뒤처지고 있는 민주주의 체제를 경장(更張)할 특단의 합의가 필요하다.[311] 역사의 한 굽이를 맞는 시점에서 각 분야에 걸쳐 87년 체제의 공과를 진지하게 되돌아보고 새로운 국가의 틀을 모색해야 한다. 그 연장선에서 사회변화와 시대정신을 반영한 '살아있는 헌법'을 만들어내기 위한

---

311   이상우, "21세기 시대 흐름과 대한민국의 자유민주주의," 『신아세아』 제19권 제1호 (2012), p. 114.

논의도 필요한 시점이다.

'포스트 87년 체제' 논의의 주체는 어디까지나 정치권이 아니라 국민이어 야 한다. 그리고 우리를 대변하는 정치권은 이데올로기와 진영 논리, 총선과 대선을 겨냥한 당리당략이 아니라, 국민의 다양한 의견에 귀 기울여야만 할 것이다. 즉, 국민이 주도하는 공론화 과정이 선행돼야 한다. 87년 체제가 최 초로 국민의 힘으로 연 시대였던 만큼 '포스트 87년 체제' 역시 국민의 몫이 기 때문이다.[312]

나가며: 진정한 자유민주주의의 달성

포스트 87년 체제를 살아가는 지금 '진정한 자유민주주의'는 달성되었을 까? 1998년 김대중 후보의 당선은 '진보 정부'에 대한 많은 기대를 불러일으 켰다. 즉 민주 정부가 더욱 평등한 민주주의를 실현할 것이라는 기대가 충만 했다.[313] 그러나 김대중 정부는 외환위기로 인해 IMF로부터 금융지원을 받는 조건으로 시장친화적인 신자유주의 경제정책을 활용할 수밖에 없었다. 역설 적으로 진보 정부가 집권한 시기 양극화는 계속 심화되었다. 참여정부에서 는 3년(2003~2005년) 동안 소득 재분배 정책을 진행했으나, 소득 불평등이 개 선된 비율은 3.2%에 그쳤다. 김대중 정부 5년 동안의 평균 개선율(2.3%)보다 는 상승했으나, OECD 평균치가 26%인 것을 고려했을 때 아주 미미한 수준 이다. 소득 재분배 시스템이 상대적으로 취약한 미국이나 일본도 15% 안팎 의 수치를 보인다.[314] 한국의 불평등은 진행형이다. 자유민주주의의 기본이 념은 인간 존중, 그리고 자유·평등의 조화로운 실행이다.[315] 진정한 자유민

312   황광모, "<87년체제 30년> ①87년체제의 명암…미래 향한 보완과 혁신 나서야," 『연합뉴스』 (2016년 10월 24일), https://www.yna.co.kr/view/AKR20161021030400001.

313   강명세, "불평등한 민주주의와 평등한 민주주의," 『기억과 전망』 제23호 (2010), p. 181.

314   사설, "낯부끄러운 '좌파적 분배정책'의 현실," 『한겨레』 (2007년 1월 23일), https://www.hani. co.kr/arti/opinion/editorial/185921.html.

315   김동근, "자유민주주의의 한계와 가망성," 『윤리교육연구』 제23호 (2010), p. 207.

주주의의 달성은 불평등 완화나 격차 해소 문제와 연결된다.

　이를 생산적 복지 논쟁과 연결하여 생각해보자. 한국은 급속한 성장의 과정에서 복지정책을 뒷순위로 미룰 수밖에 없었다. 사회복지 관련 정책들은 민주화 이후에야 국민의 관심을 받기 시작했고, 김대중 정부에 들어서야 사회복지 관련 정책이 중요하게 다뤄졌다. 하지만 이 또한 IMF가 내건 구제금융 조건으로 인해 구조조정, 비정규직 확대, 고용 불안정, 소득분배구조 불균형 등의 문제가 발생했기 때문에 가능했던 것이었다.

　생산적 복지는 경제 재건과 사회복지를 함께 달성하기 위한 정책이지만 추진 과정에서 잡음이 발생했다. 김대중 정부 시기 생산적 복지에 대한 사회적 합의가 부족한 채로 복지개혁이 다소 무리하게 추진되었다. 각종 사회보험으로 인한 재정적 부담은 국민의 몫으로 돌아갔고, 사회적 저항이 발생했다. 더구나 외환위기로 인한 경기침체와 빈부격차의 확대가 겹쳐 생산적 복지는 제 기능을 수행하지 못했다. 아울러 생산적 복지는 주로 신자유주의에서 제시하는 노동과 복지 개념을 이용했다. 그러나 외환위기 이후 주된 경제 정책은 정부에 의해 강요된 구조조정이었고, 실업률을 낮추기 위한 공공근로사업은 이에 부합하지 않았다. 이런 점은 각종 연금, 보험을 설계할 때도 문제가 되었는데, 사회보험제도 도입 과정에서 민간단체나 기업의 참여를 강요했고 국가의 부담을 민간에 전가한다는 비판을 들었다. 물론 생산적 복지 정책은 그 자체가 '복지' 개념을 주요 정치경제의 담론장에 진입시켰다는 점에서 큰 의미를 지닌다.

　생산적 복지를 정체성 차원에서 고민해 본다면, 유럽의 '사회민주주의'를 떠올릴 수 있다. 유럽 정치에는 보통 보수주의, 자유주의, 사회민주주의라는 커다란 정치적 흐름이 존재해 왔다. 사회민주주의라는 말은 신흥 시민 세력의 자유민주주의에 대한 대항 개념으로 제기되었다. 이는 라쌀(Ferdinand Johann Gottlieb Lassalle)이 1863년에 조직한 최초의 노동자 정당이자, 사회민주주의 조직인 전국 노동자협회의 기관지 사회민주주의자에 의해 시작되었다. 사회민주주의의 핵심에는 복지 제도와 직업 안정을 사회적 약속으로 간주하는 국민적 믿음이 놓여 있다. 물론 사회민주주의와 복지국가는 유럽이라는 독특한 역사, 사회, 문화적 공간 안에서 배태된 모델이다. 이에 비유럽 사회에서 이 모델을 적용하기는 쉽지 않은 일이다. 그럼에도 진정한 자유민주주의 달성을 위한 중요한 참고서는 될 수 있을 것이다. 자유는 물론이고, "새로운 복지국가, 더 많은 민주주의, 질 높은 사회통합"을 기대해 본다.[316]

우리 사회에는 동일성이라는 인식 속에서 동일성 밖의 세계를 거부하는 경향이 있다. 타자를 배제하며 정체성의 이름으로 동일성을 추구하는 것이다. 즉, 자신의 정체성을 기준으로 '다름'을 '틀림'으로 규정하고, 자신을 위해 타자를 배척하거나 주변부로 몰아내고 있다.[317] 산업화 혹은 민주화의 역사를 놓고 한쪽에 치우쳐 역사적 선(good)과 정의(justice)로 정의하려는 정치적 담론들, 배타적 민족주의 담론, 또는 사회 역사적으로 합의된 인식에 의문을 가하거나 비판적 논쟁의 필요성을 제기하려는 일을 거부하고 매도하려는 목소리들이 여전히 존재한다. 모두 한국 사회에 내재해 있는 정체성 갈등의 사례들이다.[318]

한양대학교 김성수 교수는 2022년 4월 『국민일보』에 기고한 칼럼에서 우리사회 갈등의 근원을 제시하며 '사회적 공동체'라는 건강한 문화적 자본을 만들기 위한 넓은 정체성을 강조했다.[319] 아래는 해당 글의 일부분을 발췌한 것이다.

> 진보나 보수의 정치적 퇴보는 역설적으로 '우리 편' 만들기에 있다. 우리 편이라는 좁은 의미의 정체성을 강화하다 보면 점점 더 많은 반대 세력을 만들게 된다. 거리의 민주주의가 과잉 대표됐다. '다수의 의지를 대변한다'는 명목으로 많은 사람들이 희생되고, 소수자 권리와 자유를 침해하는 무질서를 경험했다. 자

---

316   김호기, "더 나은 삶? 20세기 유럽 사민주의 복지국가를 보라," 『한국일보』 (2020년 10월 13일), https://www.hankookilbo.com/News/Read/A2020101209350003383.

317   이찬수, "분쟁의 심층, 정체성 갈등과 평화다원주의의 길," 『원불교사상과종교문화』 제79호 (2019), p. 382.

318   유용민, "정체성 갈등 시대 정체성 정치문화에 대한 소고: 자기 동일성으로서의 정체성 개념에 대한 비판적 접근을 중심으로," 『OUGHTOPIA』 제37권 제3호 (2023), p. 76.

319   김성수, "혼자 가는 것보다 함께 가야 멀리 간다," 『국민일보』 (2022년 4월 18일), https://www.kmib.co.kr/article/view.asp?arcid=0924241046.

유민주주의 실현을 위해 자기편을 설득하기보다는 상대방을 설득하는 자세가 필요하다. 집단주의가 사회적 공동체라는 문화자본으로 거듭나기 위해서는 통합적이고 넓은 성격의 국가 정체성을 만드는 일에 집중해야 한다.

마르셀 프루스트(Marcel Proust)의 "바다"라는 제목의 글에는 이런 구절이 있다. "욕망은 꽃을 피우나 소유는 모든 것을 시들게 한다. 인생을 사는 것보다 인생을 꿈꾸는 편이 낫다."[320] 사람들은 대한민국의 지나온 시간 속에서 발생한 여러 사건으로 인해 공적 영역에 대한 관심을 줄여나가는 듯 보인다. 그리고 공적 영역의 빈자리를 개인적 이해관계가 차지해 나가기 시작했다.[321] 감성, 분열, 대결의 정치가 난무해서는 안 된다. 민주화 이후의 민주화, 그리고 민주화를 넘어 자유화를 달성하기 위해서는 국민과 국익을 위하는 정치의 자기 목적이 우선되어야 한다.

자유민주주의는 인간의 본성과 잘 맞는 이념이다. 자유주의는 인간의 의지와 욕망이 가장 많이 작용하는 데 반해, 민주주의는 불평등을 불러일으킬 욕망을 통제함으로써 실현된다. 자유민주주의는 완벽하지 않다. 그렇지만 자유민주주의만큼 권력에 내재한 결점을 가장 잘 보완해 줄 수 있는 이데올로기는 찾기 어렵다. 절제되고 합리적인 권력을 바탕으로 모든 국민의 인간적 성장과 복지의 실현을 이루는 길이 진정한 자유민주주의를 위한 길이다.[322] 이는 우리를 이 책의 다음 키워드인 '경제'로 이끈다.

---

320 최진호, "왜 문학과 과학의 상생인가?" 『연합뉴스』 (2013년 7월 23일), https://www.yna.co.kr/view/RPR20130723008700353.

321 강명구 (2007), p. 113.

322 김동근 (2010), pp. 212-216.

3. 한국 정치와 경제

들어가며

2023년 대한민국의 합계출산율은 0.72명이었다.[323] 중산층은 출산을 주저하고 저소득층은 포기하고 있다는 해석도 나온다.[324] 1970년대 대한민국의 합계출산율이 3명대였던 것을 감안할 때 반세기가 지나는 동안 대한민국 사회 분위기의 반전이 실감된다.[325] 출산율의 감소는 인구 감소로 직결된다. 의학 기술 발전이 기대수명을 연장시켰다고 하더라도 50년간 수치상 4배 가까이 줄어든 출산율 감소의 여파를 막기는 역부족이다. 실제로 대한민국은 지난 2020년부터 인구가 자연 감소하는 '데드크로스(Dead Cross)'를 통과했다.[326] 새로 태어나는 인구보다 사망하는 인구가 많아 자연스럽게 인구 총계가 줄어들고 있다는 것이다. 인구 감소는 시장 위축, 안보 위협, 성장 저해의 원인이 되는 변수다. 당장 인구 감소가 불러올 영향이 미미한 것으로 보일 수 있다. 그러나 장기적인 관점에서 볼 때 이와 같은 추세는 대한민국 사회와 경제 전반을 흔들 뇌관으로 기능하게 될 것이다. 인구 감소 문제를 해결하기 위해 다양한 차원의 방안을 시급하게 마련해야 하는 이유다.

사태 해결을 위해서는 염증의 근원을 찾아야 한다. 관련된 여러 문제가 인구 감소 현상의 원인으로 거론되지만, 그중 가장 큰 비중을 차지하고 있는 요소는 '경제적 배경'이다. 아이를 낳고 양육하기 위해 필요한 의식주 해결 능력을 가진 청년층이 줄고 있다. 청년 실업 문제와 저출산 문제가 맞물

---

323 오인석, "합계출산율 사상 첫 0.6명대 추락...지난해 출생아 23만 명," 『연합뉴스』(2024년 2월 28일), https://www.ytn.co.kr/_ln/0102_202402281200298803.

324 김희원, "유전자녀 무전무자녀"…출생아 절반 이상이 '고소득층'" 『세계일보』(2024년 2월 22일), https://www.segye.com/newsView/20240222507739?OutUrl=naver.

325 박근종, "[기고] 합계출산율 0.78명 충격, 미래 없는 한국 국정 전반 재설계를," 『매일일보』(2023년 2월 27일), https://www.m-i.kr/news/articleView.html?idxno=991229.

326 "380조 쏟아붓고도 0.72명… 들쭉날쭉 지원 '원정 출산'만 낳았다 [대한민국 인구시계 '소멸 5분 전']", 서울신문, 2024. 02. 05., https://www.seoul.co.kr/news/2024/02/05/20240205006004.

려 있는 것이다.[327] 2023년 8월 통계청이 발표한 '사회조사' 자료에서 구체적인 근거를 찾을 수 있다.[328] 19~34세 청년을 대상으로 진행된 조사를 반영해 발표된 통계청의 관련 보고서는 '결혼'에 관한 청년층의 인식이 드러나 있다. 통계에 따르면 조사대상 청년 중 36.4%만이 결혼을 긍정적으로 평가했다. 대상 범위를 여성으로 한정하면 그 비중은 28%로 줄어든다. '결혼은 하더라도 자녀는 가지지 않아도 괜찮다'라고 답한 비율은 53.5%에 달했다. 결혼과 출산을 통해 가정을 꾸리고 유지하기에는 당장 부부가 함께 살 수 있는 집이 준비되어있지 않고, 자녀를 풍족한 환경에서 양육하기 어렵다는 인식이 실현된 결과다.

그림 22 | 결혼에 대한 청년층의 인식

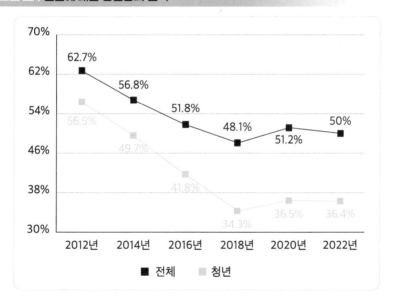

327 고차원, "청년 고용률은 평균 밑돌고, 실업률은 웃돌아" 『전주 MBC』 (2024년 1월 19일), https://www.jmbc.co.kr/news/view/39328.

328 황지윤, "청년 36%만 결혼에 긍정적… 80%는 '비혼 동거 가능'" 『조선일보』 (2023년 8월 28일) https://www.chosun.com/economy/economy_general/2023/08/28/C6HCFEYA2JG5ZJK-BAKCZWUUWXU/?utm_source=naver&utm_medium=referral&utm_campaign=naver-news.

서울대학교 김세직 교수는 2024년 2월 중앙일보에 기고한 칼럼을 통해 청년층이 결혼과 출산을 포기하는 세태에 관한 경제학적 분석을 발표했다.[329] 인구학자 맬서스를 인용하며 논의를 시작한 김 교수는 대한민국 평균 청년층이 평생 벌어들일 것으로 예상되는 수익과 부동산 가격을 고려하여 경제 문제가 저출산 문제의 근본임을 논증했다. 그의 계산은 다음과 같다. 대한민국의 평균적인 청년층이 대학을 졸업하고 사회에 나오는 연령대는 20대 중후반이며, 은퇴 연령은 50대 초반으로 추정된다. 경제성장률이 0%에 가까운 상황이 지속된다는 가정하에 근로자 평균 연봉은 4,200만 원, 개인 순저축률은 10%대로 추정된다. 평균 근로 기간 해당 수준의 평균 연봉을 받는다면 총소득은 약 10억 원 정도인데, 총소득과 순저축률을 고려할 때 1명의 직장인이 평생 저축할 수 있는 규모는 어림잡아 1억 원에 불과하다. 부부가 함께 저축하는 경우 2억 원 수준이다. 2020년대 초반 기준 서울의 아파트 평균 매매가는 11억 원을 돌파했고, 전셋값 평균도 6억 원에 이른다.

결론적으로 부부가 평생 저축한다고 하더라도 평균적인 직장인 월급으로는 '부모의 도움'이나 '복권 당첨' 없이 서울에서 주거 공간을 찾을 수 없다. 가정의 근간인 주거가 해결되지 않는다면 가정을 이루고자 하는 의지마저 사라지는 현상이 발생할 것이며, 이미 그와 같은 전망은 현실이 되어 나타나고 있다. 그나마 부모의 도움을 받을 수 있는 청년층이라면 주거 문제 해결이 가능해 가정을 이룰 수 있는 환경이 조성될 가능성이 있다. 그러나 국민 10명 중 3명은 노후 준비를 하지 않거나 준비할 능력이 없다는 통계 자료를 감안하면, 부모 세대로부터 주거 지원을 받을 수 없는 청년층 역시 상당한 수준임을 알 수 있다.[330] 태어나는 아이 중 절반은 고소득층의 자녀라는 통계가 이와 같은 사실을 뒷받침한다.[331] 인간의 가장 기본적인 욕구 중 하나인

---

329   김세직, "장기성장률 높여 청년 소득 늘려야 저출산 문제 푼다," 『중앙일보』 (2024년 2월 20일), https://www.joongang.co.kr/article/25229764#home.

330   정혜정, "국민 10명 중 3명 '노후 준비 안해'…'준비할 능력 없어'" 『중앙일보』 (2023년 11월 8일), https://www.joongang.co.kr/article/25205668#home.

331   송광호, "저출산의 이면…태어나는 아이 중 절반은 고소득층 자녀," 『연합뉴스』 (2024년 2월 22일), https://www.yna.co.kr/view/AKR20240222050100005?input=1195m.

평온한 가정을 꾸리는 욕구에 대한 실현이 '양극화'의 벽 앞에 좌절되는 양상이다.

이렇듯 당분간 지속될 것으로 보이는 인구 감소 추세는 대한민국을 '가장 빠르게 성장한 나라'에서 '가장 빠르게 사라질 국가'로 전환시키는 듯 보인다. 그렇다면 왜 대한민국이 이와 같은 사회경제적 문제에 직면하게 된 것일까. 대한민국은 1970년대 후반까지 두 자릿수에 육박하는 성장률을 보이며 압축성장에 성공했다. 전쟁의 폐허를 딛고 '한강의 기적'을 만든 세대와 성장의 과실을 맛본 세대가 공존하고 있는 현재 대한민국 사회를 볼 때, 고도성장기는 지금으로부터 먼 과거가 아님을 자각할 수 있다.

그러나 '추격자형' 경제성장의 대표적 사례였던 대한민국 경제는 더 이상 추격이 가능한 상대가 없는 경지에 이르자 성장 동력이 저하되기 시작했다. 국가 경제 성장의 모델을 제시한 오데드 갤로어(Oded Galor) 교수의 '통합성장이론(Unified Growth Theory)'은 한국 경제의 발전상과 문제점을 진단하기에 적절한 도구를 제공한다. 통합성장이론에 따르면,[332] 국가의 성장은 3단계에 걸쳐 진행된다. 첫 번째는 정체상태가 유지되는 맬서스 체제이며, 두 번째는 자본 축적과 인구 증가가 경제성장을 이끄는 전환 체제이다. 전환 체제 달성 이후에는 인적 자본 수요 증가와 인구 증가세 하락이 맞물리며 인적 자본과 지적 자본이 성장을 견인하는 지속 성장 체제로 이어진다. 전환 체제에서 지속 성장 체제로 나아가기 위해서는 기존의 성장을 가능케 한 요소들을 과감히 혁신해 새로운 경제 동력을 만들어야 한다. 요약하자면, 인구와 자본 등 경제적 '요소'를 투입해 경제성장을 견인하던 경제가 어느 정도 궤도에 오를 경우, 이를 벗어나기 위한 혁신이 필요하다는 것이다. 대다수 국가가 추격자형 경제성장을 추구하는 것을 고려할 때, 여기서 '혁신'이라 함은 추격의 대상이 되었던 국가를 뛰어넘는 기술 발전이나 제도 개혁 등을 의미할 것이다.

대한민국은 이승만–박정희로 이어지는 경제개발 및 발전 노력에 힘입어

---

332   유종일, "한국경제 양극화의 역사적 기원, 구조적 원인, 해소 전략," 『경제발전연구』 제24권 제1호 (2018), p. 11.

충분한 경제성장 성과를 낸 바 있다. 상기한 '한강의 기적'이 그 증빙자료다. 그러나 기존 체계의 틀을 넘어 '혁신'을 추구하는 단계를 거치지 못한 채 경제구조가 굳어진 상태다. 한국개발연구원 유종일 교수는 2018년 발표한 논문을 통해 이러한 상황을 정확히 짚고 있다.[333] 그는 외환위기 이후 한국 경제에서 두드러진 대한민국 '양극화'의 시초가 경제 체계 내 '혁신'의 부재임을 지적한다. 흔히 양극화의 원인을 1997년 발생한 외환위기와 대응 과정에서 찾는 것과는 다른 시각이다. 그는 외환위기 발생 이전과 이후의 통계를 비교함으로써 체계적으로 논리를 전개한다. 박정희 정부 말, 추격자형 경제성장이 한계에 봉착한 상황에서도 경제적 성과를 유지할 수 있었던 것은 전두환 전 대통령 재임 기간을 통틀어 이어진 '삼저 호황' 덕분이었다. 저유가, 저금리, 저달러 기조 속 대한민국 경제는 별도의 발전 동력을 찾지 않더라도 경제 지표 유지가 가능했다.

그러나 삼저 호황이 마무리되는 과정에서 한국 경제는 추격자형 또는 요소투입형 경제성장의 뒤를 잇는 선진국형 경제개발 전략을 확보하지 못했다. 그 결과 삼저 호황이 끝날 무렵 다수의 기업이 경영상 위기에 직면했다. 당시 시장 상황은 '노동시장 포화와 노동조합 활성화로 인한 처우 개선, 제조업 고용 축소'로 요약된다. 위기 타개를 위해 기업이 선택한 방법은 '자동화'와 '아웃소싱'이었다. 기업 경영을 선진화하겠다는 명목하에 시작된 움직임이었다. 대한민국 경제가 수출 위주로 구성되어 있기에 조금 더 수월한 결정이었다. 내수를 고려하기보다 아웃소싱 등을 통해 기업 경영상 비용을 절감하는 방안을 택하는 것이 합리적이었다. 결론적으로 이와 같은 움직임은 노동시장에 진입할 수 있는 인력으로부터 일자리를 빼앗고, 대기업 집단이 대한민국 사회 민간 부의 대다수를 차지하게 된 배경으로 작용하게 되었다.

대기업이 제공하는 안정적인 일자리에 합류하지 못한 인력은 복지와 처우가 대기업에 이르지 못하는 중소·중견기업으로 밀려났다. 하나의 기업이 성장하면 국민 전체의 삶이 윤택해진다는 내용을 담은 이른바 대기업 '낙수

효과'가 기능하지 못하게 된 것이다. 대기업 근로자와 중소·중견기업 근로자 사이에는 자연스럽게 격차가 생겼다. 1980년대 500인 이상 사업체는 500인 미만 사업체보다 평균 임금이 10% 정도 많았다. 그러나 1980년대 후반부터 이 격차는 25%로, 2008년 무렵에는 50% 수준까지 격차가 벌어졌다. 2023년 기준 이러한 임금 격차는 54%에 달한다.[334] 미국, 일본, 프랑스의 경우 근로자 4명 이하 기업과 대기업의 임금 격차가 1배수 대에 머무른다. 그러나 대한민국은 3배의 차이가 난다.[335]

물론 대기업과 중소기업 근로자의 능력 격차가 임금 격차를 초래한 원인이 될 수 있다는 반론도 있다. 하지만 대통령 직속 사회적 대화 기구인 '경제사회노동위원회(경사노위)' 내 '외주화 연구회'가 2017년 발표한 '사업체 규모별 임금 격차 분석' 보고서를 보면 그와 같은 주장은 설득력을 잃는다. 해당 보고서는 결론부에서 "대규모 사업체와 중소 규모 사업체의 임금 근로자 평균 시간당 임금 차이 중 변숫값 차이로 설명되는 격차는 49.5%, 변숫값 차이로 설명되지 않는 격차가 50.5%로 분석된다"고 언급하고 있다.[336] 이러한 차이를 만들어 낸 원인 중에는 원청과 하청 간의 수익성 격차가 큰 몫을 차지하고 있다. 원청이 비용 절감 차원에서 선택한 외주화와 하청화, 자동화는 고스란히 일자리 감소로 연계되었고, 원청 일자리에서 밀려난 노동자는 하청 업체로 들어갔다. 비슷한 수준의 노동력을 가지고도 50%에 달하는 임금 격차를 경험하게 되는 것이다.[337]

---

334   홍성희, "능력이 부족해서? '임금격차 이유' 따로 있었다"『KBS』(2023년 2월 19일), https://news.kbs.co.kr/news/pc/view/view.do?ncd=7608573.

335   홍성희 (2023).

336   홍성희 (2023).

337   홍성희 (2023).

표2 전자산업 대기업, 중소기업 경영성과

(단위: %)

기업규모		2010년	2011년	2012년	2013년	2014년	2015년	2016년	2017년
매출액 증가율	대기업	20.33	0.14	14.89	5.44	-9.01	-0.86	-4.01	21.90
	중소기업	21.19	4.40	5.73	7.19	-1.62	0.09	2.04	12.94
매출액 영업이익률	대기업	7.40	4.13	7.67	9.11	7.13	8.55	7.88	18.11
	중소기업	4.45	3.36	3.95	3.94	2.91	2.75	2.76	4.12
부채비율	대기업	69.93	71.23	65.51	48.24	44.21	35.37	37.22	40.90
	중소기업	135.8	137.47	136.16	135.13	134.10	111.91	117.61	111.95

출처: 주력산업 협력업체 경쟁력 저하의 원인과 시사점

　엎친 데 덮친 격으로 외환위기 이후 시행된 신자유주의화는 비정규직 일자리의 양산과 노동 시장 유연화를 불러왔다. 대기업-원청 소속 노동자는 높은 수준의 임금과 복지 체계를 얻으며 삶을 영위하지만, 중소기업-하청 근로자 혹은 비정규직 근로자는 이와 같은 체계의 사각지대에 몰린 것이다. 흔히 '노동시장 이중구조'로 명명되는 현상이다. 안정된 일자리에 있을수록 노동시장에서 타의로 밀려날 확률이 줄어들고, 시급도 보장받을 수 있다. 그러나 그렇지 못한 다수의 경우 노동시장 유연화가 불러온 불안 속에 생활을 영위해야 한다. 고착화된 노동시장 이중구조는 오랜 기간 노동 환경에 악영향을 끼쳐왔으며 오늘날까지도 노동문제 접근에 어려움을 주고 있다.

　대표적인 사례가 '노동 협상의 왜곡'일 것이다. 노동 협상 왜곡을 관측할 수 있는 가장 최근 현상은 문재인 정부의 '최저시급 1만 원' 인상 정책이었다. 한국개발연구원 교수였던 윤희숙도 그의 저서 『정책의 배신』에서 이를 역설한 바 있다.[338] 전국경제인연합회(현 한국경제인협회; 한경협)는 전북대학교 최남석 교수에 의뢰해 '최저임금 상승이 일자리에 미치는 영향' 분석 보고서를 발표했다. 해당 보고서는 최저임금 1만 원 정책이 시행되면 최대 6만 9,000개의 일자리가 감소할 가능성을 논증한다. 이 연구는 한국복지패널이

338　윤희숙, 『정책의 배신』 (서울: 21세기 북스, 2020), pp. 17-47.

발표한 2017년~2021년 가구원 패널 자료에 기반한 '최저임금 고용탄력성' 산출을 통해 작성되었다.[339] 최저시급 향상을 위한 노동계의 움직임은 끊이지 않고 있으나, 실질적으로 최저시급이 향상되면 노동시장 이중구조의 최하층에 있는 비정규직 노동자의 경우 일자리를 잃을 수 있는 상황이 생기는 것이다. 그러나 노사정 협의 과정에 참여하는 노동계 주요 인사는 양대 노총이며, 양대 노총이 흔히 '귀족노조'로 불리고 있는 상황 또한 간과할 수 없다.[340] '노동시장' 자체가 분절되어 있기 때문에 최저시급이라는 단일한 잣대로 정책을 시행할 경우 이익을 보는 층과 피해를 보는 층이 극명하게 갈린다.

양극화된 사회경제적 구조는 '부의 편중' 문제로 이어졌다. 삼저 호황의 거품이 걷히는 과정에서 국가는 줄어드는 성장세를 '기업 투자 활성화'를 통해 해결하고자 했다.[341] 전두환 정부의 시장 자율화와 노태우 정부의 금리 자유화가 대표적 사례다. 관치 위주로 발전한 대한민국 경제에서 탈피해 기업에 유치되는 투자금이 시장에서 자율적으로 결정될 수 있게 조치한 것이다. 또한, 대기업 집단의 사업 범위에 관한 제한을 풀어줌으로써 일부 기업이 이른바 '문어발식 경영'을 통해 시장 구조를 장악할 수 있는 환경이 되었다. 이러한 움직임은 투자금 편중으로 이어졌고, 일부 기업 집단 위주의 시장 환경 탈피를 어렵게 했다. 대기업 집단 위주의 시장 구조는 노동시장 이중구조와 맞물려 '부의 양극화'로 이어졌다. 대기업 집단은 중소기업에 비해, 노동시장 이중구조의 상위층에 해당하는 원청-정규직 노동자는 하층에 해당하는 하청-비정규직 노동자에 비해 더 많은 자산을 축적할 수 있었다.[342] 벌어들이는 수입과 투자금 규모의 차이가 자연스럽게 축적할 수 있는 자본 규모의

---

339 류정, "최저임금 1만원 되면, 일자리 6만9000개 사라진다," 『조선일보』 (2023년 6월 26일), https://news.chosun.com/svc/list_out/content.html?catid=12&scode=www&con-tid=2023062600570&css_url=.%2Fcss%2FdefaultStyle.css&resize_url=.

340 김동은, "귀족노조, 기사 딸린 차 타는데…회사 한번 와보지도 않고 정책 결정하나," 『매일경제』 (2024년 2월 1일), https://www.mk.co.kr/news/business/10934829.

341 박성우, "[노태우 별세] 시장 개방·자유화 門 연 대통령…재임기 평균 8.5% 성장," 『조선비즈』 (2021년 10월 27일), https://biz.chosun.com/policy/policy_sub/2021/10/26/JKMQ37Q6RB-C2ZNCOZZS4PNNKD4/?utm_source=naver&utm_medium=original&utm_campaign=biz.

342 유종일 (2018).

차이로 이어졌기 때문이다.

이러한 이유에서 『21세기 자본』의 저자인 토마 피케티가 한 국가 경제의 성장률이 낮을수록 국가 부의 형성에서 자본이 차지하는 비율이 높아지는 경향을 지적한 점이 인상 깊다.[343] 피케티에 따르면, 국가 소득이 노동 소득과 자본 소득으로 구성된다고 가정할 때, 성장률이 높을 경우 자본 소득(지대, 이자 등)을 통해 아무리 빠른 속도로 자산이 쌓인다고 할지라도 노동 소득이 이를 추격해 따라잡을 수 있다. 그러나, 성장률이 저조한 경우에는 자본 소득의 증가 속도를 노동 소득으로 따라잡기 어렵다. 또한, 그러한 상황을 혁파하고자 '투자'를 늘려 성장을 견인하려는 경우가 많아 자본 소득이 계속해서 우위를 점하는 상황이 펼쳐지게 된다. 결국, 국가 부에서 자본 소득이 차지하는 비중이 커질수록 '부의 대물림'과 양극화는 심해지는 것이다. 피케티는 미국, 프랑스, 네덜란드, 영국 등의 사례를 들어 이와 같은 경향을 증명했다. 세계사적으로 큰 영향을 미친 세계대전 등의 변수를 제외한 수치다.

대한민국 경제는 성장 과정에서 '추격자형 경제체제'를 뛰어넘어 '지속 가능 경제체제'에 안착하지 못했다. 그 결과 성장률이 저조해졌다. 진정한 혁신을 위한 경제체제를 고안해내지 못했기 때문이다. 물론 이에 관하여 다른 선진국 사례를 들어 성장률이 자연스럽게 고점에 이르렀기 때문에 더 이상 증가하지 못했음을 주장할 수 있다. 그러나 1인당 GDP 등 수치 등 세계 상위권에 드는 지표를 떠나 여전히 평균 근로 시간과 노동시장 구조 내 격차 등을 고려할 때 대한민국이 완전히 '선진국형 경제'에 이르렀다고 평가하기는 어렵다. 논의를 종합해 볼 때, 피케티의 분석처럼 대한민국의 저성장 추세는 양극화를 심화시키는 것에 일조하고 있다고 판단할 수 있다.

지금까지 오늘날 대한민국을 있게 해준 '압축 성장'이 함축한 그늘을 살펴보았다. 대한민국은 다수 개발도상국의 발전 모델로 꼽힐 정도로 빠른 성장을 이루는 데에 성공했지만, 그에 상응하는 후유증도 앓고 있다. 후유증이 적시에 치유되지 못하고 방치된다면, 상술한 바와 같이 '가장 빠르게 발전한

---

343   토마 피케티, 『21세기 자본』 (서울: 글항아리, 2014), pp. 199-239.

나라'에서 '가장 빠르게 소멸하는 나라'로 전락하고 말 것이다. 이러한 문제의식에 기반해 지금부터는 대한민국 경제 발전 과정에서 시행된 주요 정책과 시기별 주요 논쟁을 톺아보며 한국 경제의 항로가 왜 양극화와 격차사회로 귀결되었는지를 확인할 것이다.

먼저, 이승만-박정희에 이르는 경제개발 초기의 주요 정책부터 삼저 호황이 한창이던 전두환 정부, 호황 끝 무렵의 노태우 정부까지 '근대화' 과정에서 진행된 주요 정책과 논쟁에 관해 살펴본다. 이 과정에서 '관치금융' 및 국가 주도 산업화, 즉 권위주의적 경제 발전과 특정 기업 위주 경제 발전에 대해 집중적으로 논한다.

이후, 외환위기의 발생과 수습을 겪은 김영삼과 김대중 정부의 사례를 살펴보며 정치적 탈권위주의가 경제구조에 미친 영향에 대해 분석한다. 압축성장 시기 형성된 권위주의 정부-특정 기업 집단 간 유대 관계 중심의 경제구조는 김영삼-김대중 정부를 거치며 정부 내 시장주의 관료 및 비권위주의 정부 간 관계로 변화하는 양상을 보인다. 김영삼 정부의 '신경제 100일 계획', 김대중 정부의 '신자유주의화'가 대표적 사례라 할 수 있다. 그러나, 양 정부 시기 경제 개혁의 주된 과제였던 '탈권위주의 시장화'가 추진된 과정에는 '대기업집단 개혁' 즉, 재벌 개혁에 관한 분명한 한계점이 존재했다. 이러한 요소에 집중해 압축 성장기 발생한 부작용이 제대로 해소되지 못해 '격차사회' 등장의 배경이 되는 맥락에 관해 논한다.

이와 같이 한국 경제의 흐름을 짚은 후에는 압축 성장이 낳은 부작용과 그 부작용을 해소하는 과정에서 존재한 한계점이 어우러져 탄생시킨 한국 내 '양극화 사회'의 문제점을 다룬다. 현재 한국의 심각한 문제로 손꼽히는 '노동시장 이중구조' 문제와 사교육 격차 등을 주로 살필 것이다. 이어서 논의를 요약함과 동시에 양극화 해소를 위한 제언을 제시하며 장을 마무리한다.

3.1. 근대화 논쟁

1) 대한민국 근대화 과정과 함의

주지하듯이 한국은 전쟁의 폐허를 딛고 세계에서 가장 빠르게 성장한 나라이다. 1972년 박정희 대통령이 10월 유신을 선언하던 당시 내건 슬로건은 '국민 소득 1,000불 시대'에 관한 것이었다. 그로부터 45년이 지난 2017년, 대한민국은 국민 소득 3만불을 달성하며 비약적 성장을 증명했다. 동시에 근대화의 과정은 순탄치 않았으며, 지나친 압축 성장은 극심한 인플레이션 유발, 양극화의 배경 제공 등의 문제점도 낳았다. 이렇듯 한국 경제 발전기에 나타난 근대화 과정은 분명한 명과 암을 지니고 있다. 그러므로 명과 암을 확실히 분별하고, 잔존하는 문제점을 명확히 파악해 해결하기 위해서는 통시적 관점에서 근대화의 추진 과정을 면밀히 살펴볼 필요가 있다. 이를 위해 아래에서 이승만 정부부터 노태우 정부에 이르는 근대화의 추진 과정과 정권별 정책의 함의에 관해 논한다.

(1) 이승만 정부

미군정 이후 첫 공식 정부이자 대한민국 건국 1세대였던 이승만 정부는 농지개혁, 교육 확대, 보통선거 실시 등을 통해 경제성장과 민주화의 발판을 만들었다. 그중에서도 이승만 정부가 시행한 농지개혁은 '지주-소작농' 중심의 농업 경제 체계를 해체함으로써 경제구조를 전환하는 역할을 수행했다는 점에서 큰 의미를 지닌다. 이승만 대통령의 재임 기간은 미군정이 종료되고 대한민국이 시작된 기간, 전쟁이 발발하여 전시 경제 체제를 운영해야 했던 기간, 전쟁 이후 평시 경제체제로 회복되는 기간으로 대별된다. 각 시기 주요 경제적 과제는 정치사회적 상황과 맞물려 서로 다르게 나타났다.

이승만 정부 초기의 주요 경제적 과제는 경제 안정과 자립기반 구축이었다.[344] 이승만 정부는 사회 안정 구축을 위해 '양곡 매입법'을 제정하여 양곡에 대한 국가적 통제와 배급제를 실시하고자 했다. 그러나 이는 추후 정부

---

344 박진근, "한국 역대정권의 주요 경제정책," 『한국경제연구원 정책연구』 제3호 (2009), 2장.

예산 부족으로 인해 '식량 임시 긴급 조치법'으로 대체되었고, 온전히 실시되지는 못했다. 이승만 정부는 세제를 정비하고 재정 정책을 강화하는 정책도 단행했다. 1950년 30개의 세법과 국세징수법이 제정된 것이 그 사례다. 구체적으로는 소득세법, 지방세법, 귀속재산임시조치법, 상속세법 등이 제정되었다. 이때 소득세와 상속세의 경우에는 누진 세율을 적용했다. 아울러 전쟁 발발 전까지 미군정 시기 이미 한 차례 단행되었던 토지개혁을 본격적으로 시행하였고, 한일 간 교역 확대를 꾀하기도 했다.

1950년 전쟁이 발발한 이후 한국 경제의 주요 기조는 '경제 안정'에서 '전시 비상 경제체제'로 전환되었다.[345] 전시 효율적인 경제 관리를 위해 민간 부문 유동성 규제 정책이 시행되었다. 군사 자금 충당 등의 사유와 맞물려 통화가 남발되는 사태를 예방하기 위한 것이다. 통화가 남발될 경우 금융 질서가 붕괴될 수 있으며 이는 전쟁 상황에서 사회 통제 기능을 약화시켜 사회 혼란으로 이어질 수 있기 때문이다. 화폐 교환과 개혁도 진행되었다. 1950년 8월 북한이 서울을 점령한 이후 '원'으로 표시되는 조선은행권이 불법 발행되었다. 이에 이승만 정부는 '원' 단위 조선은행권을 '환' 단위 한국은행권으로 바꾸고 구화폐 유통을 금지시켰다. 역시 사회 질서 혼란을 방지하기 위한 조치였다. 대외적으로는 미국 및 유엔(UN)과 경제협력을 위한 협약을 체결함으로써 외부 원조 운용에 나섰다. 대표적인 사례가 'UN 한국지원단(UN Korea Reconstruction Agency: UNKRA)'과 '한국에 대한 민간 구호 원조(Civil Relief in Korea: CRIK)'다.

휴전 협정 체결 이후 이승만 정부의 목표는 전시 비상 경제체제를 평시 경제체제로 회복하고 만성적인 악성 인플레이션을 해결하는 것이었다.[346] 이 시기 미국 소재 경제 컨설팅 기관인 Nathan의 보고서가 경제 정책 방향 설정에 큰 역할을 했다. 미국과 UN 한국재건단의 '전략' 보고서로 기능했기 때문이다. 이승만 정부는 미국 및 UN 연계 단체의 원조를 확보하기 위해

345   박진근 (2009), 3장.
346   박진근 (2009), 4장.

Nathan 보고서에 언급된 바와 같이 '산업 부문 간 균형을 통한 경제 안정 성장책'을 마련하고자 했다. 수출 장려금 보조금 제도를 만들고 신시장을 개척한 기업에 대해 수출 독점권을 부여하는 등의 정책을 통해 수출을 장려했다. 경제 재건을 위해 시장을 넓히고자 했던 조치로 보인다. 비료 생산을 통한 농업 생산성 증대 정책도 시행되었다. 기간 산업과 에너지 자원 인프라를 구축하기 위한 시도도 있었다. 이 시기 정부는 전력과 석탄 개발, 에너지 산업 개발에 적극적인 모습을 보였다.

주목할 점은 이승만 정부의 중소기업 지원 정책이다. 1955년 한국은행은 섬유, 금속 기계, 화학 부문 중소기업의 원료 구입 등에 필요한 자금을 지원하는 금융기관에 신규 대출 금리와 재할인율 우대를 제공했다. 이듬해인 1956년에는 생산 자금 융자에 대한 한국은행 재할인을 허용했다. 1957년에는 '중소기업 융자 자금'이 한국은행에 설치되었으며, 시중 은행을 통해 자금이 직접 중소기업에 융자 형태로 제공되었다. 중소기업 제품이 생존할 수 있도록 판로를 개척하고 세제 혜택을 주기도 했다. 대한민국이 '국가로서' 처음으로 경제 정책을 세우고 실행에 옮길 수 있게 된 지 얼마 되지 않아 전쟁이 발발했기 때문에 경제의 기틀을 빠르게 마련하는 것이 필요했다. 이승만 정부의 파격적인 기업 지원은 이러한 배경에서 비롯되었다.

농지개혁

농지개혁을 위한 시도는 미군정 시기 착수되어 이승만 정부 초기 완수되었다. 그 무렵 중국에서는 모택동이 단행한 무상몰수 무상분배 방식의 농지개혁이 농민 다수의 지지를 확보하며 공산화가 성공적으로 이뤄졌다. 이에 위기의식을 느낀 미국은 영향력을 행사할 수 있는 범위의 국가를 겨냥한 '유상몰수 유상분배' 방식의 농지개혁 정책을 시행하고자 했다. 그러나 미군정이 농지개혁을 시행에 옮기는 것은 쉽지 않았다.[347] 지주 계층의 반발과 좌우

347   기획재정부, 한국외국어대학교, "2012 경제발전경험모듈화사업: 한국의 농지개혁," 한국개발연구원 국제정책대학원 (2013).

간 의견 대립에 직면했기 때문이다. 농지개혁이 실질적으로 시행된 과정은 아래 〈표 3〉에 정리되어있다.[348]

표3 농지개혁 관련 주요 사건 일지

1945년 9월 8일	미군 상륙
1945년 10월 5일	미군령 제9호 『최고소작료율 경정의 건』 공포 (소작료의 3·1제 실시)
1945년 12월 6일	법령 제33호 『한국 내 소재 일본인 재산권 취득에 관한 건』 공포 (일본인이 소유하던 모든 토지 및 그 수입을 접수)
1947년 5월	한미 토지개혁연락위원회 농지개혁안 수립
1947년 9월	농지개혁안 미군정 측에 의해 입법의원에게 제시
1948년 1월	농지개혁법안 의회 통과 실패
1948년 3월	의회 해산 과도정부 법령 제173호 귀속농지매각령 공포(신한공사가 가지고 있던 구일본인 소유농지 분배)
1948년 8월 15일	대한민국 정부 수립
1949년 2월	농림부안 의회 제출
1949년 4월 29일	농지개혁법 국회 통과
1949년 5월 16일	정부, 농지개혁법 국회로 환송 (지주 보상과 농민 상환 간 차액에 대한 정부 재정 미확보)
1949년 가을, 1950년 봄	국회 산업위원회가 농지개혁법 수정
1950년 3월 10일	농지개혁법 개정 법률 공포
1950년 3월 25일	농지개혁법 시행령 공포
1950년 4월 29일	농지개혁법 시행규칙 공포
1950년 6월 25일 ~1953년 7월	6.25 전쟁

1945년 말 남한의 총 경지 면적은 223만 정보(1정보는 약 3,000평)로, 그중 65%인 145만 정보가 소작지에 해당했다.[349] 논의 경우는 126만 정보 중 57만 정보가 소작지에 해당했다. 1945년 말 기준 206만 농가 중 14%에 불과한

348 기획재정부, 한국외국어대학교 (2013).
349 기획재정부, 한국외국어대학교 (2013).

28만 4,000호만이 자작농에 해당했다. 49%가 순소작(純小作)농이었고, 35%는 자소작(自小作)농에 해당했다. 농지를 소유한 지주 계층은 선대로부터 계속해서 물려받은 땅을 기반으로 부와 지위를 유지해왔는데, 계층 이동의 사다리가 마땅치 않았던 상황이었다고 할 수 있다. 토지를 소유한 지주 계층과 지주와 소작농 사이를 잇던 마름 계층의 호가호위는 소작농의 사회 인식 형성에도 영향을 미쳤다. 미군정이 1946년 실시한 설문조사 당시 국민의 77%가 사회주의와 공산주의를 지지하는 것으로 나타난 것에서 이를 확인할 수 있다.[350] 북한의 경우 1946년 '무상몰수 무상분배' 방식의 농지개혁이 단행되고 있었다.

1950년 시행된 농지개혁법안은 3정보가 넘는 농지를 소유한 지주로부터 토지를 강제 매수해 농민에게 판매하는 내용을 담고 있다. 농지 판매의 대가는 몰수 토지 생산물을 현금으로 환산하고, 그 가격의 1.5배를 지가증권 형태로 지주에게 지급하는 형태로 진행되었다. 몰수한 토지를 농민에게 분배하는 것 또한 비슷한 과정을 통해 이뤄졌다. 각 농민은 3정보 이내 면적의 토지를 분배받을 수 있었는데, 유상분배의 형식을 취했기 때문에 토지 매수 시 상응하는 대가를 지불해야 했다. 가격은 평년 토지 생산물의 1.5배로, 5년 내 분할 상환이 가능했다. 이 과정에서 팔 때와 살 때 모두 생산물 가치는 평년 생산량을 기준으로 매겨졌다는 점이 주목할 만하다.

농지개혁이 단행된 지 얼마 지나지 않아 발발한 전쟁은 물가 상승을 가져왔다. 그러나, 지주에게 지급된 지가증권에 기재된 가격의 액면상 가치는 변하지 않았다. 농민이 국가에 납부하는 가치 역시 마찬가지였다. 그러므로 결과적으로 볼 때, 지주는 물가가 오를수록 재산상 손해를 보는 양상이 되었다. 또한 당시 지가 보상과 납부가 법정 곡가 기준으로 이뤄졌다는 점도 기억해야 한다. 시장 가격을 밑도는 수치로 형성된 정부 법정 곡가는 토지를 분배받은 농민의 부담을 줄이며 지주의 경제적 우위를 흩트리는 결과를 냈

350   기획재정부, 한국외국어대학교 (2013).

다.[351] 1955년 이후에는 법정 곡가 산정 방식을 일부 변경해 지주의 피해가 더 커지기도 했다.

유상몰수 유상분배의 방식은 자본주의 원칙에 다소 위배되는 요소를 가지고 있다. 정부가 지주에게 일정한 금액을 지불해 받은 땅을 농민들에게 돈을 받고 다시 배분하는 방식이나, 지주에게 처분에 관한 선택 권한을 주지 않기 때문이다. '소유권'의 절대성을 인정받지 못하는 것이다. 물론 비슷한 시기 공산권 국가에서 수행된 '무상몰수 무상분배'의 방식보다는 확실히 자본주의 원칙에 가까웠다. 소유권의 개념이 시장과 사회가 변함에 따라 조금씩 제한되어온 역사에 비추어 고려하면, 자본주의의 기틀을 갖추기 위한 단계에서 일정 부분 제한이 있었던 것은 발전을 위한 '마중물'로 볼 수 있을 것이다.

농지개혁은 여러 가지 함의를 지닌다. 먼저 사회경제적으로는 '지주 계층'의 소멸이다. 지주와 소작농으로 구분되던 사회 구조 자체가 변화함으로써 이후 정부에서 시행하는 경제성장 정책이 효율적으로 뿌리내릴 토양이 되었다. 재분배 구조를 바꿨다는 것은 경제적으로도 큰 의의를 지닌다. 또한 농지개혁은 사학재단 형성을 유도했고, 결과적으로 농민의 경제적 생활 여건 보장과 더불어 자녀 교육을 위한 투자를 가능하게 했다는 점에서 인적 자본 구축과도 연계된다.[352] 정치적으로 볼 때, 농지개혁은 한국의 부패 척결에도 큰 영향을 미쳤다. 지주 계층과 기존 기득권층이 가진 권력이 자연스럽게 분배되는 효과가 발생했기 때문이다.[353]

물론, 농지개혁이 모든 측면에서 완벽했던 것만은 아니다. 농지개혁 직후 농업 생산성 확대나 지주 계층의 산업 자본가화가 진행될 것이라는 기대에 미치지 못했기 때문이다. 이승만 대통령 역시 이에 관하여 아래와 같이 말했다.

---

351 이덕연, "건국 후 한국 경제 '리셋'…농지개혁 이야기 1," 『서울경제』 (2024년 2월 17일), https://n.news.naver.com/article/011/0004300822?lfrom=kakao.

352 기획재정부, 한국외국어대학교 (2013). p. 80.

353 기획재정부, 한국외국어대학교 (2013), p. 93.

"농지개혁은 경자유전 원칙에 의해 지주/소작 제도가 아니라 농민이 그 땅을 소유한다는 원칙하에 이루어졌다. 그런데 대만에서 보듯이 농지개혁에서 얻은 지주자본이 귀속 재산 불하와 연결되어 공업 자본화했더라면 하는 아쉬움이 지금도 있다. 농지개혁 직후 6.25 전쟁이 터지는 바람에 인플레이션이 연간 50%를 넘었다. 인플레 때문에 지주가 가지고 있던 지가 증권의 가치가 폭락했고, 그 결과 산업자본으로 이어지지 못한 것이다. 유일한 민족 자본이었던 토지 자본이 공업 자본화되지 못했기 때문에 우리나라의 자본 부족 현상은 더욱 심해졌다."[354]

하지만 농업 생산성의 경우 정부가 농민으로부터 받은 금액과 지주에게 제공한 증권 간 간극에서 발생한 이익을 활용해 투자함으로써 끌어올린 바 있다.[355] 지주가 공업 자본화하지 못한 것은 산업 발전의 측면에서는 아쉽게 평가될 수 있는 부분이지만, 인플레이션으로 인해 지주−소작 체계가 붕괴되고 사회 구조가 재편되었다는 점에서 다르게 평가할 여지가 분명하다. 비슷한 과정의 농지개혁이 추진되었으나 성공에 이르지 못한 필리핀과 대한민국의 경제 현주소를 비교할 때,[356] 농지개혁이 대한민국 사회에 가지는 함의는 뚜렷해진다.

이승만 정부 경제정책 평가

이승만 정부는 1948년 9월 11일 미국과 맺은 협정을 통해 모든 부채와 자원을 인계받고 경제 정책을 꾸렸다. 국가가 세워지고, 전쟁을 맞고, 전쟁을 극복하는 모든 시기 가장 중요하게 강조된 것은 '국가 안정'과 '경제 안정'이었다고 해도 과언이 아니다. 새롭게 시작할 안정적 발판을 마련하는 것이다. 앞서 살펴본 바와 같이 목표 달성을 위해 많은 경제적 조치들이 취해졌

---

354   월간 매거진, "李承晚과 1950年代를 다시 본다," 『월간조선』 (2000년 11월), https://monthly.chosun.com/client/news/viw.asp?nNewsNumb=200011100048.

355   기획재정부, 한국외국어대학교 (2013), p. 18.

356   배진영, "라모스 전 대통령 타계로 본 필리핀과 한국," 『월간조선』 (2022년 8월 2일), http://m.monthly.chosun.com/client/mdaily/daily_view.asp?Idx=15862&Newsnumb=20220815862.

으며, 그중 몇몇은 추후 이룩한 경제 발전의 핵심 요인으로 꼽는다. 물론, '사사오입 개헌'과 '3.15 부정선거' 등 정치적 불안정에 깊게 관련되어 이승만 전 대통령이 하야함으로써 정권이 마무리되었다는 점에서 적지 않은 과(過)가 존재하는 것은 분명한 사실이다. 그러나 대한민국의 첫 공식 승인 정부로서 건국 초기 불안정을 잠재우고, 전쟁을 극복했으며 경제 발전의 발판을 마련했다는 공(功)은 정확히 인정받아야 마땅하다.

(2) 윤보선-장면 정부

'윤보선−장면' 정부는 4.19 혁명이 초래한 사회적 불안에 대처해야 했다. 당시 불안정한 사회 분위기는 현금 수요 급증과 저축성 예금 감소로 이어졌다. 농가에서는 고리대가 성행했다. 사회 불안을 해소하고 정국 안정을 도모해야 하는 책무를 지게 된 것이다.

이에 윤보선 정부는 농지개혁 당시 분배한 농지 상환책을 '금납'으로 통일했다. 또한 농가 부채 문제 해결을 위해 대대적인 부채 조사를 실시했다. 혼란을 잠재우고 효율성을 제고하기 위한 조치였다. 부흥부 산하에 '산업개발위원회'를 두고 '경제 5개년 개발 계획안'을 수립했다. 또 수출을 촉진하여 경제성장에 일조하고자 소득세법 중 수출 소득에 대한 세액 감면 조치를 취했다. 필리핀, 대만과 통상 무역 협정을 체결하여 무역 여건을 개선하기도 했다.

윤보선 정부는 짧은 기간 동안 국가 경제 기틀을 닦고자 노력하는 모습을 보였다는 점에서 높이 평가할 만하다. 특히 '경제 5개년 개발 계획안'의 경우 5.16 이후 정권을 잡은 박정희 군부 세력의 경제 계획에 반영되어 활용되었다.

(3) 박정희 정부

박정희 정부가 오늘날 대한민국 경제가 존재할 수 있도록 하는 데 있어 가장 큰 기여를 했음을 부정하는 사람은 많지 않을 것이다. 물론 박정희 정부의 권위주의적인 면모에 관해 일부 부정적 의견을 내는 이도 있으나, 경제

성장 초기 단계에서 이를 불가피한 전제로 인정하는 학자도 적지 않다.[357] 과거 정부의 공과 과는 모두 현재 세대에게 생각할 거리를 제공한다. 공이 형성된 과정을 토대로 새로운 발전을 모색할 수 있으며 과에 관하여는 반복되지 않도록 연구하는 '타산지석'의 역할을 기대할 수 있기 때문이다. 박정희 정부의 경제 발전도 이와 같은 시각으로 접근하는 것이 바람직하다. 이를 위해 박정희 정부의 시기별 정책 흐름을 간략히 살핀 후, 그 특징을 논한다. 이후에는 박정희 정부의 성과와 한계에 대해 논하며 마무리한다.

박정희 정부는 5.16 직후 꾸린 혁명 정부 시기와 3공화국 시기, 유신 이후인 4공화국 시기로 대별된다. 정권 장악 이후 박정희는 8개월간 혁명 정부를 내걸고 경제 정책을 구상한다. 혁명 정부의 경제 계획은 1961년 5월 31일 국가재건최고회의에 의해 발표된 '기본경제정책'을 통해 엿볼 수 있다. 당시 정부의 목표는 군사 혁명으로 위축된 경제 활동 활성화 및 물가 안정, 고용 증대 등이었다. 혁명 정부는 경제 정책을 효율적으로 수행하기 위해 '경제기획원'을 신설하였다.

위축된 경제 활동에 활력을 불어넣기 위해 혁명 정부는 재정 자금을 방출하거나 미곡 선대 자금을 방출하고 일반 금융 자금 방출을 확대하는 방식으로 대응했다. 확대된 유동성이 경제 주체들의 의지에 영향을 미치길 바란 것이다. 물가 안정을 위해서는 모든 물가를 '혁명 직전 수준으로 동결'하는 극단적 조치를 취했다.[358] 매점매석 행위가 성행해 물가가 과도하게 오르는 것을 막기 위함이었다. 이러한 조치는 2개월 이후 쌀과 보리, 가정용 연탄과 민간 비료 등으로 범위가 제한되었고, 1973년 3월에 이르러서야 폐지되었다.

시중 자금 유동성을 확대하면서 물가 안정을 동시에 꾀하는 정책 방향이 와닿지 않을 수 있다. 이는 당시 물가 왜곡이 매점매석 등 주로 반시장 행위를 통해 이뤄졌다는 점을 감안할 때 모순되는 조치는 아니라고 할 것이다. 지나친 유동성 확대가 과한 인플레이션을 가져올 수 있다는 우려는 혁명 정

---

357   대표적인 학자로는 Karl Polanyi, Meredith Woo-Cumings 등이 있다.
358   군사혁명위원회 포고 제6호 (1961년 5월 16일).

부 측에서도 가지고 있었다. '통화 안정 증권'을 발행하여 통화 조절을 시도한 것이 그 근거다. 같은 시기 근로자 단체 활동이 규제되기도 했다. 국가재건최고회의는 1961년 5월 21일 '국가재건최고회의 포고 제6호'를 통해 노동자 단체를 사실상 해체했다. 노조 간부의 자격을 제한하는 등의 방식으로 수행된 노동자 단체 규제는 노사 협조의 기본 방향을 견지하기 위해서였다.

1962년 제1차 경제개발 5개년 계획(1962~1966)이 시작되었다.[359] 1차 경제개발계획기간 중에는 외자 도입 정책, 경제안정종합대책, 증권시장 안정 및 육성 정책, 긴급 화폐 개혁, 환율제도 개편, 수출지향적 무역 정책, 정부 주도하의 통화 및 금융 정책, 농촌 경제 대책과 노동자 및 사회 정책, 국토 건설 계획 등 광범위한 경제 정책이 시행된다. 1차 경제개발 5개년 계획 당시 가장 혁신적 기능을 담당한 것은 '소요 자본 조달'이었다. 경제개발의 기본적인 배경이 될 자본이 투입되었다는 것이다. 국민 소득이 절대적으로 부족했던 시기이므로 투자가 늘지 못했다. 투자가 늘지 못하니 소득 역시 제자리걸음이었다. 이러한 고리를 끊고자 시작된 움직임이 '외자 도입' 추진이었다. 1962년 1월 8일 설치된 외자도입촉진위원회의 한국 최초 상업 차관 도입과 1월 12일 경제기획원의 최초 AID 원조 도입이 대표적이다. 주로 관이 주도하는 차관 도입이 이뤄졌으며, 민간 차관의 경우는 투자 효과가 빠르나 재정 투입이 어려운 투자 사업 등에 한해 허가하는 방식으로 진행되었다. 한일 국교 정상화를 통해 지급된 대일청구권 자금도 활용되었다.

1차 계획 기간에는 경제 안정을 위한 조치가 다수 시행되었다. 물가 안정을 위해서는 통화 공급 억제, 부동자금 흡수, 물자 공급의 확대가 필요했다. 긴급 화폐 개혁, 양곡 지원 등의 대책은 이러한 맥락에서 도입되었다. 또한, 단순한 물가 관리의 차원을 넘어 국가 경제 구조를 개혁하려는 시도가 이뤄졌다. 증권시장을 육성하고 환율제도를 개편하는 것은 그 노력의 일환이었다. 수출을 장려하기 위해 '수출입 링크제'를 도입해 운영하기도 했다. 수출입 링크제란 수출 실적에 따라 수입 한도를 부여해 수출 증진과 수입 억제를

---

359 박진근 (2009), 7장 참고.

동시에 추진하는 의도를 담고 있는 제도였다.[360]

통화와 금융 정책에는 정부 영향력이 제고되는 차원의 개편이 있었다. 한국은행 금융통화위원회 결정 사항에 재무부 장관의 재의요구권이 신설되고, 외환 정책 수립권을 재무부로 이관한 것이 대표적이다. 이 시기 각 은행은 '이자제한법'에 따라 금리 상한에 관한 제한을 받았으며, 일반 은행의 경우 중소기업에 총대출금의 30% 이상을 융자 지원하도록 권장되었다.

농촌경제 지원을 위한 농지담보제도와 농가식량대여제도가 시행되기도 했다. 두 제도는 농업 생산성 확대와 농가 소득 증대보다는 단기적인 시각에서 자금난 극복과 생활 안정을 목표로 하고 있어 근본적인 해결책이 되지는 못했다. 노동 정책의 측면에서는 공무원 연금제도와 군인 연금제도, 의료보험법 제정 등이 주목할 만하다. 기초적인 사회 복지 증진 대책과 직결되기 때문이다. 노동조합에 관하여는 정치 활동 금지 강화와 노조 재조직 등 노조 난립 억제 의지가 담긴 정책들이 시행되었다. 국토 계획 구상, 자동차공업 5개년 계획, 수자원종합개발 10개년 계획 등 다수의 국토 개발 계획이 시행된 것도 이 시기이다.

제2차 경제개발 5개년 계획(1967~1971)은 1차 개발계획 시기 다소 미흡했던 농촌 지원 대책이 보강되었다.[361] 물가 안정과 외자 도입 정책에 관한 부분에서도 보완이 이뤄졌다. 월남 특수를 통해 무역 지표가 개선되기도 했다.[362] 사회간접자본을 본격적으로 구축하고 국토 개발에 나서려는 움직임도 있었다. 또한 '산업구조 고도화'를 계획 기조에 명시하여 중화학 공업 육성을 위한 기반이 마련되었다.

농업 지원 정책은 농업 생산성 증진을 목표로 시행되었다. 이를 위해 농경지조성법, 농업기본법, 농어업재해대책법, 낙농진흥법, 농어촌지붕개량촉진법 등이 제정되었다. 또한 농어촌 개발 공사 설립, 농산물가격 예정 제

---

360   수출입 링크제, 시사상식사전, https://terms.naver.com/entry.naver?docId=67745&cid=43667&categoryId=43667

361   박진근 (2009), 8장 참고.

362   조재호, "베트남 파병과 한국경제 성장" 『사회과학연구』 제50권 제1호 (2011), pp. 131-158.

도 시행, 농업종합개발계획 수립, 대여 양곡법, 농산물 수출 진흥법 제정도 진행되었다. 이러한 농업 지원 정책은 3차 경제개발계획에도 다수 반영되어 연속성 있게 시행될 수 있었다.

제1차 경제개발계획이 시행된 이후 한국경제에는 이른바 '개발인플레이션'이 심화되었다. 1960년~1961년 8.1%였던 소비자물가 상승률이 1962년 ~1966년 사이 16.4%로 나타났다.[363] 명목 국민총생산(GNP)를 실질 GNP로 나누어 물가 상승률을 짐작할 수 있게 설정된 지표인 'GNP 디플레이터' 역시 같은 시기 악화한 것을 확인할 수 있다.[364] 1960~1961년 12.8%였던 지표는 1962년~1966년 사이 19.7%가 되었다. 고정된 기준연도 GNP에 비해 해당 시기 시중 가격이 반영된 GNP가 상승했다는 것은 물가가 상승했다는 것으로 해석 가능하다.[365] 물가를 잡기 위해 부동산 투기억제책부터 유통 원활화, 곡가 안정 등 광범위한 직간접적 조치가 진행되었다.

외자 도입의 경우 대외부채 증가 속도를 억제하고 효율적으로 외자 도입 사업을 관리하기 위한 정책이 시행되었다. 현금 차관 등의 형태로 도입된 자본을 배분받은 차관 기업은 1969년 대체로 경영 부실의 난맥상을 드러냈다.[366] 이에 1970년 '부실차관 기업정비조치' 등이 단행되어 부실 차관 기업 정리가 이루어졌다. 차관 기업의 부실과 정리 작업은 투자 재원이 차관으로 충족된다고 하더라도 기본적인 경영 능력이 뒷받침되지 않으면 사업 운영이 성공적으로 추진되지 못한다는 상황을 보여주는 대표적 사례가 되었다.

2차 개발계획 시기에는 사회간접자본 확충이 비약적으로 이뤄졌다. 경부고속도로의 착공과 준공(1968.2~1970)이 모두 이 시기에 이뤄졌다. 경인고속도로 준공(1969), 호남고속도로 착공 (1970), 영동고속도로 착공(1971)도 마찬가지다. 경부고속도로의 빠른 완공을 원했던 박정희 정부는 1965년 태국 고

363　박진근 (2009), p. 133.

364　박진근 (2009), p. 133.

365　GNP 디플레이터, 행정학 사전, https://terms.naver.com/entry.naver?cid=42155&docId=77922&categoryId=42155.

366　박진근 (2009), p. 140.

속도로 건설 공사에서 성공적인 성과를 낸 기록이 있는 정주영 회장에게 사업을 맡겼다. 결국 초기 목표보다 1년여 빠르게 고속도로 완공에 성공한 정주영 회장은 박정희 정부의 신임을 받아 조선 사업 유치에도 성공했다. 기업의 발전 과정에 정부의 전폭적 지원이 있었고, 기업이 정치사회 전반에 미치는 영향은 자연스럽게 증대됐다.[367]

무엇보다, 이 시기 가장 중요한 흐름은 중화학 공업 육성을 위한 기반 정책 마련이었다. 조선공업진흥법, 전자공업진흥법 제정, PVC 공업육성책 설립, 호남정유준공, 석유화학공업육성법 및 철강공업육성법 제정, 중공업 건설 계획 확정 등이 2차 개발계획 시기 진행되었다. 당시 '중화학 공업 육성'이라는 공식적인 표현이 사용된 것은 아니었다. 그러나 국내 공업 발전 기반이 취약한 상황에서 이와 같은 육성책은 향후 발전의 토대로 기능할 수 있었다.

제3차 경제개발 5개년 계획(1972~1976)이 시행된 시기 대한민국은 국내외 환경 변화를 겪었다.[368] 국내적으로는 1972년 7월 4일 남북공동성명이 발표되었는데, 이를 통해 북한과 긴장 완화에 따른 경제 개선이 기대되었다. 물론 1976년 판문점 도끼 만행 사건 등으로 기대가 실현되지는 못했다. 1972년 '10월 유신'은 정치적 불안을 고조시켰으나, 같은 시기 새마을 운동이 본격 추진되며 불안감이 일부 완화되었다. 국제적으로는 월남전 파병의 여파로 달러 유출이 급격히 많아진 미국이 충분한 금태환 능력을 잃는 '브레튼 우즈 시스템'의 붕괴가 진행되었다. 또한 영국과 일본, 유럽 공동체가 기존의 고정환율제에서 변동환율제로 이행하며 '스미소니언 체제'마저 무너졌다. 1973년에는 제10차 중동 전쟁이 발발하며 제1차 석유 파동이 일어났다. 석유 파동의 여파로 전 세계 경제의 성장률이 둔화되고 물가는 상승하는 '스태그플레이션'이 나타났다. 자유변동환율제의 등장과 석유 파동에 의한 스태그플레이션은 수출 주도형 경제개발을 추진하던 한국의 경제 기조에 중요한 변수로 작용했다. 유럽 공동체를 위시한 경제 블록화의 진행과 오일달러 집

---

367 성혜미, "역대 '정경유착' 역사①-박정희 정권," 『주간현대』 (2015년 9월 11일), http://www.hyundaenews.com/15906.

368 박진근 (2009), p. 159.

중으로 인한 금융 시장 불안 역시 마찬가지다.

이러한 국내외적 상황을 타개하기 위해 박정희 정부는 1974년 5월 '장기 에너지종합대책'과 '원자재 수급 종합대책'을 수립하며 물가 안정에 나섰다. 특히 물가 안정을 위해 총력을 기울였는데 석유류 등 80개 품목을 겨냥한 직접적인 가격 규제도 단행했다. 1차 석유 파동 이전에는 종합 물가 대책으로 '8.3' 조치를 선보이기도 했다. 8.3 조치는 '사채금리 동결'로 요약된다. 또한 박정희 정부는 '중동 특수'를 통해 1차 석유 파동을 극복하고자 하는 노력도 보였다.

3차 개발계획 시기에는 공식적인 '중화학공업 시대 선언'이 이뤄졌다. 박정희 대통령은 1973년 연두 기자회견에서 "철강, 비철금속, 기계, 조선, 전자, 화학 공업의 6대 전략 업종을 중점적으로 육성한다"고 밝혔다.[369] 중화학공업 육성에 관한 의지를 표명한 것이다. 1973년 5월에는 중화학공업추진위원회가 설치되었고, 같은 해 앞서 언급한 6대 전략 업종의 공장 건설 계획이 진행되었다. 중화학공업 개발을 위한 '외자유치 원칙'이 선포되기도 하였다.

유신헌법 채택은 노동 행정 강화의 결과를 낳았다. 이러한 맥락에서 근로기준법 개정, 노동조합법 개정, 직업 훈련에 관한 기본법 제정이 이뤄졌다. 노동조합법의 개정으로 노사 협의회 규정이 변경되어 노사협의회 대표의 단체 교섭 대표자 자격 제한이 이뤄졌다. 또한, 조합원 총회 의결이 규정화되고 산별 노조가 사업장 단위별 조직으로 전환되었다. 근로기준법의 개정은 보건사회부 업무가 노동청으로 이전되는 내용을 담고 있었는데, 이는 노동 행정 전문화에 일조했다.

제4차 경제개발 5개년 계획(1977~1981)은 3차연도인 1979년 박정희 대통령 시해 사건을 포함한 기간에 이뤄졌다. 이 시기는 최규하 대통령의 취임과 하야, 전두환 대통령의 취임과 언론 기관 통폐합 조치 등이 이어진 정치적 격변기에 해당했다. 국제적으로는 2차 석유 파동이 일어나 고유가와 고금리

---

369 어기선, "[역사속 경제리뷰] 대만 UN 탈퇴 그리고 박정희 중화학공업 육성," 『파이낸셜 리뷰』 (2023년 3월 6일), http://www.financialreview.co.kr/news/articleView.html?idxno=23720.

등의 변화가 발생했고, 대다수 국가는 '신보호무역주의'를 채택하며 이를 극복하고자 했다.[370] 박정희 정부 말기에는 수입 자유화 정책이 시작되기도 했다. 과잉보호 체제를 탈피해 산업 합리화를 꾀하되 기존 국내 유치산업은 보호하고, 해외 부문의 통화 증발을 억제하며 통상 마찰을 원활히 해결하는 것이 목표였다.

박정희 정부 경제개발의 특징을 종합하면 다음과 같다. 첫째, 국가 주도의 계획 발전이었다. 1963년 수립된 경제개발계획은 계획 경제 발전 양상에 해당했다. 당시 계획 경제 발전은 주로 소련 등 공산권 국가에서 수행되던 방식이었다. 개발계획의 시초는 소련이 기획한 국가경제계획(NEP: National Economic Plan)이었다. 미국과 소련 양국이 신생국을 향한 영향력 우위를 점하고자 경쟁하던 시기, 소련 주도의 계획 경제 발전이 선두를 이끌었다. 이에 미국 정부도 계획 경제의 요소를 차용해 자본주의 신생국 발전 모델에 적용하고자 시도했는데, 프랑스의 '모네계획(Monnet Plan)'과 더불어 미국의 1960년대 '계획 예산제도'가 대표적 사례다. 박정희 정부의 계획 경제 역시 이러한 맥락 속에서 시행되었다. 더불어 당시 정부는 경제 발전을 계획하고, 기업가와 자본가의 역할까지 겸했다. 이와 같은 역할을 한 번에 수행하는 위치에 놓인 정부는 자연스럽게 권위주의적인 면모를 보였다. 생산과 소비를 계획하고 자본가이자 기업가의 입장에서 실행하는 역할까지 동시에 추구하기 위해서 일정 부분 불가피한 측면이 있었다.

둘째, 대기업 집단 위주의 수출주도 경제 발전이 이뤄졌다. 정부는 소수 재벌을 통해 국가 경제 육성을 꾀했다. 정부가 경제 발전을 계획하고 기업가적 입장에서 직접 시행하는 과정을 성공시키기 위해서는 다수 기업군이 함께 참여하는 양상보다는 소수 대기업 집단이 움직이는 것이 효율적이었다.[371] 다수를 차지하던 중소기업이 충분한 능력을 보유하고 있지 못했고, 일본 대기업 집단과 당장 경쟁해야 하는 상황에서 소수 대기업 집단과 함께

---

370   박진근 (2009), 10장 참고.

371   허철행, "박정희식 국가 발전 모델," 『동양문화연구』 제16호 (2013), pp. 59-87.

하는 것이 합리적이라 판단했다. 정부는 대기업 집단에 대하여 수출 장려, 가격 규제, 시장 진입 규제, 해외 송금 규제 등의 개입과 지원을 아끼지 않았다. 그 결과, 1980년대 중반까지 한국 10대 재벌은 GNP의 70%를 차지할 정도로 몸집을 키워 한국 경제를 사실상 '견인'할 수 있었다.[372] 특정 대기업 집단을 활용한 발전 모델이 효과를 거둔 것이다. 그러나 이와 같은 추세는 1980년대 후반 이후 해당 기업들이 국가로부터 적절한 지원을 제공하지 못하게 되며 변곡점을 맞이하게 된다. 기업은 스스로 살아남을 방법을 모색해야 했다. 이에 관하여는 후술한다.

이러한 평가를 종합할 때 박정희 발전 모델은 '신중상주의적 정부지도 자본주의'로 요약할 수 있다.[373] 중상주의는 왕조 체제하 국가 경제를 보호하기 위해 식민지 경영 등을 통해 국내 산업을 보호하며 경제 발전을 추진한 모델이다. 물론 박정희 정부의 경우 식민지 경영을 하지 않았으므로 15세기에서 18세기 무렵 활용된 고전적 중상주의와는 차이가 있다. 그러나 관세 등 국가 경제 정책적 차원에서 외국 자본의 유입을 막고, 국내 산업 보호를 위한 조치를 수행했다는 점에서 중상주의와 일맥상통한다. 또한, 상술한 바와 같이 국가가 경제를 계획하고 자본을 조달하며 실질적으로 사업을 추진하는 역할까지 수행했다는 차원에서 정부지도 자본주의의 모습을 띤다.

박정희 정부의 경제 발전 노력은 지표로 증명되는 뚜렷한 성과와 함께 한계도 가지고 있었다. 대표적인 성과는 급속한 경제성장이었다. 1960~70년대 대한민국 경제는 10% 내외의 높은 성장률을 기록했다. 전 기간 평균 8.5%에 달하는 성장이었다.[374] 또한 경제 체제의 성격도 변했다. 수입대체산업 위주 경제구조는 박정희 정부를 거치며 수출 지향 산업구조로 전환되었다.[375] 경공업 위주 산업 생태계 역시 박정희 정부의 인적 자본 및 기술 유치

---

372   허철행 (2013).

373   허철행 (2013).

374   허철행 (2013).

375   조재연, "'부민강국 토대를 놓은 대통령은 박정희' 압도적 1위," 『문화일보』 (2023년 11월 1일), https://www.munhwa.com/news/view.html?no=2023110101030430103001.

노력을 통해 중화학 공업 생태계로 전환되었다. 이 시기 산업화는 외국 자본으로부터 한국 경제구조를 방어하는 데에도 일조했다. 앞서 언급한 바와 같이 박정희 정부는 중상주의의 맥락에 입각하여 외국 자본 도입을 통제하는 정책을 폈다, 외국 자본의 직접 투자를 배제했고, 외자 유치 시에는 정부의 허가가 요구되었다. 그 결과 한국 경제는 국가 주도의 경제 정책을 효율적이고 성공적으로 수행할 수 있었다.

박정희 정부 시기 진행된 고도의 경제성장은 현재 대한민국에 구축된 사회복지 시스템에 기여했다. 오늘날 한국 국민이 마음 놓고 이용할 수 있는 국민건강보험제도 역시 박정희 정부 시기 기틀이 마련됐다.[376] 1963년 시범사업으로 진행된 의료보험은 1977년 500명 이상 사업장에 직접 의료보험제도가 시행되며 본격화되었다. 이후 김대중 정부와 노태우 정부, 이명박 정부를 거치며 오늘날의 제도로 자리 잡게 되었다. 경제 성장기 국가 전체의 부가 일정 수준 이상 축적되지 못했다면 국가가 나서 복지정책을 꾸릴 여유를 갖기 어려웠을 것이다.

그러나 박정희 정부의 고도 경제성장은 '동전의 양면'과도 같은 한계를 가지고 있다. 가장 두드러지는 것은 경제−사회 불균형적 성장 모델의 고착화와 경제성장제일주의다. 다른 모든 목표보다 경제성장이 우선되었던 사회 분위기 속에서 경제적 지표가 개선됨으로써 국민 전반의 삶의 질은 향상되었다. 박정희 전 대통령의 저서 '우리민족의 나갈 길'에는 이를 뒷받침하는 대목이 여러 차례 등장한다.[377] 하지만 민주화의 추진은 상대적으로 후순위에 해당했기 때문에 경제 발전에 상응하는 시민사회의 발전이 병행되지 못했다. 이러한 상황을 꼬집어 함석헌, 장준하 등은 민주화의 병행 추진을 주장하기도 했다.[378]

대기업 위주의 산업화 역시 한계 중 하나다. 대기업 위주 산업화는 수출

376 원선우, "[4.15 팩트체크] "의료보험 박정희가 했다" 黃발언 사실?" 『조선일보』 (2020년 4월 1일), https://www.chosun.com/site/data/html_dir/2020/03/29/2020032900779.html.

377 박정희, 『우리민족의 나갈 길』 (서울: 기파랑, 2017), p. 42.

378 허철행 (2013).

주도 산업화로의 전환, 기술 개발의 효율화를 일구는 데에 크게 기여함으로써 효율적 경제성장의 선봉 역할을 했다. 그러나 이 과정에서 발생한 중소기업과 대기업 간의 투자, 수입, 복지 등의 격차는 1980년대 말 이후 양극화 심화와 맞물려 돌이키기 어려운 수준으로 벌어지게 된다. 즉, 추격자형 경제 구조를 형성하기 위해 도입한 최선의 방안이 또 다른 사회경제적 문제의 초석으로 기능하게 된 것이다. 경제학자 김종인은 이러한 상황을 겨냥해 고속성장을 유지하려는 '박정희 콤플렉스'가 대기업 집단의 경제 권력 분배를 막아 양극화 문제가 심화했다고 지적한다.[379]

외국 자본 투자를 저지해 국가 자본 시장을 보호한 조치 역시 대기업 위주 산업화와 마찬가지로 명과 암이 분명하다.[380] 외국 자본 유입 저지는 세계 자본 시장에 대해 국민이 충분한 면역을 갖출 기회를 없애 1997년 외환위기가 초래되었다는 시각이 존재한다.[381] 정경유착의 심화도 큰 한계로 남았다. 현재까지 사회경제적으로 큰 영향을 유지하고 있는 대다수 대기업 집단은 개발 과정에서 정부와 밀접한 상관관계를 기반으로 성장해왔다.[382] 기업은 개발 우선 목표를 수행하고자 하는 정부 요구에 맞추고자 노력했고, 정부는 해당 기업에 인허가 등 특혜를 주는 방식으로 호응했다. 이 과정에서 기업의 로비 등이 전방위적으로 이뤄졌다.[383] 추후 다수 기업인이 현실정치에 도전장을 내밀었던 상황도 이와 무관하지 않다.

이상의 논의에서 보듯 박정희 정부의 경제 발전 방향은 기본적으로 '추격자형 경제'이자 '요소 투입형 성장'을 추구하며 분명한 성과를 냈다. 그러나 다음 단계로 넘어갈 준비가 충분히 되지 않은 상태에서 정권이 마무리되었

379 이후민, "김종인 '대기업 탐욕 해소없이 경제민주화 어려워'" 『머니투데이』 (2013년 10월 17일), https://news.mt.co.kr/mtview.php?no=2013101720238260576.

380 김덕련, 서어리, "박정희 정권은 어쩌다 차관 망국 위기 자초했나," 『프레시안』 (2015년 1월 6일), https://www.pressian.com/pages/articles/122920.

381 허철행 (2013).

382 성혜미, "역대 '정경유착' 역사①-박정희 정권," 『주간현대』 (2015년 9월 11일), http://www.hyundaenews.com/15906.

383 김종인, 『영원한 권력은 없다』 (서울: 시공사, 2020).

다는 점에서 장래 발생할 문제의 소지들이 남았다는 아쉬움이 존재한다.

(4) 전두환 정부

1980년 정권을 잡은 전두환 정권은 −5.2%의 경제성장률과 42.3%의 도매물가 상승률, 38.2%의 소비자물가 상승률이라는 위기 상황에 직면했다.[384] 2차 오일쇼크와 전 세계적 스태그플레이션이 작용한 결과였다.[385] 전두환 정부는 전임 박정희 정부가 주도한 고도성장 과정에서 나타난 한계점을 극복하고 국가 경제를 안정시켜야 할 책무를 지니고 있었다. 이러한 맥락에서 전두환 정부는 제4차 경제개발계획 4~5년차, 제5차 경제사회개발 5개년 계획(1982~1986), 제6차 경제사회개발 5개년 계획(1987~1991, 전두환 정부는 1년차까지 담당)을 진행하며 경제 성장률 회복과 안정을 위한 경제 정책을 폈다. 특히 제5차 경제개발계획의 경우 경제개발에만 치중하기보다 사회 발전 및 안정을 병행하고자 하는 의도를 담아 정책을 결정하고 시행했다.[386]

전두환 정부는 '경제 자유화'와 '산업 합리화'를 통해 산업구조 불균형, 만성 인플레이션, 산업 비효율, 계층 격차를 완화하는 것에 주력했다. 경제 자유화에 관하여는 1980년 전두환의 '경제 과외교사'로 불리던 김재익 청와대 경제수석이 경제구조 개선책의 일환으로 추진한 공정거래법 개정 작업 등 '수입 자유화'가 대표적 사례. 산업 합리화의 가장 대표적인 사례로는 중화학공업 중복투자 구조조정, 금리 및 통화량 조절, 수도권 정비, 농촌지역 개발, 최저임금제 시안 마련 등의 정책이 있다. 임기 후반인 1985년 본격화된 삼저 호황(달러, 유가, 국제금리 하락)과 맞물려 반등에 성공할 수 있었다.[387]

---

384 김유림, "전두환 정권부터 이명박까지 경제정책 탐구," 『주간현대』 (2015년 5월 11일), http://www.hyundaenews.com/13231.

385 차지연, "[전두환 사망] '3저' 기반에 고도성장…비리로 빛바래," 『연합뉴스』 (2021년 11월 23일), https://www.yna.co.kr/view/AKR20211123110600002?input=1195m.

386 기록으로 보는 경제개발 5개년 계획, https://theme.archives.go.kr/next/economicDevelopment/fifth.do?page=1&eventId=0014765487.

387 권경률, "[권경률의 노래하는 한국사(10)] 5공화국의 3S 정책, 억압과 자유화의 부적절한 동침," 『월간중앙』 (2022년 12월 17일), https://jmagazine.joins.com/monthly/view/337197.

삼저 호황은 다음과 같은 배경에서 시작되었다. 먼저, 유가는 제2차 석유 파동으로 인해 급격히 상승했으나 1983년에 이르자 안정세를 타기 시작했다. 석유 공급 과잉과 석유수출국기구(OPEC)의 시장 지배력 하락, 현물시장 및 선물시장 확대가 주요한 원인으로 꼽힌다. 같은 시기 세계 전반 성장률이 하락한 것도 유가 안정 원인 중 하나였다. 즉, 공급이 늘고 수요는 줄어 자연스럽게 균형 가격이 하락한 것이다.[388] 저금리 추세는 미국과 유럽 금리 하향세에서 비롯되었다.[389] 미국 금리는 1982년 하반기부터 하락세로 전환되었는데, 미국과 타국 금리 사이의 차이로 인해 미국에 다수 자금이 유입되며 형성된 '구축효과'에 기인한 것이다. 하락세는 1985년 미국 경제성장률이 5%에 달하는 회복세와 맞물려 더욱 강화되었다. 서독과 영국에서도 금리 인하 물결이 일었다. 서독은 긴축 완화가 반영된 결과였고, 영국은 파운드화 가치 회복과 함께 진행되었다. 다만, 일본은 플라자 협정 이후 엔화 가치 상승을 추진하기 위해 금리 상승세가 다소간 유지되었다. 저달러 추세는 1985년 9월 22일 시행된 플라자 협정의 영향을 받아 이뤄졌다.

삼저 호황은 수출중심산업 구조와 석유 수입 의존 풍토, 외채 상환 의무를 진 한국에 긍정적인 영향을 미칠 수밖에 없는 구조였다. 전두환 정부의 경제 노력과 대내외적 상황이 맞물린 결과, 전두환 취임 이후 3년여가 지난 1983년에 이르러 도매물가지수는 0.2%, 소비자물가지수는 3.4%로 낮아지는 성과가 나왔다.[390]

제4차 개발계획 시기 전두환 정부의 주목할 만한 정책으로는 중화학공업 구조조정 정책이 있다. 중화학공업 분야 효율성 증대를 위한 것이었다. 이를 위해 정부는 자동차 산업, 전자 교환기, 초고압변압기, 디젤 엔진, 제련업계 등 다양한 업종에 개입하여 주관 기업을 지정하는 방향의 정책을 폈다.

---

388 한국은행 국제종합팀, "1980년대 중반과 금번 원유하락기의 원유시장 여건 비교 분석," 『국제경제리뷰』 제15호 (2016), pp. 1-20.

389 어기선, "[역사속 경제리뷰] 3저 호황," 『파이낸셜 리뷰』 (2024년 1월 3일), http://www.financial-review.co.kr/news/articleView.html?idxno=26840.

390 김유림 (2015).

제5차 경제 사회 개발 5개년 계획은 이전 개발계획이 '경제 발전'만을 강조하던 것과 달리 명칭에 '사회'를 포함함으로써 이전에 시행된 계획들과의 차이점을 드러냈다. 5차 개발계획 과정에서는 명칭에서부터 드러나듯 '사회 복지'에 관한 정책이 시행되며 사회보장제도 확충이 추구되었다. 또한, 물가 안정, 수출 촉진 및 투자 활성화 정책, 통화 관리 정책, 여신 관리 제도 개선 정책, 수입 자유화 정책, 한강 종합 개발로 대표되는 사회간접자본 정책, 산업 합리화 정책 등이 시행되었다. 조세의 영역에서는 조세 감면 규제법의 적용 시한과 적용 범위가 확대되기도 했다. 외자 도입 정책의 변경도 괄목할 만하다.[391]

전두환 정부 마지막 해인 1987년 이뤄진 제6차 경제사회개발 5개년 계획 1년차 과정은 국내 정치의 격변 속에 진행되었다. 1987년 6월 29일에는 6.29 선언이, 10월에는 대통령 직선제를 위한 국민 투표가, 12월에는 대통령 선거가 이루어졌다. 오랜 기간 지속된 권위주의 정치체제를 청산하기 위한 움직임이었다. 민주화를 향한 국민적 염원은 경제구조에도 변화를 불러 일으켰다. 관치금융으로 상징되는 국가 주도 근대화 과정에 균열이 생기고, 시장 질서와 경제 민주화를 향한 움직임이 반영된 것이다. 전국적인 노사분규 확대가 그 사례다. 이에 전두환 정부는 1987년 노동관계법, 노동조합법, 노동쟁의조정법 등을 개정해 임금 채권 보장범위를 확대하고 노동조합 설립 자유화, 노동 3권 강화 조치 등을 시행했다.[392]

이처럼 전두환 정부는 권위주의 정부의 마지막 반열에 서서 국가 주도 중화학공업 육성책을 이어가는 한편, 중소기업과 대기업 사이 격차를 줄이기 위한 시도도 시행했다. 이는 그간 대기업 중심으로 이뤄진 근대화 과정에서 발생한 높은 인플레이션과 부품 및 중간재 시장 부실 문제를 시정하기 위한 것이었다. 당시 소재와 부품 측면에서 발전이 저조했던 대한민국 산업계는 일본으로부터의 소재 및 부품 수입에 의존하는 양상을 보였고, 이로 인해

391   박진근 (2009), 11장.
392   박진근 (2009), 12장.

대일무역수지에서 지속적인 적자가 나타났다.[393] 이에 전두환 정부는 1982년 '중소기업 진흥 장기 계획'을 수립하고, 중소기업의 자생적 체질 강화와 역량 개발을 위한 보호 육성 정책을 시행했다. 예금은행이 중소기업에 R&D 자금, 공해방지시설 자금, 구조조정 등에 관한 대출을 제공할 경우 중앙은행의 재할인 제공을 확대한 사례와 우선 육성 기업에 대한 지원을 중점적으로 시행한 사례 등이 대표적이다.

(5) 노태우 정부

1987년 이뤄진 대통령 직선 개헌과 같은 해 치러진 선거를 통해 대통령이 된 노태우는 당선 당시 민간인이었음에도 군부 출신이라는 꼬리표를 달고 있었다. 민주화를 위한 국민적 열망에 비추어 볼 때, 이와 같은 노태우 대통령의 등장은 정당성 측면에서 한계가 있었다. 노태우 정부도 이를 충분히 의식하고 있었으며, 노태우 정부가 추진한 적극적인 경제 자유화 시도 역시 이러한 맥락에서 이해할 수 있다.[394]

노태우 정부 당시 경제 관료들은 관치와 정부의 지나친 규제에 대한 문제의식을 기반으로 정치적 민주화에 합당한 경제적 민주화를 추구했다. 1988년 금리자유화 발표와 산업 지원 축소, 특정 기업 대상 혜택 지양, 금융 실명제 및 토지 공개념 추진 시도가 대표적 사례. 1990년 구성된 '경제 행정 규제 완화 실무위원회'도 이를 뒷받침한다. 나아가 노태우 정부는 기업의 자율적 선택을 최대한 인정해주는 방향 속에서 기업의 투자와 기술 개발을 장려함으로써 산업 고도화를 꾀했다. 특정 대기업 집단이 문어발식 확장을 이어가는 것을 제어함으로써 자유 시장 질서를 강화하고자 하는 움직임도 보였다. 1991년 6월 주력 업체 제도를 발표한 것이 대표적 사례다.[395]

정치적 민주주의의 흐름은 노동운동의 힘을 키워주었다. 노태우 정부 시

393   서정대, "전두환, 노태우 정부의 중소기업 정책," 『중소기업정책연구』 제1권 제3호 (2016), pp. 29-56.

394   김경필, "노태우 정부 시기 국가-기업 관계의 재검토: 시소게임 접근을 넘어서," 『경제와사회』 제135호 (2022), pp. 314-346.

395   김종인 (2020).

기 노동자 대투쟁이 벌어지기도 했다. 이러한 노동자 계층의 권리 신장 움직임을 향해 대기업 집단은 임금 인상 등이 경기하강의 원인이며 기업 발전 효율성을 떨어뜨린다는 논리를 활용해 부정적인 입장을 표명했다.[396] 이에 노태우 정부는 1989년 3월 국회에서 야당 주도로 통과된 노동조합법과 노동쟁의조정법에 거부권을 행사하며 기업의 산업 고도화 논지에 손을 들어주었다. 그러나 노동운동의 탄압을 요구한 대기업 집단의 의견은 반영하지 않음으로써 노골적인 기업 친화적 정책을 펴지는 않았다.

노태우 정부는 정치 민주화에 이은 경제 민주화의 사명을 지니고 시작되었다. 그러나 노동계의 임금 인상 요구에 반발하는 대기업 집단의 손을 들어주었으며, 기업을 대상으로는 산업 고도화 시도의 일환으로 사업 영역 제한, 기술 개발 장려 등의 정책을 폈다. 이에 기존 국가 주도 경제 성장기와 비교해서는 민간 자율성 제고의 결과가 나타나기는 했으나, 여전히 경제 질서에서의 국가 영향력이 사라졌다고 보기는 어렵다는 한계가 있다.

노태우 정권기는 플라자 합의를 기반으로 진행된 '삼저 호황'이 본격적으로 진행되어 경제 지표상 연평균 성장률 8%에 달하는 호실적이 이어지기도 했다. 원화가 상대적 약세에 있어 무역 경쟁력이 강화되었던 배경을 활용한 결과다. 경제 지표 호실적은 '중산층 전성시대'의 초석을 제공했다. 노태우 정권기 중산층 비율은 78%에 육박했으며, 가구마다 자동차 보유가 보편화될 정도로 중산층 생활 여건 개선이 이뤄졌다.[397] 한편으로는 이와 같은 한국 무역 흑자가 계속되자 미국 무역 대표부로부터 견제를 받기도 했다.[398]

2) 근대화 우선론 및 민주주의 병행론 논쟁

박정희 대통령은 진정한 민주주의의 실현을 위해서는 경제성장이 선행되어야 한다고 보았다. 아시아 국가의 정치 및 경제 바탕에 관한 고려 없이

---

396   김경필 (2022), p. 324.

397   전민구, "'노태우 5년은 중산층 제대로 형성된 시대'···노태우센터 세미나," 『중앙일보』 (2023년 7월 6일), https://www.joongang.co.kr/article/25175405#home.

398   서정대 (2016).

이뤄지는 무차별적인 서양식 민주주의 이식은 어불성설이라는 것이다. 이와 같은 박정희의 생각은 그의 저서와 발언에서 쉽게 발견할 수 있다. 먼저 5.16 쿠데타 성공 이후 제시된 '혁명 공약'을 살펴보자. 혁명 공약 제4조는 '절망과 기아선상에서 허덕이는 민생고를 시급히 해결하고 국가 자주 경제 재건에 총력을 경주한다'는 내용을 담고 있다. 4.19 혁명을 완성하겠다는 의지로 혁명을 시작하였고, 그 혁명을 완수하기 위해서는 자주 경제를 이룩해야 한다는 것이다.

박정희 자신이 꿈꾸는 대한민국의 모습을 담아 1962년 발간한 저서인 『우리 민족의 나갈 길』에도 유사한 생각이 자세히 드러나 있다.

> "가난과 보잘것없는 소득이야말로 자유민주주의에 대한 가장 심각한 위협이다. 공산주의가 노리는 것도 바로 이 부분이다. 자유민주주의가 빈곤이라는 내부의 적을 박멸하지 못한다면 공산주의자들에게 승리한다는 것은 불가능하다. 정부가 경제 정책에 특별히 신경을 쓰고 총력을 기울이는 이유도 바로 그 때문이다."[399]
> "한국 근대화의 과제는 다음과 같다. … 둘째로, 가난으로부터 민족을 해방시켜 경제적으로 자립을 이룩하는 것이다. 우리 민족은 작은 규모의 농업사회를 이어오면서 항상 가난에 시달려 왔고, 가난[으로부터] … 도저히 벗어날 수 없다는 생각으로까지 굳어졌다."[400]
> "아시아의 여러 나라들은 공산주의의 유혹과 위협에 대해 맞설 수 있는 방침이나 확고부동한 신념을 가지고 있지 못하다. 유럽 여러 나라에서 자라 온 오늘날의 민주주의는 수없이 잘못을 개선해 나가는 가운데 이룩된 진보의 결과이다. 그러나 유럽의 이러한 자유민주주의는 비교적 넉넉한 살림살이를 이어나갈 수 있었다는 점에서 알찬 열매를 거둘 수 있었지만, … 아시아에서 자유민주주의의 길이란 말 그대로 험한 가시밭길이 아닐 수 없다."[401]

박정희는 또한 경제성장을 이룩한 이후 '요람에서 무덤까지' 복지를 제공하여 국민이 우리 민족의 나아갈 방향을 고민할 정도의 환경을 조성할 것

---

399   박정희 (2017), p. 42.
400   박정희 (2017), pp. 102-103.
401   박정희 (2017), pp. 194-196.

을 언급한다. 요약하자면, 과두제 위주로 정책 결정이 진행되어왔고, 국민의 삶을 충분히 지탱할 정도의 경제 기반이 조성되어있지 않은 당대 대한민국의 현실에서 자유민주주의의 온전한 시행은 어렵다는 것이다. 아직 자유민주주의의 정착은 '시기상조'로 보이니, 우선 경제 발전을 통해 국민을 계몽하는 것이 필요하다는 의미다. 박정희 대통령은 국민이 자유민주주의에 참여할 수준의 환경이 조성되기 이전까지의 공백기에 대한 대안을 제시하기도 했다. 그 대안은 '행정적 민주주의'였다.[402] 부정부패로부터 국가와 국민을 보호할 수 있도록 제도적 차원의 접근을 하자는 맥락이다. 당시의 상황에 비추어 판단할 때, 자유민주주의 시기상조론은 일견 타당한 측면이 있다. 산업화와 근대화가 성공 반열에 오르기 전에 자유민주주의가 성공적으로 뿌리내린 전례를 찾기 어렵다. 또한, 성공적인 근대화를 위해 효율적인 의견 수렴 과정이 필요했다는 점에 비추어볼 때도 그러하다. 현시대를 살아가는 사람의 시선을 내려놓고 약소국 정치 지도자의 입장에서 현실적인 판단을 내린다면 시기상조론의 합리성을 인정하기 어렵지 않다.

---

402 박정희 (2017), p. 168.

그림 23 | 혁명공약

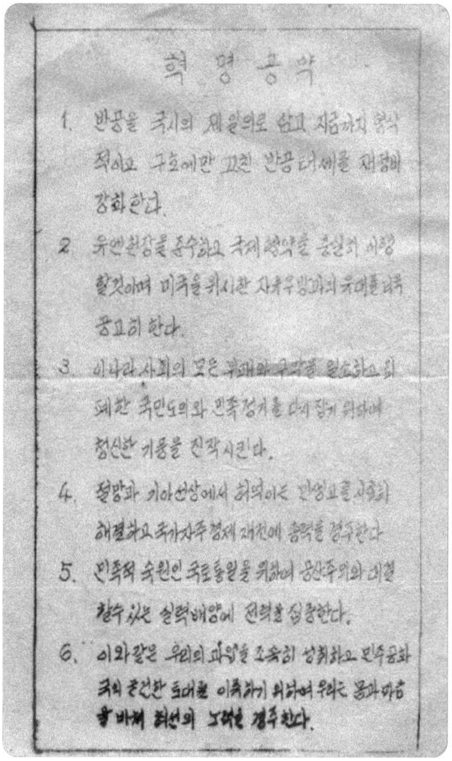

혁명공약

1. 반공을 국시의 제일의로 삼고 지금까지 형식적이고 구호에만 그친 반공태세를 재정비 강화한다.
2. 유엔헌장을 준수하고 국제협약을 충실히 이행할것이며 미국을 위시한 자유우방과의 유대를 더욱 공고히 한다.
3. 이나라 사회의 모든 부패와 구악을 일소하고 퇴폐한 국민도의와 민족정기를 다시 잡기 위하여 청신한 기풍을 진작시킨다.
4. 절망과 기아선상에서 허덕이는 민생고를 시급히 해결하고 국가자주경제 재건에 총력을 경주한다
5. 민족적 숙원인 국토통일을 위하여 공산주의와 대결할수있는 실력배양에 전력을 집중한다.
6. 이와같은 우리의 과업을 조속히 성취하고 민주공화국의 굳건한 토대를 이룩하기 위하여 우리는 몸과 마음을 바쳐 최선의 노력을 경주한다.

이에 반해 함석헌, 장준하 등은 경제성장의 시급성에 밀려 민주주의를 포기하는 것은 옳지 못하다는 목소리를 냈다. 함석헌은 박정희 정권의 조국 근대화 시도가 나라를 위해 시작한 것이 아니라, 권력을 공고히 하려는 수단이라고 비판했다.[403] 근대화 추진의 결과 공장, 고층 건물 등이 생겨난 성과는 인정한다면서도 "씨올의 간 잎을 파먹고 골수를 빨아간 것"에 불과하다는 혹평을 남겼다.[404]

언론인, 정치 평론가이자 정치인이었던 장준하는 1975년 「씨올의 소리」를 통해 '민주화가 분단 극복과 통일의 지름길이다'라고 했다. 구체적으로 살

403 이상록, "『사상계』에 나타난 자유민주주의론 연구," 한양대학교 박사학위논문 (2010), p. 232.
404 이상록, (2010), p. 232.

펴보면 이러하다. "정부가 입버릇같이 항상 외고 있는 북으로부터의 위협에 대한 협박이나 국제적 경제 불황의 핑계, 또는 부정부패의 일소라는 구호 혹은 선심 공세같은 것으로써 이 국민적 욕구가 수습될 단계는 이미 아님을 다시 밝혀 둡니다. … 어려운 국난을 성공적으로 극복할 수 있는 길은 오직 파괴된 민주질서를 급속히 평화적으로 회복하는 데 있다고 굳게 믿는 바입니다."[405]

장준하에게 민권과 자유는 단계적으로 이뤄내야 하는 것이 아니었다. 천부적으로 주어진 권리였기 때문이다. 그의 또 다른 저술에서 이를 확인할 수 있다. "자유와 민권을 위한 싸움은 긴 세월을 요한다. 그 시발의 테이프를 끊어준 것이 4.19 의거 학생들이다. 그 죽음이다. 우리는 민족의 생명이 지속되는 한, 그것을 쟁취하는 싸움을 계속해야 할 것이다."[406] 대한민국 헌법은 대한민국의 주권이 국민으로부터 나옴을 규정하고 있다. 국민이 향유하는 정치 참여의 권리와 자유는 대한민국 국민이라면 태어나면서부터 누리는 것이 합당하다. 대한민국의 차원을 벗어나 인간으로서 권리와 자유를 논한다면 천부적 권리는 더욱 인정받아야 마땅하다. '자유민주주의'의 의미를 고려할 때 민주주의 병행론은 탄탄한 논리적 지지기반을 가지고 있다.

결과론적 시각에서 볼 때 대한민국은 산업화와 민주화를 모두 쟁취했다. 그렇기에 우리는 산업화와 민주화를 일군 선배 세대의 어깨 위에서 과거의 선택들을 돌아볼 수 있게 되었다. 현실과 이상, 이상과 현실 사이에서 과거에 내려진 결정의 옳고 그름을 가리는 것은 독자 개인의 판단에 맡긴다.

3) 대기업 중심 산업화와 중소기업 소외 논쟁

동아일보 1968년 5월 17일자 지면에는 야당인 신민당이 박정희 대통령에게 제출한 경제정책 질문서에 관한 기사가 실려있다. '대중 희생을 강요'라는 제목이 붙은 기사의 내용은 다음과 같다.

---

405   장준하, 『박대통령에게 보내는 공개 서한』(서울: 씨울의 소리, 1975), p. 41.
406   장준하, 『죽음에서 본 4.19』(서울: 기독교 사상, 1975), p. 68.

그림 24 | 동아일보 (1968.5.17.)

"野, 대통령에 경제정책 질문서. 신민당은 17일 박정희 대통령에게 경제정책에 관한 질문서를 내고 『정부의 경제 정책은 국민 대중의 희생 위에 인위적으로 독점자본가를 조작하고 있다』고 주장, 경제시책의 근본적인 시정을 촉구했다. 국회법 제115조에 따라 동당 박기출 의원 등 23명이 낸 동 질문서는 『정부가 선진국에서 취했던 근대화정책을 무반성하게 우리 사회에 적용, 인간 존중의 현실적인 경제사적 요구에서 이탈하여 공업화를 추진함으로써 사회적 모순을 조작 증대하고 있으며, 정부가 추진해온 1, 2차 5개년 경제 계획 등 경제정책은 자유 자본 국가의 자유 경제체제라고 볼 수 없다고 지적, 정부의 정책 수립의 기본에는 여건의 파악과 방향 설정의 과오가 있다』고 비난했다."[407]

---

407   NA, "大衆(대중) 희생을 强要(강요)," 『동아일보』 (1968년 5월 17일), https://www.donga.com/

신민당의 묘사대로 당시 상황은 정부가 특정 기업에 특혜를 주고 중소기업에 희생을 강요하는 모양새였다. 철강, 화학 등 다수 분야에서 선진국을 추격하는 형태의 성장을 꾀해야 했던 현실을 고려할 때, 특정 기업 위주의 경제성장 시도는 '압축 성장'의 지름길이었다. 인프라가 미비한 상태에서 수출 주도형 산업 발전을 실현하기 위해서는 범위의 경제와 규모의 경제를 고려해야 했기 때문이다. 해외 시장에서 수출 경쟁력을 갖고, 생산 과정의 비용을 절감하기 위해서는 필요한 조치였다. 이와 같은 산업화 방식은 효율적 성장을 성공시켰다는 점에서 의의가 있다. 몇 개의 기업에 집중된 지원과 특혜는 기업이 국제 유효 수요를 확보하는 데에 확실한 도움이 되었다. 또한 대한민국이 농경 중심의 사회를 넘어, 경공업 중심의 사회로, 나아가 중화학공업 중심 사회와 첨단 기술 중심 사회로 진입할 수 있었던 초석이 되었다.

그러나 기초 작업이 탄탄하지 못한 상황에서 이루어지는 건축물에 언제나 위험이 내포되어 있는 것처럼, 효율성을 우선시하여 구성된 경제 발전의 구조는 부작용의 씨앗을 안고 있었다. 중소 기업체와 해당 기업 종사자의 사회적 소외가 바로 그 부작용의 주요한 사례다. 재벌로 성장한 계층과 그렇지 못한 계층의 양극화가 심화되었다. 대기업과 중소기업 자체의 격차도 줄일 수 없는 수준으로 넓어졌다. 임금과 직원 복지, 사회적 인식 등 모든 측면을 고려할 때 그러하다. 대기업과 중소기업 간에 나타나는 양극화는 아직까지 한국 사회의 사회적 문제로 존재하고 있다. 한때는 대기업 위주의 성장에 대한 '낙수 효과'가 기능하기도 했다. 그러나 작금의 산업적 측면에서 볼 때 낙수효과의 존재를 입증하기는 어려워 보인다.[408]

특정 기업 위주의 근대화가 대한민국 경제에 미친 영향은 분명하다. 눈부신 경제성장이라는 두드러지는 공과 사회적 양극화라는 뚜렷한 폐단이 공존한다. 중요한 것은 미래를 그리는 것이다. 과거에 관한 논쟁에는 미래를 향한 고려가 있어야 한다. 선배 세대가 성공시킨 압축성장이 경제 청사진의

---

archive/newslibrary/view?ymd=19680517&mode=19680517/0001061839/1.

408   이종욱, 오승현, "대기업 성과가 중소기업에 미치는 영향: 네트워크론 자료를 이용한 낙수효과 실증분석," 『금융지식연구』 제12권 제2호 (2014), pp. 141-162.

큰 뼈대를 완성했다면, 그림의 빈 곳을 칠하는 것은 후배 세대에게 남겨진 과제다. 아래에서 경제개혁 논쟁과 격차사회 논쟁 구도를 기술함으로 그러한 과제를 조금이나마 더 합리적 관점에서 해결해 나갈 수 있는 통찰력을 제시하고자 한다.

3.2. 경제개혁 논쟁

1) 정치적 민주화와 경제 자유화의 과정 및 함의

1987년 대통령 직선제 개헌안의 통과로 노태우 정부가 등장하며 정치적 민주화가 구체화되었다. 정치적 민주화의 태동은 노동운동의 활성화로 이어져 임금 인상에 대한 목소리를 키우고, 기존 국가 주도 경제 발전에서 벗어나 민간 자율성의 범위 확대를 주문했다. 노태우 정부는 민주화 과도기의 분수령에 서서 정당성을 확보하기 위해 다수의 경제 민주화 시도를 추구했으며, 중산층 성장에 이바지해 소위 '중산층의 전성시대'를 가능케 했다. 그러나 기존 정권에서 시행되던 국가 주도 산업 정책 및 관치금융에서 완전히 탈피하지 못했다는 차원에서 한계를 가지고 있었다.

노태우 정부 시기 추진된 경제 민주화의 한계는 자연스럽게 후임 정부의 책무로 넘겨졌다. 김영삼 정부와 김대중 정부는 정치 민주화의 흐름에 힘입어 경제민주화로의 진보를 추진해야 할 시대적 사명을 지니고 있었다. 더불어 지배적 추세로 자리매김하는 신자유주의화와 세계화에 대응할 국가 경제의 경쟁력도 확보해야 했다.

이에 김영삼 정부와 김대중 정부 모두 기존의 압축성장이 불러온 명과 암을 직시하여 긍정적 경쟁력은 강화하고 부정적 면모는 줄이는 방향의 경제 정책을 시행해야 했다. 그러나, 그 과정이 순탄치 않았으며, 목표 이행 과정에서 다양한 변수가 존재해 초기에 목표로 세운 경제 정책의 방향성과는 다른 효과가 나타나기도 했다. IMF 금융위기와 양극화의 심화가 단편적 사례일 것이다. 지금부터는 김영삼 정부와 김대중 정부의 주요 경제 정책 분석을 통해 대한민국 경제가 국가 주도의 압축 성장기를 넘어 민간주도의 시장 체제와 융합되는 과정을 살펴본다.

(1) 김영삼 정부

'문민정부'를 표방하고 시작한 김영삼 정부는 정치 및 경제 측면에서 권위주의적 면모를 벗어나고자 노력했다. 정치적으로는 탈권위주의를 통한 '자유주의'의 확립을, 경제적으로는 시장을 통한 신자유주의를 정착을 꾀한 것이다. 김영삼 정부는 정치적 탈권위주의 공고화를 위해 하나회를 척결하고 정치자금법과 공직자윤리법을 신설하는 등 '과거 정리'를 추진했다.[409] 경제적으로는 국제적 신자유주의화의 흐름에 입각한 '경제개혁'이 추진되었다.[410] 김영삼 정부의 경제 정책은 국가 주도 산업화 추진 과정에서 진행된 관치금융과 기업을 향한 국가 개입을 줄이고, 정치적 민주화와 함께 태동한 경제 민주화에 관한 요구를 반영하는 방향으로 진행되었다. 이는 한국 경제 자체의 체질을 개선하는 차원에서 수행된 '경제개혁'이라 명명해도 무리가 없을 것이다.

김영삼 정부가 시행한 구체적인 경제 관련 정책은 '경제 자유화'와 '국내 산업구조 개혁'으로 요약할 수 있으며 자세한 사항은 다음과 같다.[411] 먼저, 경제 자유화이다. 김영삼 정부는 금융 정책 측면에서 금리자유화, 통화관리 방식 개선, 여신 관리 제도 개편, 단기 금융시장 발전, 외환 및 자본거래 자유화 등을 통해 금융 자율성을 높이고 시장 개방을 촉진하고자 하는 움직임을 보였다. 그중 증권 거래의 경우, 금융 및 외환시장 자율성 제고를 통해 경제협력개발기구(OECD) 가입 조건을 충족하고자 하는 강한 의지를 보였다. 코스닥 시장과 주가지수 선물 시장의 개설이 이뤄지고, 선물거래법이 제정되었으며, 주가지수 옵션시장 개설이 이뤄지기도 했다. 또한, 외국인의 한국 주식투자 한도를 확대하여 외국 자본의 유입을 늘리고자 했다. 채권 시장

---

409 김성수, 유신희, "김영삼 정권의 신자유주의 경제개혁: 기술관료(technocrat)와 정당엘리트의 상호관계를 중심으로," 『사회과학연구』 제25권 제4호 (2014), pp. 131-157.

410 김성수, "시민사회운동과 신자유주의 경제개혁," 『정치·정보연구』 제17권 제2호 (2014), pp. 197-226.

411 박진근 (2009), 14장 참고.

측면에서도 중소기업 전환사채에 외국인이 투자할 수 있도록 허용하고, 외국인 투자 한도를 폐지하는 방향으로 시장을 점차 개방하는 양상을 보였다.

외화 자금의 운용에 있어서도 과감한 자율화 정책이 시행되었다. 외국환 은행의 외화대출제도가 개정되었고, 외국환 은행의 거주자 외화예금 지급준비율을 인하하는 등의 정책이 시행되었다. 또한, 외국인의 직접투자를 자유화하여 외국인 직접투자가 증가할 수 있는 요인을 제공했다. 이와 같은 김영삼 정부의 경제 정책은 국내 외환 유입을 활성화했지만, 외환 유동성 관리 소홀로 이어졌다. 이는 1997년 발생한 외환위기의 주요한 원인으로 꼽히고 있다는 점에서 일정 부분 한계로 작용한다고 볼 수 있다.

다음으로 '국내 산업구조 개혁'이다. 김영삼 대통령은 대통령 후보 출마 당시 "권력과 돈을 다 갖겠다는 그 버르장머리를 고쳐주겠다"고 말할 만큼 대기업 집단 위주의 경제구조를 개혁하고자 하는 의지가 컸다.[412] 의지가 가장 잘 드러난 사례는 '금융실명화'의 추진이었다. 이는 금융기관에서의 거래를 '실명'으로 한정함으로써 가명이나 무기명으로 거래하는 행위를 금지하는 제도로, 노태우 정부 시기에도 시행 논의가 이뤄졌지만 성공하지는 못했다. 김영삼은 이와 같은 금융실명제 관철을 위해 대통령으로서 지위를 적극 활용한다. 1993년 8월 12일에 발동된 '긴급재정경제명령 제16호'에서 금융실명제 실시를 선언한 것이다. 세금 부담률 인상을 우려해 '저축률 저하'를 주요한 근거로 반발하던 재계의 입장을 일축하고 시행된 금융실명제는 부정부패 자금 추적 및 지하 경제 규모 억제에 기여했다. 또한, 김영삼 정부는 금융실명제의 실효성 강화를 위해 1996년부터 금융소득종합과세도 추진했다.[413] 기업의 문어발식 경영을 억제하는 정책도 시행되었다. 계열사 채무보증한도 제한을 골자로 한 '신재벌 정책'이었다.[414] 이로 인해 자동차 산업에

---

412   성혜미, "역대 '정경유착' 역사④-김영삼 정권," 『주간현대』 (2015년 10월 8일), https://hyundae-news.com/16549.

413   NA, "종합과세제도 96년 실시," 『매일경제』 (1993년 9월 1일), https://www.mk.co.kr/news/all/1275067.

414   성혜미 (2015).

뛰어들고자 했던 삼성전자 이건희 회장의 시도가 일정 기간 중단되기도 했다.[415]

공정거래 질서와 관련해서도 다수의 개혁 시도가 이뤄졌다. 공정거래위원회 주도하에 공정위와 경제기획원, 한국개발연구원이 작성해 1993년 발표된 "공정거래부문 신경제 5개년 계획 시안"에 그러한 양상이 잘 드러나 있다.[416] 당시 해당 시안에는 언론 및 방송에 대한 대기업 집단 신규 참여 제한과 기존 출자의 단계적 축소 방안, 부실기업 부채의 주식화 방안, 기업 분할 명령제 및 투자회수 명령제 등 '기업 결합' 방지안 등이 담겨 있었다. 또한, 출자 규제를 강화하고 대기업 집단 연결 재무제표 작성을 강제하며 대기업 집단에 관한 강한 규제를 표명하고 있다.

그러나 김영삼 정부 초기 활발하게 진행되던 대기업 집단, 즉 '재벌' 개혁 시도는 1994년 8월 2일 보궐선거를 기점으로 변화하기 시작한다. 여당인 민주자유당이 주요 지지층이었던 영남권에서 야당에 패배하는 양상을 보이며 대기업 집단 개혁을 성사할 정치적 지지기반 상실의 위협을 겪었기 때문이다. 동력을 잃은 김영삼 정부는 보궐선거 이후 '내정 개혁' 종결을 시사하며, 세계화를 필두로 한 '친재벌적 신자유주의'가 새로운 경제 목표로 제시되었다.[417] 이러한 상황에서 정부는 글로벌 시장에서의 기업 경쟁력 제고를 목표로 기존 대기업 집단 개혁 과정에서 형성된 정책적 규제를 완화하였다. 삼성전자의 자동차 사업 진출이 대표적 사례다.

김영삼 정부가 초기에 내세운 목표인 정치 및 경제 자유화 중 경제 자유화가 절반의 성공에 그친 양상은 이후 전개되는 대한민국 경제구조 양극화의 중대한 초석으로 기능하게 되었다. 압축성장으로 요약되는 근대화는 민간 경제를 겨냥한 국가의 영향력이 과도하게 간여한 형태였다. 또한 효율적인 산업 발전을 위해 특정 기업에 혜택을 주는 방향의 정책은 일정 부분 불

---

415 이현택, "국민 지지 업고 '재벌 개혁' … 총수 사면해 재기 기회 줘," 『중앙일보』 (2015년 11월 23일), https://www.joongang.co.kr/article/19115372#home.

416 김성수, 유신희 (2014).

417 김성수, 유신희 (2014).

가결한 요소였다. 정치 민주화와 함께 시작된 경제 민주화에 관한 열망은 근
대화의 주요 수단으로 활용된 관치 성장과 금융에 대한 개혁 요구로 대변되
었다. 그렇기 때문에 정치 민주화와 함께 추구된 경제 민주화를 이행할 책무
를 지닌 김영삼 정부는 기존 근대화 과정이 낳은 불균형을 시정해야 했다.

그러나 정치적 지지기반의 이탈로 인해 경제개혁, 즉 경제 자유화의 노
선이 변경되며 정치 민주화와 더불어 추구된 경제 자유화에 대한 국민적 열
망은 '절반' 밖에 실천되지 못한 채로 막을 내렸다. 결국 김영삼 정부의 경제
개혁은 경제 민주화의 추진을 위해 기업을 향한 정부의 개입을 축소했다는
차원에서 권위주의를 벗어났다는 함의를 가지고 있으나, 개혁을 통해 국가
주도 산업화의 과실이 국민에게 충분히 분배되는 환경을 조성하지 못했다는
점에서 뚜렷한 한계를 가진다고 할 수 있다.[418]

(2) 김대중 정부

김영삼 대통령에 의해 '친재벌적 신자유주의화'가 진행된 이후 대통령에
취임한 김대중 대통령은 1997년 발생한 외환위기를 해결해야 할 책무를 지
고 있었다. 외환위기 해결의 책무는 김대중 대통령 집권기 전반에 걸쳐 시행
된 정책운영 방향성에 투영되어 있다. 김대중 정부는 크게 5개 분야에서 '개
혁'을 추구했는데, 각각 기업개혁, 노동개혁, 금융개혁, 정부개혁, 정치개혁
이 있다. 그중 경제 분야와 관련된 개혁으로는 기업과 노동, 금융을 대상으
로 한 개혁이라고 할 수 있다.

경제 분야와 관련하여 김대중 정부는 전임 정부와 마찬가지로 시장경제
의 중요성을 강조했다. 이는 김대중 대통령이 가지고 있던 국가 경제의 운영
과 관련된 자신만의 이론인 '대중 경제론'에 기반한 것이기도 하지만, IMF로
부터 요구받은 사항을 반영한 결과이기도 했다. 대중경제론은 시대의 흐름
에 따라 조금씩 수정되는 양상을 보이다가 1990년대 초 '민주적 시장경제론'
으로 발전했는데, 민주적 시장경제론은 시장경제와 민주주의의 병행 발전을
강조한다. 이와 같은 사고에 입각한 김대중 대통령은 민주주의 없는 시장경

---

418   김성수, 유신희 (2014).

제 발전이 '정실자본주의'를 낳았음을 지적했다.[419] 이는 대통령 취임사에도
잘 드러난다. "국민의 정부는 민주주의와 시장경제를 병행시키겠다. 민주주
의와 시장경제는 동전의 양면이고 수레의 양 바퀴와 같다. 결코 분리해서는
성공할 수 없다."[420] 후술하겠으나 이와 같은 목표의 달성 여부와 관련해서
는 비판적인 시선이 존재한다.[421]

김대중 정부가 실행한 구체적인 경제 정책의 기조는 1997년 발표된 IMF
이행 각서의 내용을 통해 파악할 수 있다. 다음은 해당 이행 각서의 전문 중
'정책 기조'와 관련한 기술을 발췌한 것이다.[422]

> 7. 정부는 현재의 어려움의 근본적인 원인인 구조적인 약점을 인정하고 시장의
> 안정과 원화절하를 억제할 수 있도록 단호하고 신속하게 포괄적인 정책을 단행
> 할 것이다. 긴축적인 통화금융정책은 포괄적이고 구조적인 개혁을 단행하는 데
> 필요한 여건을 조성하게 될 것이다.
>
> 8. 정부의 경제정책은 첫째, 긴축 통화정책과 대폭적인 금융조정을 통해 대외계
> 정의 적정한 조정과 물가상승 압력을 막기 위한 강력한 거시경제 틀을 만들 수
> 있도록 하고, 둘째, 금융부문의 구조조정과 자본의 재분배, 그리고 좀 더 투명
> 하고 시장 중심적이며 정치적인 간섭에서 자유로운 경제의사결정이 가능하여야
> 하며, 셋째, 기업 지배구조를 개선할 수 있는 수단이 있어야 하며, 넷째, 자본계
> 정 자유화를 가속화하며, 다섯째, 무역자유화 진전과 투명하고 시의적절한 경
> 제자료가 공개되어야 한다.
>
> 9. 이 프로그램의 주요 거시경제의 목표는 실질 GDP 성장률을 1998년에 3%로
> 감속시키고 1999년에는 잠재성장률 수준으로 회복시키는 것이다. 물가상승률
> 을 5% 이하로 안정시키고 2개월간의 수입을 지탱할 수 있는 외환보유고를 적립
> 하는 데 있다.

419   윤민재, "민주화 이후 신자유주의의 강화와 사회경제정책의 특징: 김대중 정부의 사례를 중심으
로," 『인문사회 21』 제7권 제3호 (2016), pp. 609-634.

420   NA, "김대중 전 대통령 어록 '민주주의와 시장경제는 수레의 양 바퀴'" 『중앙일보』 (2009년 8월
19일), https://www.joongang.co.kr/article/3733069#home.

421   김성구, "IMF와 김대중 정권의 경제정책 비판: 시장주의 구조조정이 제2의 위기를 부른다," 『월간
사회평론 길』 제8호 (1998), pp. 78-89.

422   NA, "[IMF 관리 경제] IMF 이행각서(전문)," 『한국경제신문』 (1997년 12월 6일), https://www.
hankyung.com/article/1997120600421.

김대중 정부는 이와 같은 정책 기조에 입각해 산업 및 기업 구조조정, 외국인 투자 유치 시도, 고용시장 유연화 등의 정책을 시행했다. 산업 및 기업 구조조정에 관하여는 크게 대기업 집단에 관한 구조조정, 은행 등 금융기관에 관한 구조조정 등을 수행하였다. 대기업 집단의 경우 상위 5대 기업 집단(삼성, 현대, SK, LG, 대우)과 이하 기업 집단으로 구분해 구조조정이 단행되었다. 이때, 상위 5대 기업 집단에는 '빅딜' 형식의 구조조정을, 6위 이하 기업 집단에는 '워크아웃' 형식을 통한 구조조정이 시행되었다. 여기서 빅딜 형식의 구조조정이란 계열사 간 상호 출자 등을 허용함으로써 대기업 집단이 자정작용을 추구할 수 있는 방향을 제시한 것이다. 반면 워크아웃 제도는 금융기관이 구조조정을 주도하는 방식으로 계열사 정리, 주력 사업 정비 등을 수행하는 작업을 일컫는다.

시중 은행 및 금융기관에 관한 구조조정은 시중 은행의 통합과 합병, 종합금융회사 경영 정상화 계획 이행 등이 대표적 사례이다. 김대중 정부는 당시 상업은행, 한일은행, 조흥은행, 하나은행, 한미은행, 한빛은행, 서울은행, 평화은행 등을 향해 자본금 감소인가 조치를 단행했다. 조흥은행 등은 경영 개선 명령을 받기도 했다.[423]

노동 시장 유연화 정책과 관하여는 김대중 정부 시기 구성되어 있던 '노사정위원회'의 결정 및 그에 따른 결과를 통해 파악할 수 있다. 노사정위원회는 노동자, 사용자, 정부 등 이해당사자 조직이 외환위기 극복이라는 공통의 목표를 달성하기 위해 각각 고통을 분담하겠다는 사회적 합의를 도출하기 위한 논의를 이어갔다. 노동계 측은 정리해고제와 파견 근로제 등의 고용 구조조정의 수용을 요구받았다. IMF의 신자유주의 개혁 방향과 궤를 같이하는 김대중 정부는 '30%의 노동자를 희생하더라도 70%의 대다수 노동자를 살리는' 방향으로 구조조정을 실시했다.[424] 수량적 유연성에 기초한 구조조

423　박진근 (2009), 15장, p. 431.
424　박진근 (2009), 15장.

정을 시행한 것이다.[425] 그 결과, 대규모 실업자가 양산되었고 가까스로 실직을 피한 노동자의 경우 상시적인 고용불안을 겪어야 했다. 이 과정에서 대기업과 중소기업 간 임금 및 고용 조건에 관한 격차가 심화되었다. 30인 이하 고용 중소기업과 500인 이상 대기업의 임금 비율이 1986년에는 90%에 달했으나, 1998년 약 80%, 1999년 71%로 하락한 것이 대표적 사례이다.[426]

그뿐 아니라 기업이 경영에 필요한 핵심 인력을 제외한 인력을 고용과 해고가 상대적으로 자유로운 계약직 및 임시직으로 채용하는 풍토가 자리 잡았다. 노동에 투입되는 비용을 줄여 전반적인 생산 비용을 절감하고자 하는 기업의 의사결정이었다. 1999년 통계에 따르면, 피고용자 중 절반 이상 (52%)이 임시직이나 일용직 노동자로 추정되었다.[427] 이와 같은 노동 구조의 변화는 전국 빈곤율을 상승시키는 결과로 이어졌다. 1997년 3/4분기 4.6%에 불과하던 전국 빈곤율은 1998년 3/4분기 11.9%에 이르렀다. 더불어 상위소득자-하위소득자 간 소득 배율은 1997년 4.49배에서 2001년 1/4분기 5.76배로 증가했다.[428]

외자 유치를 통해 외국인의 국내 금융기관 소유 경영 참가를 확대하고자 하는 정책도 시행되었다. 그간 금융 부문의 정부 영향력이 지배적이었던 상황을 타개하고자 한 것이다. 그러나 실질적으로 국내 은행에 진출한 외국인 투자자 다수는 은행업을 본업으로 하지 않는 단기 수익 목적의 펀드였다는 점에 비추어볼 때, 장기적으로 긍정적인 영향을 가져오지는 못했다.[429] 오히려 각 은행은 기업 금융을 축소하고 가계 금융을 확대하는 방향의 상품을 내놓았고, 이는 저금리 기조와 맞물려 주택담보대출 상품 판매 증가와 부동산

---

425 김상조, "재벌, 금융개혁: 김대중정부 평가와 차기 정부의 과제," 『민주사회와 정책연구』 제3호 (2003), pp. 49-85.

426 박종관, "생산적 복지정책의 효과 분석," 『한국사회와 행정연구』 제16권 제1호 (2005), pp, 475-502.

427 박종관 (2005).

428 통계청 (2001).

429 김상조 (2003).

가격 폭등으로 이어졌다는 견해도 존재한다.[430]

김대중 정부의 경제개혁에 관해서는 긍정적인 평가도 존재하지만, 초기 목표를 충분히 이루지 못했다는 비판도 나왔다. 집권 초기 김대중 정부는 전국적으로 70%가 넘는 지지율을 얻고 출발했다.[431] 그러나 정권 중반기로 갈수록 평가는 변화하는 양상을 보였다. "절반의 성공, 절반의 실패"라는 평가가 나오기도 했다.[432] 정권 후반기에 이르러서는 "낙제생 DJ"라는 혹평까지 나왔다.[433]

특히 김대중 정부 출범기 내걸었던 목표인 민주주의와 경제성장의 병행이라는 차원에 비추어볼 때, 김대중 정부 경제 정책의 현실은 상대적으로 비관적이었다. '재벌 개혁'의 모토로 대기업 집단의 경영 구조를 개혁하고자 하였으나, 기업 집단이 도산하는 경우 국가 경제에 미칠 파급효과를 고려할 때 온전한 개혁을 실행하는 것이 말처럼 쉬운 일은 아니었다. 1999년 하반기 진행된 대우그룹 파산으로 동요하는 채권 시장을 잠재우기 위해 채권 안정 기금을 조성하고, 2000년 이후 현대그룹 회사채 차환 발행을 위한 회사채 신속 인수 제도 등을 시행한 것이 대표적 사례이다. 결국 대기업 집단의 구조를 개선하고, 관치 영향력을 축소하고자 한 목표는 해당 기업 집단 도산 시 경제 전반에 미칠 충격을 방지하고 흡수하기 위해 공적 자금을 개입함으로써 반려되었다 할 수 있다. 게다가 노동 시장 유연화 정책을 시행하여 대규모 실업자를 양산하고, 고용시장 격차를 심화시켰다는 점에서 김대중 정부의 지지기반이었던 진보 지향 유권자의 정책 지향을 충족시키지 못했다.[434]

---

430 김상조 (2003).

431 김자영, "역대 대통령 1년차 '1분기→4분기' 지지율은?" 『시사오늘』 (2023년 5월 11일), https://www.sisaon.co.kr/news/articleView.html?idxno=150155.

432 윤영호, "DJ 노믹스 '절반의 성공'" 『주간동아』 (2004년 11월 3일), https://www.donga.com/WEEKLY/coverstory/article/all/11/67475/1.

433 김호기, "[DJ정부평가11]준비안된 빅뱅식 개혁 실패," 『경향신문』 (2002년 8월 20일), https://www.khan.co.kr/politics/politics-general/article/200208201827001.

434 김상조 (2003).

그러나 경제위기를 타개하기 위한 과정의 일환으로 다양한 시도를 거듭
했고 결과적으로 IMF 경제위기를 초기 목표보다 빠르게 해결했다는 점, 해
당 과정에서 발생한 부작용이 김대중 정부의 독단적 결정이 아닌 IMF의 요
구 사항 이행 중에 발생했다는 점을 감안할 때, 모든 한계를 김대중 정부의
과로 여길 수는 없을 것이다.

2) '생산적 복지' 논쟁

IMF 구제금융에 따른 김대중 정부의 구조조정 시도는 다양한 부작용을
낳았다. 대표적인 것이 대규모 실업자 발생 및 만성적 고용불안이었다. 구조
조정은 경제위기를 타파하기 위해 필연적으로 선택해야 하는 사항이었으나,
전환 과정의 사회적 비용이 무시할 수 없을 만큼 컸다. 김대중 정부는 이러
한 상황을 타개하기 위해 '생산적 복지'를 국정 기조로 삼았다. 생산적 복지
란 사회민주주의의 핵심 가치인 '사회적 평형'과 신자유주의의 '경제적 효율'
개념을 변증법적으로 조합해 자본주의 체제를 벗어나지 않는 선에서 '노동
지향적' 공동체적 복지를 꾀하는 것으로 이해할 수 있다.[435]

1999년 8월 15일 광복절 경축사에서 처음으로 공식화된 생산적 복지의
개념은 넓게 보면 이전 정부 시기에도 존재했다고 할 수 있으나, 국정 기조
로 채택되어 활용된 것은 김대중 정부가 처음이었다.[436] 생산적 복지의 개념
은 '대규모 실업'이라는 사회적 위기에 관한 대비가 부족했던 고도 성장기의
유산이 IMF 구제금융 당시 강제된 구조조정 과정에서 수면 위로 드러나기
시작하며 구체화되었다. 김대중 정부가 추진한 생산적 복지의 구체적인 정
책은 실제로 상당히 넓은 분야에 관여하고 있었는데, 네 가지로 대별된다.[437]

먼저, '국민기본생활을 보장하는 복지'가 있다. 2000년 10월 시행된 '국민
기초생활보장법', 1999년 1월 통합된 의료보험, 같은 해 4월 확대된 국민연

---

435 박종관 (2005).

436 박종관 (2005).

437 박종관 (2005).

금 보장 범위, 1998년 확대된 고용보험 보장 대상이 그 사례이다. 김대중 정부는 국민기본생활을 보장하겠다는 목표 아래 사회보험제도의 내실화와 사회복지 서비스 정책을 확대하고자 하는 의지를 보였다.

다음으로, '생산 과정에의 참여를 통한 복지'가 있다. 생산 과정에의 참여를 통해 복지를 제공하겠다는 의지는 생산적 복지의 핵심과 궤를 같이하는 모습을 보였다. 즉, 개인이 직접 생산 과정에 참여함을 통해 자신의 생활을 영위하는 것을 권장하고자 하는 의도였다고 할 수 있다. 김대중 정부는 인력자원을 개발하여 고용 안정을 꾀하고, 근로복지 기반을 확충하여 근로 생활의 질을 향상하고자 하였다. 궁극적으로 노동 참여 복지를 증진하고 산업 민주주의를 실현하고자 한 것이다.[438]

또한, '취약계층 자활을 지원하는 복지'를 추구했는데, 이는 국민기초생활법에 의한 자활 지원과 비슷한 맥락으로 이해할 수 있다. 마지막으로, '삶의 질 향상을 위한 기반 조성'의 일환으로 진행된 복지가 있다. 국민 개인이 노동을 통해 생산성에 기여하고, 삶을 영위하는 과정에서 삶의 질을 향상하겠다는 의지의 표현이었다. 평생 교육을 지향하는 열린 교육 시도와 평생 건강관리체계의 기반 구축 정책이 해당 목표 아래 진행되었다.

김대중 정부가 추진한 '생산적 복지'는 등장 배경과 추구하는 가치에 비추어 충분히 이상적인 국정 기조였다. 문제는 이를 현실화하는 데에 분명한 한계가 존재했다는 점이다. '생산적 복지'라는 단어가 가진 기본적인 모순에서 기인한다고도 할 수 있다. 이에, 긍정적인 평가도 존재하지만 비판적인 견해 역시 상당함을 확인할 수 있다.

가장 대표적인 비판은 생산적 복지가 추진되는 과정에서 해당 기조를 정책으로 현현하는 과정에 관한 심도 있는 학술 연구와 이론 검토가 선행되지 못했다는 점이다. 이를 단편적으로 보여주는 사례는 생산적 복지라는 하나의 개념을 향해 정부 내 부처들이 각기 다른 정의를 내린 것이다. 1999년 보건복지부는 생산적 복지에 관해 "모든 국민이 인간적 존엄성과 자긍심을 유

438 박종관 (2005).

지하도록 취약계층의 기초적 생활을 보장함과 동시에 적극적으로 경제, 사회 활동에 참여할 기회를 확대하여 스스로 자립할 수 있게 하고, 일을 통해 구조적 빈곤을 치유하기 위한 적극적 사회 정책"이자 "참여민주주의, 자율적 시장경제와 함께 21세기 통합적 선진화를 만들기 위한 국민의 정부 국정 이념"이라고 발표한 바 있다.[439] 대통령비서실 산하 삶의 질 향상 위원회는 같은 개념을 "국민의 인간적 존엄성과 자긍심을 유지"하는 것 정도로 정의했다.[440] 한편, 대통령 자문정책위원회는 "인간 개발을 통한 능력 향상"이라는 정의를 내렸고,[441] 재정경제부에서는 "공동체 내에서의 삶의 의미를 확인하고 국가 생산성과 국민 복지를 동시에 향상하는 것"이라고 정의 내렸다.[442]

학자들도 각기 다른 평가를 내린 바 있다.[443] 김진수는 성장 논리나 경제 우선에 기초한 시각에서 생산성 향상을 꾀하기 위한 복지 방향성으로 정의 내렸다. 류진석은 생산적 복지의 범위에 관해 '생산적 사회복지 정책'으로 규정하며 복지급여의 오용과 낭비를 막고 근로 유인을 고취하는 정책이라고 평가했다. 주성수는 생산적 복지 논의의 범위를 '실업자 및 사회 배제층의 생계를 보장하고, 노동 유연성을 확보함으로써 고용 안정을 꾀하는 것'이라고 보았고, 이러한 관점에서 생산적 복지를 실업 대책이자 국제 경쟁력 강화의 일환으로 해석하였다. 주진영은 '기초적인 생계보장제도와 적극적 노동시장 정책'의 범위에서 생산적 복지 정책이 기초생활을 보장하고 고용 인프라를 구축하며 취약 집단을 위한 보편적 가족 서비스를 제공하는 것으로 보았다. 남구현은 '노동을 위한 복지'의 차원에서 생산적 복지가 경제와 복지의 통합적 사고에 기초한다고 보았으며, 이는 제3의 길과도 일맥상통한다고

---

439   NA, "<8.15 경축사> 생산적 복지체제의 내용과 방향" 『조선일보』 (1999년 8월 15일), https://biz.chosun.com/site/data/html_dir/1999/08/15/1999081570033.html.
440   박종관 (2005), p. 194.
441   박종관 (2005), p. 194.
442   박종관 (2005), p. 194.
443   박종관 (2005), p. 195.

평가했다. 정경배는 고용의 증대와 분배의 개선이 조화를 이룬다는 관점에서 생산적 복지를 삶의 질에 대한 권리 보장이라고 파악했다.

이장원 또한 생산적 복지가 제3의 길과 같은 배경을 가졌다고 언급했는데,[444] 시장과 복지라는 양극론에서 벗어난 중도 통합적인 노선이라고 평가했다. 그는 단순한 재분배적 차원의 사회복지에서 수요자 자활을 촉진하는 생산성 추구 방향으로 재편된 복지 시스템을 통해 생산 과정에 참여하는 국민들의 삶의 질이 높아질 것이라고 판단했다. 이장원이 해석하는 생산적 복지는 단순한 시혜적 복지를 넘어선 차원의 적극적 복지이자, 민주주의와 시장경제가 지속적으로 발전하기 위한 사회 인프라 확충을 위한 과정이었다. 반면, 성경륭은 생산적 복지라는 개념이 가진 근본적인 모순을 지적했다.[445] 성경륭에 따르면, 생산적 복지는 시장과 복지 사이에 존재하는 잠재적 긴장 관계를 극복해 양자를 화해시키고 선순환적 관계를 가질 수 있도록 하는 형태의 복지를 규정한다. 그러나 실상 시장과 복지의 좋은 점만 언급하고 연결하고자 하는 형태의 복지를 통해서는 근본적인 모순 관계의 해소가 어렵다는 점 또한 지적했다. 그는 생산적 복지를 '이상이나 수사적 측면에서는 이해할 수 있으나 근본적으로 한계가 존재하는 개념'으로 보았다. '시장의 생산적 복지 기능'을 살린다거나 '복지 친화적인 시장 제도'를 만드는 것은 그 자체로 모순이 존재하는 개념이라는 것이다. 송호근은 성장 기여적이고 시장 친화적인 사회정책의 한국적 모델로서 생산적 복지 개념을 평가했다.[446] 그에게 생산적 복지는 유럽식 사회복지 모델이 가진 한계인 '성장 저해 요인'을 피하면서도 인적자원을 개발하여 모든 계층이 시장에서 경쟁력을 가질 수 있도록 배양하는 것에 초점을 둔 '근로연계복지'였다.

최대한 간략히 언급하고자 하였으나, 정부 부처들은 물론 학자들 간 개념이 가진 범위와 의미, 성격이 통일되지 않는 것으로 미루어볼 때, 김대중

---

444   박종관 (2005).
445   박종관 (2005).
446   박종관 (2005).

정부가 국정기조로 삼아 추진하고자 했던 '생산적 복지'가 충분한 논의에 기반하지 못한 것을 확인할 수 있다.

생산적 복지의 추진 과정에는 비단 학계 및 실무진의 숙의만 결여된 것이 아니었다. 생산적 복지 추진 과정에는 '적극적 복지 체제'에 관한 충분한 사회적 합의가 뒷받침되지 않았다.[447] 이미 정부에 의한 구조조정이 실시되어 수많은 실업자가 배태되고, 노동자는 만성적 고용 불안에 시달리는 상황에서 인적 자원 개발을 통한 고용 안정, 일자리 창출 등의 목표가 달성되기는 어려웠다. 또한 국민의 기본적 생활을 보장하기 위해 실시된 국민기초생활보장 정책의 경우 구조조정의 여파로 극빈층이 된 약 135만여 명에게는 분명히 기초 생활 보장을 위해 필요한 지원을 제공하는 듯 보였다. 그러나 규모상 극빈층 인구의 2.5배에 달하는 준극빈층을 향한 지원이 미비했다는 지적과 극빈층의 경우 보충급여 형식으로 지원이 이뤄졌기 때문에 근로 의욕 고취에 한계가 있었다는 지적이 존재한다. 고용보험의 제공은 실업자의 도덕적 해이를, 기초생활보장제도의 보충급여 방식은 극빈층의 도덕적 해이를 야기했다는 것이다.[448]

생산적 복지에 관하여는 앞서 살펴본 바와 같이 다양한 비판이 존재하지만, IMF 구제금융의 여파를 딛고 구조조정 과정에서 밀려난 이들을 향한 사회보장시스템을 제공하고자 했다는 점은 긍정적으로 평가할 만하다. 또한, 김대중 정부의 생산적 복지 시도 이후 한국 경제에 '복지'에 관한 인식이 전 사회적으로 제고되었다는 점 자체로도 충분한 의의를 찾을 수 있다.

3.3. 격차사회 논쟁

1) 대한민국 격차사회 현황과 함의

"대한민국 완전히 망했네요." 미국 캘리포니아 대학교의 명예교수 조앤 윌리엄스(Joan Williams)가 2023년 EBS의 한 프로그램에 출연해 0.78명에 그

---

447   박종관 (2005).
448   박종관 (2005).

친 한국의 합계 출산율을 겨냥해 내린 충격적인 평가다.[449] 윌리엄스 교수는 아이를 키우기 어려운 노동시장 환경이 한국사회 저출생의 원인 중 하나임을 지목하며 저출생 상황을 향한 우려를 표했다. 그는 물질적 풍요만을 고집하는 면모가 저출생 현상을 심화시킨 것이라고 지적했다. 물리적 성공이 우선인 사회에서 자신의 사회적 성공을 뒤로하고 출산을 선택할 여성이 많지 않다는 것이다. 대한민국 경제를 바라보는 해외 지식인의 평가에는 뼈 아픈 지점이 담겨 있다.

"나는 세계에서 가장 우울한 나라를 여행했다."[450] 베스트셀러 반열에 오른 '신경끄기의 기술'의 저자 마크 맨슨(Mark Manson)이 한국을 여행한 이후 자신의 SNS에 게재한 영상의 제목이다. 그는 유교의 비교문화와 자본주의의 물질주의가 결합한 사고가 한국인의 정신 건강을 해치고 있음을 역설했다. 가족과 지역사회를 아우르는 범위에서 친밀감을 형성하며 살아갈 수 있다는 유교의 장점과 자기표현 능력과 개인주의 문화로 대표되는 자본주의의 장점이 분명히 존재함에도, 한국 사회에서는 양자의 부정적인 측면이 극대화되고 있다는 것이다. 2018~2020년 기준 OECD 회원국 중 자살률 압도적 1위라는 암울한 통계는 마크 맨슨의 평가에 설득력을 싣는다.

이와 같이 외부에서 바라본 대한민국은 비교문화와 물질주의, 그리고 그것에서 배태한 양극화와 높은 자살률, 그리고 저출생까지 이어지는 다양한 사회 문제를 안고 있다. 그렇다면 내부의 시선에서 대한민국은 어떻게 평가될 수 있을까?

〈그림 25〉에서 확인할 수 있듯이 2014년부터 2023년까지 대한민국의 1인당 국민 총소득은 꾸준히 증가하는 경향을 보이고 있다. 물론 코로나-19 바이러스 팬데믹 시기를 거치는 동안 1인당 국민 총소득이 감소하기도 하였다. 그러나 단기간 내 반등하며 1인당 국민 총소득 지표는 꾸준히 상승하는

449   신현보, "전쟁 없이 어떻게 이런 일이…한국 심각한 상황에 '경악'" 『한국경제신문』 (2024년 5월 30일), https://www.hankyung.com/article/2024053032577.

450   맹성규, "한국은 세계에서 가장 우울한 나라"…미국 유명 작가의 솔직한 여행기," 『매일경제』 (2024년 1월 28일), https://www.mk.co.kr/news/society/10931121.

양상을 보인다. 그렇다면, 이와 같은 1인당 국민 총소득 증가 경향은 전반적인 국민의 삶의 질 증진에 기여했다고 볼 수 있을까? 다음 살펴볼 지표에 미루어 볼 때, 해당 질문을 겨냥한 답을 구성할 수 있을 것이다.

2024년 5월 발표된 통계청의 가계 동향 조사는 대한민국 사회 내부의 문제점을 면밀히 확인할 수 있는 근거를 제시한다.[451] 2024년 1분기 기준 소득 하위 20%에 해당하는 소득 1분위 전체 가구의 소득액 평균은 115만7,000원이다. 1분위 가구는 기본적인 소득에 보조금 등 이전 소득을 더한 금액에서 총 151만4,000원을 소비했다. 소득 하위 20%에 해당하는 1분위 가구의 지출액 151만 원 중 오락과 문화를 위한 지출은 6만8,000원 정도에 해당했고, 100만 원에 가까운 금액은 의식주, 의료 등 필수적인 분야에의 지출이었다. 그뿐 아니라, 소득 1분위 가구는 월평균 35만 원 이상 적자를 감당하고 있었다. 반면 소득 상위 20%에 해당하는 5분위 가구의 경우 월평균 대략 1,130만 원에 달하는 소득을 얻고 있었다.[452] 5분위 가구는 월평균 500만 원가량의 비용을 생계와 문화를 위해 지출했는데 그 중 의식주와 의료 등을 위한 필수 분야 지출은 290만 원에 해당했다. 단순히 소득을 기준으로 비교했을 때는 양자 간 격차가 약 10배에 달함을 확인할 수 있는 대목이다.

451   통계청, "가구당 월평균 가계수지 (전국, 1인 이상)," 국가통계포털 (2024. 05). https://ko-sis.kr/statHtml/statHtml.do?orgId=101&tblId=DT_1L9U001&vw_cd=MT_ZTITLE&list_id=G_A_10_003_001&scrId=&seqNo=&lang_mode=ko&obj_var_id=&itm_id=&conn_path=K2&path=%252Fcommon%252Fmeta_onedepth.jsp.

452   통계청, "가구당 월평균 가계수지 (전국, 1인 이상)," 국가통계포털.

그림 25 | 2014~2023년 1인당 국민총소득

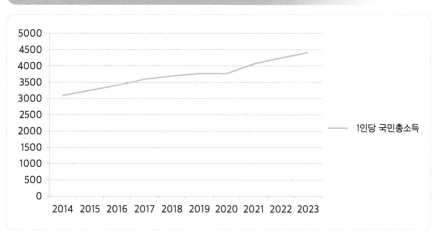

소득 하위 20%에 해당하는 1분위 가구와 소득 상위 20%에 해당하는 5분위 가구의 처분가능소득의 배율을 계산한 지표로서 소득 양극화의 정도를 확인할 수 있는 '처분가능소득 5분위 배율'을 보면 양자 간 차이를 보다 뚜렷하게 확인할 수 있다. 통계청 자료에 의하면, 2024년 1분기의 '1인 가구 이상 균등화 처분가능소득 5분위 배율'은 5.98배다. 시장 소득에서 세금 등 공적 이전 지출을 제하고 보조금 등 공적 이전 소득을 더한 금액인 처분 가능 소득은 가구가 실질적으로 활용할 수 있는 소득을 파악하게 해준다는 점에서 실질적 의미를 지닌다. '약 6배'라는 2024년 1분기의 처분가능소득 기준 소득 상위 20%와 소득 하위 20%의 배율은 해당 지표에 관한 유의미한 통계가 발표되기 시작한 2013년 1분기와 비교했을 때 큰 차이가 나지 않는다.[453] 2013년 1분기의 경우 처분가능소득 5분위 배율이 약 6.4배에 달한다.

앞서 살펴본 두 지표의 분석을 종합하면, 10년에 달하는 시간 동안 대한민국 경제의 1인당 국민총소득은 계속해서 증가하는 양상으로 변화가 이뤄졌음을 확인할 수 있다. 그러나 총소득이 증가함에 따른 소득 분배 구조의

453   홍성국, "브라만 자본주의는 지속 가능할까?" 『한국일보』 (2024년 5월 30일), https://www.han-kookilbo.com/News/Read/A2024052714290005043?did=NA.

변화는 크게 이뤄지지 않은 것으로 보인다. 2013년부터 2024년에 이르는 기간 동안 소득 5분위 배율이 5~6배 선에서 증가와 감소를 거듭하며 고착되어 있다는 사실이 이를 뒷받침한다.

고착화된 소득 격차는 오늘날 우리 사회의 구석구석에서 다양한 형태로 자신의 존재감을 드러내고 있다. 구성원의 인식에서부터 실제 사회문제의 원인으로 발현되는 과정까지를 포괄한다. 구체적으로 좁은 범위에서는 주거지의 형태와 소유 형태를 기반으로 한 주거 관련 격차, 대기업과 중소기업 간 임금 및 복지 조건에서 나타나는 격차 등 실생활에서 확인이 쉬운 격차부터 격차사회의 압박을 이기기 어려워 청년층이 결혼과 출산을 포기하면서 나타나는 저출생 및 고령화 문제까지 넓은 스펙트럼에서 기형적 상황을 만들고 있다고 할 것이다.

이상의 논의를 종합할 때, 한국 사회는 '격차사회'라는 표어로 요약 가능하다. 격차사회란 "중산층이 붕괴되는 과정에서 나타난 일본형 경제 양극화 및 사회 양극화" 현상을 일컫는 표현이다.[454] 오늘날 한국 사회 내에는 앞서 간략히 언급한 바와 같이 직종 간 임금 및 인식 격차, 지역 간 경제 및 사회 인프라 격차, 젠더 간 경제 및 사회적 격차, 세대 간 격차 등 다양한 범위의 격차가 두드러지게 나타나고 있다. 이처럼 누적된 다양한 범위의 격차로 미루어 볼 때, 한국 사회를 '다층·다중 격차사회'라고 칭하는 것이 과언이 아닌 상황이다.

한국 사회 내 곳곳에서 발견되는 격차는 쉽사리 해소되기 어려운 양상으로 고착화되고 있다. 각 영역의 격차를 줄일 수 있는 이동성을 확보하는 것이 어렵기 때문이다. 이동성 확보의 난항은 개인에게 사회적 이동성을 담보하거나 적어도 사회적 이동에 관한 희망을 품을 수 있게 하는 요소가 사회적으로 적절히 분배되어 있지 않은 상황에 기인한다. 해당 요소는 크게 세 가지로 구분 가능하다.[455] 소득과 자산 등에 해당하는 경제 자본, 사회적 성공

---

454 격차사회, 매일경제, https://terms.naver.com/entry.naver?docId=12563&cid=43659&category-
　　　 ryId=43659.

455 김희삼, "다중격차와 사회통합의 다중장벽: 경제자본, 인적자본, 사회자본의 동조성," 『한국사회보

을 위해 개인이 발휘할 수 있는 교육 수준 등의 역량을 의미하는 인적 자본, 사회적 연결망을 통해 경제적·인적 자본 결여 시 도움을 받을 수 있거나 이익을 얻을 수 있도록 하는 사회적 자본이 그것이다.

세 가지 요소 모두 국가의 경제성장과 사회의 발전에 이바지하면서 개인의 사회적 성공에도 기여할 수 있다는 공통된 특성을 내포하고 있다. 예컨대 경제 자본은 해당 자본을 활용해 임대, 대출, 투자 등 생산요소 시장 공급 제공이 가능하다. 이때 자본 소유자는 이자 소득 등을 통해 자본 축적을 늘릴 수 있다. 인적 자본은 인적 자본을 활용한 기술 개발, 진보 등을 통해 국가 경제의 생산성 제고와 개인의 자아실현, 경제적 성공 등을 제공할 수 있다. 사회적 자본의 경우, 인적 자본과 경제 자본이 부족한 상황에서 개인의 사회적 성공 가능성을 높이거나 인적 자본 및 경제 자본의 부존량을 겨냥한 효율 극대화 추구를 돕는다. 개인과 개인 간의 신뢰에 해당하는 사회적 자본이 풍족할 경우 사회 통합 가능성이 증대된다는 점에서 사회적으로도 실익이 있다.[456]

경제 자본, 인적 자본, 사회적 자본이 사회 각 구성원에게 고르게 분배되어 있다면 사회적 이동성 담보 및 사회적 이동성에 관한 희망이 다소 높은 수준으로 유지될 수 있다. 경제 자본이 부족하더라도 인적 자본과 사회적 자본을 활용해 사회적 성공을 꾀하거나, 인적 자본의 부족을 사회적 자본과 경제적 자본으로 상쇄하여 저소득 및 저학력 계층이 사회 이동을 꾀할 수 있기 때문이다. 그러나 해당 자본이 고르게 분배되어 있지 않고 특정 집단에 편중되어 있다면 사회적 이동성에 관한 전망은 부정적으로 변하게 된다. 경제 자본, 인적 자본, 사회적 자본이 한 집단에 편중된 경우, 혹은 특정 자본이 다른 자본들의 독점적 소유까지 보장하는 방향으로 사회적 분위기가 조성된다면 사회적 이동성을 향한 기대는 낮은 수준에 머무를 수밖에 없을 것이다.

사회적 자본이 고르게 분배되어 있다면, 비록 가난한 환경 속에 성장하

장학회 정기학술발표논문집』 제1호 (2017), p. 556.

456   김희삼 (2017), p. 557.

는 경우라고 하더라도 인적 자본과 사회적 자본을 활용해 성공을 노릴 수 있다. 흔히 '개천에서 용 난다'라고 표현하는 바와 같이 학업을 통해 가난을 이겨내고 스스로 성공을 개척하는 경우가 이에 해당한다. 또한, 경제적 자본과 인적 자본이 없는 극단적 경우라고 하더라도 사회적 자본을 통해 행복한 삶을 영위할 수 있기도 하다. 인맥, 이웃과의 소통 등을 활용해 사회적으로 행복한 삶을 영위할 가능성이 있는 것이다. 반면, 자본이 일부 계층에 극단적으로 치우쳐 있는 경우 혹은 특정 자본이 다른 유형의 자본의 독점적 소유를 가능하게 하는 기능을 하는 경우에는 소득 상위 계층에 해당하는 부모가 자녀의 학업 수준에 긍정적 영향을 미칠 수 있는 사교육과 가정교육을 제공함으로써 인적 자본을 확충하고, 부모의 사회적 지위를 이용한 사회적 자본으로 부의 대물림을 추구하게 된다. 이처럼 세 가지 유형의 자본이 편중되어 있다면, 상속과 증여 등의 노골적인 방법을 통하지 않고서도 부모 세대의 계층이 자녀 세대에 전해질 수 있다. 또한 사교육 등과 같이 경제 자본이 인적 자본의 형성에 커다란 영향을 미치는 경우와 자녀의 진로 문제에 긍정적 형태로 개입할 수 있는 부모의 사회 자본이 두터운 경우 각 자본 유형 간 동조성이 발현되어 계층 고착화에 기여가 가능하다.

요컨대, 앞서 살펴본 세 가지 유형의 자본이 서로 밀접하게 관계하는 정도에 따라 사회적 이동 가능성 및 이동 가능성을 향한 기대가 좌우될 수 있다. 대한민국 사회 내 경제 자본, 인적 자본, 사회 자본 간 높은 수준의 동조성을 가지고 있다는 것이다.[457] 한국노동패널의 자료를 이용해 2000년대 이후 세대의 소득 이동성 추이를 분석한 한국개발연구원 김용성의 연구에 의하면, 대한민국 사회 소득 이동성은 2000년대 이후 대체로 낮아지는 양향을 보였다.[458] 그리고 이러한 이동성 약화 현상은 고학력 계층보다 저학력 계층에서 두드러졌다. 고졸 이하 학력 계층의 소득 이동성과 대졸 이상 학력 계층의 소득 이동성을 비교했을 때, 2001~2005년에는 대졸 이상 학력보다 고

---

457 김희삼 (2017), p. 572.

458 김용성·이주호, "인적자본정책의 새로운 방향에 대한 종합연구," 『KDI 연구보고서』 (2014),

졸 이하 학력에서 소득 이동성이 높았으나, 2007~2011년에 와서는 양자가 역전되는 양상을 보였다는 사실이 이를 지지한다.

이와 같은 경제 자본, 인적 자본, 사회적 자본 사이의 동조성이 높은 대한민국의 사회적 특성은 오늘날 나타나고 있는 다양한 분야의 격차의 원인과도 깊이 연관되어 있음을 보여준다. IMF 금융위기 이후 심화된 대기업과 중소기업 간, 관리직 및 사무직과 생산직 간 근로 조건 및 소득 양극화는 국민 경제 전반의 경제 자본 양극화로 이어졌다. 국내 전체 임금 근로자의 12%만이 대기업 정규직(260만 명)으로 근무하고, 나머지 88%는 중소기업, 비정규직 근로자(1936만 명)로 근무하고 있음을 상징하는 '12대 88 사회'라는 표현이 경제 자본 양극화를 잘 나타내고 있다.[459]

경제 자본의 양극화는 국민 개인의 삶의 질에 절대적인 영향을 미치는 것에 그치지 않고, 인적 자본과 사회적 자본 형성에 기여한다. 개인은 12대 88로 나뉜 노동시장에서 상위 계층에 진입하기 위해 인적 자본 형성에 매몰되기 쉽다. 경제 자본이 부족하다 하더라도 인적 자본과 사회적 자본의 형성을 통한 사회적 성공을 추구하기 위해 조금이라도 사회적 인프라가 더 많이 갖추어진 곳에 거주하고자 한다. 경제 자본, 인적 자본, 사회적 자본의 형성이 유기적으로 연결된 형태로 진행되므로 요소들 가운데 부족한 부분을 느끼는 개인은 이를 채우기 위해 삶에서 추구할 수 있는 다른 욕구들을 포기하기도 한다. 이러한 기조는 소셜미디어의 발달로 대표되는 '디지털 네이티브' 세대에서 더 두드러지게 나타나고 있다.[460]

다시 말하자면, 경제 자본, 인적 자본, 사회적 자본이 동조성을 갖춘 채로 고착화된 오늘날 대한민국 사회에서 사회 구성원 개인은 마크 맨슨이 언급한 바와 같은 '비교문화'를 통해 자신이 가지지 못한 것을 확인하며 박탈감

---

459 특별취재팀, "中企 직원 '여기선 결혼도 출산도 모두 불가능할 것 같아'" 『조선일보』 (2024년 3월 6일), https://www.chosun.com/national/national_general/2024/03/06/Q5WBSAOVZ-BHN5DJO4FSDXEQPRY/.

460 장나연, 주진영, 신규리, "MZ세대의 자기애성향, SNS 이용동기, 과시적 여가소비의 관계," 『한국여가레크리에이션학회지』 제46권 제3호 (2022), pp. 53-64.

을 느끼게 된다. 경제 자본을 충분히 갖추지 못한 이의 경우 경제 자본이 충분히 갖추어진 이들에 비해 인적 자본 축적을 위해 지불할 수 있는 비용의 크기가 작아 계속해서 주어진 계층에 머무르게 되는 것이다. 또한, 위 요소 중 결여된 부분이 있음을 심각하게 느끼는 청년층은 결혼과 육아, 출산 등 개인의 인생에서 '행복'의 근원으로 작용할 수 있는 요소들을 하나둘 포기하며 '확실하게' 누릴 수 있는 작은 행복에 안주하게 되는 것이다.

수도권 상위 대학 및 의과대학에 입학하기 위한 입시 전쟁, 전문직 자격 획득을 위한 수험 경쟁, 결혼과 출산을 멀리하거나 포기하게 된 청년세대의 인식 변화, 그로 인한 저출산과 고령화, 심화하는 수도권−지역 격차 및 지방 소멸 등 한국 사회 전반에 시한폭탄처럼 깔린 문제들은 사실상 같은 뿌리에 기인한다고 볼 수 있다.

그러므로 현재 발생하고 있는 대한민국 사회의 다양한 문제를 별개의 맥락에서 해결하고자 시도하는 것은 임시방편이 될 수는 있을지언정 근본적인 해결책이 될 수는 없다. 일례로 저출산 문제 해결을 위한 현금성 지원을 떠올려 볼 수 있다. 2024년 5월 1일 발표된 국민권익위원회의 대국민 온라인 설문조사 결과에 따르면, "정부가 1자녀 1억 원을 직접 지원한다면 아이를 낳게 하는 동기 부여가 되겠느냐"는 질문에 "된다"고 응답한 비율이 62.6%에 이르렀다.[461] 2024년 3월 17일부터 26일까지 불특정 다수의 국민 1만 3,640명을 대상으로 이뤄진 설문조사에서는 저출산 극복을 위한 현금성 지원의 효과를 긍정적으로 평가한 것이다.

물론 절대적인 비용 문제를 우려해 출산을 미루거나 포기하는 이들에게 해당 정책이 일부 효과를 낼 수 있음을 부정할 수는 없다. 그러나 실질적으로 정책이 적용되는 과정을 고려할 때 수반되는 비용을 고려한다면 정책이 실제 어떤 효과를 낼 수 있을 것인지에 관한 충분한 검토와 사회적 합의가 필요할 것이다. 이 장의 앞선 논의에 비추어 해당 정책을 평가한다면, 1억

---

461   공성윤, "'저출산 정책 접고 1억 달라'…정부 딜레마 빠뜨린 국민," 『시사저널』 (2024년 5월 3일), https://www.sisajournal.com/news/articleView.html?idxno=290059.

원을 단기적으로 제공하거나 장기적으로 나누어 제공하는 방향으로 제공하는 방식으로 경제 자본을 확충한다고 하더라도, 그것이 개인의 사회적 성공 확률을 높은 수준으로 담보하지 않는다면 큰 의미를 찾을 수 없다는 분석이 가능하다. 경제 자본과 인적 자본, 사회적 자본의 동조성을 고려한다면, 특정한 현금성 지원이 개인에게 단기적 위안의 차원을 넘은 사회적 성공 의지를 제시하는가는 별개의 문제로 봐야 하기 때문이다. 결론적으로, 넓은 범위의 사회 격차가 융합된 다중격차의 형식으로 발현되고 있는 21세기 한국 사회에서 사회 격차를 줄이고 통합을 만들어내기 위해서는 현재 논의되고 있는 단편적 해결책을 넘어 상황을 유기적으로 바라보고 해석할 수 있는 시각이 긴요하다.

2) 노동시장 이중구조 논쟁

대한민국 노동시장은 분절되어 있다. 고속 성장을 구가하던 시기를 거쳐 경제위기를 맞게 되며 노동시장 분절이 본격화되었다. 근로가 최고의 복지이던 '한강의 기적' 시대가 지나 IMF 구제금융기를 마주하며 한국 경제 체질 변화가 시작된 것이다. IMF는 구제금융의 제공과 함께 한국 경제 체질 개선을 위한 다양한 개혁 조건을 제시하였는데, 세계화 시대에 발맞추어 한국경제를 개방하고 노동 유연화 등 신자유주의적 요소를 반영한 변화를 가져오는 것이 주요한 내용이었다. IMF 체제로부터 조기 졸업하기 위해 노력했던 김대중 정부는 국가 경제의 총체적 생존을 위해 불가피하게 노동 유연화 등을 추진했다. 그 결과 IMF 체제에서 목표 시점에 비해 빠르게 벗어날 수 있었으나 대규모 실업자가 양산되고 직장을 유지한 근로자라도 만성적 고용불안을 겪어야 했다. 노동 유연화가 큰 흐름이 되며 각 기업은 인건비 절감을 위해 비정규직 고용 시스템을 확대했고, 이 과정에서 원청과 하청 사이, 정규직과 비정규직 사이의 임금 격차와 복지 수준 격차가 본격화되었다.

분절된 한국의 노동시장 구조는 흔히 '노동시장 이중구조'로 불린다. 노동시장 이중구조란 노동시장이 대기업, 정규직, 고임금의 근로자로 구성된 1차 노동시장과 중소기업, 비정규직, 저임금의 근로자로 구성된 2차 노동시장으로 구분된 현상을 말한다.[462] 노동시장의 분절은 그 자체로 위협적인 상황은 아니다. 노동시장이 이중구조 형태로 분절되어 있다고 하더라도 노동 간 이동성이 담보된다면 노동시장 이중구조 자체가 지나치게 경직되어 고착화되는 현상은 일어나지 않을 수 있기 때문이다. 그러나 대한민국 노동시장의 경우 1차 시장 일자리가 상당히 협소하게 형성되어 있음에 따라 노동시장 간 이동성이 충분히 담보되지 못하는 경향이 있다. 비정규직의 정규직화가 어렵고, 중소기업과 대기업 사이 이동이 자유롭지 않다는 것을 의미한다.[463] 2022년 통계청 발표에 따른 노동시장 이중구조에 따른 대기업과 중소기업 종사자의 임금 격차는 〈그림 26〉과 같다.

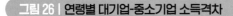

그림 26 | 연령별 대기업-중소기업 소득격차

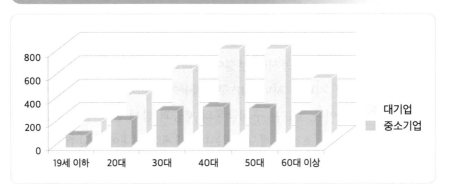

    19세 이하 노동자의 경우 중소기업 종사자의 월평균 임금은 84만 원인 것에 비해 대기업 종사자의 월평균 임금은 104만 원으로 다른 연령대에 비해서 큰 차이가 보이지는 않는다. 그러나, 20대 이후부터는 그 차이가 두드러지기 시작한다. 20대의 경우 중소기업 종사자는 월평균 215만 원의 소득을 얻을 수 있지만, 대기업 종사자는 340만 원의 소득을 얻는다. 30대의 경

---

462 이호연, 양재진, "퍼지셋 분석을 통해 본 한국 노동시장의 이중구조와 불안정 노동자," 『한국정책학회보』 제26권 제4호 (2017), pp. 65-104.

463 이호연, 양재진 (2017).

우 중소기업 종사자의 월평균 소득이 300만 원인데 비하여 대기업 종사자의 월평균 소득은 555만 원에 달한다. 40대에 이르면 중소기업과 대기업의 월평균 임금 격차가 2배 이상에 이른다. 중소기업 종사자의 월평균 소득은 332만 원으로 30대와 별반 차이가 나지 않지만, 대기업 종사자는 월평균 728만 원의 소득을 얻는다. 50대에 이르러서는 중소기업 종사자의 월평균 소득이 소폭 하락한 316만 원에 그치며 728만 원으로 월평균 소득이 유지된 대기업 종사자와 더 큰 격차가 발생한다. 다수 근로자가 정년을 맞이하는 60대 이상 연령층에서는 중소기업과 대기업 모두 직전 시기보다는 소득이 줄어들지만 양자 간 차이는 여전히 1.5배에 달한다.

한국 노동 시장의 이중 구조를 단편적으로 보여주는 사례는 다음과 같다. 경남 거제의 한 조선업체에서 근무하는 50대 A씨는 상고를 졸업해 1989년 용접 일을 처음 접했다.[464] A씨가 처음 용접 일을 시작하던 시기 조선 업계는 활황이었기에 A씨가 원청에 근무하는지 하청에 근무하는지는 근무 여건 및 임금과 큰 관련이 없었다. 오히려 더 좋은 조건을 제시하는 하청 업체가 있으면, 자신이 가진 기술을 활용해 더 많은 임금과 복지를 누릴 수 있었다. 당시 A씨는 더 좋은 조건을 제시하는 하청 업체로 이직해 가족을 부양했다. 그러나 1997년 외환위기 이후 다양한 경제 위기를 거치며 원청과 하청의 위상에는 급격한 변화가 생겼다. 조선 대기업의 경우 경제 위기를 직면하더라도 직원들의 임금을 호봉제 형태로 유지해주는 측면이 있었다. 하지만 협력사의 경우 대기업 원청이 제공하던 기성금이 줄어 임금 보장이 어려웠다. 그 결과 하청 근로자의 임금이 원청 근로자의 50~70% 수준으로 떨어지게 됐다. 담당 업무를 면밀히 살펴보면, 원청 근로자의 경우 실내 작업 위주의 간접생산이 이뤄지고 있으나 하청 근로자의 경우 야외 위주의 고위험 및 고난도 작업이 이뤄지고 있다. 이와 같은 근로 조건 차이를 반영할 때, 양자 간 임금 격차는 합리적이지 못하다 할 것이다. 2024년 기준 조선업 하청 업

---

464 특별취재팀, "정규직 용접공 8700만원, 하청 4500만원…위기 때마다 하청만 깎여," 『조선일보』 (2024년 3월 6일), https://www.chosun.com/national/national_general/2024/03/05/OMUK4XYVRVALFB2GXWBJAUNCEI/.

체에 근무하는 A씨의 연봉은 세전 4,500만 원 안팎에 그치나, 비슷한 경로로 조선업 관련 진로를 시작해 현재 원청에서 근로하는 B씨의 임금이 8,700만 원 안팎에 이른다는 사실은 분절된 노동시장을 잘 보여주고 있다.

　노동시장 이중구조 내에서 1차 노동시장과 2차 노동시장 사이에 존재하는 격차는 임금에만 한정된 것이 아니다. 출산 휴가, 연차, 가산 수당 등 복리 후생을 위한 제도 보장 여부에도 큰 차이를 보인다. 2020년대에 이르러서도 대한민국 사회 내 다수 중소기업은 출산 휴가와 육아 휴직 등 법으로 보장된 복지조차 제대로 활용하지 못하는 경우가 많다.[465] 인력 부족이 주된 원인이다. 2022년 기준 육아 휴직을 사용한 부모의 60~70%가 300인 이상 대기업에 속한 근로자라는 통계가 존재한다.[466] 중소기업-비정규직 근로자가 한국 사회 근로자의 88%를 차지하고 있다는 점을 감안할 때, 여전히 다수의 근로자가 육아 휴직 및 출산 휴가 제도를 적시에 활용하지 못하고 있는 것으로 추론할 수 있다. 부경대학교 문영만 교수가 분석한 결과에 따르면, 2021년 기준 대기업 가구주는 평균적으로 1.34명의 자녀를 두지만, 중소기업 가구주는 평균 1.02명의 자녀를 두고 있다. 임금 격차가 주된 원인일 수 있겠으나, 관련하여 육아 휴직 및 출산 휴가 등의 복지 조건도 영향을 미친다고 보는 것이 타당할 것이다.[467]

　임금과 복지 조건 등에서 극단적인 차이가 존재하는 분절된 노동시장 구조가 고착화되면서 한국 사회는 또 다른 문제에 직면하게 되었다. 바로 '니트족(NEET族; Not in Education, Employment or Training族)'의 증가다. 니트족이란 일이나 교육을 받고 있지 않은 상태이며, 일할 의지를 가지지 않은 청년 무

---

465   특별취재팀, "中企 직원 '여기선 결혼도 출산도 모두 불가능할 것 같아'" 『조선일보』 (2024년 3월 6일), https://www.chosun.com/national/national_general/2024/03/06/Q5WBSAOVZ-BHN5DJO4FSDXEQPRY/.

466   박지운, "육아휴직도 양극화…중소기업엔 사용 쉽지 않아," 『연합뉴스TV』 (2024년 1월 21일), https://m.yonhapnewstv.co.kr/news/MYH20240121011500641.

467   특별취재팀, "中企 직원 '여기선 결혼도 출산도 모두 불가능할 것 같아'" 『조선일보』 (2024년 3월 6일).

직자를 지칭하는 신조어다.[468] 2021년 현대경제연구원이 발표한 '국내 니트
족 현황과 시사점' 보고서에 의하면, 2021년 기준 국내 니트족의 규모는 약
44만 명에 이른다.[469] 전체 청년층 중 대략 5%에 달하는 수준으로 국내 청년
(15세~29세 기준) 100명 중 5명은 일을 하지도 않고, 일할 의지도 갖지 않고
있다는 의미다. 니트족의 증가는 국가 경제를 지탱할 청년세대가 노동시장
으로부터 멀어진다는 점에서 경제 전반에 심각한 문제점을 야기할 수 있다.
우선, 청년층이 적절한 노동을 하지 않음으로써 경제적인 자립도가 떨어지
게 된다. 경제적 자립이 어려워지면 당연히 청년층의 결혼과 출산, 육아는
요원해진다. 이러한 현상이 지속적으로 축적된다면 결국 저출산 고령화의
문제와 직결되며 더 중대한 사회문제로 귀결될 가능성이 있다. 서울대학교
이재열 교수는 노동시장 이중구조와 관련된 언론 인터뷰를 통해 "우리나라
청년 니트족이 많은 것도 대기업-중소기업 격차가 원인"임을 지적한 바 있
다.[470] 저임금 직종에서 고임금 직종으로의 이동이 자유롭지 않은 대한민국
노동시장 구조의 특성상 청년층은 초반부터 중소기업보다는 대기업 취업을
선호하고, 그와 같은 목표를 달성하기 쉽지 않은 이유로 취업과 결혼을 미루
게 된다.[471] 결국 노동시장 이중구조의 문제가 저출산과 개인주의 심화의 문
제로 귀결되는 것이다.

'최저임금 인상' 문제 역시 노동시장 이중구조와 관련된 주요한 논쟁이
다. 최저임금이란 근로자가 일정 수준 이상의 삶을 유지할 수 있도록 최소
한 받아야 할 임금을 국가에서 강제하는 제도를 의미한다. 일종의 규제 정책
에 해당하는 최저임금 제도를 통해 저임금 근로자는 자신의 노동을 통해 최

---

468   니트족, 두산백과, https://terms.naver.com/entry.naver?docId=1233981&cid=40942&catego-ryId=31630.

469   박광원, "현경연, 국내 니트족 44만명...'정확한 분석과 정책적 배려 강화돼야'" 『파이낸셜 신문』 (2021년 3월 22일), https://www.efnews.co.kr/news/articleView.html?idxno=89248.

470   특별취재팀, "중기 쥐어짜는 건 황금알 거위 배 가르는 것… 대기업 상생 시급," 『조선일보』 (2024년 3월 6일), https://www.chosun.com/national/national_general/2024/03/06/OB6VZDN-V6BBVRMPDH65M3QB2KU/.

471   특별취재팀, "중기 쥐어짜는 건 황금알 거위 배 가르는 것… 대기업 상생 시급," 『조선일보』 (2024년 3월 6일).

소한의 생활 수준을 보호받을 수 있다는 의의가 있다. 대한민국에서 최저임금제도는 1988년 처음 도입되어 2001년 5인 미만 사업장을 포함한 사업장 전체에 적용되기 시작했고, 점차 보장의 범위를 넓혀온 바 있다. 보장 범위의 확대는 주로 최저임금 인상의 형태로 이뤄졌는데, 이는 문재인 정부 시기 '소득주도성장' 논의와 맞물려 이른바 '최저임금 1만원'이라는 의제로 이슈가 되기도 했다.

최저임금제도와 관련하여 끊이지 않는 논쟁은 최저임금제도의 시행으로 인해 '일자리가 있는' 근로자의 생활수준은 보호될 수 있으나 최저임금 수준을 강제가 기업에 부담으로 작용해 오히려 근로자가 '일자리를 상실'하는 상황이 발생할 수 있다는 우려와 관련되어 있다. 이에 관하여 노벨경제학상 수상자인 데이비드 카드(David Card) 교수 등 해외 사례에 관하여는 실증 연구가 존재하지만, 한국 노동시장에 관한 연구는 부족한 실정이다.

하지만 유의미한 분석은 존재한다. 최저임금 인상과 일자리 감소에 관한 양지연 교수의 연구에 따르면 공식 부문[472] 일자리에서 최저임금 인상이 일자리 감소에 영향을 미치고 있음을 확인할 수 있다.[473] 공식 부문 종사자 중 저임금 근로자들의 동일 직장 유지율은 최저임금의 인상과 음의 상관관계를 가진다. 특히 공식 부문 일자리 종사자는 최저임금 인상이 발생할 경우 비자발적 실업으로 이어지는 경우가 많다. 이때 비상용직, 55세 이상, 비교적 저임금, 남성 등의 기준을 갖춘 근로자에게서 비자발적 실업의 결과가 더욱 두드러지게 나타나는 경향이 있다. 즉, 노동시장 이중구조로 인해 최저임금 정책이 실효를 발휘하지 못하는 상황이 발생할 수 있다는 것이다. 저임금 근로

---

472   비공식 부문 일자리를 제외한 근로자를 지칭한다. 여기서 비공식 부문 일자리의 일반적인 개념은 1993년 제15차 국제노동통계인총회에서 정립된 개념이다. 비공식 고용은 소규모 형태, 임시 고용, 혈연, 개인적, 사회적 관계에 기초한 고용을 일컫는다. 정의가 다소 불분명하기에 활용하는 이마다 다른 개념을 제시하기도 하지만, 대체로 사회보험 가입 여부 혹은 업체 크기를 기준으로 하는 것으로 이해할 수 있다. 양지연, "이중구조화된 노동시장에서 최저임금의 고용효과: 한국의 사례를 중심으로," 『노동정책연구』 제17권 제1호 (2017), p. 7 참조.

473   양지연, "이중구조화된 노동시장에서 최저임금의 고용효과: 한국의 사례를 중심으로," 『노동정책연구』 제17권 제1호 (2017), pp. 1-25.

자의 삶의 질을 보장하기 위한 정책이 오히려 사용자의 인건비 부담을 늘리고, 고용이 줄어드는 상황이 발생한다면 가장 먼저 고용시장에서 밀려나는 가장 약한 고리는 기존의 저임금 근로자이기 때문이다. 실제로 '소득주도성장'을 기반으로 문재인 정부 시기 급속하게 추진된 최저임금 인상의 여파로 2018년과 2019년에 걸쳐 감소한 자영업자 수가 이를 뒷받침하는 좋은 근거다. 통계에 따르면 최저임금이 16.4% 상승한 2018년의 경우, 자영업자 15만 9,000명의 감소가 이뤄졌다. 2019년에는 최저임금의 10.9% 상승과 자영업자 27만 7,000여 명 감소가 함께 일어났다.[474] 자영업자의 감소는 고용의 감소와 직결되는 사안이기 때문에 최저임금 상승과 자영업자 감소 간의 관계에도 주의를 기울여야 함을 알 수 있다. 더구나 확산 일로에 놓인 서빙 로봇과 테이블 오더 등 스마트 기술이 저임금 근로자의 자리를 대체하고 있는 상황을 통해 볼 때 최저임금 인상으로 인한 저임금 근로자의 비자발적 실업은 경시할만한 문제가 아니다.[475]

이러한 점을 고려할 때, 최저임금 인상을 위한 사회적 논의는 충분한 숙의를 거칠 필요가 있다. 그뿐만 아니라, 업종별 차등 적용 등을 검토함으로써 최저임금 인상이 사용자의 부담을 늘려 궁극적으로 일자리가 축소되는 현상을 방지하기 위한 노력이 필요하다.

3) 사교육 격차 논쟁

21세기 대한민국은 '전문직 공화국'이다. 정체된 국가 경제 성장률은 취업난을 가져왔고, IMF 이후 가속화된 노동시장 이중구조화는 청년층의 취업시장을 더 좁히는 결과로 이어졌다. 결국 취업 대신 다수가 전문직 시험에 매진하고 있다.[476] 2024년 기준 법무사, 노무사, 세무사 지원자 수가 역대 최

---

474   김성수, "'문고리'들이 눈과 귀를 가리면," 『국민일보』 (2022년 5월 16일), https://m.kmib.co.kr/view.asp?arcid=0924245512.

475   최준영, "최저임금의 역설⋯사람 대신 로봇 뽑는 골목상권," 『문화일보』 (2024년 5월 27일), https://www.munhwa.com/news/view.html?no=2024052701071707025001.

476   이진호, "'문과로 살아남기 힘들어요', 문과생들의 이탈과 전문직 쏠림 현상," 『매거진 한경』 (2024

고에 이르렀다는 통계가 이를 뒷받침한다.[477] 이와 같은 전문직 선호 풍조는 단지 청년세대만의 이야기가 아니다. 고등 교육이 서열화되고 지위재[478]화된 대한민국 사회에서 아이를 양육하는 다수 학부모는 자신의 자녀가 고소득 직종에 종사할 수 있도록 물심양면 지원을 아끼지 않는다.

자녀의 '의약학 계열 대학 진학'을 위해 초등학생 때부터 관리를 시작하는 '초등 의대반'이 대표적인 사례이다.[479] 서울 강남구 대치동의 모 학원에서 운영되고 있는 초등 의대반은 초등학교 3학년부터 의과대학 진학을 위한 커리큘럼을 제공한다. 초등 의대반에 들어가기 위해서는 별도의 시험을 거쳐야 하며, 시험을 통과하지 못할 경우 의대반이 아닌 '일반반'에서 사교육을 수강해야 한다. 자신의 정체성과 진로에 관해 충분히 고민할 수 있는 시기인 사춘기를 겪기도 전에 사교육 시장에 내몰린 아이들은 대학수학능력시험 초고득점을 위한 학업에만 열중하게 되는 것이다.

이와 같은 의약학 계열 진학 열풍은 진입장벽이 높고 진출 가능한 공간은 협소하면서도 고수익이 보장되는 직종인 '메디컬 전문직'이 가진 사회적인 함의 때문인 것으로 풀이된다. 실제로 2023년 대학 정시 모집에서 한양대, 고려대, 서강대, 연세대 4개 대학의 반도체 계약 학과에 합격하고 메디컬 계열 진학을 위해 등록을 포함한 수험생 수가 전체 모집 인원에 해당하는 47명보다 26명 많은 73명에 달했다. 추가 모집 인원까지 이탈했다는 의미다. 수도권 대학에서 공부하고 대기업 취직이 보장된 탄탄대로보다 지방 의대에 진학하더라도 메디컬 전문직의 길을 걷겠다는 의지, 즉 '의대 열풍'을

년 3월 4일), https://magazine.hankyung.com/job-joy/article/202403046644d.

477 안현, 이순규, "법무사·노무사·세무사, 지원자 수 역대 최고," 『아시아경제』 (2024년 5월 29일), https://view.asiae.co.kr/article/2024052914370499292.

478 지위재란 희소성을 가지거나 다른 소비자들이 대체재보다 선호하는 까닭에 가치가 생기는 재화를 일컫는 말이다. 예컨대 명성과 높은 사회적 지위, 비싼 자동차 등이 있다. 출처: 우리말샘 https://ko.dict.naver.com/#/entry/koko/a87b6dffc3bf4a1aaa9da716c703bd75.

479 김태주, "초등 4학년 '의대 입시반'까지 생겼다," 『조선일보』 (2023년 2월 18일), https://www.chosun.com/national/education/2023/02/18/ULL3FCZU6VFVNKQR72GN5SDJT4/ .

단편적으로 보여주는 사례다.[480]

　문제는 한국 사회가 소득과 자산, 직업과 거주 지역 등을 기준으로 상당히 양극화되어 있는 상황에서 이와 같은 고등 교육을 겨냥한 경쟁이 심화되고 있다는 점이다. 고등교육은 해당 사회의 사회적·경제적 불평등 정도에 따라 두 가지 상반된 기능을 수행할 수 있다.[481] 먼저, 개발 기능이다. 개발 기능은 주로 사회적·경제적 불평등이 심각하지 않은 사회에서 발현된다. 고등교육의 개발 기능이 실현되는 사회에서 고등교육은 해당 교육을 이수하고자 하는 모든 이들에게 개방된 기회를 제공한다. 이와 같은 사회에서 고등교육 이수를 원하는 이는 큰 부담 없이 자신의 능력을 발전시킬 수 있다. 각 개인이 자신의 역량과 의지에 따라 능력을 발전시킬 수 있는 사회에서 고등교육은 불평등 해소에 이바지할 수 있다.

　반면, 사회적·경제적 불평등이 심화되는 사회 혹은 이미 불평등이 고착화된 사회의 경우 인적 자본의 역할이 노동 조건을 결정하는 기준으로 작용한다는 차원에서 고등교육은 불평등 심화의 촉매 역할을 수행한다.[482] 고등교육이 일종의 지위재로 기능하기 때문에 고등교육의 이수를 원하는 사람이라고 하더라도 여타 제반 조건이 갖춰지지 않으면 원하는 교육을 충분히 이수하기 어렵다. 고등교육을 이수할 수 있는 환경이 극히 제한된 상황이기 때문이다. 사회적·경제적 불평등이 고착화된 사회에서 고소득 계층에 해당하는 개인은 고등교육을 매개로 자신의 계층을 자신의 자녀에 대물림하는 시도를 꾀한다. 예컨대, 원하는 수준의 고등교육 이수 기회를 얻기 위해 극도로 높은 사교육비를 지출하거나 '자율형사립고' 내지 '특수목적고등학교'를 징검다리로 활용하기 위해 중등교육을 위한 교육비를 과도하게 지출한다. 소득 수준이 양극화되어 있는 사회에서 특정 계층의 다음과 같은 사교육비 지출은 중위 내지 저소득층 자녀의 사회 진출 과정에 부담으로 작용한다. 고

480　김태주, "초등 4학년 '의대 입시반'까지 생겼다," 『조선일보』 (2023년 2월 18일).
481　박정원, "구조화된 교육불평등: 대학입시에서 대학재정까지," 『대학: 담론과 쟁점』 제1호 (2024), p. 21.
482　박정원 (2024), p. 21.

소득층에 비해 사교육비 지출 관련 여유가 마땅하지 않은 상황이지만 경쟁 상황에 있는 자녀를 고려해야 하는 학부모의 마음이 반영되는 것이다. 고등 교육의 불평등 재생산 기능과 관련한 위와 같은 분석은 『엘리트 세습』의 저자인 대니얼 마코비츠(Daniel Markovits)의 분석과 맥락을 같이한다. 마코비츠 예일대 로스쿨 교수는 해당 저서를 통해 능력주의와 고등교육이 신체제를 구축하여 극소수 엘리트 계층의 재생산을 만드는 상황을 꼬집은 바 있다.[483]

한양대학교 김성수 교수는 이러한 현상이 어떻게 사회적 갈등으로 파급되는지를 다음과 같이 정리한다.

> 고학력으로 성공한 사람들은 부와 권리를 유지하기 위해 자신들의 자산을 최대한 이용하려고 한다. 자신들의 위치가 무너지는 것에 대한 불안감을 느끼고 있기 때문이다. 혁신적인 기술개발을 통해 자본과 노동생산력까지 독점해 가고 있다. 결국 저소득층과 중산층들은 경제적인 부를 축적할 기회를 상실해가고 있다. 다음 세대로의 경제적 전이는 점점 어려워지고 있다. 경제적 빈곤의 세습에 대한 분노에 휩싸이게 된다. 불안정한 심리상태는 이성에 의한 사회적 연대보다는 선동가들의 선동과 언술에 끌리게 된다.

김성수 교수는 그러면서 대안으로 사회 구성원들이 건강하게 참여할 수 있는 균형적 경쟁이 될 수 있는 의료와 교육의 접근성 강화를 주장한다.[484] 대한민국 사회는 앞서 살펴본 바와 같이 사회적·경제적 불평등이 고착화된 상태이므로 입시를 위한 과한 경쟁이 고등교육을 통한 사회적 성공 쟁취를 위한 수단으로 작용하고 있다. 이는 전국 초중고생의 사교육 참여율이 약 80%에 달하며, 가구마다 차이가 있겠으나 임금 근로자의 월평균 소득 중 10~40%가 자녀의 사교육 비용에 투입된다는 통계가 실증한다.[485] 또한, 2024년 3월 교육부와 통계청이 발표한 자료에 따르면 전국 초중고 학생 7만

---

483   대니얼 마코비츠, 『엘리트세습』 (서울: 세종서적, 2020), p. 49.

484   김성수, "승자독식 사회," 『경기일보』 (2021년 3월 1일), https://www.kyeonggi.com/article/20210301158577.

485   송광호, "초중고생 사교육 참여율 약 80%…사교육비 사실상 준조세," 『연합뉴스』 (2024년 5월 3일), https://www.yna.co.kr/view/AKR20240503025200005?input=1195m.

4,000명을 대상으로 실시한 '사교육비 조사' 결과 2023년 사교육비 총액은 27조1,000억 원에 달한다.[486] 대한민국 수도인 서울시의 1년 전체 예산이 45조 원이라는 점을 감안할 때,[487] 전체 초중고생의 80%가 1년 동안 사교육에 투자하는 비용인 27조가 결코 적지 않음을 알 수 있다.

부모의 소득에 따라 자녀의 교육이 좌우되는 상황이 이어지다 보니 자연스럽게 부모 소득과 자녀의 학업 성취도가 동조성을 보이는 현상도 나타난다.[488] 양정호 성균관대학교 교수가 통계청 자료를 기반으로 분석한 결과에 의하면 부모의 소득이 높을수록 성적 상위 10%에 들어갈 수 있는 가능성이 상당히 높은 것으로 조사되었다. 해당 통계가 발표된 시점이 2013년이라는 사실과 계속해서 사교육비 경쟁이 심화되는 경향을 감안할 때 이와 같은 동조성은 시간이 갈수록 심화할 가능성이 있다. 2024년 3월 14일 교육부와 통계청이 발표한 사교육비 조사 결과를 참고할 때, 월평균 소득이 800만 원 이상인 고소득층 가구의 학생 1인당 월평균 사교육비가 월평균 소득 300만 원 미만인 가구의 약 3.7배에 해당했다. 교육부와 통계청의 발표에 따르면 2023년 기준 월평균 소득 800만 원 이상 가구의 학생 1인당 월평균 사교육비는 약 67만 원인 반면, 월평균 소득이 300만 원에 미치지 못하는 가구의 경우 학생 1인당 월평균 18만 3,000원의 사교육비 지출이 이뤄진 것으로 집계되었다.[489] 부모의 월 소득에 자녀의 특목고 진학률이 비례한다는 통계 분석도 존재한다.[490]

---

[486] 백승호, "초·중·고 사교육비 4년 연속 증가 '또 역대 최고'" 『한국교육신문』 (2024년 3월 18일), https://www.hangyo.com/news/article.html?no=101187.

[487] 최가영, "서울시 예산 45조원, 어디에 어떻게 쓸까?" 『TBS 뉴스』 (2024년 1월 4일), https://tbs.seoul.kr/news/newsView.do?typ_800=7&idx_800=3513787&seq_800=20506488.

[488] 이한선, "부모 소득 높을수록 학생 성적 상위 10% 들 가능성 높아," 『아주경제』 (2014년 12월 30일), https://www.ajunews.com/view/20141230161109636.

[489] 이지민, "고소득 가구, 1인당 사교육비 월 49만원 더 썼다 [사교육비 또 역대 최대]," 『세계일보』 (2024년 3월 14일), https://www.segye.com/newsView/20240314517313?OutUrl=naver.

[490] 이호준, 이하늬, "부모 월소득 대비 자녀의 특목고 진학률…700만~1000만원 3.5%, 300만원 이하 1.4%," 『경향신문』 (2021년 11월 2일), https://www.khan.co.kr/national/education/article/202111020600025.

대한민국 초중고 재학생의 사교육 격차를 더 넓히는 또 다른 요소는 '지역 격차'라고 할 수 있다. 2022년 기준 국내 최상위 대학인 서울대학교의 신입생 중 10%가 강남구와 서초구 소재의 고등학교를 졸업했다는 통계가 있다.[491] 전체 입학생 3,396명 중 10.4%의 비중을 차지하는 353명의 입학생이 강남구와 서초구 소재 고등학교 출신이라는 것이다. 2022학년도 기준 고등학교 3학년 학생 중 서초구와 강남구 소재 고등학교 출신 학생이 차지하는 비율이 2.1%에 불과하다는 점을 감안할 때, 서울대학교 입학자 중 서초구와 강남구 출신 고교 학생이 압도적으로 많다는 것을 확인할 수 있다. 그뿐 아니라, 해당 통계에 따르면 2022년 기준 수도권 소재 고등학교에 재학하는 학생 비중은 전체의 48.7%였으나, 서울대학교 입학자 중 수도권 고교 출신 학생은 64.6%에 달했다. 최상위 대학 진학률이 수도권, 그 가운데 특정 지역에 집중되어 있는 경향성을 보여주는 사례다. 2019년부터 2022년까지 약 4년간 서울대학교 및 전국 의과대학 신입생 관련 통계 또한 이와 같은 경향성을 확인할 수 있는 좋은 사례다.[492] 한 시민단체가 발표한 입학 결과 분석에 따르면 2019년부터 2022년까지 4년에 걸쳐 서울대학교와 전국 의대에 정시 전형을 통해 합격한 입학생 5명 중 1명은 '강남 3구'에 소재한 고등학교를 졸업한 것으로 집계되었다.

이와 같은 '쏠림 현상'의 원인으로는 다양한 요소들이 혼합될 수 있다. 물론 강남구와 서초구에서 자녀를 양육하는 부모의 높은 학업 성취도와 사회적 성공이 유전적으로 미치는 영향도 무시할 수는 없을 것이다. 그러나 지역을 기준으로 분석한 사교육비 통계를 통해 미루어 볼 때 접근 가능한 사교육 인프라 및 지출 가능한 사교육비의 수준 차이는 '쏠림 현상'을 논할 때 무시할 수 없는 주요한 원인 중 하나라고 할 수 있다. 2024년 3월 14일 교육부와

491   김은경, "올해 서울대 신입생 10% 강남구·서초구 고교 출신," 『조선일보』 (2022년 10월 19일), https://www.chosun.com/national/education/2022/10/18/EB6DF3VYUNFY5O7EY75ZQVX-WNQ/.

492   남지원, "서울대·전국 의대 신입생 절반 이상 수도권 출신… 정시 합격생 5명 중 1명은 '강남 3구'" 『경향신문』 (2023년 5월 9일), https://www.khan.co.kr/national/education/article/202305091630001.

통계청이 발표한 사교육비 관련 통계에 따르면, 서울시와 전라남도의 1인당 월평균 사교육비 격차는 2.3배에 달했다. 서울시의 경우 1인당 월평균 사교육비로 63만 원가량이 지출되는 반면, 전라남도는 28만 원 수준의 사교육비 지출이 이뤄진 것으로 파악되었다.[493] 논의의 대상을 사교육에 참여하는 학생으로만 한정할 경우, 서울시 학생의 1인당 월평균 사교육비는 74만 원까지 오르는 반면, 전라남도는 41만 원 수준에 그친다. 이러한 분석은 전라남도의 사교육 참여율이 서울시의 수준에 미치지 못한다는 넓은 범위의 해석을 가능케 한다. 실제로 2023년 기준 서울시와 전라남도의 사교육 참여율 격차는 약 17.5%p였다. 서울시에 거주하는 학생 중 사교육에 참여하는 학생의 비중은 84.8%에 이르지만, 전라남도의 경우 67.3%다. 상위권 대학 진학에 유의미한 영향을 미치는 자율형사립고등학교와 특수목적고등학교의 분포 면에서 분석하더라도, 전라남도 소재 자율형사립고등학교는 지역 단위 및 전국 단위를 포괄하여 광양제철고등학교가 유일하고, 주요 특수목적고등학교로는 전남 외국어고등학교와 전남 과학고등학교에 한정된다. 지역별 공교육 및 사교육 인프라 차이가 상위권 대학 진학에 유의미한 영향을 미칠 수 있음을 확인할 수 있는 셈이다.

이상의 논의를 종합하면, 한국 사회 내 고착화된 다중격차는 단순한 존재 차원을 넘어 지위재로서의 고등교육의 위상과 고등교육에의 접근 기회를 매개로 하여 계속해서 재생산되고 있다고 할 수 있다. 앞선 논의와도 동일한 함의를 발견할 수 있다. 사교육 격차 역시 우리 사회 내 존재하는 다양한 격차와 궤를 같이하고 있음을 인정하고, 다른 격차 문제와 별도의 개념으로 접근하는 것이 아닌 지역 격차, 소득 격차 등과 조화될 수 있는 해결책을 고려할 필요성이 요구된다.

---

493 이호준, 이하늬, "부모 월소득 대비 자녀의 특목고 진학률…700만~1000만원 3.5%, 300만원 이하 1.4%," 『경향신문』 (2021년 11월 2일).

나가며

주요 정권의 경제 정책을 톺아보며 시기별 정부의 정책과 결단이 장기적으로 한국 경제구조에 미친 영향에 대해 살펴보았다. 또한 이를 기반으로 오늘날 한국 사회 내 격차사회 현상에 관해 논했다. 시기별 주요 정권과 해당 정권의 경제 정책을 다시 한번 정리하고, 이를 통해 '한강의 기적'에서 '격차사회'로 이어진 한국 경제구조의 변천을 간략히 살펴본다. 덧붙여 대한민국 사회 구성원이 '과거의 영광'에 심취하거나 과열된 '현재의 경쟁'에 지나치게 몰입하는 것에서 벗어나 '미래의 성장'으로 나아가기 위해 함께 고민해 볼 수 있는 주제를 제시하며 장을 마무리한다.

이승만 정부 시기 단행된 농지개혁이 '지주−소작농 제도'에 볼모로 잡혀 있던 한국 경제를 해방시켰다면, 이후 이뤄진 박정희 정부의 중화학 공업화와 수출 주도 산업화는 한국 경제가 자립할 수 있는 실질적 힘을 제공했다. 고속 성장을 경험한 대한민국 경제는 전두환 정부 시기 호황기와 계획 경제 요소가 공명한 덕택에 성장 흐름을 이어갈 수 있었다. 이와 같이 이승만 정부에서 전두환 정부로 이어진 압축성장은 강력한 국가권력이 주도한 계획 경제의 순항 덕택이었다. 대한민국 경제는 국가가 경제성장을 견인하는 과정을 통해 성장을 거듭했다. 이 과정에서 일부 대기업집단은 조세 감면과 국가 주요 산업 유치, 수출 혜택 등 특혜를 얻으며 몸집을 키웠고 사업 영역을 문어발식으로 확장했다. 국가가 기업의 경영상 결정에 높은 수준의 개입을 할 수 있었던 시기에 이러한 현상은 큰 문제가 되지 않았다. 국가가 주도하는 경제성장 과정을 실질적으로 수행할 손과 발이었던 기업은 사회 발전에 기여한 바가 컸고, 기업이 과도한 결정을 할 경우 국가가 이를 충분히 제어함으로써 균형을 조정할 수 있었다. 그러나 이는 반대로 국가가 경영에 개입하기 어려운 상황이 올 경우 걷잡을 수 없이 커진 대기업 집단의 영향력을 제어할 방법이 마땅치 않다는 뜻이기도 했다. 경제성장 과정 중 국가의 동반자였던 대기업집단이 언젠가는 경제구조에 혼란을 가져올 발판이 된 것이다.

노태우 시기를 전후해 대내외 경제 환경과 기업 경영 전략이 변화하며 상황도 바뀌기 시작했다. 대외적으로는 전 세계 자본 간 경쟁이 치열해지며 한국 자본도 한정된 형태로 존재하기 어려운 환경이 조성되었다. 대내적으로는 민주화 이후 처음으로 정권을 잡은 노태우의 권력 기반 유지를 위해 다방면의 안정이 필요했다. 이러한 맥락에서 노태우는 부정부패를 척결하고 관치 개발, 관치금융에서 벗어나 더 자유로운 경제환경을 조성하고자 하는 노력을 보였다. 노태우 정부에게 경제구조 개혁은 당면 과제일 뿐 아니라 군부 출신임을 가려줄 정당성이었다. 노태우 시기 경제 관료들이 경제 민주화를 강조했고, 실제로 '경제 민주화'가 1987년 개정된 헌법에 반영된 것도 이와 같은 배경과 무관하지 않다.

분명히 위태로운 순간도 존재했으나 높은 수준의 연평균 성장률을 확보할 수 있었던 노태우 시기를 거쳐 김영삼 정권기로 들어서며 국가 경제 환경은 다시금 변화하기 시작했다. 변화에 영향을 미친 가장 대표적인 요소는 대외적인 영향인 삼저 호황의 종료였다. 대내적으로는 노태우 정권기 김종인 경제수석 등의 노력으로 억눌려 있던 대기업 친화 정책이 김영삼 정권으로의 전환 이후 다시 본격화되었다는 사실에 있다.[494] 대기업 친화 정책은 대기업에게 과한 기업 부채 제공을 허용했고, 나아가 IMF 위기로 이어지는 지름길을 제공했다. 이를 수습하는 과정에서 김영삼-김대중 정부를 걸쳐 신자유주의화가 진행된 것은 양극화 균열 구조에 불을 붙였다. 결과적으로 대한민국은 경제구조의 '허리' 역할을 수행할 중산층이 줄어들었고, 노동시장은 모래시계 형태의 이중구조가 깊게 자리 잡은 기형적 형태가 되었다.

고속 성장-경제위기-신자유주의화를 거치며 사회적·경제적으로 분화된 대한민국은 사회 내 존재하는 다중격차에 기인한 염증을 앓고 있다. 노동시장의 복지 및 임금 여건 격차는 청년층 사회 진출 의지 저하, 과도한 전문직 경쟁, 입시 경쟁, 주거 격차 등 문제를 낳았다. 이러한 문제들은 또 다른 사회문제의 원인이 되어 더 넓고 깊은 범위의 사회문제를 태동시켰는데, 대표적인 것이 'OECD 국가 중 1위'를 차지한 높은 자살률, 그리고 저출산과

---

494   이승훈, "[이승훈의 신국부론] 중산층의 몰락과 경제정책의 오류," 『연합인포맥스』 (2022년 10월 26일), https://news.einfomax.co.kr/news/articleView.html?idxno=4239318.

고령화의 심화라고 할 것이다. 인구가 밀집된 지역에서 여러 차례 발생하며 시민들의 안전을 위협한 이른바 '묻지마 범죄'도 이러한 사회적 분위기와 무관하다고 말하기 어려울 것이다.

그러므로 총체적인 사회적 난제들을 해결하고 미래로 나아가기 위해서는 대한민국 사회의 다중격차를 줄이고 사회적 통합을 꾀할 수 있는 방향의 정책이 추진되어야 한다. 더불어 사회 구성원 다수가 자신의 의견을 자유롭게 공유하고 구성원으로서의 소속감을 회복할 수 있는 공론장의 회복이 필요하다. 지나친 경쟁 및 정치영역에까지 미친 양극화의 영향으로 대한민국 사회는 극도로 분열되어 있다. 사회 구성원 간 신뢰 회복을 위한 숙의 민주주의 절차를 내실화하고 구체화하는 등 문제 해결을 위한 장(場)의 마련이 시급하다.

그뿐 아니라, 사회 전반의 부의 분배를 늘리기 위해 미래 성장 동력에의 투자를 실기해서는 안 될 일이다. 물론 사회 전체가 부유해진다고 해서 그것이 사회 구성원 개인에게 온전히 분배될 것이라는 전망은 섣부를 수 있다. 그러나 발전을 거듭하지 못하고 후퇴하는 사회라면 이미 고착화된 양극화를 줄일 수 있는 사회적 동력이 발생할 리 만무하다. 그러므로 빠르게 변화하고 있는 4차 산업혁명 시대의 세계적 기술진전에 발맞춘 과학기술 분야 발전에 촉각을 곤두세우면서도, 동시에 과학과 정치의 역학 관계를 제대로 이해하는 것이 중요하다. 과학기술 분야를 대상으로 한 '생산적' 정치논쟁이야말로 미래의 성장 동력 증진과 직결될 수 있기 때문이다.

4. 한국 정치와 과학

들어가며: 과학의 정치화에 대한 이론적 이해

1) 과학 이슈 정치화의 개념과 발생 배경

광우병 논쟁, 탈원전 논쟁 등 이번 주제에서 다룰 구체적인 사안들에 대해 이야기하기 전, 먼저 과학 및 과학기술과 핵심적으로 결부된 사회 이슈(이하 과학 이슈)가 정치 이슈화되는 양상과 원인, 나아가 원리와 구조를 살펴보고자 한다. 정치, 철학, 예술, 사회, 역사, 문화 등의 영역에서 이뤄지는 커뮤니케이션에 비해, 과학의 영역에서 이뤄지는 커뮤니케이션은 특히나 주관이나 사견이 아닌 사실을 지향한다는 점에서 특이성이 있다. 우리는 이것을 별 의문 없이 당연하게 받아들이고 있다. 이런 맥락에서, 우리는 자연스럽게 과학 이슈에 대한 의견 수렴 과정이 해당 이슈와 관련한 과학적 사실과 관련 연구 등을 바탕으로 이뤄진다고 여긴다.

그러나 실제로 과학 이슈가 사회에서 논의되는 과정은 우리의 직관적 믿음과 많이 다른 형태로 전개된다. 다양한 과학 관련 이슈는 현실 세계에서 '정치화' 과정을 거치게 되며, 이 과정에서 대중들은 해당 이슈를 왜곡해 이해한다. 2010년대 초 미국 사회의 기후변화 이슈 논의 양태는 좋은 사례다. 인간 활동에 의해 발생한 기후변화가 환경에 심각하게 부정적인 영향력을 행사한다는 데에는 이미 과학적 의견일치(이하 컨센서스)가 이뤄졌다. 하지만 이와 관련해 당시 공화당은 기후변화의 실제 여부에 회의적 의사를 표했고, 일반 대중 또한 이 컨센서스와 대치되는 반과학적 담론을 형성하며 정치적 혼란이 야기되었다.[495]

---

495   이런 사례는 국내에서도 물론 많이 찾아볼 수 있으나, 그럼에도 굳이 해외 사례를 소개하는 이유는 국내 사례의 경우 독자가 이미 그 사례와 관련해 나름의 정치적 가치관이나 신념 등을 형성했을 수 있기 때문이다. 과학 이슈가 정치화를 겪는 원리를 개념적으로 설명하는 단계의 초입부에서부터 현실 사례에 대한 책의 서술 내용이 독자의 정견과 충돌함으로써 혹여나 빚어질 수 있는 학습 효용 저하(예컨대, 서술 내용에 대한 감정적 반감에 기반하여 이후의 내용 전반을 필요 이상으로 경계하며 독해하는 경우)를 방지하고자 한 것이다.

이처럼 과학 이슈에 대한 과학계 차원의 합의가 있어 합리적인 문제 해결책 도출이 원론적으로 가능해 보이는 상황임에도 불구하고, 그 이슈가 정치적 커뮤니케이션을 거치며 대중들의 시각차가 발생함에 따라 실제로는 문제해결이 어려워지는 '과학 이슈의 정치화'는 자주 나타난다. 광우병의 실질적 위협 유무, GMO(Genetically Modified Organism)의 부작용 여부, 탈원전의 효용 등 한국 사회가 이미 마주했던 논쟁들도 여기에 해당한다.

이런 과학의 정치화 현상은 대중이 관련 이슈에 대한 정보를 취득하는 경로의 비과학성에서 기인한다. 대다수 시민들은 관련 정보들을 뉴스 보도나 신문 등의 레거시 미디어, 그리고 유튜브나 SNS 등의 뉴미디어로부터 얻는다. 그 과정에서 과학적 사실과 연구 결과는 온전히 그 자체만으로 전달되지 못하며, 대신 이슈와 연관된 정치적 이해관계 프레임이 부각되는 경우가 많다.[496] 미디어 콘텐츠 생산 주체가 사람들의 관심을 바탕으로 한 수익 창출을 추구한다는 점도 간과할 수 없는 요소다. 정치화 과정 없이 과학 그 자체만으로는 사람들의 관심을 끌기 어렵기 때문이다.

2) 과학 이슈 정치화가 이뤄지는 원리·구조

과학 이슈의 정치화가 우리 사회에서 발생함을 인지하고, 또 그 과정이 어떤 원리와 구조로 이뤄지는지 이해하는 것은 필수다. 본 주제의 근본 목적은 단순히 특정 이슈를 구성하는 객관적 사실들을 살펴보는 데에 그치는 것이 아니라, 특정 이슈가 어떻게 정치적 과정에 의해 변질되는지를 파악하는 데에 있기 때문이다. 과학 이슈의 정치화가 이뤄지는 원리·구조를 명확히 이해하지 못한 채 논쟁들을 그저 단일 이슈 단위로만 논할 경우, 우리는 해당 논쟁을 구성하는 객관적 사실들만을 학습하는데 그칠 것이다. 우리 사회에서 현재 논의 중이거나 앞으로 논의될 과학 이슈 전반에 통용되는 종합적인 해석 능력, 그리고 진실을 파악하는 능력은 과학 이슈 정치화의 원리와

---

496   Bolsen, T., Druckman, J. N., & Cook, F. L, "How frames can undermine support for scientific adaptations: Politicization and the status-quo bias," *Public Opinion Quarterly* 78-1 (Spring 2014), p. 5.

구조를 실제 사례에 적용할 수 있게 됨으로써 확보된다.

　　아래 전개하는 내용을 통해 과학 이슈 정치화의 원리를 이해하는 데 필요한 주요 개념들을 알아보고, 관련 개념들에 기반해 과학 이슈의 정치화가 어떤 원리와 구조로 발생하고 진행되는지를 파악하고자 한다. 볼센(Toby Bolsen)과 드럭맨(James N. Druckman) 등의 연구내용을 중심으로 하되, 과학 이슈의 정치화가 이뤄지는 구조를 자체적으로 연구해 유의미한 결과를 도출해낸 김소영 박사, 금희조 교수의 "과학 이슈의 정치 프레임이 메시지 평가, 정서적 태도, 정책 지지에 미치는 영향: 접종과 정서의 조절 효과를 중심으로"의 내용에 기반해 작성했음을 밝힌다.

정치적 프레이밍(framing)과 정서(emotion)

　　과학 이슈 정치화 현상을 이해하는 데 있어 가장 기본이 되는 개념은 '정치적 프레이밍(framing)'이다. 일반적으로 어떤 과학 이슈와 관련해 정보 수용자들을 설득함에 있어, 과학적 근거를 제시하는 것만으로는 수용자들의 지지를 끌어내기 힘들다.[497] 대신 두 가지의 선결 조건 중 하나를 만족시켜야 하는데, 하나는 '근거를 제시한 주체를 수용자들이 신뢰하는 경우'이며 다른 하나는 '다수의 과학자들이 이슈와 관련해 컨센서스를 형성한 경우'이다. 특히 김소영, 금희조의 논문에서는 후자의 경우가 정보 수용자 설득에 있어 큰 의의를 지닌다고 강조한다. 그러나 정치적 프레이밍이 개입되는 경우에는 컨센서스가 존재하더라도 그 과학적 근거의 설득 효용이 감퇴된다. 이는 정치 프레임이 자신의 선호에 따른 특정 정보의 적용성(applicability), 신념 정확성(belief accuracy: 메시지에 담긴 내용이 자신의 정치 성향과 일치할 때 더욱 사실이라고 평가하게 되는 경향성), 동기적 추론(motivated reasoning: 자신의 기존 가치 지향에 근거해 현재 접한 이슈를 평가하게 되는 경향성)을 증가시키기 때문이다. 이 정치

---

[497] 김소영, 금희조, "과학 이슈의 정치 프레임이 메시지 평가, 정서적 태도, 정책 지지에 미치는 영향: 접종과 정서의 조절 효과를 중심으로," 『한국언론학보』 63권 (2019), pp. 69-70.

적 프레임은 아래 3가지의 특징을 가진다.[498]

> ⅰ. 시민들이 컨센서스의 존재를 의심하게 유도하고 불확실성을 부각시킴
> ⅱ. 이름이 '정치적' 프레임임에도 불구, 정보원이 정치인에 국한되지 않고 이해관계 집단이나 일반 시민 등으로 다양함
> ⅲ. 허위정보라고 말할 수는 없지만 불확실한 부분이 부각됨

이 프레임과 함께 중요하게 고려해야 할 것이 '정서(emotion)'이다. '정서'는 대상 이슈에 대해 수용자가 사전에 형성하고 있는 감정적 태도를 의미한다. 다른 종류의 정서가 다른 형태의 인지과정을 유도한다는 점에서,[499] 정서는 인간의 정보처리 과정에 근본적인 영향을 미친다고 할 수 있다. 이는 곧 사회의 특정 이슈에 대한 여러 정보를 사람들이 획득하고 그 내용을 각자 머릿속에 정리하는 일련의 과정에 있어, 사람들이 가진 정서가 큰 변수가 될 수 있음을 의미한다. 같은 내용을 접한다 해도, 각각의 사람들이 가지고 있는 정서가 다르다면 그 내용도 다르게 받아들인다는 것이다. 정서적 지능 이론(Affective Intelligence Theory)은 정서 중에서도 특히 '분노(anger)'와 '불안(anxiety)'이 정보처리 과정에 미치는 영향을 연구했다. 그 내용은 아래와 같다.[500]

- 분노(anger): 개인이 기존에 형성했던 신념에 바탕해 이슈를 바라보게 유도 → 평시보다 정보처리 과정을 단순하게 함
- 불안(anxiety): 개인이 새로운 정보에 더욱 집중하게 함 → 평시보다 정보 수집 및 처리에 더 많은 에너지를 소모하게 함

---

498   Bolsen, T., & Druckman, J. N, "Counteracting the politicization of science," *Journal of Communication* 65 (July 2015), p. 747.

499   김소영, 금희조 (2019), p. 74.

500   김소영, 금희조 (2019), p. 74.

'정치 프레임', '정서', 과학 이슈에 대한 대중 인식의 역학

김소영과 금희조의 "과학 이슈의 정치 프레임이 메시지 평가, 정서적 태도, 정책 지지에 미치는 영향: 접종과 정서의 조절 효과를 중심으로"에서는 정치 프레임과 정서가 각각 과학 이슈에 대한 대중 인식에 어떻게 영향을 미치는지, 나아가 이 논의에서 대중 인식 변화의 독립 변수로 설정된 정치 프레임과 정서가 서로 어떤 상관관계하에 있는지를 규명했다. 먼저 논문에서 설명하는 실험 설계 내용을 간소화, 재구성해 제시하고 조작적 정의를 거친 실험 내 주요 용어 4개가 각각 구체적으로 무엇을 의미하는지 살펴본다.

실험은 피실험자들에게 '사전 정서 처치(emotional treatment)'를 하며 시작한다. 사전 정서 처치는 피실험자들이 후에 그들에게 제시될 어떤 과학 이슈와 관련해 '분노'나 '불안'의 정서 중 하나를 사전에 효과적으로 가지게 하기 위한 작업으로, 기존에 그 과학 이슈에 대해 피실험자들이 자체적으로 가지고 있던 '분노'나 '불안'의 정서를 상기시키는 과정을 거친다. 이렇게 각자 부여받은 정서를 확립한 피실험자들에게는 '접종 처치(Inoculation treatment)'가 이뤄진다. 접종 처치란 정치 프레임에 의한 여론 왜곡의 심각성을 감소시키기 위하여 '접종이론'에 기반해 제시된 개념이다. 부연하면, 정보 수용자들이 특정 이슈에 대한 정보를 접하기 전, '해당 이슈가 정쟁화되어 관련 정보들이 정치적 득실에 따라 왜곡되어 전파되고 있을 수 있다'는 사전 경고 메시지를 수용자들에게 제공함으로써 프레임이 유발하는 왜곡에 대한 수용자들의 저항력을 자극하는 방법을 일컫는다. 하지만 이 접종 처치 및 접종 개념은 우리 논의에서는 제외한다. 이는 접종 처치가 이론적 수준에 머무르고 있을 뿐만 아니라, 우리가 분석 대상으로 삼고 있는 한국의 현실정치 동학에서도 접종 처치라고 할 만한 것이 부재하기 때문이다.

이렇게 처치 단계를 완료한 피실험자들에게는 과학 이슈 관련 기사가 제공된다. 정치 또는 과학 프레임 기사 중 하나이다. 정치 프레임 기사는 과학 이슈에 대한 여당과 야당의 정쟁 상황에 기반해 내용이 구성되어있으며, 여야의 입장을 각각 제시한다. 이때 여야 각각의 대표 정치인에 대한 유명한 멸칭도 내용 중간에 언급하는 등 정치적인 자극성을 어느 정도 내포하고 있다. 반면 과학 프레임 기사는 이슈를 둘러싼 정치 구도를 완전 배제하고 있다. 그저 유관 행정기관이 과학 이슈와 관련하여 내놓은 대책에 대한 전문가들의 긍·부정 의견으로 내용이 구성되어 있을 뿐이다.

마지막으로, 이 두 종류의 기사 중 하나를 정독한 피실험자들에게 자신이 읽은 기사에 대해 '사실성', '신뢰성', '정서적 태도', '정책지지도'를 평가하게 한다. 사실성은 '제시된 기사의 정보가 어느 정도 정확한지에 대한 평가'이다. 신뢰성은 '제시된 기사의 논지 및 주장이 어느 정도 타당한지에 대한 평가'이다. 정서적 태도는 '이슈와 관련해 기사에서 서술된 현재의 대책에 어느 정도 호의적인지에 대한 감정적 소감'이다. 마지막으로 정책지지도는 '현재 대책을 어느 정도 지지하는지에 대한 의견'이다. 지금까지의 실험 프로세스를 간단하게 도식화하면 아래와 같다.

그림 27 | 대중 인식 형성에 대한 프레임과 정서의 영향력 실험 프로세스

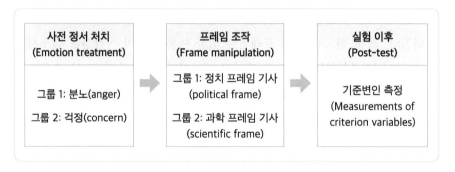

실험 결과 사람들은 정치적 프레임 기반의 정보보다 과학적 프레임 기반 정보에 '사실성'과 '신뢰성' 점수를 더 높게 부여했다. 반대로 정보에 대한 사람들의 '정서적 태도'와 '정책 지지도'를 높이는 데 있어서는 정치적 프레임 기반의 정보가 더욱 유효했다. 이는 사람들이 어떤 의제나 정책을 감정적으로 선호하거나 정치적으로 지지하는 현상이 실제로는 그것의 과학적 사실성과 신뢰성에 기반하지 않을 수 있음을 드러낸다. 한편, '정서'는 정보가 내포한 프레임이 정치적인지 과학적인지와 무관하게 정보에 대한 사람들의 '사

실성', '신뢰성' 평가에 직접적인 영향을 끼치지 못했다. 하지만 정보에 대한 '정서적 태도'를 사람들이 형성함에 있어서는 정서가 직접적으로 영향을 끼쳤다. '분노'는 사람들이 정보에 보다 호의적인 감정을 더 활발히 형성하게 했으며, 반대로 '걱정'은 호의적 감정의 형성을 상대적으로 억제했다. 마지막으로 '정책 지지도' 형성에 있어서 '정서'가 직접적인 영향을 미치지는 못했다. 다만 '걱정'은 '정치적 프레임'이 사람들의 '정책 지지도'를 높이는 작용을 함에 있어 '정치적 프레임'의 효능을 더욱 강화한다는 점에서 간접적 영향을 미쳤다. 실험 결과를 도식화하면 아래와 같다.

그림 28 | 과학 이슈에 대한 인식의 역학: 사실성, 신뢰성, 정서적 태도, 정책 지지도

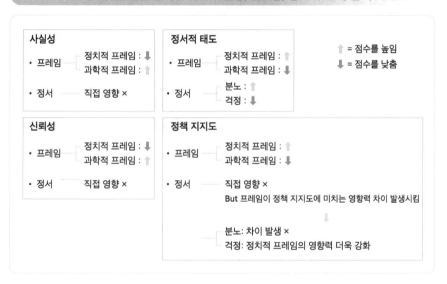

해당 결과로 미루어 특정 이슈에 대해서 인식의 정치화를 겪은 사람, 즉 '정치화된 사람'의 행태 또한 추론할 수 있다. 이는 보통의 사람이 정치적 프레임에 반복적으로 노출되어 그에 따른 인식 체계를 형성함으로써 '정치화된 사람'이 된다는 가정에 바탕한다. 달리 말해 정치화된 사람은 정치적 프레임이 만들어내는 인지 왜곡의 경향성을 내면화했을 것이라 추측된다. 정치화된 사람이 특정 이슈에 대한 자기 의사를 형성함에 있어 이슈와 관련한

정보의 사실성과 신뢰성은 그리 주요하게 작용하지 못한다. 대신 '신념 정확성'과 '동기적 추론'이 더 강력하게 작동하여, 이슈와 관련한 여러 정보, 해석, 대책들 중 자신의 정치적 성향이나 가치 지향에 부합하는 것들로부터 자기 의사를 형성 및 강화해나간다. 이때 이슈와 관련해 분노의 감정을 보유하고 있는 경우에는 이슈에 더 감정적으로 반응하고, 반대로 걱정과 두려움의 감정을 품고 있는 경우에는 감정적 동화에 비교적 조심스러운 자세로 임한다.

4.1. 광우병 논쟁

1) 광우병 이슈에 대한 기본 설명

한국에서 광우병이 이슈화된 시점이라고 하면 이명박 정부 시기 2차 한미 쇠고기 협상 타결 직후로 떠올리는 것이 보통이다. 하지만 엄밀한 의미에서 최초의 이슈화는 2007년 6월 참여정부 당시 한미 FTA 협상 타결 및 서명 시기에 이뤄졌다. 참여정부 때의 광우병 이슈는 이명박 정부 시기와 근본적으로 동일한 핵심 쟁점을 가지고 있지만, 각 정부가 해당 이슈를 다루는 태도에 다소 차이가 있었고, 이에 따라 이슈가 사회적으로 소비되는 양상에도 큰 차이가 발생했다. 이에 본 책에서는 서술의 용이성을 위해 참여정부 시기와 이명박 정부 시기의 광우병 이슈를 각각 1차 광우병 이슈, 2차 광우병 이슈로 명명한다.

1차 광우병 이슈가 발생한 배경을 이해하기 위해서는 2003년부터 시작해 한국과 미국 간에 형성된, 반복적인 미국 쇠고기 수입 중단–재개의 대치 구조를 알 필요가 있다. 한국은 1993년 '우루과이라운드(Uruguay Round) 농산물 협상'에 의해 2001년부터 쇠고기를 수입하고 있었고 수입 부위에는 별다른 제한 사항이 없었다. 그러던 중 2003년 12월 24일, 미국 최초의 광우병 발생이 확인됨에 따라 세계 각국은 미국산 쇠고기 수입을 금지했으며 한국 역시 마찬가지였다. 이는 당시 세계 최대의 쇠고기 수출국이었던 미국으로서는 상당한 경제적 피해로 작용할 사안이었으며, 이에 미국은 한국, 일본 등에 대해 미국산 쇠고기의 수입 재개를 강력히 요구하는 대치 구조가 조성되었다.[501] 이러한 대치는 2005년 2월 세계동물보건기구(OIE)가 '30개월 미만 소의 살코기'는 광우병으로부터 안전하다는 판단 하, 이에 30개월 미만 소 살코기 교역 자유화에 대한 규약을 채택함에 따라 약화되었다. 이후 한국은 2005년 2월 28일 '제1차 한·미 소해면상뇌증(BSE) 전문가 회의'를 시작으로 미국산 쇠고기 수입 재개를 위한 위생조건 제정 관련 논의를 거쳐 2006년 1월 13일에는 미국과 수입재개조건에 합의한다.[502] 그렇게 2006년 3월에 제정된 '미국산 쇠고기 수입위생조건' 하 30개월 미만의 뼈 없는 살코기 수입이 10월에 재개되었으나, 11월과 12월 3차례의 수입분 모두에서 뼛조각이 검출되며 다시 수입이 중단되었다.[503]

1차 광우병 이슈는 이러한 흐름 하, 2007년 4월 2일 한미 자유무역협정(FTA) 협상이 타결되며 발생했다. 한미 FTA는 타결 이전부터 계속해서 한국 사회에서 논란이 되었었는데, 이것은 미국이 제시한 FTA의 4대 선결 조건에서 기인한다. 4대 선결 조건은 미국산 쇠고기 수입 재개, 자동차 배기가스 기준 적용 유예, 의약품 가격 유지, 스크린쿼터 축소를 그 내용으로 하고 있어 미국에 대한 과도한 양보라는 거센 비판을 받았다. 특히 당시에는 광우병에 대한 우려로 미국 쇠고기 수입이 중단된 상태였기에 문제의 소지가 컸다. 때문에 당시 정부도 정치적 부담을 느껴 "4대 선결 조건은 FTA 반대론자들이 지어낸 말"이라며 양보 의혹을 부인했었다.[504] 그러나 노무현 대통령이 선결 조건을 대통령의 이름으로 수용하겠다는 입장을 표명했고,[505] 결국 FTA가 타결됨에 따라 광우병 이슈가 본격적으로 발생한 것이었다. FTA와 연계해 한국은 2007년 3월 전수검사를 전제로 뼛조각 검출 상자만을 반

---

501   배민식, "미국산 쇠고기수입 재개 문제," (2014.07.03.), 행정안전부 국가기록원.

502   배민식, "미국산 쇠고기수입 재개 문제," (2014.07.03.), 행정안전부 국가기록원.

503   이정민, 허덕, "농정연구속보: 미국산 쇠고기 수입확대의 파급 영향과 시사점," 한국농촌경제연구원 (2008), p. 2.

504   임수근, "FTA '4대 선결 조건' 논란일 듯,"『YTN』(2006년 7월 11일), https://n.news.naver.com/mnews/article/052/0000122050.

505   한익재, "노대통령, 한미 FTA 4대 선결조건 수용,"『한국경제』(2006년 7월 21일), https://n.news.naver.com/mnews/article/004/0000069419?sid=101.

송 조치하는 방식의 검역조건 완화를 거쳐 4월 말부터 미국산 쇠고기 수입을 재개했다.[506]

FTA에 의한 수입 재개에 대해 한국 사회에서는 비판 의견이 지배적이었다. 실제로 2007년 이뤄진 관련 인식 조사 결과를 보면, "미국산 쇠고기의 안전성에 대해 어떻게 생각하냐"는 물음에 "안전하지 않다"는 답이 전체 응답자 중 75.9%였으며, "안전하다"는 의견은 7.9%에 불과했다.[507] 유사한 맥락에서 "미국과의 쇠고기 수입 협상에서의 정부 태도를 어떻게 생각하냐"는 물음에 대해서도 "미국 눈치를 보며 저자세로 협상하고 있다"고 응답한 비율이 70.7%였다.[508] 이러한 압도적 과반은 당시 사람들이 정치 성향을 막론하고 광우병에 대한 공포로 미국산 쇠고기 수입을 굉장히 부정적으로 생각했음을 직접적으로 보여준다.

이런 와중에 2007년 5월 OIE가 미국에 '광우병위험 통제국가' 지위를 부여해 특정 위험물질(SRM: Specified Risk Material)[509]을 제외한 미국산 쇠고기는 안전하다고 판정한다. 이에 미국 정부는 SRM을 제외하고 연령과 부위에 제한 없이 모든 쇠고기를 수입할 것을 요구한다. 이러한 수입 조건의 적극적 완화는 한국 정부 입장에서 분명한 정치적 부담으로 작용했지만, 동시에 미국이 글로벌 스탠다드를 충족한 만큼 미국의 요구를 계속해서 거부만 할 수는 없었다. 결국 한국은 OIE가 사료의 교차오염 가능성 차원에서 미국에게 권고한 '사료금지 조치 시행'[510]을 전제로 SRM을 제외한 30개월 이상의 뼈 포함 쇠고기 수입을 허용한다.[511] 이러한 결정은 도축돼서 식용으로 수입이 되

---

506   이정민, 허덕 (2008), p. 2.

507   김진철, "국민 10명중 7명 '뼈 쇠고기 수입반대'" 『한겨레』 (2007년 10월 19일), https://www.hani.co.kr/arti/economy/economy_general/244349.html.

508   김진철, "국민 10명중 7명 '뼈 쇠고기 수입반대'" 『한겨레』 (2007년 10월 19일).

509   SRM이 무엇인지는 추후 '광우병 이슈를 구성하는 객관적 사실'에서 구체적으로 설명할 예정이다.

510   30개월령 이상인 소에서 나온 뇌, 척수 등을 동물 사료의 재료로서 사용하는 것을 금지하는 조치. 해당 조치가 왜 광우병 방지를 위해서 필요한지는 추후 '광우병 이슈를 구성하는 객관적 사실'에서 구체적으로 설명할 예정이다.

511   문화체육관광부, "차일피일 미루다 한미 신뢰에 금…'이젠 풀고 가자'" 『대한민국 정책브리핑』 (2008년 4월 25일), https://www.korea.kr/briefing/policyBriefingView.do?news-

는 소 대부분이 어차피 평균적으로 17개월에서 24개월 미만의 소인 만큼 상업적 실질의 차원에서 30개월 이상이라는 수치가 큰 의미가 없다는 사실, 그리고 30개월 이상의 소라 하더라도 SRM만 제거된다면 30개월 미만의 소와 비교해 안전성에서 큰 차이가 나지 않는다는 사실에 근거한 것이었다. 그러나 2007년 8월, 미국산 쇠고기에서 SRM에 해당하는 등뼈가 발견되며 다시 검역이 중단되고 이후 27일 미국 측이 보완 대책을 제시함에 따라 검역 중단이 해제되는 일련의 '중단-재개' 과정이 발생한다. 덧붙여 두 달 후인 2007년 10월 다시 미국산 쇠고기에서 등뼈가 발견되고, 또다시 검역이 중단된다.

이렇게 한국의 미국산 쇠고기 수입 과정은 수입 관련 국내 여론과 미국의 요구가 정면 대치되는 구조로 시작되었으며, 이는 한국 정부에 국내정치 차원에서의 부담과 국제정치 차원에서의 부담을 동시에 부과했음을 알 수 있다. 또한 해당 대치 상황에서 미국산 쇠고기에 대한 수입을 결정한 이후에도 검역 과정에서의 고질적인 불량 발생으로 지속적인 중단-재개의 구조가 반복됨에 따라 신뢰성의 문제를 심화시켰다는 사실 또한 간과할 수 없다. 한미 양국은 이를 해결하기 위해 2007년 10월 수입위생조건 개정 협의를 위해 1차 전문가 협의회를 개최하지만 완전한 협의를 이뤄내지는 못했다.[512]

이 개정 협의는 노무현 대통령의 임기 내에 완결되지 못함에 따라 이명박 정부의 과제로 이양되었다. 이명박 정부는 2008년 2월 말에 임기를 시작하고서 두 달이 채 지나지 않은 2008년 4월 11일 2차 협의회를 시작, OIE의 기준에 바탕해 18일에 합의를 이룬다. 그런데 이 합의의 내용이 기존의 수입위생조건을 더욱 완화한 것이라는 점에서 문제가 촉발했다. 해당 합의에 따르면 한국은 SRM과 기계적 회수육[513]을 제거한 미국산 쇠고기를 월령과 무관하게 수입하는데, 여기서 30개월 이상의 소와 30개월 미만의 소에 적용하는 구체적인 제외 부위에 차이가 있었다. 30개월 이상의 소는 기존의 SRM

Id=148651245.

512   농림수산식품부, "미국산 쇠고기 수입위생조건 협의결과 및 대책," 경제정보센터 (2008), p. 4.
513   머리뼈, 등뼈 등에 남아있는 고기를 물리적인 방법으로 분리한 것.

제외 양상과 동일하게 7개 부위(편도, 회장원위부, 머리뼈, 뇌, 눈, 척수, 척추)를
제하지만, 30개월 미만의 소는 2개 부위(편도, 회장원위부)만을 제하고 나머지
5개는 제외 항목에 포함되어있지 않았던 것이다.[514] 여기까지 이뤄진 미국산
쇠고기 수입위생조건의 제·개정 내용을 정리하면 아래와 같다〈표 4〉.[515]

표 4 미국산 쇠고기 수입위생조건 시기별 비교

구 분	BSE 발생이전 ('03.12월 이전)	수입 재개후 ('06. 3월 제정)	금번 합의결과	
			1단계 (즉시)	2단계 (강화된 사료금지조치 공포 이후)
수입허용 부위	제한 없음	30개월 미만 살코기	30개월 미만 뼈 포함	30개월 이상 뼈 포함
수입금지 부위[주]	제한 없음	뼈 일체 (7개 SRM, LA갈비·우족·꼬리 등)	30개월 미만: 2개 SRM	• 30개월 미만: 2개 SRM • 30개월 이상: 7개 SRM
BSE 발생시 수단	즉시 수입 중단	'97.8월 이후 출생소 발생시 수입 중단 가능	역학조사결과에 따라 'BSE 위험통제국가 지위에 반할 경우, 수입중단 가능	
수입위생 조건 위반시	반송폐기처분, 해당 작업장 선적 중단 가능	반송·폐기 처분, 해당작업장 선적 잠정 중단 후 미국에 통보·협의	• 1회 위반: 해당 로트 반송·폐기처분, 차후 검사비율 확대, 미측에 개선 요청 • 2회 이상 위반: 해당 작업장 선적 중단	
도축소 월령표시	별도 기준 없음	별도 기준 없음	티본·포터하우스 스테이크에 한해 180일간 30개월령 미만 표기 (이후 교역·검사영향 검토후 재협의)	

주: 국제수역사무국 규정(2.3.13.11조)에 의하면 광우병위험통제국 지위를 받은 국가의 경우 특정위험물질(SRM)만 제외하면 국제교역이 가능
   – 30개월 미만 소의 SRM: 2개(편도·소장 끝부분)
   – 30개월 이상 소의 SRM: 7개(편도·소장 끝부분 머리뼈·뇌·눈·등골·등뼈)

---

514   농림수산식품부, "미국산 쇠고기 수입위생조건 협의결과 및 대책," 경제정보센터 (2008), p. 5.

515   농림수산식품부, "미국산 쇠고기 수입위생조건 협의결과 및 대책," 경제정보센터 (2008), p. 8.

이러한 합의 내용은 다수 국민이 참여정부 시절부터 가지고 있던 광우병에 대한 공포감과 완전히 상충하였고, 이 때문에 2008년 5월 2일부터 8월 15일까지 세 달에 걸쳐 서울을 중심으로 한 대규모의 시위(2008년 촛불집회)가 발생한다. 이것이 2차 광우병 이슈이다. 물론 1차 광우병 이슈도 정치권의 주요 이슈였음과 더불어 사회적으로 큰 파급력을 가졌으나, 2차 광우병 이슈는 1차 때와는 비교와 되지 않을 정도로 엄청난 파장을 몰고 왔다. 이 사건으로 정치권에서의 좌우 갈등 양상이 격화되고, 정부에 대한 비판도 광우병 이슈를 넘어 의료민영화나 대운하 사업 등 정책 전반으로 확산되며,[516] 심지어는 이명박 대통령 탄핵 서명인 숫자가 100만을 넘어가는 상황에까지 이르렀다.[517] 결국 이명박 대통령은 대국민 사과 성명을 발표하고 2008년 6월에 쇠고기 수입과 관련한 추가 협상을 진행, 미 정부가 보증하는 '한국 수출용 30개월령 미만 증명 프로그램'(Less than 30 Month Age-Verification Quality System Assessment Program for Korea, 약칭 한국 QSA)의 실시와 뇌, 눈, 척수, 머리뼈의 4개 부위를 수입 금지하는 등의 방향으로 미국과 합의하게 된다.[518]

광우병 이슈의 핵심 쟁점

2023년의 시점에서 광우병 이슈는 불필요한 국가적 혼란으로 말미암아 막대한 사회적 비용을 치르게 했던 사건이라 인식되는 경향이 강하다. 한국 사람들은 광우병 이슈 당시와 전혀 반대로, 미국산 쇠고기의 안전성을 상당히 신뢰한다. 미국산 쇠고기에 대한 한국 국민 인식과 관련해 미국육류수출협회가 한국갤럽조사연구소와 진행한 '2023년도 소고기 소비자 인식조사'에서는 "미국산 소고기가 안전하다"고 한 응답자는 70.4%, "미국산 소고기 섭

---

516 이지선, "반정부 구호 확산," 『MBC』 (2008년 6월 1일), https://n.news.naver.com/mnews/article/214/0000072136.

517 박종찬, "'이명박 대통령 탄핵' 서명 100만 넘어," 『한겨레』 (2008년 5월 4일), https://www.hani.co.kr/arti/society/society_general/285744.html.

518 배민식, "미국산 쇠고기수입 재개 문제," 행정안전부 국가기록원 (2014.07.03).

취 의향이 있다"고 한 응답자는 69.6%를 기록했다.[519] 특히 보수 진영에서 이러한 조사에 근거해 '선동'이나 '괴담' 등의 단어를 활용해 진보 진영을 공격하는 모습을 종종 볼 수 있다.[520] 반면 이에 대해 적극적으로 변론하는 진보 진영의 목소리를 찾기는 쉽지 않다.

정말 광우병 이슈가 가지고 있던 담론들은 완전히 선동에 의한 것이었는가? 나아가 광우병 이슈 당시 협상안에 대해 제기되었던 언론 및 시민들의 비판은 근거가 없는 것이었는가? 이러한 질문에 정확하게 답하는 과정은, 달리 말해 이 이슈의 핵심 쟁점인 "당시 정부 협상안에 근거한 미국산 쇠고기의 수입이 인간 광우병을 야기했을 것인가?"에 답하는 과정이라 할 수 있다. 핵심 쟁점은 두 가지의 세부 쟁점으로 나뉜다. 첫 번째 쟁점은 광우병 소의 섭취가 인간 광우병으로 이어지는지의 여부다. 그 판단을 위해서는 광우병과 인간 광우병의 개념 및 주요 관련 개념들을 정확히 인지하고, 그로써 원론적인 차원에서 광우병과 인간 광우병의 발병 원리 및 기전을 살펴보아야 한다. 두 번째 쟁점은 인간 광우병의 발생 확률이다. 어떤 질병의 위험성은 그 질병이 수반하는 증상이 어느 정도로 위중한지와 함께 그 질병의 '감염·전파 확률이 어느 정도로 높은지'에 따라 결정된다. 때문에 광우병이 인간 광우병을 야기하며, 인간 광우병은 그 병증이 위중하다는 사실만으로는 광우병이 사회적으로 어느 정도로 심각하게 다뤄지는 것이 합리적이라 할 수 있는지를 명확히 판단하기 어렵다. 확률에 대한 고려가 추가적으로 필요한 이유다. 이를 위해서는 광우병이 인간 광우병을 야기할 확률과, 미국산 소가 광우병에 걸린 소일 확률을 함께 판단해야 한다.

두 번째 쟁점은 첫 번째 쟁점의 결과에 따라 논의 필요성이 결정된다. 첫 번째 쟁점의 결론이 "광우병은 인간 광우병을 야기하지 않는다"라면, 두 번

---

519 송혜진, "미국산 소고기가 품질 좋고 가격 합리적이라는 인식, 코로나 기간이 결정적," 『조선일보』 (2024년 1월 25일), https://www.chosun.com/special/special_section/2024/01/24/7KU3MXXOIJGSVHRYFWKW4YL4NM/.

520 우석균, "2008년 시위와 광우병, 그리고 2023년 후쿠시마 오염수 방류," 『의료와사회』 제13호 (2023), pp. 45-46.

째 쟁점은 자연히 논의가 불필요해진다. 후자는 전자에 종속된다. 이러한 쟁점 구조를 고려해 본 책에서는 먼저 첫 번째 쟁점을 다룬 뒤에, 그 내용의 연장선에서 두 번째 쟁점을 다루며 광우병 이슈를 객관적 사실에 근거해 분석하고자 한다. 다음으로 그러한 객관적 사실에도 불구하고 현실에서는 광우병 이슈가 어떻게 소비되었고 정치화를 겪었는지를 살핀다.

2) 광우병 이슈를 구성하는 객관적 사실 (BSE와 TSE, Prion 및 그 외 유관 개념)

'광우병(Mad Cow Disease)'이라는 단어가 지금까지 한국의 정치권과 사회 전반에서 다뤄져 왔던 방식을 보면, 광우병과 인간 광우병을 같은 병인 것처럼 혼용하거나 그 어감 때문에 광우병과 광견병을 비슷한 병으로 인식하는 등 그 단어의 사용이 병에 대한 엄밀한 개념 정립이 미흡한 채 이뤄지는 경우가 대다수였다. 때문에 이와 같은 방식의 단어 사용은 광우병 및 인간 광우병으로 표현되는 병들에 대해 정확히 이해하고 광우병과 인간 광우병 간의 관계성을 파악하는 데 있어 방해요인이다. 이런 맥락에서, 이제부터는 광우병, 인간 광우병 등 우리가 광우병 이슈와 관련해 일상적으로 사용하던 표현들을 개념적으로 적확한 표현으로 대체해 사용할 것임을 밝힌다.

광우병의 정식 명칭은 'BSE(Bovine Spongiform Encephalopathy)', 또는 '소해면상뇌증(牛海綿狀腦症)'으로 두 명칭 모두 '소의 뇌가 해면과 같은 형태로 구멍이 뚫리게 되는 병'을 뜻하며, 'TSE(Transmissible Spongiform Encephalopathy, 전염성 해면상뇌증)'의 일종이다. TSE는 동물과 사람에게서 만성적이며, 점진적으로 진행되는 치명적인 신경계 퇴행질환(neurodegenerative disorder)이다.[521] 이 TSE는 '프리온 질병(Prion Disease)'이라고도 불리며, 그 명칭에서 드러나듯 프리온의 이상으로 인해 나타나는 질병이다. 이에 TSE가 어떤 양태를 보이는 질병인지를 알기 위해서는, 먼저 프리온이 무엇인지를 알아야 한다.

---

521   임용, "프리온 그리고 광우병과 변형 크로이츠펠트 야콥병(인간광우병)간의 유사성," 『The Medical Journal of Chosun University』 제33권 제3호 (2008), p. 2.

'프리온(Prion)'은 1982년 양과 염소의 중추신경계를 퇴행시키는 병인 '스크래피(Scrapie)'에 감염된 실험동물 뇌조직에서 발견한, 단백분해효소(proteinase K)에 저항성을 나타내는 단백 구조물이다.[522] 높은 감염력을 나타낼 뿐만 아니라 본 단백분획에 핵산(DNA 혹은 RNA)을 제거하는 DNase나 RNase의 처치 후에도 감염력에는 전혀 영향을 받지 않는다는 특이성이 있음에 따라 이들 병원체는 유전정보인 핵산이 포함되어 있지 않고 오직 단백질로만 구성된 병원체라는 가설이 제기되면서, 'Prion(Proteinaceous Infectious only)'이라고 명명된 것이다.[523] 이 프리온을 TSE의 맥락에서 이해함에 있어 주로 봐야 할 것은 'PrPC(cellular prion protein: 정상 프리온 단백)'와 'PrPSc(scrapie associated prion protein: 병원성 비정상 단백)'이다. PrPC는 전형적인 알파나선(α-helix)의 막 단백질이며, 모든 포유류 및 기타 여러 종에서 광범위하게 존재하나 그 기능은 아직 불분명하다.[524] 반면 PrPSc의 경우에는 베타병풍(β-pleated sheet) 구조를 가지며 뭉쳐서 사상체(filaments)를 형성하여 뉴런의 기능을 파괴하고 결국 신경세포를 죽인다.[525]

TSE의 발생 기전을 설명하는 여러 가설 중 정설로 받아들여지고 있는 프리온 가설(Protein-only theory)은, PrPC가 PrPSc로 변환(recruit)됨으로써 TSE를 유발한다고 설명한다. 변환은 그 변환을 겪는 동물이 애초부터 PrPC를 PrPSc로 변환시키는 유전자를 가지고 있거나, 그러한 유전자가 없어도 PrPSc와 접촉한 경우에 발생한다. 그렇게 변환이 시작되면 서서히 PrPSc가 늘어남에 따라 신경세포가 파괴되며 주로 중추신경계에 국한하여 특징적인 병변인 공포현상(vacuolation)이 나타난다.[526] 이러한 증상이 발현하기까지 잠

---

522 김용선, "프리온 질환," 『대한신경과학회지』 제19권 제1호 (2001), p. 1.

523 김용선 (2001), p. 2.

524 전용철, 진재광, 정병훈, 김남호, 박석주, 최진규, 김용선, "BSE: 프리온 질병의 진단법 및 최근 연구동향," 『Korean Journal of Veterinary Public Health』 제31권 제2호 (2007), p. 152.

525 임용 (2008), p. 1.

526 김용선 (2001), p. 1.

복기가 매우 길다는 것도 주요 특징이다.[527] 또한 증상의 발현과 진행에 시간 차이는 있으나, 일단 증상이 발현되면 종국에는 100%의 확률로 사망한다.[528] 이때, PrPC와 PrPSc의 아미노산 서열은 동일하고 단백질의 구조적 형태만 다른 것이기 때문에 인체의 면역계는 PrPC를 자신의 것으로 인식하듯이 PrPSc를 자신의 것으로 인식하며, 이에 PrPSc 감염 시 면역반응이 나타나지 않는다.[529]

　　BSE도 TSE에 해당하는 만큼 상기 설명과 같은 원리와 양태를 가진다는 점에서 매우 심각한 질환이다. 우리가 BSE와 관련해 가장 먼저 떠올리는 이미지가 구멍 뚫린 뇌인 것도 이 때문이다. BSE는 대부분 3년 이상 성장한 소에서 주로 나타나는 퇴행성 신경질환으로, BSE를 겪는 소는 여러 광적인 이상행동을 보이다가 시간이 지나면 운동신경 실조 현상을 보이며 결국 사망하게 된다.[530] BSE는 1986년 영국의 '수의학 보고서(Veterinary Record)'에 최초로 보고되었으며, 그 주된 발생 배경이 스크래피(Scrapie)에 걸린 양에 있다고 추측된다. 앞서 프리온의 개념을 설명하며 소개된 바로 그 스크래피이며, 역시 TSE의 일종이다. 스크래피에 걸린 양의 고기나 뼈 등이 소의 사료로 사용되며 BSE가 생겨났다는 것이다. 1980년대 후반부터 영국에서는 생산성 향상을 위해 동물의 내장, 뼈 등의 육류 폐기물을 소의 사료로 사용하였는데, 이 과정에서 스크래피에 걸린 양의 육류 폐기물과 그러한 양의 육류 폐기물을 섭취한 소의 육류 폐기물을 소가 섭취함으로써 BSE가 발생 및 확대되었다고 당시 영국 과학자들은 판단했다.[531]

　　여기서 BSE 발생의 원인을 초식동물인 소가 육류를 섭취하는 것 자체에 있다고 오해하지 않도록 주의해야 한다. 초식동물이 단순 육류를 섭취하는 일은 그 자체로는 TSE의 발현과 무관하다. 엄밀히 말하자면, BSE는 "스크래

527　임용 (2008), pp. 2-3.

528　김용선 (2001), p. 1.

529　임용 (2008), p. 2.

530　김용선 (2001), p. 4.

531　이지혜, "누가 소들을 분노케 했는가-유럽의 광우병 파동," 『다른과학』 제10호 (2001), p. 125.

피나 BSE에 걸린" 동물의 고기를 먹음으로써 발현된다. 육골분 사료 자체가 문제인 것이 아니라, 육골분 사료를 양이나 소를 사용해 만드는 과정에서 스크래피와 BSE를 앓던 개체들이 상당수 포함될 가능성이 크다는 점이 문제다. 경구투여로 발생하는 이러한 PrPSc의 감염은 PrPSc를 중추신경계에 직접 투입하는 등의 비경구투여에 비해 상대적으로 감염력이 낮지만, 그럼에도 불구하고 BSE의 발생 원인에서 드러나듯이 그 확률이 0은 아니라는 것이 실험으로써 증명된다. 2007년 Wells 등은 BSE에 걸린 소의 뇌간(brain stem)을 갈아서 100g부터 1mg을 경구로 1회 실험 송아지에 투여하여 BSE 발병 여부를 확인하는 실험을 수행했으며, 그 결과 최저 감염량인 1mg를 투여한 경우에도 15마리의 소 중에서 한 마리가 BSE에 감염되는 것을 확인했다.[532]

하지만 여기서 이 실험이 동종 감염을 전제로 이뤄졌다는 점에서, 1980년대 BSE 발생 사례에 그대로 적용하기에는 무리가 있다. 소와 양은 종이 다르므로 둘 간에 '종 간 장벽(species barrier)'이 존재하며, 이로 인해 스크래피가 소에게 그대로 옮겨갈 수는 없다. 이 문제에 대해서는 PrPSc의 축적 가능성으로 말미암아 보다 자연스러운 설명이 가능하다. PrPSc는 앞서 설명한 것처럼 염증 반응과 같은 면역반응을 보이지 않기에 제거되지 않고, 이에 소량의 PrPSc 오염 물질을 자주 먹는 경우에는 그에 따라 PrPSc가 숙주의 체내에 계속 축적될 수 있다.[533] 이런 맥락에서 학자들은 BSE가 발생한 상황에 대해, 스크래피를 앓는 양의 프리온이 그 양이 함유된 육골분 사료를 먹는 소들 체내에 지속적으로 축적되며 결국 종의 장벽을 넘어 소도 같은 문제를 맞게 되었다고 해석한다. 이것이 앞서 광우병 이슈의 배경을 설명하는 과정에서 이야기했던 육골분 사료 금지 조치의 시행 이유이다.

한편, PrPSc는 특히 장에 존재하는 림프절에 축적된 이후 자율신경계를 통해 중추신경계에 전파된다는 사실이 2007년 보고됨에 따라 특별히 취급에 주의해야 할 PrPSc오염 물질들이 규정되었다. 이 물질들을 특정위험물

---

532   임용 (2008), p. 4.
533   임용 (2008), p. 4.

질(SRM: specified risk material)이라 한다. 구체적으로 SRM에 해당하는 항목들은 기구 및 기관, 나라마다 다소 차이가 난다. 가령 OIE의 경우에는 30개월령을 초과한 소의 뇌, 눈, 척수, 등뼈 신경절(dorsal root ganglia), 두개골, 척추(vertebral column)와 더불어 월령과 무관한 소의 편도(tonsils) 및 회장(distal il-eum) 등을 SRM으로 규정한다.[534] 반면 EU는 12개월 이상 월령인 소의 머리, 등뼈, 중추신경계, 척수 등이 SRM에 해당하고, 장(intestine)은 소의 월령에 관계없이 SRM으로 간주한다.[535] BSE에 감염된 소에서 검출되는 전체 PrPSc 중 99.8%가 SRM에서 검출되기에, SRM은 도축과 유통 과정에서 엄격한 통제의 대상이다.[536]

(1) 첫 번째 쟁점: 광우병 소의 섭취가 인간 광우병으로 정말 이어지는가?

그렇다면 SRM을 포함해 BSE에 걸린 소의 고기를 인간이 먹는 일이, 마치 PrPSc가 양과 소의 종간장벽을 뛰어넘어 BSE를 발생시킨 것처럼 인간에게도 TSE와 같은 질환을 발생시킬 수 있는가? 광우병 이슈의 핵심 쟁점을 구성하는 두 가지 쟁점 중 첫 번째에 해당하는 이 질문에 대해, 결론부터 말하자면 "그렇다"고 답할 수 있다. 단, 이 답변을 BSE가 무조건 인간의 TSE 발생을 수반한다거나, 인간이 겪을 수 있는 TSE적 증상들이 모두 BSE에 의한 것이라는 의미로 해석해서는 안 된다. BSE에 의해 나타나는 인간의 TSE는 구체적으로 어떤 질환인지, 어떤 원리와 조건하에 BSE가 인간의 TSE를 야기하는지, BSE가 인간의 TSE로 이어질 확률은 어느 정도인지 등의 구체적 사항에 따라 "그렇다"는 단순한 답변이 내포하고 있는 심각성의 정도가 달라진다. 우리 사회가 과거 광우병 이슈를 다룸에 있어 그 기저에 가지고 있었던 걱정과 분노의 수위가, 사실에 비춰봤을 때 합당한 수준이었는지에 대한 판단이 달라진다는 것이다.

---

534   AHG on BSE risk status evaluation of Members, "Electronic consultation of the OIE ad hoc group on Bovine Spongiform Encephalopathy risk status evaluation of members," OIE (2017), p. 2.

535   임용 (2008), pp. 4-5.

536   코메디닷컴, "특정 위험물질," (2017.01.01).

구체적 논의를 위해서, 우리는 인간의 TSE 중 하나인 '크로이츠펠트-야콥병(CJD: Creutzfeldt–Jakob Disease)'에 대해 살펴보아야 한다. 인간의 TSE는 게르스트만-슈트로이슬러-샤인커 증후군(GSS: Gerstmann–Sträus-sler–Scheinker syndrome), 가족성 치명성 불면증(FFI: Familial Fatal Insomnia), 쿠루병(Kuru), 그리고 CJD의 4가지 세부 질환으로 구성된다. 이중 CJD에서 변종된 형태의 질병이 1996년 영국에서 최초로 보고되고, 그 시기가 BSE의 절정 시기인 1990년대 중반과 맞물린다는 점에서[537] 두 질병 간의 인과 가능성이 제기되었다.

CJD는 다시 네 가지로 분류된다. 첫 번째는 '산발성(sporadic) CJD'(sCJD)로, 일반 인구 중 자연적인 돌연변이에 의해 발생하는 것으로 추정된다. 전체 CJD의 85%를 차지하며 CJD 중에서 압도적인 발병 비중을 보인다.[538] 대부분 60~70세에 발병하고 연령 범위는 성별과는 관계가 없다.[539] 두 번째는 '가족성(familial) CJD'(fCJD)로 '가족성'이라는 단어에서 드러나듯 유전적 소인에 의해 발병한다. 네 가지의 CJD 중 두 번째로 많이 발병하며, 전체 CJD 중 5~15%를 차지한다.[540] 세 번째 '의인성(醫因性; iatrogenic) CJD'(iCJD)는 PrPSc 기존 감염자의 조직(뇌경막, 각막) 이식이나 사체 유래 뇌하수체 호르몬 투여 등을 통해 PrPSc에 감염되어 후천적으로 발병한다.[541] 마지막 네 번째는 '변종(variant) CJD'(vCJD)다. 앞서 BSE와의 인과 가능성이 제기되었다고 했던 변종된 형태의 CJD가 바로 이것이다. 후술하겠지만 vCJD도 iCJD와 같이 후천적 요인에 의해 발병하며, 이에 이 둘은 '후천성 CJD(acquired CJD)'로 그룹화할 수 있다. 후천성 CJD는 전체 CJD 중 1% 미만을 차지한다.[542]

---

537   박옥, "크로이츠펠트-야콥병의 개요와 발생현황 및 역학적 특성, 감시체계," 『한국농촌의학회지』 제26권 제1호 (2001), p. 178.

538   Brian Appleby, "Creutzfeldt-Jakob Disease (CJD)," MSD Manual Consumer Version (May 2022).

539   김용선, "광우병과 변종 크로이츠펠트 야콥병," 『가정의학회지』 제25권 제7호 (2004), p. 511.

540   Brian Appleby (May 2022).

541   박옥 (2001), p. 178.

542   Brian Appleby (May 2022).

vCJD는 영국의 국립 CJD 감시국(Surveillance Unit)에 의해 1996년 최초로 보고되었고, 최초발병 시점은 그보다 1년 빠른 1995년이다. 증상 발현 초기에는 우울증, 불안감, 초조감, 공격적 성향, 무감동증 등의 정신 증상이 나타나고 증상 발현 후 평균 6개월 뒤에는 감각 이상이나 이상 운동증 등의 신경학적 증상이 나타나며, 말기에는 점진적인 인지장애 진행과 함께 운동 불능 및 무언증이 나타나다가 증상 발현 후 평균 14개월에는 사망에 이른다.[543] 이렇게 vCJD는 여타 CJD 및 TSE들처럼 그 증상이 심각하고 환자가 결국 사망에 이른다는 점에서 굉장히 위중한 질환이다. 그러나 한편으로는 병리학적으로 TSE의 특성을 가지고는 있으나 임상적, 역학적 차원에서 기존 sCJD와 매우 다른 양상을 보여주었다는 점에서 sCJD와의 구분이 필요하다.[544] 우선 sCJD의 주된 발병 연령이 60~70세인 것과 달리, vCJD는 임상적으로 매우 젊은 나이인 27세가 평균 발병 나이이고 발병 연령 범위도 12~74세로 매우 넓다.[545] vCJD가 sCJD와 달리 MRI 검사 소견상 뒤쪽 시상(thalamus) 부위에서 대칭적으로 hyperintensity(pulvinar sign)가 나타나는 특징이 있다는 사실도 주요한 차이점이며, 이에 해당 특징은 실제로 vCJD의 임상적 진단 기준으로 활용된다.[546] 그 외에도 아래 표에 제시된 것처럼 vCJD는 sCJD나 iCJD와는 개념적 구별을 넘어 병증의 역학적, 임상적 차원에서 분명히 구별되는 요소들이 있다.[547]

---

543   박옥 (2001), pp. 179-180.

544   박옥 (2001), p. 178.

545   김용선 (2004), pp. 512-513.

546   김용선 (2004), p. 513.

547   질병관리청 인수공통감염병관리과 "2024년도 크로이츠펠트-야콥병 관리지침," 질병관리청 (2024), p. 43.

표5 크로이츠펠트-야콥병(CJD)의 분류

구분	산발성	의인성		변종	쿠루
		중심성	말초성		
전파경로	원인 불명	중추신경내 직접 주입 (장기이식, 수술)	혈행성 (호르몬)	경구 기타	경구, 결막, 점막, 손상된 피부
발병 시 평균 연령(세)	60±9(16-82)	-	-	28(14-53)	25-30(4.5-)
평균 잠복기	-	18-42개월 (16-84)	12-13년 (4-30)	10-40년 (<10)	12년 (<1-40)
유전자형 (PRNP codon 129 genotype)	MM 73%(39%) W 15%(11%)	W 50%(영, 미) MM 100%(프랑스)		MM 100%	MM 우세
이환 기간	7.3±7.6개월 (1-50)	-		12개월 (7.5-22.5)	4-24개월
발병 시 주 증상	정신 황폐 100% 소뇌증상 22% 두통 22%	치매 100% 소뇌증상 22%	소뇌증상 100% 안/동안증상 17% 두통 15%	정신증상 65% 감각이상 20% 정신황폐 17%	소뇌증상
뇌파 소견 (주기적 예파)	78%	6%	-	0%	0%
MRI	0%	-	-	77%	-

이 변종 CJD(vCJD)가 우리가 일상적으로 '인간 광우병'이라 명명하는 그 질환이다. vCJD는 주로 인간이 BSE에 감염된 소를 섭취함으로써 발병한다고 학계에서는 판단하고 있으며, 그 근거는 크게 두 가지 방면에서 존재한다. 우선 의학적 연구에 바탕한 근거다. 생물학적/균주(strain)[548] 분류 연구를 통해, BSE와 vCJD는 그 질환이 각각 인간과 짧은 꼬리 원숭이(macaques)에게 전염됨에 있어 실질의 차원에서 그 원인체(agent)가 사실상 동일하거나, 적어도 유사한 병원성(pathogenicity)[549]을 가진다는 사실이 명확하게 입증되었

---

548   유전자 구성이 같은 세포집단.

549   병원체가 질병을 일으키는 힘. 감염된 개체 중 현성감염(감염으로 인한 증상이 확실하게 나타나는 감염)이 나타나는 정도를 말한다.

다.[550] 나아가 vCJD의 PrP 단백질의 당화(糖化) 양상이 생쥐, 고양이, 원숭이 등에서 모두 유사하다거나, BSE와 vCJD를 실험적으로 생쥐에게 각각 전파했을 때 양쪽에서 정확히 같은 프리온 단백질이 발견되었다는 연구 결과들이 존재한다.[551]

다른 하나는 역학적(epidemiological) 차원의 근거다. BSE와 vCJD는 발생 시기와 발생 지역의 맥락에서 모두 강한 연관성을 보여준다. 일단 두 질환은 굉장히 유사한 유행곡선(epidemic curves)을 형성한다. 이러한 BSE와 vCJD의 발생 건수나 양상의 높은 비례성은 두 질환이 상당하게 연동되어있을 가능성을 시사한다. 여기서 vCJD의 최초 발생 시점이 BSE 발생 건수가 최고점에 도달한 뒤에 소강상태로 돌입하기 시작한 1995년이며, 그 이전에는 전혀 보고된 적이 없다는 사실도 유의미하다. 발생 지역을 국가 단위로 구분해 국가별 BSE와 vCJD의 발생 건수를 살펴보아도, 둘 간에는 유의미한 비례성이 나타난다. BSE 발생 건수가 타 국가 대비 압도적으로 높은 영국에서 vCJD 역시 압도적인 발생 건수를 기록하며, 나머지 vCJD의 발병 사례도 BSE가 발생한 국가에서 확인된다. 다음 자료는 각각 BSE, vCJD의 유행 곡선과 국가별 발생 건수를 나타낸 것이다.[552]

---

550   J Gerald Collee, Ray Bradley, & Paweł P Liberski, "Variant cjd(vcjd) and bovine spongiform encephalopathy(bse): 10 and 20 years on: Part 2," *Folia Neuropathologica* 44-2 (2006), p. 103.

551   질병관리청 인수공통감염병관리과 "2024년도 크로이츠펠트-야콥병 관리지침," 질병관리청 (2024), pp. 44-45.

552   J Gerald Collee, Ray Bradley, & Paweł P Liberski (2006), pp. 103-104.

그림 29 | BSE, vCJD의 유행 곡선

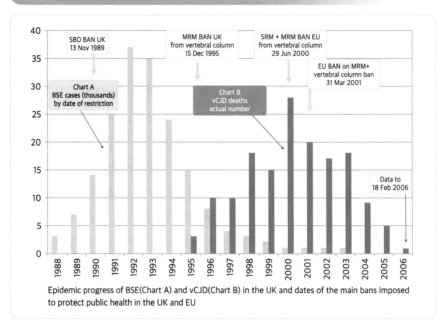

Epidemic progress of BSE(Chart A) and vCJD(Chart B) in the UK and dates of the main bans imposed to protect public health in the UK and EU

표 6 BSE, vCJD의 국가별 발생 건수

Country	vCJD cases*	Total BSE cases	First BSE report
Great Britain	UK-160	180,892	1986
Northern Ireland	154 + 6 alive	2,160	1988
France	16	969	1991
Republic of Ireland	3	1,558	1989/1989
USA	2	2	2004/2005
Portugal	1	988	1990/1994
Spain	1	590	2000
Italy	1	131	1994/2001
Netherlands	1	78	1997
Japan	1	22	2001
Canada	1	6	1993/2003
Saudi Arabia	1	0	

Definite or probable cases of vCJD worldwide and associated cases of BSE (and date of first report) in countries where both diseases occur

(2) 두 번째 쟁점: 미국산 쇠고기 수입 시 인간 광우병의 발생 확률은 어느 정도인가?

상술한 논의를 종합하면, 결국 'BSE에 걸린 소의 고기를 인간이 먹는 것이 인간에게 있어 vCJD를 유발하며 그 병증은 위중하다'는 진술이 그 자체로 과학적 사실에 부합한다는 게 첫 번째 쟁점의 결론이라 할 수 있다. 광우병 이슈 당시 한국 사회가 상정했던 미국산 쇠고기 수입의 심각성이 합리적인지를 판단하는 데 있어 두 번째 쟁점으로 작용하는 vCJD의 발생 확률에 대한 논의 조건이 충족된바, 이와 관련된 사실들을 살펴보고자 한다. 우리의 논의 목적이 "광우병 논쟁 당시의 합리성" 평가에 있기 때문에 확률을 구성하는 수치 및 데이터가 현재가 아닌 당시를 기점으로 파악되는 것들이어야 한다는 점에 주의해야 한다. 예를 들어 이 직후에 이뤄질 전체 CJD 대비 vCJD의 발병 비율을 파악하는 과정에서는, 첫 번째 쟁점에 대해 이야기하던 중 vCJD와 iCJD를 합친 후천성 CJD의 전체 CJD 대비 발병 비율로서 제시한 1% 미만이라는 수치를 차용하지 않는다. 해당 수치가 그 소스를 2022년 자료에 두고 있다는 것이 그 이유다.

기본적으로 vCJD는 발생 확률이 굉장히 낮은 질환이다. 이는 앞서 CJD의 종류들을 설명하는 과정에서 이미 어느 정도 드러났다고 볼 수 있다. 물론 해당 데이터들은 상기했듯 2022년의 데이터들이긴 하나, 전체적인 비율의 양상은 광우병 이슈 당시나 지금이나 극적으로 달라지기 힘들다. 실제로, 이미 BSE와 vCJD가 전 세계적으로 화두가 되고 나서 vCJD 확인 건수가 최고점에 도달했던 2000년 이후부터 광우병 논쟁 발생 전의 시기 동안 저술된 대부분의 논문들을 살펴보면, CJD의 세부 분류들 각각이 전체 CJD 발병 건수에서 차지하는 비율들을 거의 동일하게 제시한다. 일례로, 2008년 발표된 논문 "프리온 그리고 광우병과 변형 크로이츠펠트 야콥병(인간광우병)간의 유관성"에서는 전체 CJD 대비 sCJD가 85%, fCJD가 10~15%를 차지한다고 서술한다.[553] 이 경우 후천성 CJD는 최대 5%의 비중을 가지며, 전체 CJD 발병

---

553 임용 (2008), p. 3.

의 85%를 차지하는 sCJD가 연간 1/1,000,000 확률로 발병한다는 것을 고려하면,[554] 후천성 CJD의 발병 확률은 1/17,000,000로 기하급수적으로 낮다. 이를 다시 iCJD와 vCJD 각각에 배분하게 되면 vCJD의 비중은 더 낮아진다.

　미국산 쇠고기를 통해 vCJD에 걸릴 확률은 여기서 더욱 크게 떨어진다. 이는 미국 소가 BSE에 걸린 소일 확률이 매우 낮기 때문이다. 1986년부터 2007년 12월 31일의 기간을 기준으로 확인된(confirmed) 모든 BSE 건수를 보면, 미국에서 발병한 BSE의 수는 2003년, 2005년, 2006년에 한 번씩 도합 세 번에 불과하다.[555] 이는 BSE가 발병했던 모든 국가와 비교해도 특이나 낮은 수치다. 가장 높은 건수를 기록한 국가는 183,256건의 영국(북아일랜드 포함)이며, 이는 2위 국가 아일랜드의 1,622건과 3위 국가 포르투갈의 1,036건과 비교해 특수하게 높은 수치다.[556] 이는 영국이 BSE의 종주국이라는 데에서 기인하며, 100건이 넘게 BSE가 발생한 국가들이 모두 지리적으로 영국과 멀지 않은 곳에 위치한 유럽 국가라는 것도 그런 맥락에서 이해할 수 있다. 이를 고려하면 미국은 지리적으로도 상대적으로 BSE로부터 안전한 축에 속한다. 보다 자세한 국가별 발생 건수 비교는 아래 표에 제시되어 있다.[557]

표7　유럽연합(EU) 국가별 BSE 발병 건수

	2007	2006	2005	2004	2003	Total since 1986
Austria	1	2	2	0	0	6
Belgium	0	2	2	11	15	133
Czech Republic**	2	3	8	7	4	28
Cyprus**	0	0	0	0	0	0
Denmark	0	0	1	1	2	15
Estonia**	–	–	–	–	–	–
Finland	0	0	0	0	0	1
France	7	8	31	54	137	993

554　임용 (2008), p. 3.

555　영국 식품기준청, Confirmed cases of BSE worldwide up to 31 December 2007. (2008)

556　영국 식품기준청, Confirmed cases of BSE worldwide up to 31 December 2007. (2008)

557　영국 식품기준청, Confirmed cases of BSE worldwide up to 31 December 2007. (2008)

Germany	4	16	32	65	54	415
Greece	0	0	0	0	0	1
Hungary**	–	–	–	–	–	–
Ireland	25	41	69	126	182	1,622
Italy	2	6	8	7	31	143
Latvia**	0	0	0	0	0	0
Lithuania**	0	0	0	0	0	0
Luxembourg	0	0	1	0	0	3
Malta**	0	0	0	0	0	0
Netherlands	2	2	3	6	19	84
Poland**	7	10	20	11	5	57
Portugal	10	32	51	92	133	1,036
Slovak Republic**	0	0	2	7	2	20
Slovenia**	1	1	1	2	1	8
Spain	36	64	98	137	167	717
Sweden	0	1	0	0	0	1
UK (GB & Northern Ireland)*	67	124	224	398	611	183,256

표 8 비유럽연합(Non EU) 국가별 BSE 발병 건수

	2007	2006	2005	2004	2003	Total since 1986
Canada	3	5	1	1	1	12
Falkland Isles	0	0	0	0	0	1
Israel	0	0	0	0	0	1
Japan	3	10	7	5	4	34
Liechtenstein	0	0	0	0	0	2
Oman	0	0	0	0	0	2
Norway	0	0	0	0	0	0
Switzerland	0	5	3	3	21	467
United States	0	1	1	0	1	3

　　실제로 미국에서 2008년 이전까지 발병한 vCJD는 총 세 건에 불과하며,[558] 이는 같은 기간 조건에서 세계 전체 환자 수 209명 대비 약 80%를 차

558　유럽 질병예방통제센터, Creutzfeldt-Jakob Disease International Surveillance Network. (2021.04에 프로젝트 갱신 종료). The University of Edinburgh.

지하는 영국의 167명과 크게 대비된다.[559] 나아가 해당 사례들은 모두 미국이 아닌 해외에서 감염된 것이라는 데에도 주목해야 한다. 첫 번째 사례와 두 번째 사례의 환자는 모두 영국에서 출생 후 영국에서 장기 거주했으며, 그 거주기간에 영국 BSE 노출 위험 시기(defined period of risk: 1980~1996년)가 포함되어 있다. 두 사례 모두 영국에서 BSE에 노출됐을 가능성이 큰 것이다.[560] 세 번째 사례의 환자도 사우디아라비아 출생 후 현지에 거주하다가 2005년 말부터 미국에서 거주했으며, 과거 병력과 국가 간 이동 이력 등을 고려했을 때 사우디 거주 당시 BSE에 노출된 것으로 알려졌다.[561] 결국 최소한 2008년까지 미국 내에서 미국산 쇠고기를 먹고 vCJD에 감염된 사례를 확증하는 것은 매우 어렵다. 이에 더해 앞서 소개한 BSE와 vCJD의 유행 곡선에서 드러나듯 2008년은 이미 두 질환이 그리는 급격한 쇠퇴 추세선의 끝자락에 해당하는 시기이기에, 2008년까지의 관련 데이터 구성 양상이 그 이후부터 갑자기 우려할만한 방향으로 바뀔 것이라 예상하기도 어렵다.

이렇게 vCJD의 확률과 관련한 지금까지의 논의는 두 가지로 정리할 수 있다. 첫 번째, 일반적 관점에서 BSE에 감염된 음식 섭취를 통해 vCJD가 발병할 확률은 애초부터 매우 낮다. 두 번째, 미국산 쇠고기가 BSE에 감염되어 있을 확률이 매우 낮으며, 이것을 상술한 일반론적 확률과 함께 고려하면 미국산 쇠고기를 먹고 vCJD가 발병할 가능성은 기하급수적으로 떨어진다. 이러한 점에서 기본적으로 한국이 미국산 쇠고기 수입을 BSE와 vCJD의 맥락에서 심각하게 우려하거나 거부할 필요가 2008년 당시 그리 크지 않았다고 판단할 수 있다.

하지만 2008년 당시, BSE에 대한 우려가 완전하게 불필요한 것이었다고 확언하기에도 조금은 무리가 있다. 크게 두 가지 이유에서, BSE로부터의 안전성을 어느 정도는 유보적인 관점에서 봐야 할 여지가 있었다. 첫 번째 이

---

559   정해관, "CJD/vCJD의 역학," 대한산업의학회 2008년 제41차 추계학술대회 (2008) p. 134.

560   CDC. Variant Creutzfeldt-Jakob Disease(vCJD): Reported in the US (2021).

561   CDC. Variant Creutzfeldt-Jakob Disease(vCJD): Reported in the US (2021).

유는 한국인의 특수한 PRNP 유전자(PRNP gene) 구성이다. PRNP 유전자는 인간 몸에서 뇌와 기타 여러 조직에서 활성화되는 정상적인 프리온 단백질 (PrP)을 생산하는 유전자를 말한다. 해당 유전자의 129번 코돈(codon)[562]에는 메티오닌(methionine) 혹은 발린(valine)이 존재하고 이 둘의 다형성(polymor-phism)[563]이 나타남에 따라 129번 코돈은 메티오닌/메티오닌(M/M), 메티오닌/발린(M/V), 발린/발린(V/V) 중 하나의 형태로 구성되는데, 현재까지 발생한 모든 vCJD 환자들은 특이하게도 공통적으로 M/M의 동형 접합체(homo-zygote)를 가지고 있다.[564] 이에 학계에서는 이 M/M 유전자형이 특히나 vCJD에 대한 감수성이 높을 것으로 추측하고 있다.

여기서 문제가 되는 지점은 한국인의 대다수가 이 M/M 유전자형 인간이라는 데에 있다. 2004년 529명의 한국인을 대상으로 진행한 프리온 유전자형 검사에서 94.33%가 M/M형, 5.48%가 M/V형, 0.19%가 V/V형이었다.[565] 이는 전체 일반인 인구의 36.79%가 M/M형에 해당하는 영국 대비 매우 높은 수치다.[566] 이러한 사실은 한국이 BSE 유입 가능성에 대한 주의가 필요한 국가임을 시사한다. 단, 이때 94.33%라는 수치가 곧 BSE에 의한 vCJD 감염률을 의미하는 게 아니라는 것에 주의해야 한다. 앞서 BSE에 의한 vCJD의 발병 확률에 대해 이야기한 바와 같이, 한국에 수입될 미국산 쇠고기가 애초부터 BSE에 감염되어 있을 확률은 매우 낮다. 이에 더해 BSE 섭취에 의한 vCJD 발병 확률 역시, 한국인 유전자의 특이성을 반영해 기존 값을 두 배에서 세 배 늘린다 해도 그 값은 여전히 너무나도 작다. 결국 이 M/M 유전자형과 관련한 사실들에서는 한국인이 영국인 등과 비교해 상대적으로 vCJD에 취약한 요소가 있다는 정도의 결론만이 도출될 뿐이다. 한국인의 vCJD 발병 확률 자체가 매우 높다고 이해하는 것은 상기 내용의 오독이며, 사실과

---

562 단백질의 아미노산 배열을 규정하는 전령 RNA의 유전정보.

563 하나의 객체가 여러 가지의 타입을 가질 수 있는(여러 종류에 동시에 해당할 수 있는) 성질.

564 김용선 (2004), pp. 510-511.

565 임용 (2008), p. 5.

566 김용선 (2004), pp. 510-511.

다르다.

유보적 관점의 필요성을 구성하는 두 번째 이유는 미국 쇠고기 수입의 반복적인 중단-재개 문제다. 광우병 이슈의 발생 배경 및 과정을 설명하는 부분에서 나온 것처럼 미국산 쇠고기의 검역 과정에서 뼈 없는 살코기만이 허용되는 상황에 뼈가 검출되거나, SRM을 제외한 부위가 허용되는 상황에 등뼈가 검출되는 등 구멍이 계속해서 뚫렸다. 물론 미국산 쇠고기가 애초부터 BSE에 감염되었을 확률은 매우 낮기에 이론적으로는 등뼈 등의 부위가 수입되어도 큰 문제는 없다. 단 그러한 과학적 사실과는 별개로, 이러한 중단-재개의 반복 구조는 미국산 쇠고기 검역 시스템, 나아가 BSE와 관련된 관리 체계 전반에 대한 사회적 신뢰의 심대한 훼손을 야기할 수 있다. 정부가 신뢰 회복을 위해 BSE와 vCJD에 대한 과학적 사실들을 적극적, 구체적으로 알리는 일을 소홀히 했다면, 사회가 미국산 쇠고기의 안전성에 대해 어느 정도 유보적 태도를 견지한다 하더라도 이를 비합리적이라 말할 수는 없다.

3) 이슈의 정치화 양상

1차 광우병 이슈와 2차 광우병 이슈는 한국 사회에서 완전히 다른 양상으로 소비되었다. 물론 1차 광우병 이슈가 발생한 참여정부 당시에 광우병에 대한 위기의식이 존재하지 않은 것은 아니다. 2007년 임상규 농림부 장관 후보자 인사청문회에서 미국산 쇠고기 수입 논란이 주된 안건으로 작용하는 등 정치권에서 여러 잡음이 나타났으며,[567] 미국산 쇠고기 수입과 관련한 규탄 기자회견 및 시위도 종종 발생했다. 다만 그것이 참여정부에 대한 전국적이고 격렬한 반대 여론 형성으로 이어지지는 않았다는 지점이 2차 광우병 이슈 때와의 핵심적인 차이를 보인다. 이는 역대 대통령별 지지율 증감 추이에서도 명확하게 드러난다. 노무현 전 대통령의 주된 지지율 하락 요인은 2003년 하반기 부동산 가격 급등 등에 의한 사회 양극화와 임기 말의 측

---

567   이승관, "任농림 인사청문회 美쇠고기 수입 논란," 『연합뉴스』 (2007년 8월 29일), https://n.news.naver.com/mnews/article/001/0001740395?sid=101.

근 비리 문제였으며,[568] 광우병 이슈는 주요 변수로 작용하지 않았다. 반면 이명박 전 대통령의 경우에는 광우병 이슈로 임기 세 달 만에 지지율이 21%로 급락했다.[569]

1차 광우병 이슈와 2차 광우병 이슈 간에 이러한 차이가 나는 데에는 크게 두 가지 맥락에서 그 원인을 파악할 수 있다. 첫 번째 원인은 2008년 광우병 시위의 시작 양상과 관련된 것으로, 언론이 주도한 광우병 밈(meme)의 제공 및 확산이다. 리처드 도킨스(Richard Dawkins)가 제시한 개념인 '밈'은 사람들의 뇌를 매개로 전염되는 생각이나 사고를 의미한다. 특정한 밈이 사람들에게 퍼지는 과정을 정보연쇄파급(Information Cascade)이라 하며, 이 현상이 발생하려면 맬컴 글래드웰(Malcolm Gladwell)이 제시한 세 가지 조건('소수의 법칙'[570], '고착성'[571], '여건'[572])을 충족해야 한다. 이 조건들에 특히나 잘 부합하는 집단이 10대이며, 이것이 10대가 "미국산 쇠고기를 먹으면 광우병에 걸린다"는 밈(이하 광우병 밈)의 초기 수용자(early adopter)로서 광우병 시위를 시작하게 된 배경이다.[573] 이때, 해당 광우병 밈을 사회에 제공한 주체는 언론이다. 그중에서도 MBC의 PD수첩은 앉은뱅이 소 장면을 통해 미국산 쇠고기와 광우병 간의 복잡한 연관관계를 단순화함으로써 광우병 밈을 확산하는 계기를 제공했다. 나아가 최초 방송 시점으로부터 2주 뒤 후속 방송을 내보내 사실상 광우병 밈의 진원지가 되었다.[574]

두 번째 원인은 광우병 시위의 장기화 양상과 관련된 것으로, 진보세력에 의한 시위의 정치화다. 본래 광우병 시위 초기에는 10대나 주부가 시위를

568 박홍두, "노무현은 부동산에, 이명박은 광우병에…지지율 곤두박질," 『경향신문』 (2019년 9월 20일), https://www.khan.co.kr/politics/president/article/201909202117005.
569 박홍두, "노무현은 부동산에, 이명박은 광우병에…지지율 곤두박질," 『경향신문』 (2019년 9월 20일).
570 전염은 소수 매개체로부터 시작됨.
571 전염성을 의미하며, 단순하고 중독성있는 것이 쉽게 기억되고 전이된다는 내용을 내포하고 있음.
572 주변 환경이나 상황이 밈에게 유리해야 함. 앞선 두 조건이 충족된다 하더라도, 이 조건이 미충족될 경우에는 전염이 이뤄지지 않음.
573 함재봉, "광우병 괴담의 정보적 특성분석과 대비책에 관한 연구," 치안정책연구소 (2009), p. 31.
574 함재봉 (2009), p. 28.

주도했고, 이들 집단이 가진 보편성과 정치적 중립성으로 말미암아 시위가 사회적인 파급력을 가질 수 있었다. 그러나 이 파급력에서부터 정치적 기회를 포착한 일부 진보세력과 언론이 광우병 시위와 6월 항쟁을 계속해서 '오버랩'시켰다. 이 과정에서 진보 정부의 정권 재창출 실패, 뒤이은 대선과 총선에서의 패배로 정치적 효능감을 상실한 운동권 및 386세대가 점차 시위에 유입되며 광우병 논란은 점차 대정부 투쟁의 성격을 띠게 되었다.[575] 시위의 주도권 역시 정치성이 옅은 기존 10대에서 점차 진보 진영이 조직한 광우병 국민대책회의로 넘어갔다.[576] 이런 흐름에서 시위의 양상은 6월 10일을 기점으로 특히 과격하게 변모했고, 정권 퇴진 등의 정치적 구호가 강해지는 모습을 띠게 된다.[577]

　　이처럼 2차 광우병 이슈는 언론과 진보 세력의 정치적 프레임에 의해 이슈의 정치화를 겪었다고 볼 수 있다. 해당 이슈의 변성(變性)은 특히 이명박 정부에 대한 분노의 정서 형성을 추동하였으며, 이로써 사람들은 미국산 쇠고기와 광우병 간의 관계에 대한 정부의 충분한 정보 제공이 부족한 상황에서 광우병 밈에 감정적으로 이끌리고 그 내용을 쉽게 지지했다. 이것이 1차 광우병 이슈 때와 달리 2차 광우병 이슈 당시에 전국적인 반대 시위가 발생했던 이유다. 단, 여기서 광우병 시위의 초기 주도 집단인 10대 및 주부와 광우병 시위의 정치화 흐름에서 유입된 운동권 및 386세대가 각각 이명박 정권에 대해 지닌 분노에는 그 정도의 차이가 있을 수밖에 없다는 사실에 유의해야 한다. 10대와 주부들은 광우병에 대한 공포에서 시위를 시작한 만큼, 그들의 정서는 분노와 걱정이 혼합된 것이었다. 반면 운동권 및 386세대는 이명박 정권에 대한 정치적 반감이 주된 시위 참여 요인이었던 만큼, 분노의 정서를 상대적으로 강하게 가졌다. 시위가 정치적 성격을 점차 가지게 되는 과정에서 10대와 주부가 시위에서 이탈하게 된 것은 상술한 정서 차이를 고려할 때 이해 가능하다.

---

575   함재봉 (2009), pp. 37-38.

576   함재봉 (2009), p. 39.

577   함재봉 (2009), p. 18.

4.2. 탈원전 논쟁

1) 탈원전 이슈에 대한 기본 설명

원자력발전소(이하 원전)는 1971년에 착공한 고리원자력본부를 시작으로 한국에서 건립되기 시작했다. 한국의 전력소비량이 지속 증가함에 따라 원전의 수도 자연히 점진적으로 늘어났다. 2008년 이명박 정부가 한국의 성장동력 전략으로서 제시한 "저탄소 녹색 성장" 정책으로 말미암아 원전은 더 본격적으로 확대되어갔으나, 2011년 후쿠시마 원전 사고가 발생한 뒤에 정치권 일각에서는 원전 확대와 관련한 비판적 시각이 형성되기 시작했다. 이런 흐름 속에서 2012년 18대 대선에서 문재인 당시 대통령 후보는 반(反)원전 정책을 제시하게 된다. 이와 같은 정책 지향은 2016년 경주 지진으로 국내 원전의 안전 문제에 대한 국민적 차원의 관심이 발생함에 따라 본격화되어, 결국 2017년 19대 대선에서 문재인 당시 대통령 후보는 기존 정책 기조에서 한 걸음 더 나아간 탈(脫)원전 정책을 내놓게 된다.

이 탈원전 정책은 17년 대선 당시의 문재인 측 공약 중에서 특히나 인기 있는 공약이었다. 19대 대선 당시의 문재인 캠프가 선거 캠페인 진행을 목적으로 운영하던 공약 홍보 사이트 '문재인 1번가'에 따르면, 탈원전 정책을 세부 정책으로 포함한 "안전하고 깨끗한 대한민국 에너지 정책"이 전체 공약 중 선호도 1위를 기록했다.[578] 그 당시 국민들이 경주 지진 이후에 가지게 된 원전 안전에 대한 문제의식의 심각성을 고려하면 충분히 자연스러운 현상이다. 이에 19대 대선에서는 문재인 당시 대통령 후보뿐만이 아니라 거의 모든 원내 정당의 대통령 후보들이 원전 확대에 비판적 견해를 피력하며, 대선이 진행되던 시점에 건설 공정이 한창 진행 중이던 신고리 5호기, 6호기의 건설 취소 및 재검토를 언급했다.[579]

---

578   고은지, "[문재인 당선] '탈원전·탈석탄' 정책 속도 낼 듯," 『연합뉴스』 (2017년 5월 10일), https://www.yna.co.kr/view/AKR20170509095000003?input=1195m.

579   김수진, "원자력 정치의 부재와 탈원전의 정책규범에 관한 고찰," 『ECO』 제22권 1호 (2018), p. 140.

그러나 시간이 지날수록 탈원전 정책에 대한 비판적 인식 또한 확대되었다. 2022년 리얼미터가 수행한 "에너지 정책 방향 국민 여론조사"에서 문재인 정부의 탈원전 정책에 대해 '잘했다'는 응답은 37.8%, '잘못했다'는 응답은 54.0%를 기록했다.[580] 이는 과거 동일 기관이 2019년 수행한 동일조사에서 탈원전 정책 반대 응답자가 29.5%를 기록한 것과 크게 대비된다.[581] 이러한 변화는 탈원전 정책 발표 초기부터 다수의 전문가들이 계속해서 제기한 정책 비판 의견의 누적과, 그럼에도 불구하고 문재인 정부가 탈원전 정책을 진행함에 있어 충분한 가시적 성과를 내지 못한 사실에 원인을 두고 있다.

탈원전 이슈의 핵심 쟁점

현재 탈원전 정책의 성패 평가 시 핵심 쟁점은 '탈원전 정책의 친환경성에 대한 효용 정도'이다. 대부분의 사람들이 탈원전과 관련한 본인의 찬반 의견과 무관하게, 에너지의 경제성 부문에서는 원전이 탈원전 대안에너지 대비 우월하다는 데에 합의한 상태이기 때문이다. 이를 단적으로 파악할 수 있는 지수는 균등화발전원가(LCOE: Levelized Cost of Electricity)다. LCOE는 발전소에서 생산하는 전력당 소요되는 모든 비용을 수치화한 값으로, 발전소 각각의 성격에 따라 실질적인 수반 비용이 다르기 때문에 발전소 종류별로 구체적인 산출식이 달라진다. 원전의 경우 건설비, 운영비, 연료비, 인건비, 사용후핵연료 처리 비용, 발전소 해체 비용 등이 모두 반영된다. 국제에너지기구(IEA: International Energy Agency)의 보고서 'Projected Costs of Generating Electricity 2020'에 따르면 한국 원전의 LCOE는 39.42USD/MWh ~ 67.16USD/MWh(기술비용 할인률 최소 3%, 최대 10%)로, 이는 석탄 발전의 약 ½, 가스 및 재생에너지 발전의 약 ⅓ 수준이다.[582]

---

580   변상근, "[에너지 정책 여론조사] 국민 과반 '文 정부 탈원전 정책 잘못'…중도 성향도 비판," 『전자신문』 (2022년 4월 3일), https://www.etnews.com/20220401000140.

581   안병용, "에너지 정책 방향, 친환경 확대 56% vs 탈원전 중단 32%," 『데일리한국』 (2019년 5월 23일), https://daily.hankooki.com/news/articleView.html?idxno=606887.

582   IEA. "Projected Costs of Generating Electricity 2020," (December 2020), p. 60.

이에 자연히 이 사안과 관련하여 사람들 간 의견 차이는, 정책의 친환경적 효용과 그 정책의 반대급부로서 감당해야 할 경제적 비효용의 정도를 비교하는 과정과 그 결론에서 발생한다. 탈원전 정책을 지지하는 사람들은 탈원전으로 손해를 본 경제적 효용 대비 탈원전의 친환경적 효용 정도가 더 높다는 견해를 주장의 주요 골자로 한다. 반면 정책을 비판하는 사람들은 그 부등호의 방향을 반대로 설정한다.

2) 탈원전 이슈를 구성하는 객관적 사실

(1) 탈원전 정책의 핵심 내용: 원전의 대체에너지 설정

결국 탈원전 정책의 성패를 객관적으로 평가함에 있어 가장 먼저 진행해야 할 것은 탈원전 정책의 친환경적 효용이 구체적으로 어느 정도인지에 대한 분석이다. 탈원전 정책에서 설정한 기존 원전의 대체에너지는 신재생에너지다. 신재생에너지는 연료전지, 석탄 액화 및 가스화, 수소에너지로 구성된 신에너지와 태양열, 태양광 발전, 풍력, 소수력 등의 8개 분야로 구성된 재생에너지를 모두 통합하는 개념으로, 이들 총 11개 분야의 에너지들은 비(非)고갈성 혹은 환경친화적 자원이다. 여기서 '신에너지'란 "기존의 화석연료를 변환시켜 이용하거나 수소·산소 등의 화학 반응을 통하여 전기 또는 열을 이용하는 에너지"를,[583] '재생에너지'는 "햇빛·물·지열(地熱)·강수(降水)·생물유기체 등을 포함하는 재생 가능한 에너지를 변환시켜 이용하는 에너지"를 뜻한다.[584]

이 중에서도 탈원전 정책은 재생에너지를 먼저 확대하고자 했으며, 60년이 넘는 기간의 탈원전 로드맵의 단기 목표로서 2030년까지 전체 발전량 대

---

583   국가법령정보센터. 『신에너지 및 재생에너지 개발, 이용, 보급 촉진법』 (약칭 신재생에너지법), 제2조 1항 (확인일자: 2024.02.25).

584   국가법령정보센터. 『신에너지 및 재생에너지 개발, 이용, 보급 촉진법』 (약칭 신재생에너지법), 제2조 1항 (확인일자: 2024.02.25).

비 재생에너지 발전 비중 20% 증대를 계획했다.[585] 특히 태양광 사업에 집중적으로 투자했는데, 2021년 이뤄진 '신재생에너지 금융지원사업'과 '녹색혁신금융사업'이 대표적이다. 해당 지원사업은 산단 및 도심에 대한 태양광 등 신재생에너지 보급에 5천610억 원을 지원하고 농촌·어촌 대상으로 태양광 시설 설치 시 융자를 비용의 최대 90%까지 제공하는 것을 주요 내용으로 한다.[586] 전체 사업 액수 중 태양광 관련 지원금이 약 4천905억 원에 달했다.

태양광과 함께 문재인 정부의 에너지 전환을 차지하는 또 하나의 축은 수소에너지다. 문 전 대통령은 임기 동안 신재생에너지 3개 분야 중 특히 수소에너지에 큰 관심을 보여왔으며, 수소경제 실현을 위한 의지를 강력히 밝혔다.[587] 이런 맥락에서 수소경제 활성화 로드맵의 계획 아래 세계 최초 수소법 제정, 'R&D·인프라·수소차·충전소·안전·표준'의 6대 분야별 정책 마련과 수소경제위원회 출범 등 수소경제 이행을 위한 제도적 기반을 마련하고 수소 시범도시 선정, 규제특구 지정을 통해 지역의 수소 생태계 형성을 지원했다.[588] 2021년에는 수소경제 관련 후년 예산을 문재인 정부 출범 초 750억 원 수준에서 17배 이상 증가한 1조 3천억 원으로 대폭 증대했다.[589]

(2) 대체에너지의 친환경적 효용

이렇게 원전의 주요 대체에너지로 문 정부가 제시한 두 개의 에너지원인 태양광과 수소는 모두 친환경 에너지로서 당연히 친환경 차원에서 유의미한 효용을 가지고 있는 듯 보인다. 하지만 실제로 발전 인프라의 건립 과정이나 2020년대 초반 기준 한국의 수준에서 실행 가능한 에너지 발전 방법론 등을

---

585   산업통상자원부, "제8차 전력수급기본계획(2017~2031) 공고," 산업통상자원부 (2017), p. 12.

586   산업통상자원부, "산단·도심 태양광 등 신재생에너지 보급에 5610억원 금융지원," (2021.03.29), 대한민국 정책브리핑.

587   연윤정, "혁신성장 동력으로 '수소경제' 주목한 문재인 대통령," 『매일노동뉴스』 (2019년 1월 18일), https://www.labortoday.co.kr/news/articleView.html?idxno=156319.

588   임세은, "문재인 대통령, '수소경제 성과 및 수소선도국가 비전 보고' 참석 일정 관련 사전 서면브리핑," (2021.10.06), 대한민국 정책브리핑.

589   임형섭, "문대통령 '수소경제, 거스를 수 없는 대세…국가역량 모을 것'" 『연합뉴스』 (2021년 10월 7일), https://news.kbs.co.kr/news/pc/view/view.do?ncd=5295876&ref=A.

엄밀히 살펴보면, 일반적 인식과는 달리 이 두 에너지 발전에 의한 환경파괴가 상당 수준 발생할 수 있음을 알 수 있다. 우선 태양광의 경우, 토지이용 면적 확보를 위한 환경파괴 가능성이 유의미하게 존재한다. 태양광 발전의 특성상 필요 가용 공간의 면적이 넓음과 더불어 패널의 경사도와 방향이 중요한 만큼 건물보다 토지에 발전시설을 세우는 것이 훨씬 효율적이다.[590] 이에 태양광을 원전을 대체할 국가의 주류 에너지원으로 만들기 위해서는 그만큼 넓은 토지의 확보가 필수적이다. 여기에 이론적으로 계산된 필요 면적과 함께 각 발전시스템 사이의 간격도 추가로 고려할 경우, 실질적인 필요 면적은 이론적 계산 면적의 2배에 달한다는 사실 또한 인지해야 한다.[591] 결국 국토의 60% 이상이 산지인 한국의 지형요건에 의해 태양광 발전의 확대는 산림파괴를 필연적으로 수반한다. 실제로 2017년부터 2021년까지 한국에서 태양광 발전 시설의 설치를 위해 훼손된 나무의 수는 총 264만 5,236그루였다.[592]

당시 산림파괴가 이뤄진 지역 상당수는 이명박, 박근혜 정부 시기 태양광 발전 설치 목적 산지전용 허가를 받은 곳이며, 오히려 문 정부에서는 허가 요건을 강화하며 태양광 발전시설 난립에 제동을 걸었다는 반박도 존재한다.[593] 이 사안에서 문재인 정부는 환경 보전의 공이 있으며, 태양광 발전시설 설치에 따른 환경파괴의 책임이 상당 부분 이명박, 박근혜 정부에 있음은 분명한 사실이다. 하지만 이 공과의 여부는 탈원전 정책의 평가와는 별개의 건임에 유의해야 한다. 태양광 발전시설 난립에 따른 환경파괴의 책임 공방은 탈원전 정책의 효용 평가 과정에서 쟁점으로 볼 수 없다. 쟁점은 '태양광 발전시설의 확대가 환경파괴를 추동하는지' 유무에 있는 것이다. 문재인

590 신희성, "태양광발전 시스템이 환경에 미치는 영향," 한국과학기술정보연구원 (2010), p. 4.

591 신희성 (2010), p. 4.

592 윤성민, "文정부 태양광에 뭉텅뭉텅⋯나무 265만그루 잘려나갔다," 『중앙일보』 (2022년 9월 16일), https://www.joongang.co.kr/article/25102080.

593 선정수, "[에너지전환 팩트체크] ① 태양광 발전은 환경파괴 시설이다?" 『뉴스톱』 (2021년 11월 1일), https://www.newstof.com/news/articleView.html?idxno=12191.

정부가 허가 요건을 강화하여 발전시설의 난립을 막은 사실은, 탈원전 정책이 주요 대체 에너지원으로 설정하고 있는 태양광 발전이 산림파괴를 필연적으로 수반한다는 문제를 해소하는 것과 무관하다. 발전시설 건립 건수를 줄임으로써 산림파괴를 완화했다는 서술은 오히려 태양광 발전 확대가 산림파괴를 발생시킴을 사례로써 간접적으로 증명한 것이라 볼 수 있다.

　에너지 생산 과정에서 환경파괴가 발생하는 것은 수소의 경우도 마찬가지다. 수소에너지 발전 방법론에는 원론적으로 천연가스 개질(reforming) 방식, 전기분해 방식, 부생수소(by-product hydrogen) 방식 세 가지가 있으며, 여기서 전기분해 방식이 다시 신재생에너지를 이용한 방식과 원자력을 이용한 방식으로 나뉘기에 실질적으로는 총 네 가지의 방법론이 존재한다. 여기서 현시점 차용 가능한 것은 천연가스 개질 방식뿐이다. 원자력 기반 전기분해 방식은 원자력 발전을 이용한 방법론이기에 탈원전 정책을 포함하고 있는 에너지 전환 정책에서 우선 제외된다. 신재생에너지 기반 전기분해 방식과 부생수소 방식은 신재생에너지를 이용하지만, 각각 효율이 매우 낮거나 폐가스의 한정된 양에 따라 생산량 확대가 어렵다는 문제가 있어 채택이 현재로서는 불가능하다. 한국 수소에너지의 대부분이 천연가스 개질 방식으로 생산되는 이유다. 그러나 해당 방법론은 실질적 차원에서 친환경 발전이라 하기 어렵다는 문제가 있다. 대부분의 수소에너지 충전소에서 사용하는 개질 수소는 천연가스의 주성분인 메탄(CH_4)을 고온의 수증기와 반응시켜 뽑아내며 이 공정에서 이산화탄소(CO_2)가 부산물로 생겨 불가피하게 온실가스를 배출하기 때문이다.[594] 특히 수소경제 활성화 로드맵 발표 당시 주목했던 액화천연가스(LNG) 개질 방식은 일반 LNG 발전보다도 온실가스를 더 많이 배출하는 만큼,[595] 환경 보호 차원의 효용이 적다.

---

594 홍대선, "수소경제는 친환경?…문제는 수소 생산방식이다," 『한겨레』 (2021년 4월 12일), https://www.hani.co.kr/arti/economy/economy_general/990633.html.

595 홍대선, "수소경제는 친환경?…문제는 수소 생산방식이다," 『한겨레』 (2021년 4월 12일).

(3) 원전의 친환경적 효용

이렇듯 태양광과 수소 발전 등의 친환경 에너지들을, 2020년대 초중반의 시점에서는 일반 대중의 통념과 다르게 온전히 친환경적이라 볼 수는 없다. 물론 태양광과 수소 발전에 의한 환경파괴는 당연하게도 기존 화석연료 기반 발전이 야기하는 환경파괴보다 심각성이 훨씬 낮다는 측면에서 분명한 환경상의 효용이 있다. 하지만 탈원전 정책의 맥락에서 이 두 에너지가 대체하고자 하는 것은 기존 화석연료가 아닌 원전이라는 점을 주목할 필요가 있다. 탈원전 정책의 친환경성을 제대로 평가하기 위해서는, 원전이 가진 친환경적 효용과의 비교 과정을 거쳐야 한다는 의미다. 다만, 이후에 있을 논의에서는 수소 발전을 구체적으로 다루지 않고 태양광 발전과 원전의 비교에 집중할 것임을 먼저 밝힌다. 이는 수소 발전이 현시점에서 실질적으로 상용화되었다고 보기 어려우며 탈원전 정책도 이를 고려해 수소 발전은 장기적 관점에서의 원전 대체 방안으로서 설정해놓은 만큼, 수소 발전의 친환경성을 함께 따지는 것은 자칫 탈원전 정책을 실제보다 과대하게 평가절하할 여지가 있기 때문이다.

태양광 발전과 원전의 효용 비교에 있어 기준점으로 삼기 좋은 것이 '생애주기 탄소배출량(lifecycle GHG emissions)'이다. 생애주기 탄소배출량은 평가하고자 하는 발전 방식이 운행 중에 배출시키는 온실가스뿐만 아니라 발전소 건립을 위해 사전에 이뤄진 부품 생산이나 물류 이동, 이후 발전소 폐기를 위한 작업 등 발전소의 설립부터 폐기까지 이어지는 발전소 생애주기 전체에 걸쳐 발생하는 모든 온실가스를 종합하여 값을 산출하는 방식이다. 이에 어떤 발전 방식의 친환경성을 판단하는 데 있어 단순 배출량을 보는 것보다 훨씬 실질에 가깝다. 생애주기 탄소배출량의 단위로는 'CO_2eq(carbon dioxide equivalent, 이산화탄소환산량)'를 사용했다. 이 단위는 CO_2(이산화탄소), CH_4(메탄), N_2O(아산화질소), HFCs(수소불화탄소), SF_6(육불화황) 등 여러 종류의 온실가스들이 각자 다른 온난화 효과를 가진다는 인식에서 고안된 것으로, 각기 다른 온실가스들이 가진 각각의 온난화 효과를 CO_2의 온난화 효과 정도로 환산해 나타낸다.

유엔유럽경제위원회(UNECE: United Nations Economic Commission for Europe)
가 2021년 발간한 관련 보고서 'Life Cycle Assessment of Electricity Gener-
ation Options'에는 태양광, 원전을 포함한 여러 주요 발전 방식들의 생애주
기 탄소배출량과 산출 근거들이 상세하게 제시되어있다. 해당 보고서에 따
르면 태양광 발전은 유럽 지역의 경우 지면 태양광 발전과 옥상 태양광 발
전[596] 모두 37g CO_2eq./kWh을 배출하며, 세계 평균 수치는 지면 태양광 발
전과 옥상 태양광 발전이 각각 52g CO_2eq./kWh, 53g CO_2eq./kWh인 것
으로 나타났다.[597] 원전의 경우, 보고서에서는 우선 평가 대상을 평균 형태
의 가압경수로형 원전(보고서에서는 model an average PWR reactor로 표현)으로 한
정했다.[598] 이는 UNECE가 가압경수로형 원전이 여러 종류의 원전 중에서도
2020년 기준 전 세계의 원전을 대표한다고 판단했기 때문이다. 후술하겠지
만 한국 원전도 대부분이 가압경수로형이기에, 한국 원전을 평가함에 있어
UNECE가 제시한 수치를 대입하는 것에 큰 문제는 없을 것으로 판단된다.
보고서는 원전이 배출하는 생애주기 탄소배출량을 5.13g CO_2eq./kWh라 계
산했다.[599] 결국 UNECE는 태양광 발전보다 원전이 기후위기 '완화' 방안으로
서 더 효용이 높다고 결론내렸다.[600]

　　EU 산하의 정책 자문 목적 과학연구기구 공동연구센터(JRC: Joint Research
Centre)가 2021년 발표한 '원자력 환경영향평가' 보고서도 유사한 결론을 제
시한다. 해당 보고서에 따르면 온실가스 배출량, 담수·해수 생태계에 배출
하는 독성 물질의 양 등 각종 지표에서 원전이 환경에 미치는 영향은 재생에
너지와 비슷한 수준이며, 온실가스 배출량의 경우 원전은 100만kWh당 28톤

596   주거용 또는 상업용 건물의 지붕에 태양광 패널을 설치해 전기를 생산하는 태양광 시스템.

597   UNECE, "Life Cycle Assessment of Electricity Generation Options," United Nations (2021)
　　　p. 33.

598   가압경수로형 원전을 비롯한 원전 분류들에 대해서는 후에 설명한다.

599   UNECE (2021), p. 45.

600   기후변화를 일으키는 온실가스의 발생원을 줄이거나 온실가스의 흡수원을 확충하기 위한 인위적
　　　인 개입을 의미하는 개념어이다. 신재생 에너지나 친환경 에너지 등에 해당하는 발전 방식들은 모
　　　두 이 완화 방안에 해당한다.

으로, 태양광(85t)의 3분의 1 수준에 불과하다.[601] 덧붙여 온실가스 외의 환경 오염 물질들, 예컨대 아산화질소나 이산화황, 해수에 배출되는 유독 성분, 광화학 스모그, 오존 파괴 물질 등을 기준으로 해도 원전은 태양광 발전과 유사한 수준이거나 더 준수한 수치를 기록했다. 원전 가동에 의한 일반인의 연간 방사선 피폭량도 일반인이 1년 동안 맞닥뜨리는 자연 방사능의 1만 분의 1 수준인 약 0.2마이크로시버트(μSv)에 불과했다.

원전은 에너지 자원 고갈과 관련한 우려도 비교적 낮다. 2021년 기준 전 세계 우라늄 매장량은 'USD 130/kgU' 기준 약 6,078,500톤, 'USD 260/kgU' 기준 약 7,917,500톤이며,[602] 이는 2021년 기준 전 세계 우라늄 소비량인 약 60,114톤[603]을 앞으로도 변함없이 사용한다고 가정해도 100년 이상을 사용할 수 있는 수준이다. 러시아-우크라이나 전쟁 이후 전 세계적인 원전 확대 정책으로 인한 우라늄 수요의 지속 상승 추세를 고려해도 큰 문제는 없다. 2040년에 우라늄 수요가 연간 112,000톤에 달한다는 현재 전망[604]을 그대로 차용해 2040년 이후에도 해당 수요량이 변함없이 유지된다고 가정해도 역시 충분하다. 더욱이 앞서 제시한 매장량은 현재 개발된 광산에 매장되어있는 우라늄만으로 측정된 수치이며, 경제성이 떨어져 매장량 계산에서 제외된 광물이나 미개발 광물을 포함하면 실질 매장량은 더욱 많다.

단, 이러한 사실은 에너지원의 고갈 우려 측면에서 원전이 통념보다 실제 심각성이 낮다는 것을 의미할 뿐 원전이 태양광 발전보다 더 뛰어남을 의미하는 것은 아니다. 계산에서 제외되거나 미개발 상태인 광물들을 모두 포함해 우라늄 매장량을 산출하더라도, 에너지원 고갈 우려 정도의 맥락에서는 태양광 발전과 비교가 되지 않는다. 태양광 발전의 에너지원인 태양의 빛

601　김승범, "3세대 원전 100년 돌려도 사망자 0.0008명," 『조선일보』 (2021년 7월 18일), https://www.chosun.com/national/transport-environment/2021/07/17/32VI636XKJB6FGGBO-Q6QAN33FE/.

602　OECD NEA & IAEA, "Uranium 2022: Resources, Production and Demand," (2023), p. 24.

603　OECD NEA & IAEA (2023), p. 104.

604　김리안, "전 세계 '원전 르네상스'에…갈수록 몸값 치솟는 우라늄 [글로벌 新자원전쟁⑤]," 『한국경제』 (2023년 9월 24일), https://www.hankyung.com/article/202309215892i.

에너지는 반영구적이라고 해도 과언이 아니다. 물론 태양의 존속과 별개로 태양의 빛에너지가 지표면으로 충분히 도달하기 어려운 지구 환경이 조성되는 경우를 가정할 수도 있겠으나, 현시점에서 그러한 상황이 충분한 확률로 도래할 것이라 보기는 어렵기 때문에 이를 고려해 태양광 발전과 원전을 비교하는 것은 비합리적이다.

(4) 원전의 안전성: 이론적 접근

원전의 친환경성 정도와 관련한 논의는 상기 내용으로 어느 정도 갈무리할 수 있을 듯하다. 다만 원전과 환경, 이 두 단어를 나란히 두었을 때 사람들이 떠올리는 것은 원전의 일상적인 친환경성뿐만이 아니다. 보통 원전의 지속 운영 및 확대와 관련해 찬반 의견이 나뉨에 있어 특히 중요하게 작용하는 것 중 하나는 원전의 안전성 문제다. 실제로 원전 반대, 나아가 탈원전 정책을 찬성하는 측의 중심 근거는 사고의 발생 가능성과 그 충격의 정도이다. 이런 맥락에서 사고의 발생 가능성을 파악하는 것은 탈원전 정책을 평가함에 있어 핵심을 차지한다.

원전에서 벌어지는 사고를 정확히는 '원전 사고'라고 일컫는다. 개념적으로 '원전 사고'란 원자력발전소의 사건등급 체계인 0등급부터 7등급까지, 총 8개의 등급 중에서 '고장'에 해당하는 1~3등급을 지나 '사고'로 분류되기 시작하는 4등급부터 7등급까지의 상황을 일컫는다. 한국의 경우 지금까지 '고장'은 종종 있었으나 '사고'는 한 건도 발생한 적이 없다. 사건등급 체계와 각 등급의 상세 정의 및 대표 사례는 다음 표와 같다.[605]

605　한국원자력학회, "원전 일반 상식(원전의 안전성)," (2017년 8월 21일).

표 9 원전사고 등급 체계 및 내용

분류	등급	성격	대표사례
사고	7	한 국가 이외의 광범위한 지역으로 방사능 피해를 주는 대량의 방사성물질 방출 사고	구소련의 체르노빌 원전 사고(1986) 일본의 후쿠시마 제1원전 사고 (2011)
	6	방사선 비상 계획의 전면적인 시행이 요구되는 정도의 방사능 피해를 주는 다량의 방사성 물질 방출 사고	
	5	방사선 비상 계획의 부분적인 시행이 요구되는 정도의 방사선 피해를 주는 제한된 양의 방사성 물질 방출 사고	미국의 드리마일 아일랜드 원전 노심 용융사고 (1979)
	4	연간 허용 제한치 정도로 일반인이 피폭 받을 수 있는 비교적 소량의 방사성물질 방출 사고로서 음식물의 섭취 제한이 요구되는 사고	일본 JCO 임계사고(1999)
고장	3	사고를 일으키거나 확대시킬 가능성이 있는 안전계통의 심각한 기능 상실	스페인의 반데로스 원전 화재(1989)
	2	사고를 일으키거나 확대시킬 가능성은 없지만 안전계통의 재평가가 요구되는 고장	프랑스 시보 원전 냉각재 누설(1998)
	1	기기 고장, 종사자의 실수, 절차의 결함으로 인하여 운전 요건을 벗어난 비정상적인 상태	
경미한 고장	0	정상 운전의 일부로 간주되며 안전성에 영향이 없는 고장	

이렇듯 한국에서 '사고'가 단 한 건도 없는 것은 그저 운이 아니다. 이론적으로 한국 원전의 경우에는 '원전 사고'의 발생 가능성이 매우 낮다. 이는 기본적으로 한국에서 현재 운용 중인 원전 24개 중 21개가 가압경수로(PWR: Pressurized Water Reactor), 3개가 가압중수로(PHWR: Pressurized Heavy Water Reactor)로 모두 가압수식 구조의 원전이기 때문이다.

가압수식 원자로의 안전성을 이해하기 위해서는 우선 그와 대치되는 개념인 비등수형(沸騰水型) 원전의 작동 방식을 알 필요가 있다. 비등수형 원전은 원자로로 물을 직접 끓인 뒤 발생한 증기로 터빈을 돌려 전기를 생산하는

직접 생산방식이다. 이에 비등수형 원전은 핵연료로 직접 끓인 물의 증기를
사용한다는 점에서, 구조적으로 사고 발생 시에 방사성 물질이 누출되기가
상대적으로 쉽다. 반면 가압수식 원전은 원자로로 물을 끓인 뒤 얻은 열에너
지를 이용해 원자로와 터빈 사이에 놓인 증기발생기에서 깨끗한 물을 끓임
으로써 증기를 발생시키고, 이를 이용해 터빈을 돌려 전기를 생산하는 간접
생산방식이다. 이렇게 원자로와 증기발생기가 완전히 분리되어있는 구조인
만큼, 사고가 발생했을 때 원자로에서 발생한 방사능을 띤 고압의 물을 격납
건물 내부에 가둘 수 있어,[606] 비등수형 원전 대비 방사능 누출 확률이 낮다.
아래 그림은 내용 이해를 돕기 위한 것으로, 가압수식 구조에 해당하는 가압
경수로와 비등수형 구조에 해당하는 비등경수로 각각의 개략도이다.[607]

그림 30 | 가압경수로 발전시스템 개략도

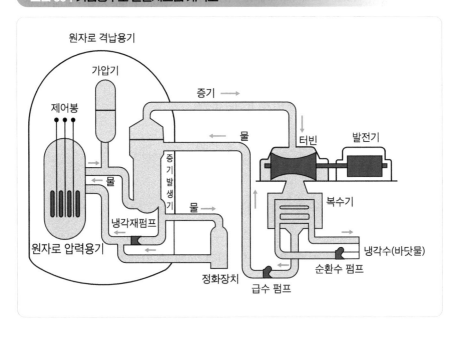

606   과학기술정보통신부, "원자력 궁금증 해결: 100도에서 끓지 않는 물이 있다고요?" (2020년 9월),
　　　원자력뉴스레터 Vol 24.

607   원자력재료종합정보시스템, "원자력 시스템과 재료," 한국원자력연구원 (2015년 7월 19일).

그림 31 | 비등경수로 발전시스템 개략도

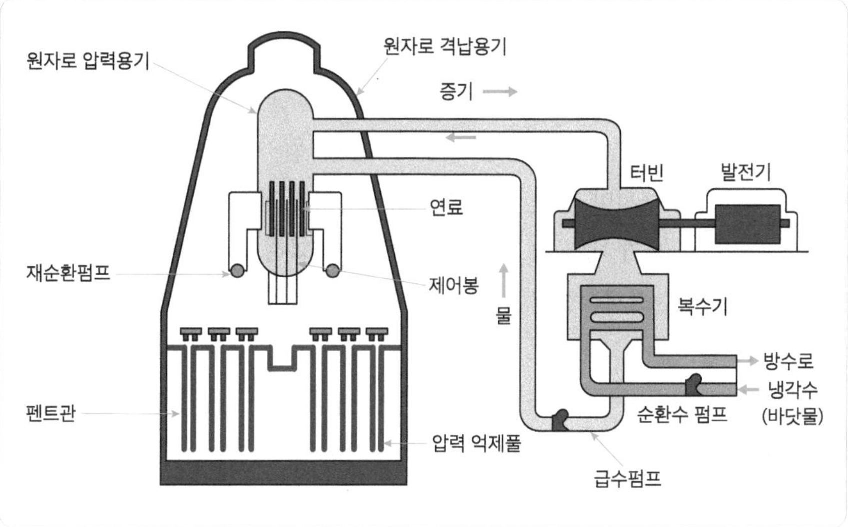

실제로 체르노빌과 후쿠시마의 원전은 각각 흑연감속 비등경수 압력관형 원자로(RBMK: Reactor Bolshoy Moshchnosti Kanalniy)와 비등경수로(BWR: Boiling Water Reactor)로 모두 비등수형 원전이었다. 특히 각각의 원전 사고가 발생하게 된 원인을 살펴보면, 원전의 구조 차이가 어떻게 큰 안전성 차이를 야기하는지를 구체적으로 파악할 수 있다. 먼저 체르노빌 사례의 경우, RBMK 원전인 만큼 감속재로 흑연을 사용함에 따라 원자로 내부 출력이 높아져도 물을 감속재로 사용하는 경우와 달리 핵분열이 계속된다. 이에 열 누출 및 폭발 발생 시 그 규모가 크게 증대한다. 이것이 체르노빌 사고 당시 폭발 규모가 커짐에 따라 원전 건물 상단부를 붕괴시키고 방사능이 누출된 이유다. 이와 비교해 한국 원전은 모두 감속재로 물을 사용하기에 폭발 위험이 거의 없다.

한편 후쿠시마 사례의 경우에는 원자로 냉각수 공급 차질이 사건 발생의 직접적 원인이었다. 냉각수 수위가 낮아짐에 따라 노출된 연료봉의 온도가 계속 상승하고, 뒤이어 고온에서 연료봉 피복재가 산화하며 발생한 수소에 의해 폭발이 일어난 것이다. 요컨대 후쿠시마 원전 사고는 원전의 냉각기능 상실에 의한 수소 폭발에 의해 발생했다. 하지만 한국 원전은 전력이 차단되어도 장기간 냉각수 공급이 가능하도록 이동식 발전기와 축전지가 구비되어있고 비상 냉각수 외부 주입 유로가 설치된 구조이기 때문에 냉각기능상실 가능성이 매우 낮다.[608] 혹여 냉각기능을 상실했다 가정하더라도 수소폭발이 일어날 가능성 역시 굉장히 낮다. 한국 원자로 용기의 내부 부피는 77,000㎥으로 후쿠시마 원전 대비 7배 이상이기에 용기 내부를 수소가 가득채우기 어렵고, 용기 내부 수소 농도가 5%를 초과하게 되면 수소를 물로 변환하는 촉매형 수소재결합기(PAR)가 자동으로 작동함에 따라 원자로 안에서다량의 수소가 발생하더라도 수소 폭발이 일어나지 않도록 설계됐다. 나아가 수소 폭발을 가정하더라도, 벽체 두께가 불과 16cm였던 후쿠시마 원전[609]과 달리 한국 원전의 원자로 건물은 120cm 두께의 철근 콘크리트로 이뤄져있어 원자로 건물 내부에서 수소폭발이 일어나더라도 방사성 물질을 안전하게 차단한다.[610]

후쿠시마 원전 사고와 관련해서 자주 제기되는 또 다른 우려 사항은 지진 및 해일에 의한 원전 파괴 문제이나, 이것 역시 현실화될 가능성이 작다. 한국은 기본적으로 대규모 지진 발생 확률이 아주 낮은 국가다. 이는 한국이판 경계부에서 약 600km 떨어진 곳에 있기 때문이다. 덧붙여 한국 원전은 단층이 없는 단단한 암반 위에 건설됐다. 지진 발생 시 원전에 전달되는 진동이 30~50% 정도 경감되며,[611] 지표 위 7.5~12m 높이에 위치하기에 큰 해일에도 비교적 안전하다. 또한 구형 원전의 내진설계 기준과 내진성능 향상값은 각각 규모 6.5와 7.0 수준의 지진 강도와 대응하는 0.2g(gravity. 중력가속도), 0.3g인 만큼,[612] 만약 대규모 지진이 발생한다 하더라도 충분히 견딜 수

---

608 김충환, "안전한 대한민국 원자력발전소: 주요 원자력발전소 사고 발생 원인과 개선책," 한국원자력연구원 (2022년 4월 25일).

609 김충환 (2022년 4월 252일).

610 한전원자력연료, "원자력발전소의 안전설계 개념," 한전원자력연료 (확인일자: 2024.02.25).

611 손해용, "'후쿠시마보다 센 지진 덮쳐도 韓원전 안전' 전문가 입모았다"『중앙일보』(2021년 3월 9일), https://www.joongang.co.kr/article/24007821.

612 한국수력원자력, "원전 내진설계 기준," 열린원전운영정보 (확인일자: 2024.02.25).

있다고 판단된다.

이런 맥락에서 전문가들은 한국 원전이 충분히 안전하다고 말하며, 체르노빌이나 후쿠시마와 같은 원전 사고가 터질 가능성이 0에 가깝다고 본다. 앞서 원전의 친환경적 효용을 설명하며 제시한 JRC의 '원자력 환경영향평가'(2021) 보고서에서는 100년 가동 시 생산되는 전력량인 1조kWh당 중대 사고로 나올 수 있는 사망자 수가 2세대 원전이 0.5명, 3세대 원전이 0.0008명임이라 적시하고 있다. 이는 같은 양의 전기 생산량을 기준으로 할 때의 태양광 0.03명, 육상 풍력 0.2명, 해상 풍력 1명과 비교하면 유의미하게 낮은 수치이다. 특히 한국형 3세대 원전 모델 APR1400의 경우 "현재 모든 전력 생산 기술 중 중대 사고로 인한 사망률이 가장 낮다"고 결론내렸다.[613]

(5) 원전의 안전성: 인간의 방만 중심 접근

하지만 위와 같은 이론적 접근만을 근거로 원전의 위험성에 대해 경계를 완전히 풀기에는 조금 무리가 있다. 이는 과학적 안배 및 계산과는 별개로 원전의 설계, 건설, 운영, 관리, 점검상의 방만을 완벽히 제거하기 어렵다는 데에서 근거한다. 원전 사고의 발생에 있어 인간의 실수와 만용은 항상 주요 원인으로서 작용했다. 체르노빌 사고는 그 시작부터 원전 기술자들이 원자로를 시험 가동하며 안전 절차를 위반함에 따라 발생한 사건이다. 해당 시험가동은 본래 발전소 완공 전 설계 및 시운전 단계에서 이미 완료되었어야 했다. 그러나 공산주의 진영과 자유주의 진영 간 경쟁 구도가 만들어내는 압박감으로 말미암아 공산권에서 팽배했던 목표 조기 달성 풍조 아래 시험가동 절차가 누락된 것이었다. 이 시험가동을 뒤늦게 진행하는 과정에서 실험을 위해 원자로 출력을 기존의 ⅓ 수준으로 낮춰야 했으나, 거의 정지 상태로 출력을 낮춰버리는 실수를 범했다. 이 실수를 만회하고자 기술자들이 출력을 무리하게 높이려 제어봉을 지나치게 올리다 보니 긴급 정지 조작을 할

---

613 김승범, "3세대 원전 100년 돌려도 사망자 0.0008명," 『조선일보』 (2021년 7월 18일), https://www.chosun.com/national/transport-environment/2021/07/17/32VI636XKJB6FGGBO-Q6QAN33FE/.

틈도 없이 출력이 급상승해 원자로가 폭주한 것이 사고의 경위다.[614]

후쿠시마 사고의 경우 사고 발생의 첫 단계는 해일에 의한 냉각수 공급 차질 문제로 인간에 의한 것은 아니었다. 하지만 1호기의 첫 수소폭발 이후 후쿠시마 제1원전에 대한 바닷물 주입을 정부가 결정하였음에도 발전소 폐기에 의한 사업 손실을 우려한 도쿄전력이 이를 무시하며 초동 대처에 완전히 실패해버렸다. 특히 도쿄전력은 사고 발생 당시 해당 시점에 일본 총리였던 간 나오토에게 관련 정보를 제대로 전달하지 않아 정부의 상황 파악과 대응이 필요 이상으로 늦어졌다. 덧붙여 후쿠시마 원전은 침수 위험지인 지하에 전력 설비를 세우는 설계 실수 또한 있었다. 후쿠시마 사례는 '일본 관료제의 비효율'과 '동경전력, 규제기관의 기형적 관계'에 의해 발생한 사건으로 해석된다.[615]

이렇듯 인류 역사상 두 번 있었던 7등급 원전 사고가 모두 인재(人災)의 성격을 강하게 지니고 있다는 사실은 안전성 보장을 위하여 특히나 강조되어야 한다. 물론 앞서 발생한 비극적 사고들로 인해 더욱 체계화되고 고도화된 프로세스가 수립, 이행되고 있으나 한국 특유의 고질적인 안전불감증을 고려하면 관련한 적극적인 논의가 더 활발히 이뤄질 필요가 분명히 있다. 당장 2023년에도 고리·월성에서 운용 중인 14개 원전의 설계 당시, 부지 선정 과정에서 반드시 다뤄져야 할 '설계고려단층' 5개가 누락되었다는 사실이 〈한겨레〉의 단독보도로 뒤늦게 밝혀졌다. 이와 관련해 한국수력원자력(한수원)은 원전 부지 조사 당시 관련 기술과 경험이 부족해 누락된 5개 단층을 찾지 못한 것이라 밝혔으나, 과거 한수원의 원전부지 조사와 최근의 행안부 단층조사에 모두 참여한 전문가는 조사 의지의 부족을 원인으로 제시했다.[616]

인간의 방만은 과학적 사실에 근거한 이론상의 안전성을 예상치 못한 방

---

614   김해창, "[핵 없는 사회] 체르노빌?후쿠시마 원전 사고의 교훈," 『울산저널』 (2015년 7월 24일), https://m.usjournal.kr/news/newsview.php?ncode=179513412329499.

615   김소연, "후쿠시마 원전 사고, 규제의 완벽한 실패였다," 『원자력신문』 (2017년 3월 16일), https://www.knpnews.com/news/articleView.html?idxno=12632.

616   김정수, "[단독] 고리·월성 16개 원전 설계 때 '지진 우려 단층' 고려 안했다," 『한겨레』 (2023년 3월 2일), https://www.hani.co.kr/arti/society/environment/1081792.html.

향으로 훼손할 수 있기 때문에, 최대한의 안전 확보를 위해 엄격한 관리와 감시의 대상이 되어야 한다. 방만은 이론적 안전성이 현실에 온전하게 적용되게끔 하기 위해서 가능한 한 제거되어야 하는 가장 중요한 변수다. 이런 맥락에서 원전의 설계, 건립, 운영 등의 과정에서 발생 가능한 방만 행태에 대한 문제의식의 함양과 관련 논의의 활성화는, 원전의 이론적 안전성과는 별개로 충분히 이뤄져야 한다. 인재 발생 가능성을 실질적으로 절감하고자 하는 문화나 관련 방안이 잘 갖춰지지 않은 현 상황에서, 원전 설계 방식 등의 이론적 접근에만 국한해 원전의 안전성을 설명하는 것은 비합리적인 면이 있다. 이론적 접근만을 단독 근거로 한 원전의 안전성 판단에는, 인재 발생의 가능성에 대한 고려가 부재하기 때문이다. 하지만 앞선 2023년 사례에서 드러나듯, 인재에 대한 논의는 그 실질적 필요성에 비해 현재로서는 관련 논의가 적극적, 구체적으로 이뤄지지 않고 있는 상황이다. 이 방만에 의한 인재 발생 가능성 문제가 해결된 시점에서야 비로소 원전의 과학적 안전성을 사회가 온전하게 신뢰할 수 있을 것이다.

3) 이슈의 정치화 양상

위에서 논의한 것처럼 탈원전 이슈에는 정책 실패라는 객관적 결론이 존재한다. 그럼에도 불구하고, 탈원전을 대하는 국민 의견은 정치적으로 양극화 양상을 보인다. 앞서 제시한 2022년 여론조사에서는 응답자의 정치적 지향에 따라 탈원전 정책의 긍·부정 평가가 크게 갈린다. 본인의 정치적 지향이 '보수'라고 답한 응답자 중에서는 76.9%가 탈원전 정책이 잘못됐다고 평가했지만, '진보' 성향 응답자는 64.8%가 잘했다고 평가했다.[617] 이 양극화 문제는 현재의 한국 정치가 여야 상호 간의 공격으로써 그 존재 의의를 확립하고 강화하는 갈등 기반의 정치문화에 바탕을 두어 작동하는 과정에서 발생한 이슈의 정치화 현상으로 이해할 수 있다.

617　변상근, "[에너지 정책 여론조사] 국민 과반 '文 정부 탈원전 정책 잘못'…중도 성향도 비판," 『전자신문』 (2022년 4월 3일).

박근혜 대통령의 탄핵 직후에 들어선 문재인 정부는 차별점을 어필하기 위해 혁신에 초점을 둔 여러 정책을 제시했으며, 탈원전을 위시한 "에너지 전환" 정책도 그중 하나였다. 정책의 1차적 목적이 정부의 '혁신성' 어필로 설정되어있는 만큼 구체적인 정책적 고려는 상대적으로 미진했고, 문 정부는 설득력 강화를 위해 탈원전 문제를 객관적 정책 논의의 영역이 아닌 당위와 규범적 논의의 영역에서 소비했다. 2016년 원전 사고를 소재로 한 재난영화 '판도라'를 통해 탈원전의 필요성을 설득하고자 했던 정치전략이 대표적 사례이다.[618]

탈원전 문제를 정치화해 활용하는 것은 윤석열 정부에서도 나타난다. 윤 정부는 탈원전 정책의 문제를 객관적으로 비판하고 시정해나가는 것을 넘어, 적극적으로 탈원전 정책의 비합리성을 '홍보'하고 있다. 일례로 윤석열 대통령은 2022년 경남 창원시 두산에너빌리티 방문 일정에서 전임 정부의 탈원전 정책에 대해 "우리가 5년간 바보 같은 짓 안 하고 원전 생태계를 더욱 탄탄히 구축했다면 지금은 아마 경쟁자가 없었을 것"이라 직접적으로 비난했다.[619]

이러한 정치 환경 아래, 대중들은 정치적 프레임에 반복적으로 노출됨에 따라 인식의 정치화를 겪는다. 국민 상당수가 탈원전 이슈와 관련해 '정치화된 사람'이 되었다. 앞서 제시한 탈원전 정책의 긍·부정 평가 여론조사에서 드러난 국민 인식의 심각한 편향성이 이를 방증한다. 이들은 탈원전 이슈를 구성하는 정보들을 평가함에 있어 객관적 사실성과 신뢰성을 주된 기준으로 삼지 못한다. 대신 그들의 정치 지향에 부합하는 정치적 수사에 감정적으로 찬동하고, 나아가 그와 관련된 내용의 정책을 지지한다. 문 정부와 윤 정부가 각각 당위적 맥락에서 이슈를 해석하거나, 전 정권에 대한 공격적 비난 전략 차원에서 이슈를 소비함에 따라 양쪽 지지자들은 분노의 정서를 형성

618 조정호, 김선호, "재난영화 '판도라' 본 문재인 '탈핵·탈원전 국가 돼야'" 『연합뉴스』 (2016년 12월 18일), https://www.yna.co.kr/view/AKR20161218053900051.

619 류은혁, "윤석열 대통령, 文정부 '탈원전' 겨냥…'5년간 바보짓'" 『한국경제』 (2022년 6월 22일), https://www.hankyung.com/article/2022062284907.

하기 더 용이한 환경에 놓인다. 이런 흐름 속에서 사람들의 비합리성은 더욱 강화된다. 하지만 이와는 별개로 2024년 7월 우리나라가 24조 원 규모의 체코 신규 원전 건설사업의 우선협상대상자로 선정된 것은 한국형 원전의 안정성을 과학적으로 평가하는 주요한 계기가 될 수 있을 것이다. 탈원전 논쟁 흐름 과정에서의 합리성 제고를 기대해 볼 수 있는 대목이다.[620]

4.3. 인공지능(AI) 논쟁

1) AI 이슈에 대한 기본 설명

과학에 정치 프레임이 씌어지는 문제는 근본적으로 해결되기 어렵다. 인간의 본능은 편한 길을 추구한다. 이는 사람들로 하여금 이슈의 세부 내용을 파악함에 있어 이해가 어려운 과학적 사실들보다는 상대적으로 이해가 용이한 미디어의 가공된 정보들을 선호하게 한다. 이처럼 과학과 대중 사이에 미디어가 존재하고, 그에 따라 이슈에 정치 프레임이 부여될 수밖에 없는 구조는 어쩌면 인간 본능과 결부된 현상이다. 결국 과학의 정치화는 현재의 정치 환경에만 국한된 이야기가 아니다. 따라서 앞서 논한 광우병, 탈원전 논쟁과 같은 사례들처럼, 앞으로도 한국 사회에서는 또 다른 과학 이슈가 등장하고 '정치화'를 겪을 것임이 분명하다. 특히 과학기술의 사회적 영향력이 꾸준하고 강력하게 증대하고 있음을 고려하면, 과학 이슈는 그 자체로 점차 사회의 핵심적인 과제나 변화를 구성하는 주요 정치 의제가 될 가능성이 매우 크다. 그런 만큼 미래의 우리가 마주하게 될 과학 이슈 중 상당수는 해당 이슈를 구성하는 과학적 요소와 정치적 요소를 명확히 분리해 분석하기가 현재보다 더 어려워짐과 동시에 이슈의 사회적 중요도 또한 더 높아질 것으로 보인다.

그렇다면 미래에 발생할 과학 이슈 가운데 어떤 것들이 정치적으로 중요한 함의를 가지고 또 정치화를 겪을 것으로 예측되는가. 2023년 정치권에서 큰 갈등을 일으킨 후쿠시마 원전 처리수 방류 사건 등의 이슈들은 물론 언제

---

620   이정현, "'24조 잭팟' 체코원전, 계약협상 본격화⋯내년 3월 도장 찍는다," 『뉴스 1』 (2024년 7월 28일), https://www.news1.kr/economy/trend/5491505.

든 다시 발생할 수 있지만, 그러한 이슈들은 근원적으로 갑작스러운 우연에 의해 촉발되는 것들인 만큼 사전에 실효적인 예측이 이뤄지기는 어렵다. 예측 시도의 효용성이 낮다는 의미다. 예측의 단계에서는 현시점에 가지고 있는 관련 데이터를 조합해 추론 가능한 것들에 집중해야 한다. 여기서 관련 데이터란 우리 사회의 미래와 관련한 과학계의 전망, 산업계의 움직임, 본격적인 정치 의제화 전의 전조증상 유무 등을 의미한다.

현시점에 우리의 논의 대상으로서 가장 유의미한 주제는 'AI 관련 기술과 그로 인한 사회 변화'다. AI는 인류사회에 근본적 변화를 일으킬 것이기에 그와 관련된 이슈의 정치적 논의 필요성이 매우 높음과 더불어, AI 이슈가 정치적 이해관계 및 갈등 구도에 따른 이슈 왜곡을 겪을 확률 또한 매우 높다. 특정 이슈에 대해 정치 프레임이 증가시키는 적용성 효과의 주요 강화 조건은 총 두 개로, (1) '해당 이슈가 복잡하고 다각적인 구조'를 가지고 있거나 (2) '해당 이슈와 관련한 주장들에 추가적인 의견 개진이나 반박을 가능케 할 데이터가 충분치 못한' 경우이다.[621] AI는 이 두 가지 조건 모두를 강력하게 충족한다.

여기서 두 번째 조건에 관해 "데이터 수는 충분하고도 남지 않냐"는 반박이 존재할 수 있다. 물론 AI 관련 연구는 매우 활발히 이뤄지고 그에 따른 기술 및 산업의 발전도 계속되고 있는 만큼, 의견 개진, 반박 등에 활용 가능한 데이터들이 충분히 많은 것은 사실이다. 그러나 이것은 AI와 직접적으로 유관한 삶을 사는 일부 사람들에게만 해당하는 것이며, 일반 대중이 이 많은 정보를 제대로 이해하고 활용하기란 매우 어렵다. 대중은 이슈와 관련하여 본인이 접하는 데이터들이 정확한 것인지 판단할 수 없음에 따라 본인이 사용 가능한 정보가 크게 제한되고, 이런 흐름에서 실질적으로는 AI 이슈에 대한 본인의 구체적이고 정확한 주관을 형성하고 타인의 견해를 유효하게 반박하기 어렵다.

AI는 현재 사회에서 반복해서 이야기되는 것처럼 향후 지금의 직업 및

---

621   김소영, 금희조 (2019), p. 70.

고용 체계를 대전환시킬 잠재적 혁명임과 동시에, 빅데이터, 사물인터넷 (IoT) 등 4차 산업혁명의 기타 핵심 기술들의 발전 및 상용화의 상당 부분을 성립시키는 보다 근원적인 기술이라는 점에서 관련 논의의 중요도가 너무나도 높다. 이에 AI 이슈는 최대한의 객관과 합리에 기반해 논의되어야 한다. 그러나 AI는 동시에 앞 문단에서 설명한 것처럼 이슈의 정치화에 취약하기도 하다. 이런 맥락에서 AI 이슈가 심각한 수준의 정치화 과정을 겪는다면 해악 또한 상당할 것이다. 예컨대 한양대학교 김성수 교수는 "개인 정보를 어디까지 수집할 것인가에 대한 것은 IT 전문가의 과학기술 영역보다는 철학·문학 등의 인문사회 영역과 보다 밀접한 관계가 있다"면서 "현재 우리는 컴퓨터 암호를 중시하고 이해관계에 따른 계산"을 중시한다고 지적한다. "[AI 시대에] 우리가 무엇을 해야 하고, 어떤 가치를 지향해야 하는가는 인문학의 영역"이기 때문에 과학자들은 인문학을 바탕으로 하여 "자신이 하는 일이 역사와 세상에 어떤 의미"를 가질 것인지에 대해 고려할 필요가 있다는 것이다.[622] 그런 만큼 AI가 본격적인 현실 정치 의제로 부상하고 정치화를 겪기 전에 AI와 관련한 핵심적인 문제의식을 객관적 시각하에서 형성하고 향후 이것의 정치화가 어떤 양상으로 이뤄질지 예상하는 일련의 과정은 우리가 미래에 정치화된 AI 담론에 휩쓸리지 않고 조금이라도 상황을 정확히 분석할 수 있게 도와줄 것이다.

가장 핵심적인 문제: AI 일자리 대체 이슈

AI는 사회 전반에 걸쳐 여러 크고 작은 변화를 만들어내고 있으며, 그 변화가 이뤄지는 영역은 앞으로 계속 넓어질 것이다. 복잡하고 다양한 이슈들을 단순하게 한 덩어리로 묶어 AI 이슈를 단일 카테고리로서 논하는 것은 부적절하다. 예를 들어, AI의 발전으로 말미암은 기업 생산성의 폭발적인 증대 이슈, AI를 활용한 국가의 국민 통제 용이성 증대 이슈, 강인공지능(Artificial

---

622   김성수, "AI는 인문학이다," 『국민일보』 (2022년 7월 11일), https://www.kmib.co.kr/article/view.asp?arcid=0924254329.

General Intelligence, AGI) 개발과 인간 인격의 새로운 정의 이슈 등은 각기 다른 카테고리의 논의들이고 이들을 일차원적으로 병합해 한 번에 논하기 어렵다. 그러므로 AI 이슈에 대한 논의 효율을 높이기 위해서는, AI 이슈를 구성하는 세부 이슈들을 적절히 구분해서 이해하고 이슈 간 중요성 차이를 잘 파악하는 것이 필요하다.

위 맥락에서 선정한 세부 이슈는 AI에 의한 인간 일자리 대체 문제다. 일자리는 대부분 사람들의 생계 수단임과 동시에 기업 및 국가 생산력의 밑바탕을 구성한다. 일자리는 인간 사회를 성립시키는 기본 전제 중 하나이다. 이런 연유로 AI의 일자리 대체는 사회 구조의 근본적 변화를 추동함에 따라 사회 구성원 대다수의 삶을 직접적인 방식으로 급격히 변화시킬 수밖에 없다. 이러한 변화가 실현된다고 가정했을 때, 사회는 변화에 대한 준비 미흡으로 큰 혼란을 겪을 가능성이 상당하다. 앞서 이야기한 것처럼 AI 일자리 대체 이슈는 사회의 근간과 결부되어있는 문제이기에 장기적이고 거시적인 관점에서 다뤄져야 한다. 이는 곧 현시점부터 유효하고 구체성 있는 관련 논의가 이뤄져야 함을 뜻한다. 하지만 해당 사안에 대한 정치권의 논의는 여전히 미미하다. 이런 맥락에서 논의의 시급성도 높다. 요컨대, 일자리 대체 문제는 AI가 만들어낼 우리 사회의 여러 문제 중에서도 특히 중요성과 시급성 양쪽 측면에서 모두 중대하다. 이때, 중요성은 일자리 대체가 이뤄질 가능성 및 대체가 이뤄지는 정도와 비례하고, 시급성은 일자리 대체에 대해 사회가 가진 위기감의 크기 및 그에 따른 대처 논의의 질적 수준과 반비례한다.

여기서 주의해야 할 것은 이슈의 중요성과 시급성이 모두 AI 일자리 대체의 현실화를 전제하고 있다는 사실이다. 특히 시급성의 경우에는 AI에 의한 전면적인 일자리 대체가 실제로 이뤄질 것이라는 판단이 선결되어야 관련 논의가 의미를 지닌다는 점에서 이슈의 중요성에 종속된다. 결국 AI 일자리 대체 이슈의 핵심 쟁점은 'AI에 의한 일자리 대체가 정말 실현될 것인지'에 있다. 그렇기때문에 AI 일자리 대체 이슈를 다룸에 있어, 먼저 현시점에 파악 가능한 객관적 사실들에 기반해 이 이슈가 정말 현실 가능성이 있는지, 일자리 대체가 어떤 방식으로 이뤄질지 살펴본다. 이 과정을 통해 AI 일자리 대체 이슈의 중요성이 확보된다면, 뒤이어 이 이슈와 관련한 사람들의 인식 수준을 살핌으로써 현실과 인식의 괴리를 이해하며 이슈의 시급성을 파악할 것이다.

2) AI 일자리 대체 이슈를 구성하는 객관적 사실

(1) 인간과 AI 사이의 간극: '휴리스틱'과 '알고리즘'

AI가 말 그대로 '인공지능(Artificial Intelligence)'이라는 이름을 가지고 있고 AI가 "인간을 대체한다"는 표현이 많이 사용되는 만큼, 일반적으로 사람들은 AI를 인간과 같은 사고방식을 가지고 작동하는 알고리즘이나 혹은 그에 준하는 무언가로 인식하는 듯하다. 이는 AI를 주요 소재로 다룬 여러 창작물에서도 잘 드러난다. 이런 인식 아래 AI의 생산성 및 단기적 사회변화 가능성에 대한 회의적 시선(소위 AI 거품론)은 그 주된 기반을 현시점에서 AI의 사고 알고리즘과 인간의 실제 사고방식 수준 간의 격차가 실제로는 크다는 사실, 그리고 현재의 기술 수준으로는 해당 격차가 좁혀지기 어렵다는 판단에 두고 있다. 결국 AI가 인간 지능의 작동 방식을 그대로 모방한 정보 처리 체계인 '인공 일반 지능(Artificial General Intelligence. 이하 AGI)'에 다다르지 않는 이상 AI에 의한 사회변화에도 명확한 한계가 있다는 것이다. 인간 사고의 고유성을 강조하며 AI로도 대체 불가능한 영역이 있다는 주장이 이 흐름에서 도출된다.

흔히 AI의 한계와 관련해 들어왔던 "AI가 미술 영역은 특히 침범하기 힘들 것"이라는 주장이 대표적이다. 이 말에는 미술이 '인간 특유의 사고방식 혹은 인간의 고유성에 입각한 영역'이라는 전제가 깔려있다. 실제로 미술 작업은 '휴리스틱(heuristics)'을 요구한다. '휴리스틱'은 어떤 문제를 해결하는 데 있어 그에 필요한 관련 정보들을 완전한 합리와 논리로써 처리하는 것이 아니라 "느슨하게 적용시키는(loosely applicable)" 사고 방법론을 의미한다.[623] 보

---

623   Judea Pearl, "Heuristics: Intelligent Search Strategies for Computer Problem Solving," *Addison-Wesley Series in Artificial Intelligence* (1983), p. 7.

통 어떤 사물을 파악하거나 상황을 이해함에 있어 스키마(schema) 형태로 작
동하는 인간의 직관적 인식이나 사고가 이 휴리스틱에 해당한다. 예를 들어,
인간은 고양이를 인식함에 있어 별다른 복잡한 판단 과정을 거치지 않고 그
저 직관적으로 고양이를 고양이로 본다. 자신이 현재 보고 있는 눈 앞의 고
양이가 다리가 하나 없는 개체라 하더라도, 고양이는 네발동물이라는 머릿
속 기존 데이터와 현재 눈 앞의 시각 정보가 충돌해 혼란스러워한다거나, 기
존 데이터에 기반해 눈 앞의 것이 고양이가 아니라는 판단을 내리지 않는다.
구체적이고 엄밀한 평가 없이, 그저 직관적으로 눈 앞의 것이 고양이처럼 보
이기 때문에 그것을 고양이라고 판단하는 것이다. 인간은 이 휴리스틱이 있
기에 많은 상황에서 굳이 필요치 않은 엄밀한 정보 처리 과정을 생략하고 효
율적으로 판단할 수 있다.

　이러한 휴리스틱의 작동 방식은 컴퓨터 특유의 사고방식인 '알고리즘
(algorithm)'과 대치된다. '알고리즘'은 구체적이고 명확한 기준에 따라 이뤄지
는 일련의 단계적인 정보 처리 체계다. 정보처리 단계들이 구체적이고 정확
해야 함을 의미하는 '체계성(well-ordered)', 정보처리 단계들이 실제로 작동
해야 함을 의미하는 '실현 가능성(feasibility)' 등은 좋은 알고리즘이 갖춰야 할
특징이다.[624] 이는 곧 컴퓨터에 있어 직감에 기반한 판단이 어려움을 의미한
다. AI가 화가의 미술적 성취를 위협하지 못한다는 발상도 이런 맥락에서 비
롯됐다. 그림 작업은 그 기획과 설계의 단계부터 화가의 가치판단과 직관 등
에 의해 진행된다. 나아가 그림을 실제로 그려내는 과정에서조차, AI는 여러
문제를 드러냈다. 특히 사람의 손은 다섯 개의 손가락과 다수의 관절로 이뤄
져 있다. 손의 모양새를 구성하는 경우의 수가 다른 신체 부위와 비교해 압
도적으로 많다. 휴리스틱을 사용하지 않는 AI의 '적대적 신경망(GAN: Gen-
erative Adversarial Network)'은 관련 데이터를 파악하는 데에 혼선을 빚었고, AI
가 손을 자연스럽게 그려내기 매우 어려웠다.[625]

624　G. Michael Schneider and Judith Gersting, *An Invitation to Computer Science* (Eagan: West
　　　Publishing Company, 1995), p. 9.

625　박설민, "AI는 왜 '손'만 못 그릴까?" 『THE AI』 (2023년 3월 3일), https://www.newstheai.com/

하지만 위와 같은 평가들은 2022년 AI가 미술계에 큰 파장을 불러일으키며 완전히 부정되었다. 그 파장의 주역은 같은 해 7월부터 약 한 달의 간격을 두고 출시되었던 생성형 AI 그림 서비스, 'Midjourney', 'Stable Diffusion', 'DALL-E 2'다. AI 그림 서비스의 출시 자체가 문제인 것은 아니었다. 비슷한 종류의 서비스들은 이전에도 존재했었고 혁신성을 지니기도 했으나 사람이 만든 작품과 비교했을 때 부족한 부분이 많았다. 진짜 문제는 이 세 개의 서비스들이 사람들의 예상을 훨씬 뛰어넘는 수준의 퍼포먼스를 보였다는 데에 있었다. 사람들은 새로운 그림 서비스들의 성능이 이전 대비 상당한 수준으로 발전할 수는 있어도, 여전히 기존 서비스들과 같이 상당 부분 조악한 결과물들을 내놓는 수준일 것으로 생각했다. 하지만 결과물들의 실제 수준은 달랐다. 2022년 8월 미국에서 개최된 콜로라도 주립 박람회 미술대회의 디지털아트 부문 우승작품 '스페이스 오페라 극장(Théâtre D'opéra Spatial)'이 'Midjourney'에 텍스트 명령어를 입력해 몇 초 만에 만들어낸 이미지라는 것이 밝혀진 사건이 대표적이다.[626] 이 사건은 미술계를 넘어 사회 전반에 큰 고민거리를 안겼다. 실제로 'AI 그림' 및 그와 유사한 의미 표현들은 2022년 인터넷 내 언급량이 전년도 대비 약 7배 상승하였으며, 특히 측정 범위를 좁힌 5월 1일부터 10월 31일 사이의 시기에는 해당 6개월 분의 총 언급량 중 약 80%가 10월 한 달에 발생한 양상을 보였다.[627] AI 그림 서비스의 한계로 제시되어왔던 사람 손의 형태 왜곡 문제조차도 명령어를 구체적으로 입력한다면 크게 개선할 수 있는 수준에 이르렀다.

이제는 AI가 정말 인간과 같은 방식으로 사고하며, 그로써 추론 능력과 창의성을 갖추기 시작한 것인가? 지금의, 혹은 머지않은 미래에 AI는 AGI에 다다르는가? 이 질문들에 답하는 과정은, 지금의 AI가 인간과의 차이를 어

---

news/articleView.html?idxno=3812.

626 이윤정, "미술대회 우승까지 한 'AI 그림'…단순 표절일 뿐 vs 새로운 예술 도구," 『경향신문』 (2022년 9월 10일), https://www.khan.co.kr/economy/economy-general/article/202209100800001.

627 석정현, 주다영, "AI 그림에 대한 사회 인식 및 AI 생성 서비스의 발전 방향성 분석," 『The HCI Society of Korea』 (2023), p. 255.

느 정도, 또는 어떤 방법으로 극복해내고 있는지를 파악하는 과정이라는 점에서 AI의 인간 대체 가능성이 어느 정도인지를 가늠하는 시작점이라고 할수 있다. 이런 맥락에서, AGI의 여러 정의들을 살피고 비교하며 현재 관련 산업계에서 설정하고 있는 AI 개발의 주된 방향성을 파악함으로써 현재의 AI가 인간 일자리 대체와 관련해 어떤 함의를 가지는지를 이해하고자 한다.

(2) AGI의 여러 가지 정의들과 각각의 특징

상술하였듯이 우리는 일상적으로 AGI를 인간과 같은 방식으로 사고하는 AI의 개념으로 이해한다. 그러나 이것을 AGI의 정의라고 단순히 생각하는 것에는 문제가 있다. AGI와 관련해서는 매우 다양한 정의들이 존재하며, 일상적인 AGI의 정의 역시 그들 중 일부에 해당한다. AGI의 정의들은 단순히 그 수가 많은 것을 넘어 크게 두 가지의 지향점 아래 대립(controversial)하는 구도를 형성하고 있다. 이 대립 구도의 축을 구성하는 두 지향점은 각각 '과정(processes) 중심'과 '능력(capabilities) 중심'이며 그러한 구도 사이에서 양쪽 모두의 지향점을 종합한 정의들도 있다. 별개로 둘 중 어느 한쪽으로 분류하기 어려운 정의들, 혹은 이 대립 구도에서 벗어난 기타 의견으로서의 정의들 또한 존재한다. 구글 딥마인드(Google DeepMind)의 2023년 보고서 'Levels of AGI: Operationalizing Progress on the Path to AGI'는 AGI를 크게 9개로 명료하게 정리했다. 아래 설명할 AGI의 정의들은 해당 보고서의 내용을 기반으로 하였다.

'과정(processes)' 중심의 정의

먼저 '과정(processes)' 중심의 정의 그룹이다. 이 그룹의 정의들은 인간과 같은 사고방식을 거쳐 결과를 도출해내는 AI를 AGI라고 본다는 점에서, 결과물의 성취보다 결과물의 도출 과정 자체에 방점을 찍는다. 여기에 해당하는 정의는 두 개이며, 그중 하나는 '인간 뇌와 유사한 AI(Analogies to the Human Brain)'이다. 이 정의는 AGI라는 단어가 원래 의미했던 바(original use of the term)인 1997년 마크 구브루드(Mark Gubrud)의 AGI 개념에 바탕한다. 구브루드는 AGI를 "복잡성과 속도 차원에서 인간 뇌와 비교해 비등하거나 능가하는 수준의, '일반 지식(general knowledge)'의 획득, 조작, 추론이 가능하며 인간 지성이 필요한 산업 운영 또는 군사 작전을 구성하는 각 단계 모두에 걸쳐 핵심적으로 사용 가능한 AI"라고 서술했다.[628] 다른 하나의 정의는 '의식을 가진 시스템으로서의 강인공지능(Strong AI: Systems Possessing Conscious-ness)'으로, "강인공지능의 맥락에서, 적절히 프로그래밍된 컴퓨터는 문자 그대로 다른 인지 상태(cognitive states)를 이해하거나 소유한다고 말할 수 있다는 점에서 진짜 마음 그 자체"라는 존 설(John Searle)의 주장에서 기인한다.[629]

이와 같은 과정 중심의 정의들은 대중들이 AGI를 바라보는 시각과 근본적으로 동일하다. 이 정의들은 일견 직관적이지만, 결국 어떤 AI가 의식과 같은 강인공지능의 속성을 보유하고 있는지 판단하는 방법론과 관련한 과학적 컨센서스가 부재한 상황임에 따라 엄밀하게는 비현실적, 비과학적 정의라고 볼 수 있다. 이처럼 과정 중심 정의의 근본적 문제는 조작화(oper-ationalizing)의 어려움에 있다. 이 모호성으로 인해 과정 중심 정의에 기반해서는 유효한 벤치마크(benchmarks)를 설정하지 못하며, 이는 곧 기술 개발의 심각한 한계로서 작용한다. 더욱이 시장에서는 CHAT-GPT3를 필두로 인간과 유사한 학습 방법론에 의존하지 않는 트랜스포머 모델 기반 아키텍쳐(transformer-based architectures)가 큰 성공을 거두며 산업계에서 주도적 영향력을 행사하는 중이다. 이런 상황 속에서 과정 중심의 정의가 주창하는 인간 뇌 기반 프로세스(brain-based processes) 및 벤치마크가 본질적으로 불필요하다는 것이 지속 증명되고 있는 만큼,[630] 과정 중심 정의의 실효성은 계속해서 낮아지고 있다.

628   Meredith Ringel Morris et al., "Levels of AGI: Operationalizing Progress on the Path to AGI," arXiv (2023), p. 3.

629   Meredith Ringel Morris et al., (2023), pp. 2-3.

630   Meredith Ringel Morris et al., (2023), p. 3.

'능력(capabilities)' 중심의 정의

이런 맥락에서 '능력(capabilities)' 중심의 정의 그룹은 대안적인 관점을 제공한다. 이 그룹의 정의들은 어떤 AI가 결과물을 산출함에 있어, 그 산출물의 수준이 동일한 과제를 수행한 인간이 내놓은 결과물 수준과 비교해 유사하거나 상회할 때 그것을 AGI라 본다. 이때 AGI 가부 평가는 결과물의 산출에 이르는 과정과는 무관하게 이뤄진다. 이 그룹에 속한 정의는 세 개가 있다. 첫 번째는 '튜링 테스트를 통과하는 AI(The Turing Test)'다. 물론 튜링이 현대의 AGI를 상정하고 해당 정의를 제시한 것은 아니나, 이 정의가 '이미테이션 게임(imitation game)'이라는 방법론을 통해 어떤 기계가 '생각'을 할 수 있는지를 조작화한다는 점에서 실질적으로는 AGI와 같은 개념(AGI-like concept)을 AI의 능력 측면에서 설명하려 한 것으로 이해해도 무리가 없다.[631] 두 번째는 '경제적으로 가치 있는 작업을 수행하는 AI(Economically Valuable Work)'이다. OpenAI는 자사 헌장에서 AGI를 "경제적 가치가 있는 작업 대부분에서 인간을 능가하는 고도의 자율 시스템(highly autonomous systems)"으로 정의한다.[632] 세 번째는 현대의 튜링 테스트라 불리는 'ACI(Artificial Capable Intelligence)'다. 무스타파 슐레이만(Mustafa Suleyman)이 제시한 이 개념은 몇 달의 기간 동안 $100,000를 $1,000,000로 만들어야 하는 과업을 AI에게 제시함으로써 해당 AI의 AGI 가부를 판단하는 경제적 성과 기반의 정의(economically-based definition)다.[633] 여기서 ACI가 $900,000의 이익을 얻는 것에 집중한다는 오해가 생길 수 있는데, 실제로는 그런 단순한 경제적 이익보다는 인간이 가치가 있다고 판단하는 복잡하고 다층적인 과업에 대한 집중을 강조한다고 이해하는 것이 더 타당하다.

이런 능력 중심의 정의는 조작화가 용이하다는 점에서 과정 중심의 정의 대비 훨씬 간명한 AGI 가부 측정을 가능케 한다. 어떤 AI의 영향력(impacts)

---

631   Meredith Ringel Morris et al., (2023), p. 2.

632   OpenAI. OpenAI Charter (2018.04.09.).

633   Meredith Ringel Morris et al., (2023), p. 4.

을 평가함에 있어서도 그 AI의 능력이 과정보다 더 중요한 고려 요소다.[634] 이에 능력 중심의 정의는 AI 개발자 및 기업의 입장에서 여러 AI 알고리즘들과 모델들을 상호 비교하고 발전시켜나감에 있어 유용한 인식적 기반을 제공한다. 단, 여기에서 구체적으로 어떤 능력들을 AGI의 요건이라 할 수 있는지의 문제가 발생한다. 능력 측면에서 설정한 여러 요건의 총체가 AGI라 평가 가능한 필요충분조건에 정확히 들어맞는 것은 매우 어렵다. 실제로 앞서 제시한 세 개의 능력 중심 정의들도, 해당 정의들이 각각 설정해놓은 요건들만으로는 AGI라 부르기에 부족하다는 한계를 가진다. 먼저 '튜링 테스트를 통과하는 AI'의 경우, 예컨대 거대언어모델(LLM: Large Language Model)이 단순 직관의 차원에서도 실제 AGI라 보기 어려우나 실제로는 튜링 테스트 일부를 통과해낸다는 점에서 AGI의 기준으로 삼기에는 부적절하다. '경제적으로 가치 있는 작업을 수행하는 AI'나 'ACI'의 관점들도 경제적 가치 산출과 직접적으로 관련된 능력만을 AGI의 요건으로 설정한다는 점에서 '일반 지능(general intelligence)'의 일부에 해당할 수 있는 요건들을 놓친다. 가령 이 두 가지의 정의는 '감성 지능(emotional intelligence)'을 AGI의 요건에서 배제하지만 이것은 분명히 일반 지능에 해당한다.

'과정(processes)'과 '능력(capabilities)'을 모두 고려한 정의

한편, 과정 중심 정의와 능력 중심 정의의 대립 사이에서 과정과 능력 양쪽을 모두 일부 고려한 정의들도 두 개가 있다. 하나는 '과업 학습 능력을 갖춘 AI(Ability to Learn Tasks)'이다. 머리 샤나한(Murray Shanahan)이 제시한 것으로 AGI를 "특정 과업에 특화된 것이 아닌, 인간처럼 넓은 영역에서의 과업 수행이 가능하도록 하는 '배움'이 가능한 AI"라 특정했다. 다른 하나는 '유연성과 일반성을 갖춘 AI: 커피 테스트 및 그와 유사한 과제를 통과하는 AI(Flexible and General: The *Coffee Test* and Related Challenges)'이다. 개리 마커스(Gary Marcus)가 제시한 이 개념에 따르면 AGI는 "인간과 비슷하거나 더 높은

---

634   Meredith Ringel Morris et al., (2023), p. 2.

수준의 자원 활용 능력(resourcefulness)과 작업에 대한 신뢰도(reliability)를 갖춘, 유연성을 가진 일반 지능(intelligence that is flexible and general)의 약어"로 이해된다. 여기서 '유연성(flexibility)'이란 사전에 준비되지 않은 과업에 대응할 수 있는 능력을 의미한다. 이런 맥락에서 마커스의 정의는 스티브 워즈니악이 이야기한 커피 테스트(The Coffee Test)의 관점과 상당 부분을 공유하고 있다. 덧붙여 마커스는 AGI의 개념적 정의와 함께 AGI를 조작화한 요건으로서 5개의 과업(영화 이해하기, 소설 이해하기, AI가 사전에 그 형태를 학습하지 않은 임의의 주방(an arbitrary kitchen)에서 능숙하게 요리하기, 버그 없는 1만 줄의 프로그램 작성하기, 자연어로 쓰여진 수학 증명을 기호 형태로 변환하기)을 이야기한다. [635]

과정과 능력을 모두 반영한 위 정의들은, 공통적으로 메타인지 작업 및 학습의 가능 여부를 강조한다. 샤나한과 마커스가 각각 그들의 정의에서 핵심 용어로 사용한 '배움'과 '유연성'은 모두 메타인지(metacognitive)를 전제로 한다. 이 메타인지는 AI의 작업 과정에 대한 서술임과 동시에 AI의 능력에 대한 서술이기도 하며, 이것이 상기 두 정의가 과정과 능력을 모두 반영했다고 이야기한 배경이다. 여기서 과정과 능력을 구체적으로 어떻게 정의에 반영했는지를 보면, 두 측면 중 어느 한쪽에 특히 더 집중하고 있다는 사실을 알 수 있다. 두 정의는 메타인지를 제외한 그 어떤 인간적인 사고 과정도 AGI에 요구하지 않으며, 이는 과정 중심의 정의가 근본적으로 지향하는 바와 크게 괴리된다. 반면, 직전에 말한 것처럼 메타인지는 그 자체로 과정이 아닌 능력의 측면에서도 해석할 수 있기 때문에 메타인지 능력에 기반한 정의가 능력 중심의 정의와는 크게 배치되지 않는다. 이에 DeepMind가 마커스의 정의 내 '유연성' 개념을 해설하는 것에 있어서도 메타인지를 'ability'라는 어휘로 설명하며, 또한 메타인지가 AGI의 능력 요건들(AGI's set of capabilities)에 포함된다고 표현한다. [636] 더욱이 마커스의 정의가 앞서 능력 중심

---

635 Meredith Ringel Morris et al., (2023), p. 4.

636 Meredith Ringel Morris et al., (2023), p. 4.

정의 중 하나로 분류된 ACI의 정신에 부합한다는 서술도 존재한다.[637] 결국 상기 두 개의 복합적 정의는, 실제로는 과정보다 능력 측면에 더 치중하고 있는 셈이다.

그 외 기타의견

마지막으로 과정과 능력의 대립 구도 바깥에 위치한 기타의견으로 '인간 수준의 인지 작업이 가능한 AI(Human-Level Performance on Cognitive Tasks)'와 '최신 LLM(SOTA LLMs as Generalists)'이 있다. 첫 번째 관점은 AGI를 인간이 일반적으로(typically) 할 수 있는 인지 작업(cognitive tasks)을 수행하는 AI로 보며,[638] 두 번째 관점은 2023년 기준 최신 LLM들(예: GPT-4, Bard, Llama 2, 그리고 Claude와 같은 2023년 중반 배포 모델)이 이미 AGI라 주장한다.[639] 이 두 정의는 각각 과정과 능력을 어느 정도 정의에 반영했는지 모호하거나, 애초부터 일반성(generality)을 강조하며 과정과 능력의 대립과는 큰 관련이 없기에 기타의견으로 분류된다. 전자는 결국 해당 정의가 전제하는 '인간'과 '작업'이 무엇인지 모호하게 서술하고, 후자는 2023년의 LLM이 결과물의 정확도에 대한 안정성을 아직 확보하지 못함에 따라 실질적으로는 일반성을 아직 충족하지 못했음을 간과했다는 점에서 모두 확실한 한계점이 있다.

(3) AGI 정의의 맥락에서 산업계가 설정하고 있는 AI의 개발 방향성

이렇듯 AGI의 정의들은 모두 나름의 한계를 가지고 있음에 따라 어떤 것이 완벽한 정의인지에 관한 논쟁이 진행 중이다. 하지만 완벽히 합의된 AGI의 정의가 부재함에도 AI 산업의 최전선에 있는 기업들은 향후 AI의 개발 및 발전의 지향점을 설정함에 있어 과정이 아닌 능력에 집중하고 있다. 이는 앞서 능력 중심의 정의를 설명할 때 이야기했던 대로, 이러한 정의 방식이 기업의 AI 개발에 있어 다른 정의들보다 훨씬 유용하기 때문이다.

637　Meredith Ringel Morris et al., (2023), p. 4.

638　Meredith Ringel Morris et al., (2023), p. 3.

639　Meredith Ringel Morris et al., (2023), p. 4.

이런 맥락에서 OpenAI, DeepMind와 이들을 소유한 Microsoft, Google 등 대부분의 시장 선도 기업들은 AGI를 정의하거나 AI 알고리즘 및 모델을 개발하는 등에 있어 인간의 사고를 그대로 구현하는 것보다 인간보다 뛰어난 결과물을 산출하는 성능의 AI 구현에 더 집중한다. OpenAI가 AGI를 어떻게 정의하는지는 AGI의 여러 정의들을 논하는 과정에서 이미 제시하였기에 설명을 생략한다. 한편 DeepMind는 우리가 AGI의 정의들을 살핌에 있어 활용한 2023년 보고서에서 AGI의 정의와 관련해 "기계가 '생각(think)'할 수 있는지의 문제는 기계가 무엇을 할 수 있는지의 문제와 관련이 없어 보이며… 후자가 측정에 있어 훨씬 용이하고 영향을 평가하는 데 있어서도 더 중요하다. 따라서 우리는 AGI가 과정이 아닌 능력의 측면에서 정의되어야 한다고 제안한다"라고 명시적으로 서술한다. 2022년 공개된 ChatGPT, AI의 미술계 진출 부분에서 소개했던 Midjourney, Stable Diffusion, DALL-E 2가 모델적 기반을 두고 있는 'Diffusion Model' 등 시장에 돌풍을 일으킨 생성형 AI의 급속한 성장은 모두 그러한 방향성 하에서 이뤄진 것이다. 이러한 생성형 AI는 인간과 똑같은 사고방식의 구현에 집착하지 않는다.

결국 AI의 사고 알고리즘과 인간의 사고방식 간 격차가 크고 현재로서는 이를 메우기 어렵다는 문제의식 하에서, "가까운 미래에 AGI가 탄생할 확률이 낮음에 따라 AI에 의한 일자리 대체 우려는 시기상조에 불과하다"는 주장은 그 전제부터 현실의 동향과 동떨어진 것이라고 할 수 있다. 더욱이 일자리 중 상당수는 AGI까지 갈 필요도 없이 대체 가능하다. 특정 업무를 수행하기 위해 그 영역에서 전문화된 AI, 즉 '일반성'을 갖추지 않은 AI라 하더라도 해당 업무의 특성에 따라서 본래 그 업무를 수행하던 인간을 충분히 대체할 수 있다. 관련 사례로서 2017년 골드만삭스(Goldman Sachs)의 트레이더 대량 해고 사건은 유명하다. 당시 골드만삭스는 외환·선물시장 동향에 대응하기 위해 기존 딜러들이 거래하던 방식에 가장 근접한 알고리즘을 개발, 이를 업무에 적용하며 기존 트레이더 인원 600명 가운데 두 명을 제외하고 모두 해고했다.[640]

---

640   김현기, "[이코노미조선] 트레이더, 600명에서 2명으로…IT 기업된 골드만삭스," 『조선비즈』 (2017년 2월 22일), https://biz.chosun.com/site/data/html_dir/2017/02/20/2017022002225.html.

이처럼 인간처럼 사고하는 AI의 개발이 어렵다는 사실과 AI에 의해 인간 일자리 상당수가 대체될 것이라는 예측은 양립 가능하다. 인간 사고의 '고유성'은 이 사안과 관련해 핵심 고려 요소가 아니며, 기업 입장에서는 기존의 인간 일자리를 대체하기 위한 AI를 개발하는 데 있어 고유성 구현의 어려움을 전면적으로 해결할 필요가 없다. 요컨대 '인간을 닮지 않고도 인간 수준 이상의 결과물을 내놓는' AI가 존재 가능한 시점에서 정말로 중요한 것은, 인간과 같지 않고도 인간 수준 이상의 결과물을 내놓는 AI가 존재할 때 그 결과물의 품질이 안정적으로 보장되는지의 문제와 그 결과물이 사람들의 인식이나 국가 법률 및 행정 체계에 저촉되는 부분 없이 그대로 받아들여질 수 있는지의 문제이다. 이에 AI의 사회적 파급력이나 일자리 대체와 관련한 조사 및 연구에서도 능력 중심의 정의에 기반한 AI를 전제하며, 이 두 가지의 문제를 중요한 기준으로 두고 있다. 우리가 AI 일자리 대체 가능성 및 대체 양상을 파악하기 위해 이 뒤에서 살펴볼 2024년 국제통화기금(IMF) 보고서도 그러하다.

(4) AI 일자리 대체 이슈의 중요성: 대체 가능성과 양상

AI 일자리 대체 이슈를 다루는 수많은 연구·조사 보고서 중에서도 IMF의 보고서를 주 참고자료로 사용하는 데는 두 가지 이유가 있다. 먼저 전문성이다. AI 일자리 대체 이슈는 특정 한 분야로 국한되는 것이 아니라 경제 및 산업 전반, 과학기술, 사회 구조, 법률과 행정 등의 영역에 전방위적으로 연결되어있다. '일자리'라는 단어로 뭉뚱그려져 있으나 실제로는 소속 산업군과 직무 성격 등에 따라 여러 갈래로 나뉘는 각기 다른 일자리별 상황, 국가별로 다른 산업구조와 법률·행정 체계까지 분석에 반영하면 고려 요소의 수는 더욱 방대해진다. 이에 AI 일자리 대체 이슈를 분석하려는 집단은 이 많은 영역들을 아우르는 논의를 이끌어갈 수 있는 능력과 함께, 해당 영역들 각각에 대해서도 깊이 있는 이해를 갖추고 있어야 한다.

이런 맥락에서 우리가 살펴보고자 하는 이슈를 보다 정확하고 유효하게 이해하기 위해 관련 보고서를 선정하는 문제와 관련하여, 그 보고서의 작성

주체는 복잡하고 중요한 이슈의 분석을 여러 번 성공적으로 진행해본 경험이 있음과 동시에 이슈를 구성하는 서로 다른 영역들의 전문가 동원을 용이하게 해낼 수 있는 집단이어야 한다. 따라서 선택지는 IMF나 UN경제사회이사회(ECOSOC) 등의 국제기구, 골드만삭스나 JP모건(JP Morgan) 등의 글로벌 은행, 맥킨지앤드컴퍼니(McKinsey & Company) 등의 글로벌 컨설팅사로 한정된다.

이렇게 좁혀진 선택지는 중립성에 기반한 공신력을 가질 수 있는지에 따라 한 번 더 좁혀진다. 물론 국제기구, 글로벌 은행과 컨설팅사의 보고서는 충분히 우리 사회에서 신뢰할 만한 것으로 인정된다. 하지만 개중에서도 국제기구는 다른 두 집단 대비 신뢰도가 더욱 높다. 사안에 대한 중립성의 정도에서 차이가 있기 때문이다. 글로벌 은행과 컨설팅사는 특유의 사업모형(BM: Business Model)이 가진 특성상, 어떤 산업군에 대한 의견을 제시하는 데 있어 그 산업군의 규모가 성장할 것이라는 기대를 거스르기 조심스러운 부분이 존재한다. 글로벌 은행의 시각에서는 해당 산업군 내 기업들이 자사 포트폴리오에 포함될 수 있으며, 컨설팅사의 입장에서는 해당 산업군 내 기업들이 현재 혹은 미래 고객이 될 수 있기 때문이다. 실제로 금융시장에서 AI 유관 산업들은 ChatGPT 이후부터 이미 핵심 투자 대상 산업군이었고, 컨설팅사들 또한 AI와 관련한 기술적 역량을 가진 컨설턴트의 채용 규모를 꾸준히 늘리고 있다. 이런 흐름 하에서 AI 산업의 성장은 글로벌 은행과 컨설팅사들의 이익과도 연동되어있다. 이 사실을 고려하면, 물론 이들이 내놓는 관점들이 나름의 충분한 근거와 논리에 바탕하고 있으나, 그 관점의 구성 과정에서 자사의 이익에 대한 고려가 잘 배제되었는지를 어느 정도 의구심을 가지고 바라보아야 한다.

반면 IMF 등의 국제기구는 이러한 문제로부터 상대적으로 자유롭다. 물론 국제기구 역시 모든 사안에 대해 완벽하게 가치중립적이지는 않으며, 특정 국가 및 세력에게 편향적인 입장을 견지하는 경우가 분명히 있다. 하지만 국제기구의 편향은 대부분 국가 간의 분쟁이나 충돌 등 굉장히 정치적인 사안과 관련해 발생한다. 반면 AI 일자리 대체 이슈와 관련해 IMF가 관점을 제시하는 일은 현재로서는 그 자체로 특정 국가 및 세력에 유효한 정치적 이득을 주는 결과를 낳기 어려우며, 해당 사안에 있어 불순한 별개의 의도를 지니고 있다고 보기 어렵다. 이런 맥락에서 본 책에서는 충분한 전문성과 공신력이라는 조건을 전제로 2024년 1분기 기준 가장 최신 자료인 IMF의 'Gen-AI: Artificial Intelligence and the Future of Work'를 택하게 되었다.

개념적 프레임워크(Conceptual Framework)

IMF 보고서에서는 세 가지의 주요 개념을 사용하여 AI 일자리 대체 이슈를 분석한다. 이는 기술 혁신이 직업에 미치는 영향을 연구하는 데 있어 개별 직업들 가운데 기술에 의해 대체되거나 보완될 수 있는 것들이 무엇인지를 체계적으로 판별하기 위함이다.[641] 첫 번째 개념은 '노출(exposure)'이다. '노출'은 각 직업이 가진 과업을 수행하는데 요구되는 인간의 능력과 그 과업 내용 중 AI를 활용해 수행 가능한 영역이 어느 정도 겹치는지를 의미한다. 그 중첩 영역이 넓을수록 '노출'이 높다고 할 수 있다. 두 번째 개념은 '보호(shielding)'다. '보호'는 어떤 직업이 AI에 의한 직업 이동(AI-driven job displacement)으로부터 받을 수 있는 보호의 정도를 의미한다. 여기서 그 직업이 AI로부터 보호를 받게 되는 이유는 사회제도나 윤리 및 문화의 맥락일 수도 있고, 물리적 요건일 수도 있다. '보호' 지수가 높다는 것은 그 직업의 경우 AI에 의한 인간의 대체 확률이 낮음을 의미한다. 여기서 '보호' 지수가 높게 측정되는 원인은 AI에 의한 대체의 불가능성과 AI에 의한 대체의 비경제성이다. 대체의 불가능성은 AI의 기술력 부족에 의한 것일 수도 있지만, 기술력과 무관하게 AI가 그 일자리를 대체하는 것이 사회제도에 의해 불허되거나 사람들의 반감에 의해 저항받는 것일 수도 있다. 대체의 비경제성은 AI 기술력과 무관하게 AI로 그 일자리를 대체하는 것이 경제적 효용보다 비효용이 크기에 대체의 경제적 유인이 낮음에 따라 발생한다. 특히 건설 현장의 육체노동과 같이 AI가 직무를 수행하는 과정에서 물리적 형태를 갖춘 로봇의 존재를 추가적으로 필요로 하는 경우 경제적 유인이 낮다.

641 Mauro Cazzaniga et al., "Gen-AI: Artificial Intelligence and the Future of Work," IMF (2024), p. 6.

이 '노출'과 '보호' 지수가 모두 높은 경우를 '보완성 잠재력(complemen‒
tarity potential)' 또는 '보완성(complementarity)'이 높다고 하며, 이것이 마지막
세 번째 개념이다. '보완성'이 높은 직업은 업무 내용 상당 부분을 AI에게 맡
길 수 있음과 동시에 AI로부터 그 직업 자체를 빼앗기기는 어려운 직업이다.
이에 '보완성'이 높다는 것은 그 직업이 AI의 발전으로 오히려 업무상 편의가
향상되는 이득을 본다는 것으로 해석할 수 있다. 예를 들어, 판사는 텍스트
분석 등의 업무에 소요되는 시간과 에너지를 AI를 통해 경감시킬 수 있지만,
현재의 사회에서 판사의 법률적 결정 자체를 AI에 위임할 수는 없기에 '보완
성'이 높은 직업이다.[642] 반대로 일반적인 사무직군은 AI에 대한 노출 정도는
높지만, AI로부터의 보호 정도는 낮기 때문에, 일반 사무직은 '보완성'을 결
여하고 있는 직군이다.

일자리 대체 가능성과 양상

상기 개념들에 따르면, 노출 지수가 높은 직업은 AI에 의해 영향을 받을
직업이다. 반대로 노출 지수가 낮은 직업은 AI의 영향을 잘 받지 않는다. 해
당 직업에 미치는 AI의 영향은 그 직업을 가진 자에게 좋게 작용할 수도, 나
쁘게 작용할 수도 있다. 이를 결정하는 것이 보호 지수다. 노출 지수가 높은
직업 중 보호 지수도 높은 직업은 AI에 의해 업무 효율이 상승하고, 보호 지
수가 낮은 직업은 AI에 의해 대체된다. 요컨대, 보완성 지수가 높은 직업 종
사자는 수혜를 보며 보완성 지수가 낮은 직업 종사자는 손해를 본다.

이처럼 직업의 종류에 따라 AI에 의한 대체 가능성은 달라지기에, AI에
의한 노동 구조의 변화는 국가마다 다르게 나타난다. 국가별로 직업 구성
이 상이하기 때문이다. 전 세계 노동자 중 약 40%가 노출 지수가 높은 직업
에 종사하고 있으나,[643] 이 평균을 구성하는 국가들마다 상황이 각기 다르
다. 이에 보고서에서는 국가들을 '선진경제국(advanced economies)', '신흥경제

---

642   Mauro Cazzaniga et al (2024), p. 6.

643   Mauro Cazzaniga et al (2024), p. 7.

국(emerging market economies)', '저소득 국가(low-income countries)'의 세 분류로 나누어 따로 결과를 추산한다. 먼저 선진경제국의 경우 국가의 전체 직업 구성 중 평균적으로 60%가 노출 지수가 높은 직업이다. 이중 보완성이 높은 직업은 평균 27%, 보완성이 낮은 직업은 평균 33%를 차지한다.[644] 국가 내 전체 일자리 중 3분의 1이 AI에 의해 대체될 수 있는 것이다. 반면 신흥경제국의 경우에는 보완성이 높은 직업의 평균 비율과 보완성이 낮은 직업의 평균 비율이 각각 16%와 24%로 도합 40%가 노출 지수가 높은 직업이며, 저소득 국가는 각각 8%와 18%의 수치를 합친 26%를 기록한다.[645] 이러한 차이는 경제 수준이 낮을수록 육체노동자나 저숙련 노동자, 장인 등 AI에 대한 노출이 낮을 수밖에 없는 직업 구성이 주류인 경향이 높아지기에 발생한다. 아래는 이 내용을 그래프로 나타낸 것이다.[646]

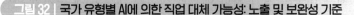

그림 32 │ 국가 유형별 AI에 의한 직업 대체 가능성: 노출 및 보완성 기준

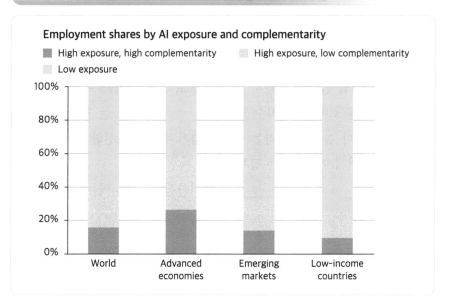

---

644   Mauro Cazzaniga et al (2024), p. 7.

645   Mauro Cazzaniga et al (2024), p. 8.

646   Mauro Cazzaniga et al (2024), p. 8.

한국은 이 세 국가 유형 중 IMF의 보고서 분류상 선진경제국에 해당하기에, 한국에서 향후 벌어질 AI 일자리 대체 양상을 추측함에 있어서는 선진경제국의 데이터를 고려해야 한다. 앞서 평균값으로 뭉뚱그린 선진경제국들의 구체적인 수치들을 보면 고노출+고보완성 직업의 비율은 20.2%에서 37.3%까지, 고노출＋저보완성 직업의 비율은 25.9%에서 46.1%까지 변동한다.[647] 결국 한국의 직업 구성은 이 범위 안에서 결정되는데, 이 데이터 하에서 한국은 AI에 의한 일자리 대체율이 가장 낮은 시나리오를 가정하더라도 한국민의 4분의 1 이상이 본래의 직업을 잃는다는 결론에 도달한다. 이는 곧 한국이 신흥경제국과 저소득 국가보다 AI에 의한 노동 시장 변화에 더 취약할 수 있으며, 그 변화가 시작되는 시점 또한 타 유형의 국가들보다 더 빠를 것임을 의미한다.[648]

이런 맥락에서 이미 채용 경직이 시작된 국가도 있다. 바로 미국이다. 이 견해에 대해, 최근 미국의 경기 완화 예측과 실업률 개선 등에 근거한 반박 의견이 제기될 수도 있다. 물론 이 견해는 일견 합리적이다. 뱅크오브아메리카(BOA: Bank Of America)의 수석 이코노미스트 마이클 가펜(Michael Gapen)은 당초의 경기 침체 전망을 전면 수정해 '연착륙'의 실현 가능성을 시사했으며,[649] 2024년 2월 실업률 예측치 역시 3.8%로 낮은 수치를 보인다.[650] 하지만 2023년 12월 소비자물가지수(CPI: Consumer Price Index)는 전문가들의 예상치인 3.2%보다 높은 3.4%라는 점에서 경기 완화를 확신하기에는 무리가 있다.[651] 또한 현재 미국에서는 전체 실업률(2023년도 10월 기준 3.9%)보다 신규 대졸자 실업률(동년 10월 기준 4.4%)이 유의미하게 높은데, 이는 2021년 12월

647   Mauro Cazzaniga et al (2024), p. 8.

648   Mauro Cazzaniga et al (2024), p. 9.

649   조채원, "美 경제 연착륙, 역사적으로 희박하지만 이번엔 가능할 것," 『포춘코리아』 (2023년 12월 20일), https://www.fortunekorea.co.kr/news/articleView.html?idxno=32586.

650   Investing.com. 미국 실업률 (확인일자: 2024.01.30).

651   Investing.com. 미국 소비자물가지수(CPI) (확인일자: 2024.01.30).

기준 수치인 2.3%에서 약 2배 급등한 수치임과 더불어,[652] 1990년 이후 처음 발생한 역전 현상이다.[653] 같은 맥락에서, 신규 대졸자의 불완전고용(under-employment)은 40% 수준이지만[654] 대학 학위가 불필요한 임시직 일자리나 단순 서비스 분야 일자리는 오히려 인력난을 겪고 있다.[655] 이 둘 간의 괴리에서부터 대졸 사무직 수요의 점진적 감소가 발생하고 있음을 추론할 수 있다.

이러한 수요 감소가 현재 가장 명시적으로 드러나고 있는 곳은 IT 업계다. IBM은 매년 5~6%씩 자연 감소하는 인력을 추가 채용하지 않기로 결정하였으며,[656] 구글, X(전 twitter), 메타 등의 기업들은 자사의 주 수익원인 디지털 광고 사업부 내 인력 감축을 실시할 예정이다.[657] 해당 기업들은 모두 AI에 의한 기존 인간 업무 대체를 이유로 그러한 의사결정을 내렸다. 비단 테크기업뿐만이 아니라, 산업계의 전방위적인 AI 실무 도입도 2024년부터 시작된다. DELL은 '2024년 IT 기술 전망'에서 2023년에는 이론적 논의와 실험 단계에 있던 생성 AI가 2024년부터 실제 운영 환경으로 활용될 것이라 밝혔다.[658]

이러한 변화의 흐름은 고용자의 효율 개선에 대한 강력한 니즈(needs)에

---

652 한면택, "미국 올 대학졸업생 200만명 180도 달라진 취업난에 당황" 『radioKOREA』 (2023년 3월 30일), https://radiokorea.com/news/article.php?uid=415164.

653 Abha Bhattarai, "New college grads are more likely to be unemployed in today's job market," *The Washington Post* (November 19, 2023), at https://www.washingtonpost.com/business/2023/11/19/college-grads-unemployed-jobs/.

654 국기연, "美 구인난 속 올해 대졸자는 취업난...신규 대졸자와 전체," 『글로벌이코노믹』 (2023년 11월 20일), https://www.g-enews.com/article/Global-Biz/2023/11/20231120095712568086b49b9d1da_1.

655 국기연, "美 구인난 속 올해 대졸자는 취업난...신규 대졸자와 전체," 『글로벌이코노믹』 (2023년 11월 20일).

656 김대영, "'자연감소 사무직 인력 채용 않겠다'는 기업 나왔다...이유는 AI," 『MIRAKLE AI』 (2023년 8월 24일), https://www.mk.co.kr/news/business/10814264.

657 오로라, "구글 3만명 일자리 잃을 위기… 'AI의 습격' 현실화됐다," 『조선일보』 (2023년 12월 27일), https://www.chosun.com/economy/tech_it/2023/12/27/5T2P3XDURNE4PFH4T7FN-Y7OZVI/.

658 이주영, "델, 2024 IT 기술 전망 발표...'AI가 이론에서 실행 단계로 이동하는 한 해'" 『AI타임스』 (2023년 12월 5일), https://www.aitimes.com/news/articleView.html?idxno=155663.

서 출발한다. 고용자는 효율성의 측면에서 인간 대신 AI를 선호할 수밖에 없는데, 이는 단순한 인건비 절약 문제가 아니다. 회사는 직원이 일을 함으로써 운영되는 경우, 주기적으로 필요 인력 수급을 위해 채용을 진행해야 한다. 하지만 채용을 아무리 체계적·계획적으로 진행한다고 해도, 회사 입장에서 채용의 성패를 완전히 통제하기란 사실상 불가능하다. 운적 요소가 크게 개입하기 때문이다. 채용 진행 시기에 맞춰 자사에 지원한 '진짜 인재'의 수는 회사가 조절할 수 없다. 회사의 지원자 평가 프로세스에 의해 선발한 신입사원이 정말로 회사에 충분한 이익을 창출해 줄지도 확신할 수 없다. 그 확률을 최대한 통제하고자 최근 기업들은 업무 능력의 예상 및 평가가 용이한 경력직 채용을 계속해서 확대하는 중이지만,[659] 그것 역시 본질적인 해결 방안은 아니다. 특히 스타트업이나 중소기업처럼 재무 상태가 비교적 여유롭지 못하고 인사 및 행정체계가 명료하게 정립되어있지 않은 형태의 회사일수록, 채용과 신입 교육 과정상의 비용은 부담스러울 수밖에 없다.

결론적으로 회사의 최고경영자(C-level)들은 어떤 방식으로든 최대한 소수 인원으로 기존 업무를 이어나가고자 할 수밖에 없다. 여기서 니즈를 포착한 테크 기업들이 직원 없이도 업무가 잘 이뤄지게끔 하는 인공지능 업무 자동화 서비스를 계속해서 확산시키는 중이다. 이와 관련하여 대표적인 사례로 자주 소개되는 '아마존'은 일찍이 2012년부터 물류센터의 관리 및 운영에 대한 자동화를 시작해 2022년에는 업무 대부분을 자동화했다. 이런 자동화 서비스를 판매 상품으로 하여 타 기업에 제공하는 B2B 스타트업도 매우 다양한데, 로보틱처리자동화(RPA: Robotic Process Automation)를 통한 반복적 사무업무의 복합 자동화 시스템을 제공하는 '인포플라'나,[660] 자동 정형화 모델을 이용해 사무업무를 자동화하고 데이터 예측분석 서비스를 제공하는 '노

---

659 취업정보 제공 서비스를 운영하는 '인크루트'의 '2022년 채용동향 조사'를 보면, 국내 기업 전체 채용 계획에서 신입 채용은 비율은 감소, 경력직 채용 비율은 증가 추세임을 확인할 수 있다. 2022년 기준 신입 위주 채용을 진행하는 회사는 59.6%, 경력직 위주 채용을 진행하는 회사는 40.4%이다.

660 김영우, "이런 것도 가능? 확산되는 AI 기반 업무 자동화," 『동아일보』 (2023년 8월 21일), https://www.donga.com/news/lt/article/all/20230821/120786497/1.

리스페이스' 등이 이에 해당한다.[661]

이와 같은 산업구조의 근본적 변화로 말미암아, AI에 의한 본격적 해고 양상은 2024년부터 시작될 것이라는 Resume Builder의 관련 조사 결과는 미국 언론들에 의해 계속해서 언급되고 있다.[662] 결론적으로 지금까지의 논의를 돌아보면 AI의 일자리 침공은 객관적으로 사실이며, 미래의 이야기가 아니라 이미 임박한 문제임을 알 수 있다.

AI 일자리 대체 이슈의 시급성: AI에 대한 대중 인식의 현실불합치

지금까지의 논의를 통해 우리는 이 사안의 핵심 쟁점이었던 'AI에 의한 일자리 대체가 정말 실현될 것인가'라는 질문에 대해 긍정의 대답이 도출됨을 파악했다. AI 일자리 대체 이슈의 논의 중요성이 높다는 것이 확인됨에 따라, 앞서 이야기한 것처럼 이슈의 시급성을 분석하기 위해 관련한 사람들의 인식 수준을 살핌으로써 현실과 인식 간 괴리가 어느 정도인지를 알아보도록 하겠다.

전 세계적 차원에서 대중들이 가지고 있는 구체적인 인식은 입소스(Ipsos)[663]의 설문조사 리포트 'Global views on A.I. 2023'에서 잘 확인할 수 있다. 첫 번째로 'AI에 대한 본인의 이해 수준 자체평가(Understanding of AI)'이다. (1) "나는 AI가 무엇인지 잘 이해하고 있다(I have a good understanding of what artificial intelligence is)"라는 질문에 67%, (2) "어떤 제품과 서비스가 AI를 사용하는지 알고 있다(I know which types of products and services use artificial intelligence)"에 51%가 '그렇다'고 답했다.[664] 이는 사람들이 본인의 AI 이해도

---

661 이진호, "글로벌 진출을 시작하는 인공지능 업무 자동화 스타트업 '노리스페이스'" 『한국경제』 (2023년 8월 29일), https://plus.hankyung.com/apps/newsinside.view?aid=20230 8285917d&category=&sns=y.

662 Resume Builder, "4 in 10 Companies Anticipate Layoffs in 2024," (December 11, 2023).

663 여론조사기관으로 2021년 세계경제포럼(WEF)의 의뢰를 받고 AI 기술에 대한 대중 인식 설문을 진행했다.

664 Ipsos, "Global views on A.I. 2023: How people across the world feel about artificial intelligence and expect it will impact their life," Ipsos (2023), p. 4.

에 대한 메타인지 능력이 부족할 가능성이 있음을 시사한다. 두 질문에 대한 답의 오차가 16%나 되기 때문이다. 대다수의 AI 기술은 기술 그 자체로서가 아니라 사기업에 의해 제품화·서비스화됨으로써 사회적 영향력을 확보하는 만큼, AI가 사용되는 제품 및 서비스, 나아가 AI 산업이 어떻게 전개되고 있는지에 대해 얼마나 알고 있는지가 곧 AI 이해도와 직결된다. 정말 AI 이해도가 높은 사람이라면, 두 질문에 모두 '그렇다'고 대답해야 한다.

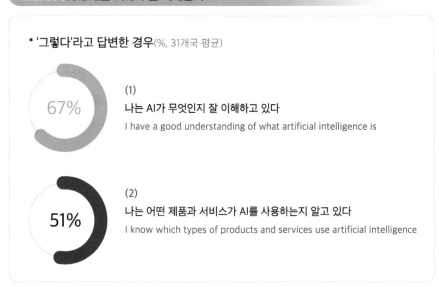

그림 33 | AI에 대한 이해 수준 자체평가

* '그렇다'라고 답변한 경우(%, 31개국 평균)

67%

(1)
나는 AI가 무엇인지 잘 이해하고 있다
I have a good understanding of what artificial intelligence is

51%

(2)
나는 어떤 제품과 서비스가 AI를 사용하는지 알고 있다
I know which types of products and services use artificial intelligence

'AI에 대해 느끼는 감정(Feelings about AI)' 항목에서는, 현재 AI에 대한 사람들의 호감과 우려가 혼재되어있음을 파악할 수 있다. (3) "AI를 활용한 제품·서비스는 단점보다 장점이 더 많다(Products and services using artificial in-telligence have more benefits than drawbacks)", (4) "AI를 활용한 제품·서비스로 설렘을 느낀다(Products and services using artificial intelligence make me excited)", (5) "AI를 활용한 제품·서비스로 인해 초조함을 느낀다(Products and services using artificial intelligence make me nervous)"의 세 질문에 '그렇다'가 각각 54%,

54%, 52%를 기록했다.[665] 여기서 주목할 점은 우려의 변동폭인데, 질문 (5)에 '그렇다'고 대답한 피조사자 수는 2022년 대비 12%p가 증가했다. AI 기술에 대한 대중적 우려가 급등한 것으로, 이것은 이상값이 아니라 유의미한 증가 추세의 시작일 가능성이 충분하다. 2023년은 2022년과 비교해 대중이 점차 Chat GPT를 위시한 생성형 AI 검색 엔진 등 AI 서비스의 강력한 효용을 본격적으로 체감하기 시작한 시기라는 점에서, 수치 증가의 개연성이 어느 정도 있기 때문이다.

그림 34 | AI에 대해 느끼는 감정

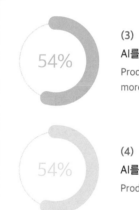

54%

(3)
AI를 활용한 제품/서비스는 단점보다 장점이 더 많다
Products and services using artificial intelligence have more benefits than drawbacks

54%

(4)
AI를 활용한 제품/서비스로 설렘을 느낀다
Products and services using artificial intelligence make me excited

(5)
AI를 활용한 제품/서비스로 초조함을 느낀다
Products and services using artificial intelligence make me nervous

---

665 Ipsos (2023), p. 8.

'AI에 대한 신뢰 수준(Trust in AI)'에서도 비슷한 양상을 보인다. (6) "AI 가 사람들을 차별하거나 편견을 가지지 않을 거라 믿는다(I trust artificial intel− ligence to not discriminate or show bias towards any group of people)", (7) "AI 활용 기업을 다른 기업들처럼 신뢰한다(I trust companies that use artificial intelligence as much as I trust other companies)", (8) "AI 활용 기업이 개인 정보를 보호할 것이 라 믿는다(I trust that companies that use artificial intelligence will protect my personal data)"의 세 질문에서 '그렇다'가 50%대의 응답률을 기록했다.[666] AI가 그 자 체로 사람들을 불합리하게 바라볼지에 대한 컨센서스가 형성돼 있지는 않은 듯하다.

그림 35 | AI에 대한 신뢰 수준

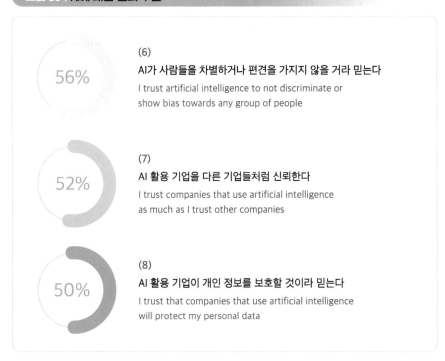

56%

(6)
AI가 사람들을 차별하거나 편견을 가지지 않을 거라 믿는다
I trust artificial intelligence to not discriminate or
show bias towards any group of people

52%

(7)
AI 활용 기업을 다른 기업들처럼 신뢰한다
I trust companies that use artificial intelligence
as much as I trust other companies

50%

(8)
AI 활용 기업이 개인 정보를 보호할 것이라 믿는다
I trust that companies that use artificial intelligence
will protect my personal data

---

666   Ipsos (2023), p. 13.

마지막으로 'AI가 일상과 직업에 미칠 영향(AI impact on one's daily life and job)'이다. (9) "AI는 과거 3~5년간 우리 삶을 크게 바꿨다(Products and services using artificial intelligence have profoundly changed my daily life in the past 3−5 years)"에 49%, (10) "AI는 앞으로 3~5년간 우리 삶을 크게 바꿀 것이다(Products and services using artificial intelligence will profoundly change my daily life in the next 3−5 years)"에 66%가 긍정했으며,[667] 이는 대중들이 미래에 다가올 변화가 과거보다 더 극적일 것으로 인식하고 있음을 보여준다. 그러나 (11) "5년 안에 AI가 일자리를 대체할 것이다(AI will replace your current job in the next 5 years)"에는 36%만이 그렇다고 대답하며 AI의 일자리 침공은 상대적으로 그 실현 가능성을 박하게 평가했다.[668]

그림 36 | AI가 일상과 직업에 미칠 영향

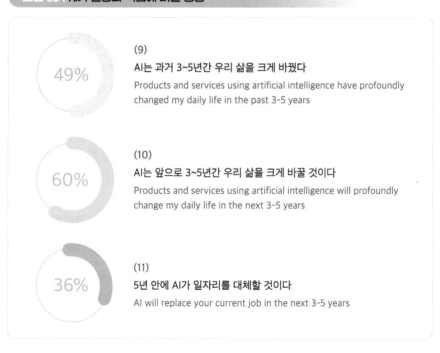

49%

(9)
AI는 과거 3~5년간 우리 삶을 크게 바꿨다
Products and services using artificial intelligence have profoundly changed my daily life in the past 3-5 years

60%

(10)
AI는 앞으로 3~5년간 우리 삶을 크게 바꿀 것이다
Products and services using artificial intelligence will profoundly change my daily life in the next 3-5 years

36%

(11)
5년 안에 AI가 일자리를 대체할 것이다
AI will replace your current job in the next 3-5 years

---

667 Ipsos (2023), p. 18.
668 Ipsos (2023), p. 21.

여기서 글로벌 평균 응답과 한국의 응답을 비교하면 흥미로운 차이가 도출된다. AI와 AI 기업에 대한 신뢰 수준은 유사하나, 한국인이 유의미하게 AI 기술을 더 우호적으로 생각하고 AI의 영향력을 더 크게 평가한다는 사실이 드러난다. 한국은 질문 (1)과 (2)에 각각 76%와 68%의 긍정 응답을 하며,[669] AI에 대한 자신의 이해도에 더 큰 자신감을 드러냈다. 뒤이어 질문 (3)과 (4)에 글로벌 평균 대비 각각 12%, 22% 높은 긍정 응답률을 기록하며,[670] AI에 대한 강한 호감을 보였다. 질문 (5)에 대해서는 44%가 긍정하며,[671] 상대적으로 낮은 우려감을 보였다. 질문 (9)와 (10)에서도 글로벌 평균 대비 24%, 18% 높게 긍정 응답을 하여,[672] AI의 영향력과 잠재력을 더 강력하게 보고 있음을 알 수 있다.

결국 이 데이터들을 종합하면, 한국은 AI에 의한 미래 사회의 변화를 상당히 낙관적으로 인식하는 국가라는 결론이 나온다. AI의 일자리 침공에 대한 걱정 수치가 글로벌 평균 대비 소폭 낮은 것도 같은 맥락이다.[673] 반대로 말하면 AI 일자리 대체 이슈에 대한 한국의 문제의식 수준이 낮고, 현실과 인식 간 간극이 존재함을 뜻한다. 2024년을 기준으로 해도 한국의 제도권에서 AI의 일자리 침공과 관련한 논의는 제대로 진행되고 있지 않다. 결론적으로 한국에서 AI 일자리 대체 이슈는 논의의 시급성 또한 굉장히 높다고 평가할 수 있다.

3) 이슈의 정치화 양상

AI 일자리 대체 이슈는 적어도 한국 사회에서는 사람들이 진지한 문제의식을 형성하지 않은 상태임에 따라 아직 이슈의 정치화를 겪진 않았다. 그러나 이슈의 중요성과 시급성이 실제로는 매우 높다는 것을 고려하면 향후 정

---

669   Ipsos (2023), pp. 5-6.

670   Ipsos (2023), pp. 9-10.

671   Ipsos (2023), p. 11.

672   Ipsos (2023), pp. 19-20.

673   Ipsos (2023), pp. 22.

치적 이슈로 부상할 여지가 충분하다. 만약 AI 일자리 대체 이슈가 정치화 되게 되면, 이 이슈와 관련한 정부 입장과 행동은 광우병, 탈원전 이슈 때와 비교해 상대적으로 높은 지지를 받을 것으로 추측된다. 광우병, 탈원전 이슈 때와는 달리 원론적으로는 국민 전반이 이슈와 관련해 가지고 있는 정서가 '분노'가 아닌 '걱정'일 확률이 높으며, 과학의 정치화가 이뤄지는 원리·구조 부분에서 이야기한 것처럼 '걱정'은 정치적 프레임이 야기하는 '정책 지지도' 의 상승 추세를 더욱 강화하기 때문이다.

일반 대중은 본인이 AI 이슈와 관련한 전문적 지식을 잘 알고 있다고 스스로를 평가하지 않을 가능성이 크다. 최소한 현시점에서는 광우병 이슈와 같이 특정한 정치 정향을 가진 집단이 반감을 가질 만한 특정 국가나 이념이 결부되어있다고 보기도 어렵다. 국민 상당수의 입장에서 해당 이슈는 자신의 고용 안정과 근로소득에 직접적으로 타격을 줄 것으로 예상되는 문제이기에, 문제가 원활하게 해결되면 좋겠다는 바람을 가지게 될 뿐이다. 이것이 AI 일자리 대체 이슈를 관통하는 정서가 '분노'보다 '걱정'일 것이라 가정한 이유이다.

단, 현시점에서는 추론이 어려운 여러 현실정치의 변수들에 의해 실제 상황은 위의 예상과 언제든지 다르게 흘러갈 수 있다. 대중의 가치관 변화나 사회의 도덕관념 변화, AI 문제를 적극적으로 정치화해 그 과정에서 이득을 얻고자 하는 정치인들의 발상이 대두되는 상황 등 수많은 가능성에 의해 해당 이슈가 '분노'의 맥락에서 다뤄질 수도 있을 것이다. 결국 AI 일자리 대체 이슈가 어떻게 정치화될지 추측하는 것은 경우의 수가 너무 많기에 그리 효용이 높지 않다. 따라서 이 이슈의 정치화 양상을 추측하는 것이 핵심이 될 필요는 없다. 현재 시점에서 가장 중요한 것은, AI로 인해 비롯되는 사회·경제적 이슈가 불필요한 정치화를 겪어 사람들로 하여금 왜곡된 인식을 형성하게 함으로써 문제 해결의 중요한 동력이 훼손되지 않게 하기 위한 사회적 합의를 마련해 나가는 일이다.

나가며

현대국가의 운영 방식은 과학기술에 물리적 기반을 두고 있다. 현대국가는 과학기술 없이 성립할 수 없다. 에너지의 생산과 이동, 정보의 보관과 사용, 인터넷을 통한 통신 등 무수히 많은 과학기술이 국가 운영의 근본 인프라를 떠받치고 있으며, 이로써 국민은 문명인으로서의 삶을 유지할 수 있다. 때문에 당연히, 과학기술이 현대국가에서 가지는 사회적 영향력은 지대하다. 그런 만큼 과학 이슈가 종종 정치의 영역에서 다뤄지는 것은 사실 자연스럽다. 많은 과학 이슈가 국가 운영과 깊게 결부되어있는 만큼, 오히려 정치적 논의에서 완전히 배제되는 것이 불건전하다.

하지만 동시에, 경제 상황이나 사회문제 등 정치에서 일상적으로 다루는 제재(題材)들과 비교했을 때는 분명한 이질감이 있는 것도 사실이다. 과학의 이런 특이성은 과학적 개념과 어휘의 생소함에서 기인한다고 볼 수 있다. 일반 대중이 과학 이슈를 이해하기 어려울 것이라는 생각은 그 근거를 이슈의 복잡성에 두는 경우가 많은 듯하다. 하지만 사실 과학 이슈는 다른 영역의 이슈들에 비해 그 내용구조가 특별히 복잡하다고 보기 어렵다. 특히 경제, 금융, 법과 관련된 이슈의 경우 상당수의 과학 이슈들보다 이슈를 구성하는 내용구조가 더 복잡한 상황이 많다. 실제로 앞서 살펴봤던 광우병, 탈원전, AI 이슈들은 모두 내용구조의 측면에서 복잡하다고 여길만한 것이 그리 많지 않다.

그럼에도 일반 대중이 과학 이슈를 이해하는 데 어려움을 호소하는 까닭은 내용구조 자체의 복잡함 때문이 아니라 그 이슈를 이해하는 데에 필요한 용어들이 낯선 것들이기 때문일 가능성이 크다. 특정 과학 이슈를 구성하는 핵심 용어들은 해당 이슈와 관련된 사전지식을 갖고 있지 않은 이상 편하게 그 의미를 이해하기 힘들다. 이런 과학적 배경지식과 어휘의 문제 때문에 일반 대중은 과학 이슈를 자연스럽게 독해해내기 힘들다.

이렇게 이슈의 이해에 있어 사전지식과 과학적 어휘력을 요구하는 과학의 특성으로 인해 사람들의 과학 이슈에 대한 비판의식은 타 이슈와 비교해 소극적 경향을 띨 수 있다. 물론 정치, 경제, 법 등과 관련된 이슈 역시 해당 이슈를 제대로 이해하기 위해서는 과학 이슈 못지않은 전문성을 요구한다. 그럼에도 사람들이 과학 이슈에 비해 기타 이슈에 대해서는 상대적으로 거리낌 없이 자신의 의견을 제시하고, 또 그것이 사실에 부합한다고 생각하는 상황을 쉽게 볼 수 있다. 심리적 장벽이 상대적으로 낮음에 따라 비판의식의 형성이 보다 용이하고, 그에 기반해 적극적인 의견 개진이 가능한 것이다.

　이는 곧 과학 이슈를 보다 일상적인 어휘와 개념으로 풀어낼 경우, 그만큼 사람들의 심리적 장벽을 낮추고 자신의 의견을 보다 적극적으로 형성 및 개진하게끔 할 수 있음을 의미한다. 그런데 동시에 이 지점이 과학 이슈가 이슈의 정치화와 관련해 가지는 취약점이 될 수 있음에 유의해야 한다. 이슈를 쉽게 풀어내는 과정에서 정보의 누락이나 왜곡 등이 발생할 수 있고, 이를 사람들이 쉽게 파악하기가 어렵기 때문이다. '하자(瑕疵)'가 있는 정보에 기반해 사람들이 이슈를 이해하고 자신의 의견을 형성하게 되면 여러 정치적 혼란과 비효용이 발생한다. 우리가 앞에서 살펴보았던 광우병과 탈원전 이슈가 모두 그 대표적인 사례다.

　이런 맥락에서 과학의 정치화는 우리 사회의 민주주의 가치 실현에 있어 주목할 만한 성격의 장애요인으로 작용한다. 민주주의의 가치는 억압적인 권력에 의한 탄압으로써만 훼손되지 않는다. 사회 구성원들이 논의 대상이 되는 이슈를 인식 · 이해하고 그와 관련한 자신들의 의사를 형성하는 일련의 과정에서, 구성원들의 의도나 의지가 왜곡된 사실에 기반하여 만들어지는 상황 또한 민주주의 가치의 심각한 훼손으로 이해해야 한다. 이는 민주주의가 구성원 각자의 자의를 반영해 사회를 운영함으로써 체제적 정당성을 확보한다는 점에서 더욱 중요하게 받아들여야 할 문제다. 사회 전체의 공적 결정에 반영되는 각 사회 구성원들의 의견이, 그들의 '진정한' 자의가 아니라 누군가의 의도에 의해 형성된 '오염된' 자의에 기반하게 만든다는 점에서 민주주의의 핵심 가치를 위협할 수 있기 때문이다. 과학의 정치화 문제를 제대로 이해하고 경계하기 위한 노력의 과정은 곧 우리 사회의 민주주의 가치를 수호하는 과정이다.

제4장

미래지향적 정치를 위하여

제
4
장

미래지향적 정치를 위하여

1. 논쟁을 대하는 자세

400년 전 밀턴(John Milton)은 《아레오파지티카(1644)》에서 표현과 출판의
자유를 강조하며, 다음과 같이 말했다. "거짓과 진리가 투쟁하도록 놓아두
라. 누가 자유롭고 공개적인 대결에서 진실이 패배하리라 생각할 수 있겠는
가?"[674] 밀턴이 2000년대의 과학기술을 예상할 수는 없었겠으나, 그가 인공
지능 시대를 경험했다면 거짓과 진리의 대결에 대해 어떻게 생각했을까?
4차 산업혁명 시대 가짜뉴스가 대량생산되는 현상에 대한 우려가 크다. 논
쟁 자체에 사실과 거짓이 뒤섞이는 현상이 벌어지고 있다. 객관적 사실보다
국가 혹은 개인의 신념과 믿음에 따라 가짜뉴스가 규정된다.[675] 그러나 사실
과 거짓을 구분하기 전에 소위 '객관적' 사실이 지니는 의미에 대한 성찰이
필요하다. 사실 또는 거짓을 인지하고 그것을 '현실'로 인식하는 메커니즘을
살펴보는 일이 선행될 필요가 있다는 의미다. 그렇지 않다면, 사실 여부를

---

674 원문은 다음과 같다. "Let her[Truth] and Falsehood grapple; whoever knew Truth put to the worse, in a free and open encounter."

675 예를 들어 크렘린은 러시아군의 우크라이나 침공 과정에서 발생한 부차(Bucha) 학살 사건을 "거짓(hoax)"으로 규정하며, 해당 사건은 자국군 후퇴 이후 우크라이나 측에 의한 "내부 배신자 척결" 작업으로 인해 발생한 것이라고 주장했다. RT "Arrest Warrant Issued for Ex-Kremlin Speechwriter," RT (March 4, 2024), at https://www.rt.com/russia/593756-kremlin-speech-writer-arrest-warrant/.

놓고 대립 진영 간의 소모적 갈등은 지속될 수밖에 없다.

"진시황 때 맹강녀의 남편 범희양이 축성(築城) 노역에 징용되었습니다. 오랫동안 편지 한 장 없는(杳無音信) 남편을 찾아 겨울옷을 입히려고 이곳에 도착했으나 남편은 이미 죽어 시골(屍骨)마저 찾을 길 없었지요. 당시 축성 노역에 동원되었던 사람들이 죽으면 시골은 성채 속에 묻어버리는 것이 관례였다고 합니다. 맹강녀가 성벽 앞에 옷을 바치고 며칠을 엎드려 대성통곡하자 드디어 성채가 무너지고 시골이 쏟아져 나왔습니다. 맹강녀는 시골을 거두어 묻고 나서 스스로 바다에 뛰어들어 자살했다는 것이지요. 맹강녀 전설입니다."[676]

만리장성 축성 공사에 동원된 남편의 죽음을 슬퍼한 맹강녀(孟姜女)의 이야기다. 중국 최고(最古)의 시집 《시경(詩經)》에도 등장하는 유명한 민간 전설이다. 아내의 눈물에 성채가 무너지고 죽은 남편의 유골이 쏟아져 나왔다고한다. 물론 전설이므로 있을 수 없는 일이다. '사실'이 아닌 것이다. 그러나누구도 맹강녀의 이야기를 허황한 것으로 치부하지 않는다. 허황한 것이었다면, 맹강녀 이야기가 21세기까지 읽힐 필요도 없었을 것이다. 시대를 초월해 많은 사람이 공감하고 동의했기 때문에 수천 년이라는 영겁의 세월을살아남은 이야기가 된 것이다.

"시(詩)의 정수(精髓)는 이 사실성에 근거한 그것의 진정성(眞情性)"에 있으며,[677] 시대와 지역을 막론하고 폭정(暴政) 아래 신음한 수많은 범인(凡人)의고뇌와 애환, 그리고 소망이 응축돼 있다. 그리고 이야기는 그것 자체의 사실 여부와 관계없이 그것이 담고 있는 사실의 편린(片鱗)들을 서사의 형태로전달하는 것이다. 어쩌면, 불확실하고 논쟁적인 사실보다 전설이 더 '진실'하다고 볼 수도 있다. 그런 차원에서 "사실이란 진실의 조각 그림"에 지나지않는다.[678]

무엇이 '사실'인가를 두고 논쟁하는가? 우리는 이미 현실과 비현실의 경

---

676 신영복, 『강의』 (파주: 돌베개, 2004), p. 61.
677 신영복 (2004) p. 52.
678 신영복 (2004) p. 59.

계선이 불확실한 세계에 살고 있다. 포스트모더니즘(postmodernism) 사고를 의미하는 것이 아니다. "사실(fact)과 가짜(fake)의 경계선, 허구와 사실의 경계선이 모호하다는 생각은 포스트모던의 철학적 사고의 결과" 생성된 것이다.[679] 그러나 포스트모던은 오히려 거대서사(metanarrative)에 대한 회의와 불신에 기반한 사고다.[680]

포스트모던의 철학적 사유와 관계없이, 인공지능과 기계학습의 효과적 통합이 물리적으로 가속화되고 있다. 오늘날 인공지능은 가공되지 않은 빅데이터로부터 모델을 창출하고 동시에 정확도를 끊임없이 높이고 있다. 인공지능의 그림과 사람의 그림을 분간하기 어려워졌다. 앞서 3장에서도 제시되었지만, 제이슨 앨런(Jason M. Allen)이 인공지능 프로그램 미드저니(Midjourney)를 활용해 그린 작품이 미국 콜로라도주 박람회 미술전에서 1위를 차지한 것은 불확실한 경계의 상징이다.[681] 수억 원을 호가하는 초상화를 인공지능이 그린다. 크리스티 경매에서 실제로 일어난 일이다. 그림의 오른쪽 아래에는 화가의 서명 대신 수식이 들어가 있다. 인공지능의 그림임을 알려주는 신호다. 이제는 '감별' 알고리즘마저 인공지능과 인간의 그림을 구별하지 못하는 수준의 알고리즘 개발까지 진행되고 있다.[682]

---

679   마르쿠스 가브리엘. 오노 가즈모토 편찬, 『왜 세계사의 시간은 거꾸로 흐르는가』 (서울: 타인의사유, 2021), p. 40.

680   Jean-François Lyotard, *The Postmodern Condition: A Report on Knowledge* (Minneapolis, MN: University of Minnesota Press, 1984), p. xxiv.

681   Kevin Roose, "AI-Generated Art Won a Prize. Artists Aren't Happy," *The New York Times* (September 2, 2022), at https://www.nytimes.com/2022/09/02/technology/ai-artificial-intelligence-artists.html.

682   정상조, 『인공지능, 법에게 미래를 묻다』 (서울: 사회평론, 2021), pp. 90-94.

그림 37 | 트럼프(Donald J. Trump)와 흑인 지지자들. AI로 생성한 가짜 이미지다.

　물론 포스트모던의 회의적 성찰이 무용하다는 의미는 아니다. 그것은 오히려 '인간중심' 사고에 기반해 인공지능이나 로봇에 본능적 거부감을 지님으로써 발생할 수 있는 퇴행적 현상을 방지할 수 있는 철학적 단초를 제공할수도 있다. 포스트모더니즘의 또 다른 핵심은 인간은 남녀노소, 빈부격차를 막론하고 누구나 특정한 "소통 회로의 결절점(nodal points of specific communication circuits)"에 놓여 있다는 점이다. 달리 말해, 현대 사회의 인간은 누구나 예외 없이 다양한 종류의 메시지가 지나가는 어떤 "지점(post)"에 위치한다. 어느 순간이든 마찬가지다.[683] 따라서 사회적 영향력이 상대적으로 부족한 사람들이라 할지라도, 달리 말해 그들이 소통 회로의 '약한 결절점'에 놓여 있다 할지라도, 그들의 목소리가 전적으로 무력한 것만은 아니다. 그러한 결절점에 닿아 있는 회로의 연결성을 보완하고 강화하는 것이야말로 사회의역할이다. 소통 회로를 다양화하고, 주변부의 목소리를 증폭함으로써 전체 사회가 생산하는 의미장(意味場)들의 균형성과 포괄성을 지속적으로 확보해나가는 것이다.

　그런 차원에서 '신실재론(new realism)'에 주목할 필요가 있다. "현실은 하

683　Lyotard (1984), p. 15.

나가 아니라 수없이 존재한다"는 것이 신실재론의 핵심이다.[684] 하나의 현실
이 아닌 복수의 현실이다. 복수의 현실을 말하기에 앞서 전술한 '사실' 개념
을 먼저 생각해보자. 사실의 반대는 거짓 또는 왜곡이다. 거짓과 왜곡의 존
재는 사실의 존재를 전제하는 것이다. 심지어 거짓이 없더라도 사실 자체의
존재를 거부할 수는 없다. 아래의 글을 살펴보자.

> 설령 우리가 사는 세계가 존재하지 않더라도 사실이 존재하지 않을 수는 없다.
> '세계가 존재하지 않는다'는 명제 자체가 사실이기 때문이다. 따라서 상정할 수
> 있는 모든 시나리오에 최소한 하나의 사실이 존재한다. 그 무엇도 사실 자체에
> 서 벗어날 수 있는 것은 없다. 같은 맥락에서 사실은 하나의 관념이자 개념의 형
> 태로 존재할 수 있다. 슈미트는 정치적인 것을 공적인 적(public enemy)과 공적
> 인 동지 간의 구분으로 이해했다. 정치적인 것의 본질은 '대립'이다. 세계체제는
> 공적(公敵) – 적대국 또는 잠재적 적대국 – 과 공적(公的) 친구 – 동맹국 또
> 는 우호국 – 의 역동적 집합이 발생하는 영역이다. 그러므로 위협이란 실재 여
> 부와 관계없이 '가능성'으로 실존한다. 위협의 가능성이 실존하는 것은 '사실'
> 이다.[685]

여기서 잠정적으로 도출할 수 있는 결론은 최소 두 가지다. 첫째, 물질성
여부와 관계없이 사실은 존재한다. 즉, 사실은 물질성 그 자체와 더불어 존
재론적(ontological) 또는 인식론적(epistemological) 의미와 연계된다. 이탈리아
베수비오산(Vesuvius)을 바라보는 두 사람이 있다고 가정하자. 한 사람은 나
폴리에서, 다른 사람은 소렌토에서 베수비오를 바라본다. 경험주의(또는 행태
주의)적 시각에서는 나폴리에서 바라보든 소렌토에서 바라보든 베수비오라
는 웅장한 산이 존재한다는 '하나의' 사실 자체에만 초점을 맞추려 할 것이
다. 그러나 사실을 관념과 개념의 형태로 동시에 인식한다면, 베수비오를 둘
러싼 세 개의 대상(objects)이 출현할 수 있다. 베수비오산 그 자체, 나폴리에
서 바라본 베수비오산이라는 대상, 그리고 소렌토에서 바라본 베수비오산이

---

684   마르쿠스 가브리엘 (2021), p. 36.
685   윤성원, "안보화 주해: 북핵 담론 조정," 『국제정치논총』 제61권 제4호 (2021), pp. 127-128.

라는 대상이 그것이다. 달리 말해, 사실에 대한 '생각'은 우리의 생각이 향해 있는 '사실'과 동일한 수준의 가치와 의미를 지닌다. 우주 속에 있는 우리의 존재와 상관없이 우주가 존재할 것이라는 생각에 근거해 우리가 지니는 생각, 정신, 의식, 또는 우리의 존재 자체를 경멸할 하등의 이유도 없다. 사실은 관찰자 없는 세계(the world without spectators)도 아니고, 관찰자'만'의 세계(the world of spectators)도 아니다.[686]

둘째, 연관된 것으로, 하나의 사실이 아닌 여러 형태의 사실들이 존재할 수 있다. 위의 인용구로 다시 돌아가 보자. 칼 슈미트(Carl Schmitt)는 정치적인 것의 본질이 적과 동지의 구분에 있다고 했다. 이를 순화해 표현하면 아(我)와 타자(他者)가 될 것이다. 적과의 '논쟁'은 구분의 본질이다. 나와 타자라는 행위자를 국가 차원의 행위자로 바라본다면, 타국을 '해석'함으로써 자국의 정체성을 구축하는 것이다. 국가의 정체성은 이데올로기 형태로 발현되고 이데올로기는 국가 권력의 존속을 위해 끊임없이 활용되고 조정된다. 이는 최근의 현상만이 아니다. 정치와 국가가 존재하기 시작했을 때부터 그랬다. 군주든 총리든 대통령이든, 국가 지도자는 "일종의 끊임없는 창조를 통해 국가의 모든 잠재력을 현세화"한다.[687]

서구 중심적 시각이기는 하나, 17세기 이후 국가 간 소위 견제와 균형 또는 세력균형이라는 개념도 정착됐다. 강대국들은 합종연횡을 통해 다른 형태의 정치적 상호작용을 면면히 지속했다. 상호작용의 과정에서 적과 동지의 구분은 쉽사리 반전(反轉)되었고, 세력균형의 구도는 이따금 전변(轉變)되었다. 예를 들어 이탈리아는 삼국동맹(Triple Alliance)의 회원국이었지만 1차 세계대전 발발 이후 동맹국에 가담하는 대신 런던 조약(1915)을 통해 연합국 진영에 합류했다. 그러나 조약을 통해 영국과 프랑스 등으로부터 비밀리에 보장받은 영토를 종전 후 온전히 획득하지 못했고 이는 이탈리아 내 파시즘(Fascism)의 대두로 이어졌으며, 나아가 2차 세계대전에서 이탈리아가 추축국

---

686 Markus Gabriel, *Why the World Does Not Exist* (Cambridge, UK: Polity Press, 2017), pp. 5-7.

687 칼 슈미트, 『정치신학: 주권론에 관한 네 개의 장』 (서울: 그린비출판사, 2010), p. 66.

진영(Axis Powers)에 재합류하는 계기를 제공했다. 국가 내부 수준에서도 마찬가지다. 예컨대 1990년 3당 합당은 합종연횡의 표상이었다. 노태우는 의회에서의 주도권이 필요했고, 김영삼은 차기 대권을 꿈꿨으며, 김종필은 내각제를 희망했다.[688] 이 과정에서 '보수주의' 이데올로기가 '대연합'의 이름으로 등장했다. 요컨대, 역사를 통해 살펴본 행위자들의 정체성은─그것이 국가이든, 국가 내 집단이든, 개인이든─상호거래 과정의 산물이었다.

다르게 표현하면 이렇다. 국가 관계에서 '안보'가 핵심 지위를 차지하는 까닭은 행위자 간의 관계에서 경쟁이 실존하고 경쟁의 향방에 따른 갈등과 위협의 가능성 또한 '상존'하기 때문이다. 그리고 그러한 실존은 굳이 물질적 차원에서의 현실화를 반드시 전제로 할 필요는 없다. 실존은 관념과 그에 따른 담론화를 통해서도 존재할 수 있다. 재강조하지만 물질성 자체를 부정하는 것이 아니다. '세계가 존재하지 않는다'는 극단적 예를 동원하지 않는 이상 일반적으로 실존은 물질과 담론의 상호작용을 통해 구성된다. 하이데거(Martin Heidegger)가 말했듯이 자신의 "존재에 대해 이러저러한 태도를 취할" 수 있는 것이 실존이다. 그리고 그러한 태도는 "타자와의 관계에 대한 탐구"로부터 시작된다. "개인의 존재란 언제나 타인이 있음으로써 성립"되는 것이며, 그것은 "시선에 의해 관찰된다"는 것을 의미한다.[689]

물론 시선 또는 시각이 견지하는 형상을 파악하는 것이 중요하다. 어떠한 시선을 가지는지가 중요하다는 의미다. 그러나 더 중요한 것은 서로 다른 시선을 해석하는 방식이다. 하나의 형상으로 믿었던 사실조차 하나가 아닐 수 있음을 인지하는 것, 물질성을 이해하는 해석의 다양성은 본질적 차원에서 불가피함을 인지하는 것, 나아가 같은 행위자가 인식하는 해석의 '방식' 역시 시간의 경과에 따라 재차 바뀔 수 있음을 인지하는 것, 그것이 논쟁을 올바로 이해하는 첫걸음이다. 요컨대, 해석의 차이는 사실의 차이를 낳고, 현실은 '시각차'에 의해 새롭게 구성된다. 사실의 차이가 현실을 대하는 자

---

688   강준식, 『대한민국의 대통령들』 (파주: 김영사, 2017), p. 313.

689   페터 쿤츠만, 프란츠 페터 부르카로트, 프란츠 비트만, 『철학도해사전』 (파주: 들녘, 2020), p. 414.

세를 결정하는 것이다. 임진왜란 발발 1년을 앞둔 조선의 현실도 그렇게 '구성'된 것이었다. 선조의 명을 받고 일본을 살핀 후 돌아온 김성일과 황윤길이 보인 대일관(對日觀)의 차이는 유명한 일화가 됐다.

> 부산으로 돌아와 정박하자 [황]윤길은 그간의 실정과 형세를 치계(馳啓)하면서 '필시 병화(兵禍)가 있을 것이다.'고 하였다. 복명(復命)한 뒤에 상이 인견(引見)하고 하문하니, 윤길은, 전일의 치계 내용과 같은 의견을 아뢰었고, [김]성일은 아뢰기를,[690]
> "그러한 정상은 발견하지 못하였는데 윤길이 장황하게 아뢰어 인심이 동요되게 하니 사의에 매우 어긋납니다."
> 하였다. 상이 하문하기를,
> "수길[豊臣秀吉. 도요토미 히데요시]이 어떻게 생겼던가?"
> 하니, 윤길은 아뢰기를,
> "눈빛이 반짝반짝하여 담과 지략이 있는 사람인 듯하였습니다."
> 하고, 성일은 아뢰기를,
> "그의 눈은 쥐와 같으니 족히 두려워할 위인이 못됩니다."
> 하였는데, 이는 성일이, 일본에 갔을 때 윤길 등이 겁에 질려 체모를 잃은 것에 분개하여 말마다 이렇게 서로 다르게 한 것이었다. 당시 조헌(趙憲)이 화의(和議)를 극력 공격하면서 왜적이 기필코 나올 것이라고 주장하였기 때문에 대체로 윤길의 말을 주장하는 이들에 대해서 모두가 '서인(西人)들이 세력을 잃었기 때문에 인심을 요란시키는 것이다.'고 하면서 구별하여 배척하였으므로 조정에서 감히 말을 하지 못하였다.[691]

선조는 도요토미 히데요시의 호전성을 간과한 김성일의 의견을 '사실'로 채택했고, 그것이 왜란 전 조선이 '현실'을 구성하는 데 주요한 역할을 했음을 부인하기 어렵다. 동인이었던 그는 당파(黨派)적 시각으로부터도 자유롭지 못했다. 국가의 방비(防備)는 약해졌다. 김성일의 시각은 '매국적인 것'인가? 김성일-황윤길 논쟁은 쉽게 결론 내릴 수 있는 성질의 것인가? 실록에 드러난 전쟁 발발 후 김성일의 행적은 예상과 다르다.

---

690   치계(馳啓): 임금에게 급히 서면으로 아룀. 인견(引見): 아랫사람을 불러서 만남.

691   『선조수정실록』 25권. 선조 24년 3월 1일 정유 3번째 기사 (1591년 명 만력(萬曆) 19년).

왜구(倭寇)가 침범해 왔다. […] 적선(賊船)이 바다를 덮어오니 부산 첨사(釜山 僉使) 정발(鄭撥)은 마침 절영도(絕影島)에서 사냥을 하다가, 조공하러 오는 왜라 여기고 대비하지 않았는데 미처 진(鎭)에 돌아오기도 전에 적이 이미 성에 올랐다. 발(撥)은 난병(亂兵) 중에 전사했다. 이튿날 동래부(東萊府)가 함락되고 부사(府使) 송상현(宋象賢)이 죽었으며, 그의 첩(妾)도 죽었다. 적은 드디어 두 갈래로 나누어 진격하여 김해(金海)·밀양(密陽) 등 부(府)를 함락하였는데 병사 이각(李珏)은 군사를 거느리고 먼저 달아났다. 2백 년 동안 전쟁을 모르고 지낸 백성들이라 각 군현(郡縣)들이 풍문만 듣고도 놀라 무너졌다. 오직 밀양 부사 박진(朴晉)과 우병사 김성일(金誠一)이 적을 진주(晉州)에서 맞아 싸웠다. 성일이 아장(牙將) 이종인(李宗仁)을 시켜 백마를 탄 적의 두목을 쏘아 죽이니 드디어 적이 조금 물러났다.[692]

일본의 대규모 침략 소식에 김성일은 자책했다. "어리석은 이의 그릇된 판단으로 나라를 곤경에 빠뜨렸다."[693] 평소 성품이 강직했던 그는 임금에게도 직언하는 신하로 알려져 있었다.[694] 정세 판단 과정에서 자신에게 오류가 있었다는 점을 명백히 인정하고 책임을 지고자 했다. 도망가지 않았다. 그는 행주대첩, 한산도대첩과 더불어 임진왜란 3대 대첩으로 불리는 제1차 진주성 전투 승리의 주역이었다. 영남과 호남을 연결하는 전략적 핵심 지역이었던 진주에서의 승리로 조선은 곡창지대인 호남을 보전할 수 있었다. 김성일은 전쟁이 끝나는 것은 보지 못했다. 진주에서 백성들과 함께 거하다 역병에 걸려 죽었다. 김성일 사망 후인 1593년 일본은 전열을 재정비해 대규모 2차 침입을 감행했고 진주는 함락됐다.[695]

김성일은 도요토미 히데요시의 됨됨이를 언짢게 여겼다. 도요토미가 선조의 국서에 보낸 답서의 내용은 거칠고 거만했다. 정명가도(征明假道)를 언

---

692 『선조실록』 26권. 선조 25년 4월 13일 임인 1번째 기사 (1592년 명 만력(萬曆) 20년).

693 송의호, "온몸 바쳐 임란 맞선 학봉(鶴峯) 김성일," 『월간중앙』 (2022년 11월 17일), https://jmaga-zine.joins.com/monthly/view/337068.

694 『선조수정실록』 27권. 선조 26년 4월 1일 을유 10번째 기사 (1593년 명 만력(萬曆) 21년).

695 지승종, "임진왜란과 진주성전투," 디지털진주문화대전 http://www.grandculture.net/jinju/toc/GC00403207.

급하며 조선에 명 침략을 위한 "선구(先驅: 앞잡이)" 역할을 요구했다.[696] 이미 전쟁 발발 몇 년 전부터 일본의 침략 가능성을 전하는 소식이 여러 차례 조정에 보고된 상태였다. 전쟁 경험이 없는 백성들과 고부 관졸들은 이미 동요하고 있었다. 도요토미의 발언을 '사실'로 단정해 전함으로 인해 발생할 수 있는 국내적 혼란을 방지하는 것도 당시 그의 시각에서는 필요한 일이었다. 유성룡이 김성일에게 물었다. "그대가 황[윤길]의 말과 고의로 다르게 말하는데, 만일 병화가 있게 되면 어떻게 하려고 그러시오?" 김성일이 답했다. "나도 어찌 왜적이 나오지 않을 것이라고 단정하겠습니까. 다만 온 나라가 놀라고 의혹될까 두려워 그것을 풀어주려 그런 것입니다."[697]

결과적 차원에서 보면 어쨌든 당시 김성일의 판단은 틀린 것이었다. 그는 일본을 얕잡아봤다. 그러나 그것은 '결과적 차원'이기 때문에 최종적 판단이 가능한 것이다. 김성일의 판단은 1591년 사실로 받아들여졌고, 기껏해야 '왜구'와의 제한전 정도를 예상했던 조정은 이듬해 총력전이라는 현실을 받아들여야 했다. 그리고 김성일 본인 역시 그러한 현실 속에서 죽었다. 황윤길과 김성일이 품었던 도요토미에 대한 인식은 각각의 사실로 존재했고, 도요토미라는 인물 자체도 사실이었다. 황윤길과 김성일 모두 각자의 '의미장'을 형성하고 살았다. 같은 시대와 세계를 살았지만 다른 현실에 속해 있었다. 물론 그것은 각자의 생각과 감정 속에 놓인 현실이었다. '양자 모두의 현실을 포괄하는 현실'은 존재할 수 없었다. 김성일의 의견을 사실로 채택한 조선의 현실은 김성일이 그리는 현실의 방향을 따랐다. 복수의 현실이 존재하지만 "복수의 현실을 하나의 현실로 환원할 수는 없다"는 것, 앞서 언급한 신실재론의 인식이다.[698]

요컨대 의미장은 해석의 영역과 직결된다. 해석을 통해 "대상을 배열하는 방법" 또는 "대상을 발현하는 방식"이다.[699] 해석은 '의도'의 영역이다. 우

---

696 『선조수정실록』 25권. 선조 24년 3월 1일 정유 4번째 기사 (1591년 명 만력(萬曆) 19년).

697 『선조수정실록』 25권. 선조 24년 3월 1일 정유 3번째 기사 (1591년 명 만력(萬曆) 19년).

698 마르쿠스 가브리엘 (2021), p. 36.

699 마르쿠스 가브리엘 (2021), pp. 42-43.

리는 의도를 통해 의미를 추구하는 것이다. 저마다의 행위자들이 '의미를 만들어가는(meaning-making)' 현실들의 집합, 그것이 '실재(實在)'를 구성하는 것이다. 각각의 세계는 중복될 수 있으나 동시에 독립적이다. 따라서 세계를 일종의 "닫힌 총체(closed totality)"로 바라봐서는 안 된다. 그런 점에서 '단일한 세계'란 어떤 의미에서는 기만적 표현이다.[700] 맹강녀의 전설이 하나의 의미장으로 다가오고, 우리의 현실을 구성하는 것도 그 때문이다. 물론 독자는 해당 전설을 통해 각자의 의미장을 구축한다. 맹강녀의 전설 자체는 허구이나, 그것은 '진실의 조각'이 되는 사실들을 품고 있다. 사람들은 수많은 조각으로서 사실들을 마음에 품고 산다. 그것은 위정자의 부정직한 치리(治理)에 대한 원망에서 기인한 것일 수도 있고, 가족을 잃은 아픔에서 비롯한 것일 수도 있으며, 주변 사람에 대한 연민일 수도 있다. 복수의 현실이 존재하는 이유다. 그것을 하나의 현실로 환원하고자 하는 행위 역시 기만적일 수 있다.

이는 논쟁을 대하는 자세와 직결된다. 가짜뉴스가 넘쳐나는 시대에 사실과 거짓을 구분하는 행위는 여전히 중요하지만, 어쩌면 부차적인 문제일 수 있다. 생성 인공지능 시대의 텍스트와 음성, 영상은 진짜와 구분하기 어렵고, 시간이 지날수록 더욱 어려워질 것이다. 사람보다 똑똑한 초지능이 등장하면, 인간이 지닌 인지능력의 한계는 더욱 뚜렷해질 것이다. 확증편향은 심해지고, 정치의 탈진실화(post-truth politics) 역시 가속화될 것이다. 달리 말해, 사실보다 중요한 것은 각 행위자가 '사실이라 믿고' 살아가고 있는 현실이다. 이는 국내적 현상에 국한하지 않는다. 국제관계도 마찬가지다. 각 국가는 자국이 영위하는 '현실' 속에 세계정치를 이해하고 외교정책을 실행한다. 러시아가 바라보는 세계와 미국이 인식하는 세계는 다르다. 이스라엘이 파악하는 현실과 팔레스타인이 경험하는 현실의 차이는 막대하다. 북한이 바라는 세계와 한국이 추구하는 세계의 골은 깊고 넓다. '객관적' 사실임을 강조하며 상대에게 단일한 현실을 강요하는 것이야말로 부지불식의 위선이다.

복수의 현실이 존재한다는 것이 옳고 그름을 구분할 수 없다는 의미는

---

700   Markus Gabriel (2017), p. 65.

아니다. 무엇이 '옳은 일'인가에 대한 기준은 분명히 필요하다. 나치 독일의 정책은 옳지 않은 일이었다. 뉘른베르크 인종법(Nürnberger Gesetze) 제정은 유대인에 대한 대량 학살로 이어졌다. 누구도 그것을 옳다고 하지 않는다. 물론 나치의 경우와 같은 극단적 상황이 아니라면, 구체적 상황에서 무엇이 옳고 무엇이 그렇지 않은지를 구분하기란 쉽지 않다. 예컨대 유엔 헌장 제51조는 개별적 또는 집단적자위권의 고유 권한을 각국에 부여하고 있다. 자위권에 입각한 '개전의 정당성(Jus ad bellum)'을 판별하기란 상대적으로 용이해 보인다. 1941년 12월 7일 일본으로부터 진주만을 폭격당한 미국의 참전이 그랬고, 2023년 10월 7일 하마스의 초막절(Sukkot) 공격으로 인해 유대인이 1,200명 넘게 숨지면서 홀로코스트 이후 단일 피해로는 가장 큰 사상자를 경험한 이스라엘의 가자지구 진출이 그러했다. 그러나 '전시 정당성(Jus in bello)' 문제는 다르다. 미국의 원자폭탄 투하는 옳은 결정이었는가? 초막절 이후 이스라엘의 계속된 보복과 공습에 따른 팔레스타인 민간인들의 피해는 어떻게 해석해야 하는가?

결국 인간성(humanity)에 대한 인지와 더불어 타자를 비인간화(dehumanization)하지 않으려는 노력이 중요하다. 개인이든, 집단이든, 국가이든, 상대를 획일화하지 않는 것이다. 성급한 일반화의 오류를 저지르지 않는 것이다. 여기서 "상대가 특정한 정체성의 대표자라고 생각"해서는 안 된다는 점이 중요하다.[701] 팔레스타인 사람들은 반유대주의자인가? 많은 팔레스타인인은 유대인을 미워하지 않는다. 이슬람은 테러리즘인가? 많은 이슬람교도는 온화하고 순박하다. 한국은 식민지배의 아픔을 잘 아는 국가인가? 한국은 사과 여부를 둘러싸고 일본의 무책임한 태도에 종종 화를 내지만, 과거 식민지를 운영하며 원주민들을 무참히 학살했던 전력이 있으면서도 여전히 사과하지 않는 다른 국가들에게는 비교적 쉽게 우호적 손길을 내민다. 한국은 권위주의로부터 탈피한 국가인가? 한국은 오랜 민주화 항쟁을 통해 제도적 차원에서 일정 수준 이상의 민주주의 공고화를 이뤘지만, 민주화를 탄압하고 자

---

[701] 마르쿠스 가브리엘 (2021), p. 78.

국민을 학살하는 국가들과 친분을 과시하며 자원외교를 펼쳤다. 보수와 진보정권을 가리지 않는 행보였다.[702]

철학적 사고는 그래서 필요하다. 성급한 결론 대신 건전한 정치와 생산적 논쟁을 위한 출발점이 될 수 있다. 타자의 표상을 쉽게 규정하기 전에 "그곳에 존재하는 물건이나 사람, 그들의 관계성, 다양한 현상을 지배하는 규칙 등 무언가 의사결정을 하기 전에 그들에 관해 배워야 한다."[703] 각자에 주어진 환경 속에서 의미장을 구축해 나가면서도, 기재(既裁)에 종속되어 가능성을 상실하는 존재가 아닌, 의도적인 '앞으로 나아감'을 통해 자신의 가능성을 확장해 나가는 것이다.

철학과 윤리, 사회와 정치 교육이 중요한 이유가 여기에 있다. 한국에서의 민주시민교육은 분명히 지금보다 획기적으로 확장될 필요가 있다. 영어와 수학 또는 소위 '실용적' 학문에 과도하게 집중되는 교육 현상은 사회를 물질적 수준에서 발전시킬지 모르지만, 그로 인해 파생되는 사회적 양극화 현상을 치유하지는 못한다. 수학과 자연과학은 일상을 편리하게 만들어주는 핵심 도구이지만 그것 자체가 윤리성을 제시하지는 못한다. 철학적 사고가 결여된 현재의 교육은 자본주의에 내재한 비인간적 속성을 더욱 살찌울 것이다. 양극화로 인한 격차사회의 현실을 제대로 인식하고 건설적 대안을 제시할 수 있는 철학적 가능성을 풍부하게 지닌 시민들이 동시에 존재해야 한다. 적어도 민주주의 사회라면 그래야 한다. 그것이 자본주의에 내재한 '인간적' 속성—공정하고 투명한 경쟁에 따른 풍요성의 획득, 물적 조건의 개선을 통한 삶의 질 제고—을 증진하는 길이며, 나아가 지정학적 요소들을 포괄할 수 있는 의미장의 확장, 철학과 윤리성이 탄탄하게 뒷받침된 과학과 경제의 발전을 지속 가능한 방법으로 추동하는 길이다. 《아레오파지티카》에서 밀턴의 외침은, 여전히 유효하다.

---

702   예컨대 안디잔(Andijan) 사태 등 인권탄압으로 유명한 우즈베키스탄의 카리모프(Islam Karimov) 정부를 대상으로 노무현, 이명박, 박근혜 정부 등이 활발한 자원외교를 벌였다, 카리모프는 2016년 78세로 사망할 때까지 26년간 대통령직에 있었다.

703   마르쿠스 가브리엘 (2021), p. 79.

2. 단층선 간 결절점들

2.1. 지정학과 정체성

지정학은 한국 정치사회 논쟁의 출발점이다. 적어도 거대 담론의 영역에서는 그렇다. 역사적으로도 그랬다. 현재 한반도를 중심으로 펼쳐지고 있는 미국과 중국 간 세력 경쟁은 과거 미국과 소련 간 냉전 구도의 연장선이고, 그것은 구한말 한반도를 중심으로 치열하게 전개된 러시아와 일본 간 세력 경쟁의 연장선이었다. 시간을 더 거슬러 올라가면 중국과 일본 간, 나아가 중국 내 명(明)과 후금(後金) 간의 패권 경쟁, 그리고 명과 원(元) 사이의 세력 경쟁 등이 있었다. 주목할 지점은 국제질서의 전환기마다 국내 세력 간 강대국을 둘러싼 '정체성 경쟁'이 벌어졌다는 사실이다.

예컨대 여말선초(麗末鮮初)에는 친명 성향의 신진사대부가 친원의 권문세족과 대립했다. 물론 신진사대부와 권문세족의 대립이 지정학적 이유만으로 발생한 현상은 아니다. '요즘 말'로 하면 전자가 진보고 후자가 보수였다. 학문적 '교양'을 갖춘 전자는 평소에도 대토지를 소유하고 음서(陰敍)에 의존해 세력을 형성한 권문세족의 전횡이 마음에 들지 않았다. 다만 양 진영의 충돌 양상을 극적으로 발현한 것은 지정학적 문제였다. 한반도에 대한 명나라의 과욕으로 촉발된 요동(遼東) 정벌 문제를 두고 양 진영이 충돌했다. 신흥 무인 세력으로 성장한 이성계는 이미 신진사대부들과 손을 잡고 있었고, 최영은 권문세족의 후예였다. 최영의 주장으로 관철된 요동 정벌은 이성계의 회군(回軍)으로 무산됐다. 최영은 처형됐고, 고려는 멸망했다.

최영은 권문세족을 대표했지만, 그를 권문세족의 '표상'으로 기억하는 사람은 없다. 최영은 오히려 '견금여석(見金如石: 황금 보기를 돌같이 하라)'의 상징이다. 파벌 또는 축재(蓄財)와는 거리를 두었으며, 기강을 중시했고, 군령이 엄했으나 사재(私財)를 군량으로 쓸 정도로 병사들을 아꼈다.[704] 쇠락해가는 원나라의 실상을 직시하며 반원자주(反元自主)의 필요성을 깨달았고, 더불어

---

704 『고려사』 1384년 3월 미상.

홍건적(紅巾賊)과 왜구를 토벌했으며, '목호의 난'이 발생해 원나라로 넘어갈 뻔한 제주도를 한반도의 땅으로 지켰다.[705]

홍미로운 사실은 요동 정벌이 조선 건국 이후에도 기획되었다는 점이다. 1397년(태조 6년)부터 기획된 요동 정벌은 신진사대부를 대표했던 정도전에 의해 주도된 것이었다. 잘 알려진 바와 같이 정도전은 고려 시대부터 친원정책에 반대했던 이성계의 핵심 참모였다. 물론 정도전은 목표를 이루지 못했다. 조준(趙浚)의 반대도 있었지만, 사병을 혁파해 관군을 강화하고, 요동을 공략하고자 했던 그의 뜻은 이방원에 의해 좌절됐다. 사병 척결에 불만을 지닌 이방원과 이방간 등 태조의 아들들은 이미 새로운 '권문세족'이 되어 있었다. 이른바 '진보'의 아들들이 어느새 보수가 되어 공포정치를 펼치게 된 것이다.

물론 최영이나 정도전을 칭송하려는 목적이 아니다.[706] 이성계와 이방원을 하나의 잣대로 폄하해서도 안 되는 일이다. '요동 정벌이 과연 현실 가능한 일이었는가'를 판단하는 일은 더욱 어렵다. 다만 여기서는 최영과 정도전의 정벌 기획 의도가 유사했다는 점에 주목한다. 그것은 다름 아닌 중국으로부터의 강압에 연유한 것이었다. 신진사대부 세력이 단행한 위화도회군의 첫 번째 이유가 '사대(事大: 작은 나라가 큰 나라를 거스를 수 없음)'였다는 점에 비춰보면,[707] 정도전의 요동 정벌 기획은 가히 파격적 수준의 사상 변화(ideological change)였다. 그러나 일반적으로 알려진 대로 최영과 정도전이 모두 원

---

705   『고려사』 1362년 1월 17일; 1364년 12월 1일; 1365년 3월 2일; 1374년 8월 28일.

706   고려의 충신이었던 최영은 우왕의 방탕과 전횡을 막지 못했고, 오히려 우왕을 호위하는 모습으로 백성들의 원망을 샀다. 우왕의 그릇됨, 그리고 그것을 제대로 막지 못한 최영의 모습을 나타내는 장면도 『고려사』 기록을 통해 엿볼 수 있다. "우왕이 환관(宦者) 김강(金剛)이 자기 뜻을 조금 거슬렀다 하여 참수하였다. 영비(寧妃)와 함께 부벽루(浮碧樓)에 가서 활을 쏘거나 격구를 하다가 마부를 죽이려고 하니 최영(崔瑩)이 죽이지 말 것을 청하였다. 우왕이 말하기를, '늙은이는 사람 죽이는 것을 즐기면서 어찌하여 나는 못하게 하는가?'라고 하였다. 최영이 말하기를, '신이 사람을 죽이는 것은 부득이한 것입니다.'라고 하였다. 우왕이 좌우에 눈짓하여 마침내 마부를 죽였다." 『고려사』 1388년 5월 미상. 물론 고려 말기에 대한 기록, 특히 공민왕 이후의 기록이 조선 건국 세력에 의해 작성되었다는 점에서 기록상의 편견이나 과장의 가능성을 고려할 필요는 있다.

707   『고려사』 1388년 4월 1일.

칙주의자였다는 점을 고려하면 어느 정도 이해할 수 있는 대목이다. 사대의 중요성을 인지했지만, "대국이 소국을 함부로 능멸하려 할 때는 당당히 맞서려 했고 또 맞설 수 있는 능력을 키우려 노력"했다는 것이다.[708]

요컨대 위화도회군을 통해 바라본 한반도를 중심으로 한 지정학의 국제정치는 소위 '강성대국 노선'과 '강대국 동맹노선' 간 대립 구도 속에서 구축되었다.[709] 달리 말해 자주와 편승 노선 간의 갈등이다. 이는 소위 위화도회군의 국제정치에 국한하지 않는다. 명청 교체기에 '북벌론(北伐論)' 정치 담론이 부상한 것이 대표적이다. 그 이전 광해군이 펼친 중립 외교는 자주와 편승(bandwagoning) 간의 대립 구도에 '균형자(balancer)' 노선을 추가한 것으로 볼 수도 있다. 그러나 균형자의 역할은 아무나 할 수 있는 것이 아니다. 그것은 강력한 국력이 뒷받침될 때 가능한 것이다. 실제로 '균형자' 역할을 성공적으로 수행할 수 있었던 사례는 외교사를 통틀어 그리 많지 않았다. 17세기 중반 "프랑스의 리슐리외, 18~19세기 영국의 지도자들, 19세기 후반 독일의 비스마르크 그리고 냉전 종식 후 미국의 대통령들만이 담당할 수 있는 것"이었다.[710] 물론 균형자 역할을 자강(自强)의 관점에서 바라보면, 큰 틀에서 한반도 내 정체성은 자주와 편승 노선으로 대별 가능하다.

재강조하지만 한반도 내 정치에서 이러한 노선 경쟁의 영속성은 역사를 통해 반복해 증명되었다. 한반도는 유라시아 대륙의 한쪽 끝에 자리하고 있고, 특히 19세기 후반 이후에는 지구적 차원에서 대륙 세력과 해양 세력의 충돌지점이 되었다. 2차대전 후에는 내부적 노선 갈등이 한반도의 분단 현상과 맞물려 전개되었다. 1980년대의 학생운동과 민주화운동도 예외가 아니었다. 학생운동 계열은 주로 자주 노선에 경도되었다. 군사독재정권 타도가 중요한 목표였지만, 그러한 사상의 기반에는 이른바 삼민투쟁(三民鬪爭: 민족

---

708   한명기, "'왕자의 난'에 무산된 요동정벌이 남긴 유산은…" 『한겨레』 (2019년 11월 25일), https://www.hani.co.kr/arti/culture/culture_general/507217.html.

709   박현모, "이성계의 위화도회군에 나타난 리더십 모멘트 연구," 『한국정치연구』 제21권 제2호 (2012), pp. 223-246.

710   강성학, 『새우와 고래싸움: 한민족과 국제정치 (증보판)』 (서울: 박영사, 2023), p. 742.

통일, 민주쟁취, 민중해방)이 있었고, 계급 문제를 강조하든(PD) 민족 문제를 강조하든(NL) 관계없이 '반제 및 반파쇼'와 '반미자주화'는 그들의 기본 강령이 됐다. '반제반미'는 '군부독재 타도'를 제외하고는 대통령 직선제 개헌 운동에서 나온 주요 구호 중 하나였다.

대한민국 역사상 최초의 평화적 여야 정권교체를 이룬 김대중 정부 이후에도 한국 내 정체성 경쟁은 지정학에 결부돼 진행됐다. 햇볕정책(대북화해협력정책)을 놓고 여야 갈등은 물론 보수정당(당시 한나라당) 내에서도 이른바 보혁갈등이 거세게 일어났다. 개혁성향 의원들은 '김정일 서울 답방' 촉구 및 '남북 군비통제' 제안 등을 통해 보수성향 의원들을 '반통일' 또는 '반민족' 세력으로 몰아붙였다. 개혁성향 의원들이 '자주'의 기치를 올리는 동안,[711] 보수성향 의원들은 한미동맹을 통한 보수 정체성 회복을 강조했다. 하지만 그렇다고 그들이 당시 조지 W. 부시 행정부와 미국 내 신보수주의자들의 일방주의적 외교행태에 대응할 수 있는 뚜렷한 외교적 비전을 제시한 것도 아니었다.[712]

'충돌의 중심'에 놓인 행위자들이 특정 사실을 '객관적'으로 파악하고 해당 사실을 구성한 역사를 중립적 시각에서 판단하는 것은 매우 어려운 일이다. 한반도에 복수의 현실이 존재함을 인정하는 것이 필요한 이유가 여기서 연유한다. 신탁통치안 문제만 봐도 그러하다. 1945년 12월 모스크바 3국 외상회의 이후 한국 문제에 관한 5년 기한의 신탁통치 결정이 내려졌고, 임시정부 측과 조선공산당을 포함한 좌우익 진영 모두 반대 의사를 표명했었다. 반탁을 주장한 세력은 이후 찬탁으로 돌아선 좌익 진영을 매국노라 비판했지만, 한국에 20~30년간의 신탁통치가 필요하다고 먼저 제안한 것은 미국이었고, 신탁통치 기간이 1회에 한해 5년으로 조정된 것은 소련의 수정 제안

---

711   신승근, "보혁갈등에 총재는 괴로워!" 『한겨레21』 (2001년 6월 27일), https://h21.hani.co.kr/arti/politics/politics_general/2795.html.

712   김세동, "한나라, 대안없이 보수일변도," 『문화일보』 (2001년 5월 7일), https://www.munhwa.com/news/view.html?no=2001050701030423062002. 미국 부시 행정부 당시 신보수주의(Neoconservatism)에 대한 설명은 Max Boot, "Neocons," *Foreign Policy* 140 (January 2004), pp. 20-28 참조.

에 따른 것이었다.

간과하지 말아야 할 부분은 한반도 신탁통치에 적극적이었던 미국이 적어도 남한 내에서는 "격렬한 반탁운동이 급진 좌익세력을 누르고 친미적인 우파중심의 정국으로 재편되는 계기가 되었다는 평가"를 내리며 반탁운동에 힘을 싣게 되었다는 점이다.[713] 달리 말하면, 한반도를 바라보는 미국의 현실 역시 '복수의 가능성'으로 존재했다는 의미가 되는데, 이는 중요한 역사적 사건이나 결과가 반드시 특정 변수에 의한 인과적 과정에 따라 구성되는 것이 아니라 '우연적' 요소에 의해서도 발현될 수 있다는 점을 함축하는 것이다.[714] 신탁통치 사안의 경우 소련의 비협조적 태도, 한국 내 반탁운동의 전개 양상 등이 미국으로 하여금 '새로운 현실'을 구성하게 하는 주요한 계기로 작용했다고 볼 수 있다. 신탁통치라는 지정학 문제로 인한 정체성 갈등은 "한반도의 정치지형을 찬·반탁세력 간의 대립으로 변화시켰고, 이후에도 강력한 규정력으로 작용했다."[715]

요컨대 애국주의이든, 민족주의이든, 자강이든, 동맹이든, 편승이든, 국내 정치세력 간 자아와 타자를 구분하는 정체성 경쟁은 한반도의 지정학적 구도와 불가결하게 연결된 것임을, 어쩌면 그것은 우리의 숙명과도 같은 것임을 기억하는 것이 필요하다. 다만 그러한 숙명을 '숙명적'으로 받아들인다면 그것은 다른 문제다. 중요한 것은 자주와 자강의 노선을 한 축으로, 그리고 동맹을 통한 편승 노선을 다른 한 축으로 하는 일견 양단(兩端)의 정체성이 결코 양극단의 정체성이 아님을, 경쟁적으로 공존할 수 있는 정체성임을 인지하고, 운명을 긍정적 방향으로 개척해 나가는 자세를 갖추는 일이다. 자기 진영의 논리에 빠져 "성찰과 회의, 고민이 생략됨으로써 '극도의 부정'이 '극도의 긍정'을 낳고 '모 아니면 도' 식의 시각만 남아 섬세함이나 균형감각

---

713 정창현, 『한국현대사 1: 해방과 분단, 그리고 전쟁』 (서울: 푸른역사, 2018). p. 89.

714 Richard C. Snyder, H. W. Bruck, and Burton Sapin, *Decision-Making as an Approach to the Study of International Politics* (Princeton: Princeton University Press, 1954), p. 31.

715 정창현 (2018), p. 90.

이 설 자리를" 잃어서는 결코 안 되기 때문이다.[716] 국제질서와 국제환경의 변화에 따라 서로 다른 국내 세력 간 정체성을 적절히 조합할 수 있는 사례를 끊임없이 축적하고, 그러한 사례를 적시에 활용할 수 있는 지혜를 갖추는 것만이, 더뎌 보이더라도 확실한 정도(正道)이다.

2.2. 지정학과 경제

2장에서 "한국은 놀라운 경제성과를 거둔 동시에 중요한 지정학적 문제를 안고 있는 작은 나라"라는 프리드먼(George Friedman)의 표현을 인용한 바 있지만,[717] 사실 이는 한국이 처한 지정학적 딜레마와 한국이 달성한 경제적 성공을 분리해서 본 시각에 따른 결론이다. 한국은 무역입국(貿易立國)이다. 무역입국의 역사는 냉전 시기와 탈냉전기를 가리지 않았다. 한국 경제는 숱한 위기 속에서도 저력을 발휘했다. 한국의 경제성장은 그 자체가 바다를 개척해 얻은 것이었다. 달리 말해, 한국은 지정학적 조건에도 '불구하고' 눈부신 경제성장을 일궈냈다.

3장에서 여러 실례를 통해 제시한 바 있지만, 한국의 경제성장이 '균형적' 정책에 기반해 달성됐다는 점을 기억하는 것이 중요하다. 한국의 경제성장은 미국 중심의 브레튼우즈(Bretton Woods) 체제에 '편승'해 무역입국으로 도약할 수 있는 발판을 마련했기 때문에 가능했던 것이었다. 그러나 동시에 한국의 경제성장은 규제 없는 국제 민간자본 이동 혹은 금융 자유화가 경제성장과 안정에 필수적이라거나, 국가 주도의 선별적 산업 정책이 비효율성을 창출한다는 신자유주의적 시각과 상당 기간 일정 수준의 거리를 유지했기에 가능한 것이기도 했다.

일본과 한국을 비롯한 동아시아 국가들이 냉전기 성취한 괄목할 만한 경제성장의 동력이 발전국가적(developmental state) 정책에서 비롯됐다는 점은

---

716   홍세화, "진보의 경박성에 관해," 『한겨레』 (2010년 10월 10일), https://www.hani.co.kr/arti/opinion/column/443094.html.

717   조지 프리드먼, 『다가오는 유럽의 위기와 지정학』 (서울: 김앤김북스, 2020), p. 9.

잘 알려진 사실이다.[718] 한국의 경제성장은 한 마디로 "시장적 유인(market incentives)과 국가의 지도(state direction)가 영리하고 실용적으로 융합된 합작품"이었다.[719] 이러한 맥락에서 한국 사회에서 흔히 '보수정권'의 심장으로 평가되는 박정희 정부가 한강의 기적을 만들어 낸 바탕에 실은 '진보적' 경제 운용 논리가 충만했다는 점이 현대 한국 사회의 논쟁 구도에서 충분히 고려되지 않는 점은 역설적이다.

진보적 경제 운용 논리는 무역입국을 가능케 한 '수출입국' 담론으로부터 시작되었다. 수출진흥확대회의는 박정희 정권 시절 국무회의, 국가기본운용계획 심사분석회의, 월간경제동향 보고, 방위산업진흥확대회의와 더불어 주요 5대 회의로 자리했다. 박정희는 "집착에 가까운 수출에 대한 관심"을 견지했다.[720] 수출확대회의를 통해 수출 업자들이 특혜를 받은 것은 물론이고, 수출에 도움을 주는 일이라면 무엇이든 회의 안건으로 올랐으며, 경제기획원과 재무부도 상공부의 안을 중시하는 기조를 보였다. 베트남 참전은 경제 '특수'를 위한, 문자 그대로 고육지책이었다. 주한미군 철수 또는 주한미군의 베트남전 개입 가능성 등 안보 문제도 당연히 주요한 고려 사안이었으나, 미국은 참전의 대가로 "수출 진흥을 위한 모든 분야에서 한국에 대한 기술 원조 강화", "한국의 경제발전을 돕기 위한 추가 AID 차관 제공" "동남아시아 지역에 대한 한국의 수출 증가를 위한 차관 제공" 등을 문서로 약속했다.[721] 베트남 특수는 중화학 공업 중심이라는 한국 경제의 도약으로 이어졌다. 달리 말해, 한국 경제의 성장은 지정학적 조건과 '결부'되어 이뤄진 것이었다.

---

718   Meredith Woo-Cumings ed., *The Developmental State* (New York: Cornell University Press, 1999).

719   Ha-Joon Chang, *Bad Samaritans: The Guilty Secrets of Rich Nations & The Threat to Global Prosperity* (London: Random House, 2008), p. 15.

720   한국무역협회, "수출강국을 만든 숨은 공신 '수출진흥확대회의' 60년," (2022년 12월 12일). https://www.kita.net/board/totalTradeNews/totalTradeNewsDetail.do;JSESSIONID_KI-TA=7E2353275F1B640D942E729FC1414D66.Hyper?no=72060&siteId=1.

721   브라운 각서(Brown Memorandum). 1966년 3월 4일.

그림 38 | 1964년 제1회 수출의 날 기념조형물

　기술관료(technocrats)와 정부관료가 상당한 수준의 영향력을 행사하는 강한 국가(strong states), 국가기관과 긴밀하게 연결된 사회경제 연합체, 부족한 천연자원과 좁은 국토에도 불구하고 농지개혁을 통한 대규모 지주 계급을 청산함으로써 창출해 낸 생산 기반, 계급제도가 아닌 능력주의 도입, 세계적으로 시장성 있는 상품의 국가경쟁력 확보, 서구적 개념의 시장을 거부하되 적극적 시장 조작을 통해 시장을 강화하는(market enhancing) 방식의 창조적 시장 활용, 외국인 직접투자와 국제자본 흐름에 대한 효과적 제한, 안보 정책에 있어 미국과의 긴밀한 조율 유지 등⋯ 이 모든 것이 한국, 일본, 대만이 공유한 발전국가적 특성이었다.[722]

　신자유주의적 특성을 무조건 기각해야 한다는 의미는 물론 아니다. 자유의 '경제적' 측면은 정치적 측면의 자유만큼이나 중요하다. 정치 권력은 분

722　Meredith Woo-Cumings ed., *The Developmental State* (New York: Cornell University Press, 1999), pp. 137-181.

산시키기 어렵지만, 경제력은 폭넓게 분산될 수 있다. "경제력과 정치 권력이 결합하면 권력 집중은 거의 불가피"하지만, 정치 권력과 분리된 경제력은 "정치 권력을 견제하고 맞서는 힘으로서 기능할 수 있다"는 의견도 합당하다. 따라서 "수많은 경제력의 중심"을 확보하는 것은 여전히 중요하다.[723] 특히 1970년대 이후 포드주의적 축적체제의 붕괴, 케인즈주의적 국가 개입의 한계가 분명해지면서 소비시장의 패턴 변화에 발맞추어 생산체제를 유연하고 탄력적으로 운영하는 일도 일종의 시대정신이 되었다. 적기(Just-In-Time) 생산, 주문자 생산 등으로 생산체제의 합리화가 이뤄지고 케인즈적 복지국가의 해체 상황이 연출된 것도 이때였다. 자본주의가 20세기 후반 이후 위기를 맞이하고 재구조화하는 과정은 어쩌면 소위 자본주의 장기파동 가설에 입각한 '호황-위기-재구조화'라는 거대한 순환 과정의 일부였는지도 모른다.[724]

자본주의 장기파동론의 사실 여부와 관계없이, 20세기 후반 자본주의 재구조화 과정이 지정학적 격변과 직결돼 있었다는 점 역시 분명하다. 1960년대를 거치며 해외원조와 군비 지출, 해외투자 등으로 인해 촉발된 달러 공급 과잉으로 미국이 금태환(金兌換) 체제를 유지하기 어렵다는 사실이 점차 명확해졌다. 미국 정부는 해외차입 규모 감소, 달러 유출 억제, 타국 협조 요청 등 다양한 대책을 마련했지만 허사였다. 결국 닉슨(Richard Nixon) 당시 미국 대통령이 1971년 8월 달러의 금태환을 중단한다는 특별성명을 발표했다. 주요 통화에 대한 코널리(John Connally) 재무장관의 일방적인 달러 대비 평가절상 요구는 오히려 각국의 우려를 키웠다. 같은 해 12월 10개국 재무장관이 참여해 각국 통화의 평가절상 및 달러 평가절하, 변동 환율폭 조정 등을 포함한 스미소니언 합의(Smithonian Agreement)를 이뤄냈다. 그러나 고정환율제를 되살리기 위한 시도는 실패했고, 1973년 3월이 되자 주요 통화의 환율

723　밀턴 프리드먼, 『자본주의와 자유』(서울: 청어람미디어, 2007), pp. 45-46.

724　윤상우, "현대 자본주의의 위기와 재구조화: 세계화·정보화 자본주의의 등장과정," 『사회과학논총』 제16호 (2013), pp. 125-151. 콘트라티에프(Nikolai D. Kondratiev), 슘페터(Joseph Schumpeter) 등이 주창한 장기파동 가설을 의미한다.

변동성 확대를 막을 수 없다는 사실이 명백해졌다. 결국 닉슨쇼크는 냉전기 미국의 '일방주의(unilateralism)'를 상징하는 사건이 됐다.

브레튼우즈 체제의 해체기는 보통 1968년에서 1973년 사이로 간주된다.[725] 존슨(Lyndon Johnson) 행정부의 위대한 사회(Great Society) 프로그램과 미국의 베트남전 개입에 따른 군비 지출이 달러 가치 하락을 이끈 주요 요인이었다.[726] 북베트남 공산주의 세력으로부터의 남베트남 보호는 존슨 행정부가 국가안전보장회의(NSC)를 통해 공식적으로 수립한 국가 목표였다. 남베트남에 공산주의 혁명 세력을 능가할 수 있는 정치·경제·사회적 혁명을 통해 실질적 국가 건설(nation building)을 가능케 함으로써 공산주의 확산을 방지하는 일은 미국 외교정책의 최고 우선순위였다.[727] 베트남에 파병된 미군 숫자는 1969년 54만3,000명으로 정점을 맞이했다. 미국은 1973년 베트남에서 철군했고, 베트남은 공산화됐다. 브레튼우즈 체제가 공식적으로 막을 내린 것도 1973년이었다.

브레튼우즈 체제의 해체는 공교롭게도 4차 중동전쟁(Yom Kippur War)의 여파에 따른 석유파동(oil shock)과 비슷한 시기에 발생했고, 이는 역설적으로 세계화가 새로운 국면으로 진입하는 계기로 작용했다. 오일쇼크는 오일달러(petrodollar)를 추동했고, 국제 은행들이 개발도상국에 투자할 수 있는 새로운 자금을 제공할 수 있도록 유인했다. 고정환율제의 붕괴와 더불어 각국이 통화정책의 자율성을 유지하면서도 더 높은 수준의 자본 이동성을 누릴 수 있게 된 것이다.[728] 무분별한 자본 유입이 1980년대 멕시코 파산을 비롯해 라틴아메리카에 '잃어버린 10년'으로 불리는 경제위기로 이어진 것은 사실이

---

725 미국 국무부, "Nixon and the End of the Bretton Woods System, 1971-1973," https://history. state.gov/milestones/1969-1976/nixon-shock.

726 IMF "The end of the Bretton Woods System (1972-81)," https://www.imf.org/external/ about/histend.htm.

727 헨리 키신저, 『헨리 키신저의 외교』(서울: 김앤김북스, 2023), pp. 671-702.

728 Sergio L. Schmukler (2010) "Financial Globalization: Gain and Pain for Developing Countries." in Jeffry A. Frieden (eds), *International Political Economy: Perspectives on Global Power and Wealth* (Fifth edition) (New York: W. W. Norton & Company, 2010), pp. 314-340.

다. 그러나 한국은 1970년대 9.0%, 1980년대 9.7%라는 실질 성장률을 달성했다. 국내총생산(GDP)을 통해 살펴본 한국 경제의 위상은 1965년 전 세계 41위에서 30년 후인 1995년에 11위로 올랐다.[729]

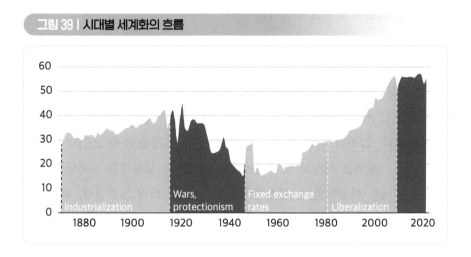

그림 39 | 시대별 세계화의 흐름

위 그림은 세계화 수준의 흐름을 보여주는 그래프로, 전 세계 국내총생산(global gross domestic product) 대비 수출액과 수입액이 차지하는 비중을 의미한다. 산업혁명 이후 완만히 증가하던 세계화 양상은 1차 세계대전 이후 각국의 보호주의적 무역정책으로 2차 세계대전이 끝날 때까지 큰 폭으로 감소했음을 알 수 있다. 그러나 종전 후 브레튼우즈(Bretton Woods) 체제가 정착하면서 세계화 수준은 점차 회복세로 접어들었고, 상술한 대로 탈브레튼우즈 이후인 1980년대와 2000년대 중반까지 더욱 가속화되었다가, 2007~2008년 세계금융위기 이후 정체 상태에 들어선 모습이다.

지정학과 경제의 결절점은 21세기에 들어와 더욱 선명해진 감이 있다. 미국과 중국 간 경쟁의 격화, 러시아의 재부상이라는 세계질서의 흐름 속에 신냉전의 기운이 뚜렷해졌다. 2007~2008년 미국발 금융위기를 기점으로,

---

729   http://nationalatlas.ngii.go.kr/pages/page_521.php#prettyPhoto.

나아가 2019년~2022년 코로나 팬데믹(COVID-19) 사태와 2022년 2월 러시아의 우크라이나 침공을 정점으로 세계화의 흐름 역시 둔화했다. 특히 2016년은 브렉시트(Brexit)와 같은 해 트럼프(Donald Trump) 당선으로 세계화의 후퇴를 상징하는 해가 되었다. 1990년대 중반 이후 한국 경제성장의 둔화 역시 이러한 대외적 요소와 무관하지 않다.

물론 1997년 외환위기는 세계화가 가속화되던 시기에 터진 현상이었다. 미국을 필두로 1980년대 일본과 유럽, 1990년대 중남미 국가들과 한국 등 신흥시장국들로 퍼진 무분별한 금융자유화가 낳은 비극이었다. 자산 거품이든 유동성 거품이든 모든 거품은 언젠가는 꺼진다는 평범한 진리를 외면한 탓이었다. 그러나 이후 한국은 성공적인 구조조정을 통해 2001년 국제금융통화(IMF) 체제를 예정보다 앞당겨 극복해 냈다. 성장세는 둔화되었지만, 그것은 세계적 현상이었다. 세계화의 속도도 눈에 띄게 느려졌다. 세계금융위기 발생 시점을 기준으로 해도 이전 30년 동안 선진국들의 평균 성장률은 4% 수준을 넘지 못했다. 2020년대 이후로 시선을 옮기면 선진국들의 경제성장률은 1~2%대에 머물러 있다.[730] 추적의 범위를 G20 국가로 확장해 봐도 크게 다르지 않다. 팬데믹의 영향을 직접적으로 받은 2020년 이전까지인 2013~2019년 G20 국가들의 평균 성장률은 3.5%에 불과했다.[731]

성장률 둔화가 '세계적' 현상임을 이유로 안주해도 된다는 얘기는 당연히 아니다. 고도 성장기의 기억 때문에 현재의 낮은 성장률에 쉽게 조바심을 내어서도 안 되겠지만, 지속 가능한 성장에 대한 대안 없이 세계화 또는 탈세계화 현상을 무비판적으로 받아들여서는 더욱 안 된다. 한국 사회가 그간 지정학과 경제 영역 간의 '결절점'을 국익에 맞게 비교적 잘 활용해 왔다는 사실에 대한 자긍심을 가지되, 신자유주의적 현상―그것이 신용카드 거품이든

---

730   Statista "Forecast Growth of the Real Gross Domestic Product (GDP) Worldwide from 2020 to 2025, by Economic Group," Statista (2024), at https://www.statista.com/statis-tics/268295/forecast-on-the-gdp-growth-by-world-regions/.

731   Statista "Real Gross Domestic Product (GDP) growth of G20 countries from 2013 to 2022 with a forecast until 2024," Statista (2024), at https://www.statista.com/statistics/1102915/covid-19-forecasted-real-gdp-growth-g20-countries/.

부동산 거품이든─에 따라 확산된 오늘날 격차사회의 문제점을 엄중하게 인식하는 것이 무엇보다 필요하다. 경제개혁 방향에 대한 논쟁 역시 이러한 종합적 인식의 기반 위에서 이뤄져야 한다. 세계적으로 민주주의 진영과 권위주의 진영 간 대립 구도가 뚜렷해지는 상황에서 "문제는 경제"일수도 있지만(It's the economy, stupid),[732] 동시에 "문제는 경제만이 아닐 수도" 있다는 사실(It's no longer the economy, stupid),[733] 그리고 실은 정치의 문제일 수 있다는 사실을 자각해야 한다. 달리 말해, '복수의 현실'에 대한 자각이다. 이는 지정학과 경제의 결절점이 아래 논의할 지정학─과학의 결절점과 연결되는 이유이기도 하다.

2.3. 지정학과 과학

이른바 '근대성(modernity)'은 자유주의(liberalism), 사회주의(socialism), 민족주의(nationalism), 인종주의(racism) 등과 같은 사상적 조류로 나타나기도 했지만, 근본적으로는 물질적 차원에서 지정학의 판도를 바꾼 과학기술 혁명에 힘입은 바가 컸다. 예컨대 18세기 후반은 프랑스 과학의 전성기였고, 같은 시기 아메리카 대륙에서는 미국이 탄생했다. 미국은 독립전쟁 기간 영국을 견제하려는 프랑스로부터 엄청난 양의 재정 및 군사 지원을 획득했다. 프랑스로부터의 원조가 영국의 목을 맬 수 있는 동아줄이 될지, 미국을 견제하는 밧줄이 될지는 알 수 없었지만, 독립군 총사령관이었던 워싱턴(George Washington)으로서도 프랑스의 지원 없이 영국군에 공세적 작전을 펼친다는 것은 상상하기 어려운 일이었다.[734] 당시 프랑스산 화약은 영국제와 비교해 성능이 뛰어났고 미국 독립군이 승기를 잡는 데 일정 부분 기여한 것으로 전

---

732   "문제는 경제야, 바보야(It's the economy, stupid)". 1992년 미국 대선 당시 민주당 클린턴(Bill Clinton) 대통령 후보 측이 활용했던 유명한 문구로 제임스 카빌(James Carville) 후보 보좌관에 의해 고안되었다.

733   John Burn-Murdoch "It's no longer the economy, stupid," *Financial Times* (March 22, 2024), at https://www.ft.com/content/b2f17824-cdfc-4547-abf0-66178a0a747f.

734   강성학, 『조지 워싱턴: 창업의 거룩한 카리스마적 리더십』 (서울: 박영사, 2020), pp. 203-280.

해진다. 프랑스가 나폴레옹(Napoleon Bonaparte) 시대 이후 한동안 유럽 최강의 군대라는 명성을 지킬 수 있었던 이유 역시 국정과 국방 운영의 기조에 과학의 힘을 접목했기 때문이었다. 프랑스 혁명(1789~1799) 기간 설립된 에콜 폴리테크니크(École Polytechnique)는 과학기술자들을 양성하는 요람이 되었다. 나폴레옹은 에콜 폴리테크니크를 사관학교로 변경하고, "조국, 과학, 그리고 영광을 위하여(Pour la Patrie, les Sciences et la Gloire)"라는 교훈을 부여했다.[735]

나폴레옹 시기 프랑스에 패배했던 프로이센이 1870~1871년 프랑스에 설욕할 수 있었던 이유도 과학에 기초했다. 프로이센은 미국과 더불어 1850년대 이후 2차 산업혁명을 이끈 국가가 되었다. 프로이센은 전장식 라이플 대신 후장식 라이플로 보병을 재무장하고, 소총은 물론 대화기(大火器)의 대량 생산체계를 갖추면서 독일을 통일시키며 유럽의 강대국으로 거듭났다. 물론 독일의 부상은 프랑스의 경우와 마찬가지로 과학기술의 발전과 더불어 교육개혁, 군제개혁, 인사 시스템 개혁 등과 같은 정치·사회 개혁이 뒷받침되었기에 가능한 것이었다. 클라우제비츠(Carl von Clausewitz), 몰트케(Helmuth von Moltke), 비스마르크(Otto von Bismarck) 등 전략가들의 역할도 컸다.[736] 그러나 지정학과 과학을 핵심축으로 바라보면, 한편으로는 증기선의 활용, 철강과 철도 산업의 급속한 성장이 국가 간 거리와 지형의 장애를 없애고, 군사력의 원거리 투사를 가능케 하는 원동력이 되었다는 점, 다른 한편으로는 국가 간 지정학적 경쟁이 과학기술의 발달을 추동했다는 점을 분명히 확인할 수 있다. 1839~1842년의 아편전쟁은 당시 동아시아와 유럽의 과학기술 격차를 적나라하게 노출한 사건이었고, 이는 이후 약 1세기에 걸쳐 양 지역의 지정학적 구도를 결정하는 결정적 분기점이 되었다.

---

735 박영욱, 『과학이 바꾼 전쟁의 역사』 (파주: 교보문고, 2024). pp. 15-25.

736 박영욱 (2024), pp. 51-62. 20세기 초가 되면 산업화 측면에서 독일이 영국을 사실상 앞지르게 된다. 예컨대 1910년 독일의 철강 생산량은 1480만t으로 영국보다 460만t가량 더 많았다. 물론 국가주의에 기반한 독일의 과학기술은 이후 불행히도 두 차례의 세계대전으로 이어졌으나, 구미 열강 대부분 나라를 중심으로 19세기 이후 가속화된 제국주의 물결을 고려하면 세계대전의 책임을 특정 국가에 돌리는 것도 불합리하다고 할 것이다.

20세기 중반 이후로는 핵분열 기술이 지정학과 직결되기 시작했다. 핵무기의 출현으로 인해 세계정치의 흐름이 전변하는 시기였다. 핵무기는 지정학-과학의 결절점 자체를 표상하는 개념이 되어버렸다. 아인슈타인(Albert Einstein)은 루스벨트(Franklin D. Roosevelt) 대통령에게 원자폭탄 개발을 권고하는 편지에 서명했었지만, 잘 알려진 대로 그는 평화주의자(pacifist)였다. 원자폭탄 개발연구를 위한 맨해튼 프로젝트가 시작되었고, 미국은 일본을 대상으로 원자폭탄을 사용했다. 독일은 이미 패망한 후였다. 2차대전 종식 후 아인슈타인은 "독일이 원자탄 개발에 성공하지 못할 것을 알았더라면, 절대 서명하지 않았을 것"이라고 후회했다.[737] 맨해튼 프로젝트의 총책임자였던 오펜하이머(J. Robert Oppenheimer)도 비슷한 감정을 경험했다. 최초의 원자폭탄 실험에 성공한 뒤 그가 남긴 말은 너무도 유명하다. "이제 나는 죽음이자, 세상의 파괴자가 되었다(Now, I am become death, the destroyer of worlds)."[738]

핵분열 기술의 직접적 효과는 냉전(冷戰)을 창출한 것이었다. 핵무기는 1945년 이후 군사혁신(Revolution in Military Affairs)을 이끌었다. 수천 톤 규모의 폭발력이 이윽고 수소폭탄 개발과 함께 수백만 톤 규모로 커졌다. 전장에서 핵무기를 사용한다는 것은 더는 상상할 수 없는 일이 되어버렸다. 1960년대가 되자 세계는 이미 핵무기로 전 세계 어디든 30분 이내로 타격할 수 있는 운반수단을 갖추게 되었다. 핵무기의 세계는 억지(deterrence) 전략을 낳았고, 억지 전략은 열전(熱戰)이 아닌 냉전을 낳았다. 핵보유국들은 핵비확산 체제(NPT: Treaty on the Non-Proliferation of Nuclear Weapons)를 통해 핵무기를 통제하는 동시에 2차 타격 능력을 확보함으로 어떤 경우에라도 적국이 핵무기를 선제적으로 사용할 가능성을 최소화하고자 노력했다.[739]

---

737 Trevor Lipscombe "Einstein Feared a Nazi Atom Bomb—But Immigrants Made Sure the U.S. Got There First," *Time* (August 2, 2019), https://time.com/5641891/einstein-szilard-letter/.

738 https://www.atomicarchive.com/media/videos/oppenheimer.html.

739 Amitav Acharya and Barry Buzan, *The Making of Global International Relations: Origins and Evolution of IR at Its Centenary* (Cambridge: Cambridge University Press, 2019), pp. 123-124.

핵무기는 20세기에 이어 21세기의 지정학 양태까지 규정하고 있다. 우리는 여전히 핵시대(nuclear age)에 살고 있고, 핵은 지정학과 과학을 연결하는 핵심 기제이다. 북한의 핵 위협이 점증함에 따라 자체 핵보유 문제는 한국 사회가 직면해야 할 논쟁 사안이기도 하다. 그리고 NPT 체제 '밖'의 핵보유국 확산 현상을 의미하는 제2차 핵시대(Second Nuclear Age)가 21세기 미국−중국 및 미국−러시아 간 신냉전 구도와 결합함으로써 지정학과 과학의 결절 구도에 복합성이 더해지는 양상이다.

그림 40 | 아인슈타인이 1939년 8월 루스벨트 대통령에 보낸 서한. 기술적으로 원자탄 개발 시점이 임박했음을 암시하고 있다.

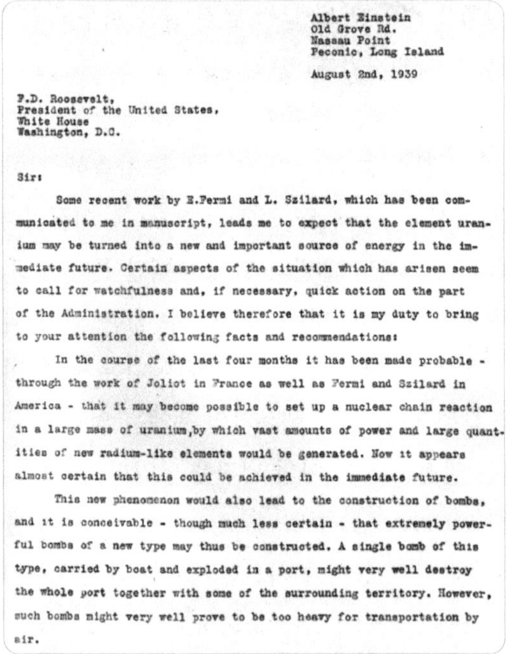

Albert Einstein
Old Grove Rd.
Nassau Point
Peconic, Long Island

August 2nd, 1939

F.D. Roosevelt,
President of the United States,
White House
Washington, D.C.

Sir:

Some recent work by E.Fermi and L. Szilard, which has been communicated to me in manuscript, leads me to expect that the element uranium may be turned into a new and important source of energy in the immediate future. Certain aspects of the situation which has arisen seem to call for watchfulness and, if necessary, quick action on the part of the Administration. I believe therefore that it is my duty to bring to your attention the following facts and recommendations:

In the course of the last four months it has been made probable - through the work of Joliot in France as well as Fermi and Szilard in America - that it may become possible to set up a nuclear chain reaction in a large mass of uranium,by which vast amounts of power and large quantities of new radium-like elements would be generated. Now it appears almost certain that this could be achieved in the immediate future.

This new phenomenon would also lead to the construction of bombs, and it is conceivable - though much less certain - that extremely powerful bombs of a new type may thus be constructed. A single bomb of this type, carried by boat and exploded in a port, might very well destroy the whole port together with some of the surrounding territory. However, such bombs might very well prove to be too heavy for transportation by air.

냉전의 정확한 시작과 종료 시점이 언제인지에 대한 의견이 갈리듯이,[740] 신냉전 구도의 출현 시점을 언제로 해야 하는지에 대한 이견이 존재한다. 탈

---

740   Michael Lind "Welcome to Cold War II," *The National Interest* 155 (2018), pp. 9-21.

냉전 후 신냉전의 도래를 가장 먼저 예측한 이는 1940년대 냉전 초입 대소 봉쇄정책의 초석을 놓은 조지 케넌(George Kennan)이었다. 케넌은 소련 붕괴 후인 1998년 미국 상원이 폴란드, 헝가리, 체코의 북대서양조약기구(NATO) 가입안을 통과시킨 사안이 "새로운 냉전의 시작"이 될 것으로 봤다. 그는 해당 사안이 서서히 "러시아 내 반발을 불러일으키고, 러시아 외교정책에 영향을 줄 것"이라고 정확히 예측했다.[741] 2014년 러시아의 크림반도 병합 이후 신냉전을 언급하는 목소리는 더욱 커졌다.[742] 그리고 2022년 2월 우크라이나에 대한 러시아의 무력 침공은 신냉전 구도를 가늠할 수 있는 결정적 분기점이 되었다.

미국은 중국과 러시아의 도전을 심각한 사안으로 받아들이고 있다. 바이든 행정부 시기 출간한 국가안보전략서(National Security Strategy)에서 미국은 러시아를 자유주의 국제체제에 대한 "임박한 위협(immediate threat)"으로, 중국은 "세계질서를 재편하려는 의도와 더불어 경제·외교·군사·기술력 능력을 모두 지닌 유일한 경쟁자(the only competitor)"라고 평가했다.[743] 특히 중국과 러시아의 도전을 극복하기 위한 과학기술의 중요성을 강조하는 부분이 눈에 띄는데, 마이크로전자공학, 슈퍼컴퓨팅, 바이오 기술, 차세대통신 등 신흥 기술 분야의 경쟁력 육성이 그것이다. 미국에게 있어서 이는 비단 미국의 문제만이 아니다. 미국은 과학기술과 무역, 안보를 일종의 "연결 조직(connective tissue)"으로 인식하고,[744] 인도·태평양 및 유럽 지역의 '민주주의' 동맹국들과 더불어 기술과 공급망 측면을 새롭게 개편함으로써 '권위주의' 세력의 압박에서 벗어나고자 시도한다.

요컨대 지정학과 과학의 결절점이 내포하는 특성은 분명하다. 과학 이슈

---

741   Thomas L. Friedman, "Foreign Affairs; Now a Word From X," *The New York Times* (May 2, 1998), https://www.nytimes.com/1998/05/02/opinion/foreign-affairs-now-a-word-from-x.html.

742   Hal Brands and John Lewis Gaddis, "The New Cold War: America, China, and the Echoes of History," *Foreign Affairs* 100-6 (2021), pp. 10-20.

743   The White House "National Security Strategy," (October 12, 2022), p. 8.

744   The White House (2022), p. 11.

의 정치화는 피할 수도 없고, 피해서도 안 된다. '과학의 정치화'는 불가피한 현상이다. 이는 신냉전 시기에만 국한되는 것이 아니다. 앞서 언급한 아인슈타인도, 오펜하이머도 피할 수 없는 일이었다. 그들은 핵무기 개발의 핵심이었지만, 핵무기 '사용'의 결정 구조로부터는 밀려나 있었다. 달리 말하면 '정치화된' 핵무기의 사용 구조에 종속된 것이었다. 그러나 미국이 핵을 개발하기 전 아인슈타인은 히틀러의 독일이 먼저 핵무기 개발에 성공할지도 모른다는 우려를 떨쳐 내기 어려웠다. 그것 자체가 과학과 정치의 불가결한 연동에서부터 비롯된 것이었다. 물론 그것은 정치인들에게도 마찬가지였다. 핵무기 개발에서부터 핵무기 사용에 이르는 과정 자체가 '복수의 현실'이 만들어 낸 사실의 집합이었다.

아인슈타인의 편지가 루스벨트에게 도착한 지 채 한 달도 되지 않은 1939년 9월 1일, 독일이 폴란드를 침공하며 2차 세계대전이 공식 발발했다. 유럽 전장에서 한 발 벗어나 있던 미국은 여전히 핵무기 개발을 결정하지 못하고 있었다. 루스벨트가 맨해튼 프로젝트를 공식적으로 승인한 것은 일본의 진주만 공습이 있은 지 한 달 만인 1942년 1월이었다. 1941년 12월 미국이 일본에 선전포고하자, 독일과 이탈리아도 곧바로 미국에 선전포고했다.[745] 미국이 핵무기 개발에 본격적으로 착수하게 된 계기가 마련된 셈이었다. 달리 말해, 핵무기의 정치화는 수많은 사건의 조합에 따른 복수의 현실이 만들어 낸 현상이었다. 히로시마와 나가사키에 대한 원자탄 투하 결정 또한 마찬가지였다. 누구의 탓인가? '1억 옥쇄론'을 주창하며 포츠담선언 수락을 거부한 군국주의 일본의 잘못인가, 아니면 소련의 대일 선전포고까지 더해 이미 망해가는 일본을 상대로 원자탄 사용을 결정한 미국의 잘못인가? 세계 최초의 '핵무기 실전 사용'이라는 인류 역사상 최대 비극의 책임 소재를 미국과 일본 어느 한 국가에 일방적으로 돌릴 수 없듯이, 해당 문제를 놓고 과학이나 정치 어느 한 분야를 탓할 수는 없다. 과학자들과 정치가들 모두 복수의 현실 앞에 놓인 실존적 존재에 불과하다는 사실을 먼저 자각하는 것

---

745   Mark Wolverton, *Nuclear Weapons* (Cambridge, MA: The MIT Press, 2022), pp. 35-36.

이 필요한 이유다.

현대 한국 사회에서 벌어지고 있는 관련 논쟁 또한 마찬가지다. 지정학의 판도와 과학기술의 수준은 분명 과거와 다른 차원으로 전개되고 있다. 그러나 지정학과 과학의 결절점이 마주하는 현상의 본질은 예나 지금이나 유사하다. 2020년대의 지정학과 과학의 결절 현상은 다음과 같이 정리될 수 있다. 첫째, 지정학적 차원에서 신냉전의 도래가 통상환경을 급변시키고 있다. 신냉전 도래 여부와 관련한 국제정치적 시각에 대해서는 앞서 설명한 바와 같다. 둘째, 4차 산업혁명을 대표하는 과학기술 분야−인공지능(AI), 디지털, 바이오, 우주 산업 등−를 중심으로 각국의 산업·통상정책이 재편되고 있다. 셋째, 산업·통상정책의 재편은 다자무역 체제에 기반한 무역자유화의 방향이 아닌, 자유주의 진영과 권위주의 진영 간 블록화가 심화하는 형태로 이뤄지고 있다. 예컨대 미국의 경우 행정부의 성격과 상관없이 "바이 아메리칸(buy American)" 기조를 동맹국들에 강요하는 경향을 보인다.[746] 넷째, 인공지능 시대 산업의 하이테크화(또는 기술혁신 고속화)가 지속되고 있다. 지정학과 과학의 결절점이 더욱 부각되는 양상이다.

상기 현상에 올바로 대응하기 위한 논쟁의 전제는 다음과 같이 설정해볼 수 있을 것이다. 첫째, 한국 사회는 지정학과 과학 간 상호 강화된 복합성, 달리 말해 지정학적 생활 공간 변화와 기술발전의 복합적 전개 구도를 적시에 파악해야 한다. 둘째, 지정학−과학 결절점의 복합적 전개는 달리 말해 지정학−경제−과학의 연결 구도(4차 산업혁명 및 첨단산업에 기반한 글로벌 공급망의 진영별 재편)를 파악하는 일과 직결된다. 셋째, 가장 중요한 전제로서, 과학의 정치화 과정 자체는 피하기 어려우므로, 해당 과정은 국익을 최대화하는 방향에 맞추되, 동시에 과학기술을 민주화하는 방향으로 진행해야 한다. 첨단산업에 입각한 국익의 최대화와 과학기술의 민주화를 상반되는 관점으로 바라볼 수 있겠으나, 반드시 그렇게 해석할 필요는 없다.

---

746   Fareed Zakaria "The Self-Doubting Superpower: America Shouldn't Give Up on the World It Made," *Foreign Affairs* 103-1 (2024), p. 52.

과학은 "하나가 아니라 여럿"이다. 서로 다른 존재론, 방법론, 연구 과정에 대한 상이한 모델을 가진 "수많은 독특한 근대과학들이 존재"한다.[747] 굳이 존재론과 방법론적 차이에 따른 민주화의 필요성을 언급하지 않더라도, 예컨대 누군가 "'AI 윤리'를 입에 올리면, 광부, 도급업자, 크라우드 노동자의 노동 여건"이라는 민주성을 고려해야 한다. 챗GPT(Generative Pre-trained Transformer)와 같은 대화형 인공지능 서비스 개발 이면에는 저개발국 노동자들에 대한 착취가 존재했음을 인지해야 한다는 것이다.[748] 기술 불가피론 또는 기술 결정론적 서사에 반대하는 일은 단순히 '실현 가능하다'는 이유로 "AI가 어디에 적용될 것인지" 묻는 게 아니라, '왜' 적용되어야 하는지"에 초점을 두는 일이다.[749] 그러니까 과학기술의 민주화는 과학의 발전 자체를 억제하자는 의미가 아니다. 오히려 '배타적 기술(지능) 만능주의 사회'가 도래할 경우 "지능형 솔루션이 일상을 지배"하고, 기술의 진보에 비해 "정책과 규제는 뒤처지는 현상"이 나타나 권력과 자원을 특정 계층이 독점할 가능성이 큰 만큼, 그러한 가능성을 최소화하자는 의미다.[750] 민주적·사회적 공론에 입각한 경제·산업생태계를 조성하고, 과학기술 영역의 시민참여 거버넌스를 구축하는 일은 4차 산업혁명 시대 지정학-과학 담론을 선도하는 역할을 한국에 부여할 수 있다. 이는 이후 서술할 정체성-경제-과학의 결절점에 대한 논의로 연결된다.

---

747 대니얼 리 클라인맨, 『과학, 기술, 민주주의: 과학기술에서 전문가주의를 넘어서는 시민참여의 도전』 (서울: 갈무리, 2012), p. 223.

748 Billy Perrigo, "Exclusive: OpenAI Used Kenyan Workers on Less Than $2 Per Hour to Make ChatGPT Less Toxic," TIME (January 18, 2023), at https://time.com/6247678/open-nai-chatgpt-kenya-workers/.

749 케이트 크로퍼드, 『AI 지도책: 세계의 부와 권력을 재편하는 인공지능의 실체』 (서울: 소소의책, 2022), pp. 266-267.

750 여영준, "AI 시대 대한민국 사회와 개인의 미래: 기술과 공간의 변화가 주도하는 2050년 미래와 대응전략," 『국가미래전략 Insight』 제94호 (2024), p. 1.

2.4. 정체성, 경제, 그리고 과학

정체성과 경제, 그리고 과학 간의 결절점 역시 기본적으로는 지정학을 축으로 논의한 결절점 구도에 근거한다. 앞서 자세히 다뤘듯이, 현대 한국 사회의 정체성 자체가 2차대전 종전 이후 새롭게 창출된 세계질서에 근거한 것이었다는 점에서 더욱 그러하다. 소위 보수와 진보로 양분되는 우리 사회의 정체성이 지정학적 요소의 근본적 성격을 배제한 채 정치적 투쟁 과정에서 인위적으로 구분된 경우가 많았고, '정체성의 정치화' 현상과 더불어 경제와 과학 영역까지 넘나드는 소모적 논쟁으로 이어졌다는 점을 기억하는 것이 필요하다. 이에 대한 이해를 바탕으로 정체성–경제–과학의 연결성을 살펴보자.

3장 정체성 논쟁 부분에서 박정희의 민족적 민주주의와 김대중의 대중적 민주주의 간 대립 구도를 언급한 바 있는데, 이는 경제 논쟁에서 제시한 산업화 우선론과 민주화 병행론 간의 대립 구도와 직결된다. 전자는 지정학적 위협(공산주의 세력)에 근거한 안보적 이유로 우선시됐고, 후자는 특권화된 유형의 민주주의를 거부하면서 대중의 의지를 숙의 과정에 포함하고자 하는 열망에서 비롯된 것이었다. 이러한 대립 구도는 1980년대 이후 대기업집단과 중소기업 간의 양극화 문제, 경제 민주화 담론, 생산적 복지 문제, 격차 사회 문제 등으로 이어진다.

이른바 성장과 분배 논쟁으로 귀결될 수 있는 위의 문제들은 흔히 보수와 진보라는 프레임을 통해 이해되었다. 그러나 조금만 더 들여다보면 정체성과 경제 간 결절점이 그리 견고하지 않다는 사실을 알 수 있다. 2000년대 중반 한국 사회가 직면한 균열 구조의 특징을 보여주는 흥미로운 조사 결과가 나온 적이 있는데, 아래 인용문은 해당 결과를 분석한 글이다.

성장과 분배 중 어느 것을 우선시해야 하는가에 대한 입장에 있어서는 통계학적으로 유의미한 정당 지지자별 차이가 드러나지 않는다. 이는 우리의 정당균열이 경제정책에 대한 입장을 거의 반영하고 있지 않음을 의미한다. 뿐만 아니라 경제정책에 대한 입장은 소득이나 계층 인식과 같은 경제적 측면에서 사회균열을 반영하지도 않는 것으로 나타났다. 비단 경제문제뿐만 아니라 다른 정책 이

슈나 정당 지지에서도 소득이나 계층의식이 거의 반영되지 않기는 마찬가지인
데, 이는 심리적 차원에서는 경제적 균열이 중요하지만, 서구의 여러 나라와 달
리 정책적 균열, 그리고 정당균열로 전환되지는 못했음을 의미한다.[751]

위의 인용문을 통해 다음과 같은 명제를 도출할 수 있을 것이다. 성장과
분배 논쟁을 보수와 진보 프레임으로 바라보는 것은 정체성의 '불필요한 정
치화'에 이바지하는 길이다. 1990년대 중반 고도성장의 종결을 맞이한 이후
한국 경제의 방향성을 군이 노선으로 표현하자면 '중도' 노선이 압도적이었
다. 이미 2002년 대선 때부터 여야 대통령 후보였던 이회창과 노무현 모두
'중도 개혁주의'를 표방했다.[752] 이명박 정부의 표어는 '중도실용'이었다. 제
17대 대통령 선거에서 이명박에게 패배했던 정동영 후보도 '중도개혁'의 기
치를 내걸었다. 제18대 대통령 선거에서 보수 측 후보였던 박근혜의 핵심 대
선공약은 '경제 민주화'였다. 이를 단순히 여야 간의 '중도 표' 뺏기 싸움 정
도로 치부해서는 안 된다. 오히려 탈냉전기 이후 제기된 경제개혁 문제가 이
미 보수와 진보 어느 한 진영의 시각으로는 해결할 수 없는 일이 되었음을
강력히 방증하는 현상으로 봐야 한다.

이와 관련해 노무현 정부 임기 말 양극화 심화의 원인을 놓고 이른바 '진
보 논쟁'이 벌어졌던 사실도 상기할 만하다. 당시 노무현 대통령은 참여정부
시기 "양극화가 심화된 것은 맞다"고 인정하면서도, 양극화의 원인이 "외환
위기와 가계부도라는 경제적 위기에서 심화된 것"이라고 주장했다. 반면 적
지 않은 진보적 지식인들은 노무현 정부의 '성장우선주의' 담론이 개혁과 분
배정책의 포기로 이어졌다는 주장을 제기했었다. 한미 자유무역협정(FTA)을
추진한 것에 대한 비판의 목소리도 컸다.[753] 그러나 진보 논쟁 자체는 그 이

---

751 김민전, "집단정체성, 사회균열, 그리고 정치균열," 강원택(편), 『한국인의 국가정체성과 한국정치』
     (서울: 나남출판, 2007), p. 67.

752 황태연 (2024) "김대중의 중도정치와 창조적 중도개혁주의," 황태연(편) 『사상가 김대중: 그의 철
     학과 사상』 (파주: 지식산업사), p. 114.

753 임석규, "참여정부 '양극화' 해소 노력했나 부채질했나: 불붙은 진보논쟁: 노대통령-진보진영 4
     대 쟁점," 『한겨레』 (2007년 2월 21일), https://www.hani.co.kr/arti/politics/politics_gener-
     al/192000.html.

전의 양극화 현상을 해결하지도, 그 이후의 양극화 현상을 완화하지도 못했다. 김대중 정부에서 청와대 대변인으로, 노무현 정부에서 환경부 차관을 역임했던 박선숙 전 의원은 2010년 김대중–노무현 정부에 대한 평가 토론회에서 양극화 문제야말로 양 정부 지지 세력 이반과 지지 세력 내부의 갈등을 초래한 "대표적인 정책 실패"라고 지적했다.[754]

그러나 양극화 심화의 근본 원인을 진보 정부에 있다고 결론 내리는 것 또한 섣부른 일이다. 소득과 고용의 정체, 물가 및 이자율의 상승 압박 등은 정부의 이념과 관계없이 세계적 차원에서 만성화된 현상으로 자리했다. 1998~2007년 진보 정부 10년의 시작을 규정한 경제적 조건은 세계화와 정보화라는 지정학적 현상이었다(세계화는 보수정권으로 분류되는 김영삼 정부의 캐치프레이즈였다는 점도 기억할 필요가 있다). 2008~2017년 보수 정부 10년은 서브프라임 모기지(Subprime mortgage) 사건에 따른 미국발 금융위기와 더불어 출발했다. 이후 문재인 정부는 팬데믹(COVID-19)에 시달렸고, 윤석열 정부는 러시아–우크라이나 전쟁과 이스라엘–하마스 전쟁의 상황에 직면했다. 수입 물가 상승과 더불어 인플레이션 우려 역시 일상화되었다.

정체성에 기반해서 판단하기 어렵기는 FTA 문제도 마찬가지다. 진보 논쟁이 벌어졌을 때 노무현 정부의 한미 FTA 추진을 반대했던 측에서는 시장 개방이 사실상 "미국화"라고 비판했다.[755] 그러나 "자유무역에서 나오는 이득은 그 본질상 생산자와 소비자들에게 광범하게 분산되어 실현되는 것이 보통"이기 때문에,[756] 당시의 시점에서는 "한미 FTA가 갖는 잠재력에 기초"해 타당성을 평가할 수밖에 없는 상황이었다.[757] 제조업을 넘어 서비스산업의 경쟁력을 키우는 것도 매우 중요한 과제였다. 재미있는 것은, 2010년대

754 한계희, "김대중·노무현 정부 정책실패 1호는 양극화," 『매일노동뉴스』 (2010년 7월 8일), https://www.labortoday.co.kr/news/articleView.html?idxno=97690.

755 임석규, "참여정부 '양극화' 해소 노력했나 부채질했나: 불붙은 진보논쟁: 노대통령-진보진영 4대 쟁점," 『한겨레』 (2007년 2월 21일).

756 이준구, 『쿠오바디스 한국 경제: 이념이 아닌 합리성의 경제를 향하여』 (파주: 푸른숲, 2009), p. 276.

757 이준구 (2009), p. 279.

중반 이후 미국 스스로 자국이 창출한 다자무역 체계와 그에 기반한 무역 자유화 흐름에 역행하는 모습을 보이고 있다는 점이다. 워싱턴의 경제정책은 점차 '방어적(defensive)'으로 변모하고 있으며, 수입품에 매기는 관세율은 1930년 스무트–홀리법(Smoot–Hawley Act) 이후 최고 수준이라는 평가가 나온다.[758] 한미 FTA 문제만 하더라도 협정 체결 이후 재협상을 요구한 주체는 미국이었다는 점을 상기할 필요가 있다. 미국 측은 재협상이 타결된 후 "한국과의 무역에 있어 비늘(needle)이 사라진 것"이라고 표현했다.[759] 게다가 미국이 협정에 개의치 않고 특정 분야에 관세를 부과할 수 있다는 전망까지 나온다. 일률적·보편적 관세를 FTA 체결국에도 적용할 수 있다는 의미다.[760] 자유무역 체제의 '창조적 파괴' 현상이라고 해야 할까?

성장과 분배의 문제를 단순히 보수와 진보 논쟁으로 치환할 수 없듯이, 세계화를 시장 중심의 신자유주의로 단순히 환원해서도 곤란하다. 심지어 '대중참여경제론'도 "시장을 통한 공정한 분배"가 "사회복지적 분배"보다 더욱 근본적으로 중요하다고 봤다는 사실을 상기해야 한다.[761] 중도와 실용은 구호가 아닌 실천의 대상이다. 덩샤오핑(鄧小平)이 20세기 후반 위대한 지도자의 반열에 오를 수 있었던 저력은 삼하삼상(三下三上: 세 번 숙청되었으나 세 번 복권됨)의 주인공이라는 이력도 작용했겠으나, 무엇보다 그가 주창하고 실천한 실용주의에 있었다. '자본주의자'라는 비판을 받고 실각까지 당했지만, 그는 흑묘백묘론(黑貓白貓論: 검은 고양이든 흰 고양이든 쥐를 잡는 고양이가 좋은 고양이)에 입각한 철저한 실용주의자였다. 명나라와 청나라의 해금정책(海禁政策), 대약진운동과 문화대혁명으로 기억되는 마오쩌둥의 '폐쇄적 중국'을 극복하고, 중국이 21세기 세계질서에서 '신형대국'의 반열에 오를 수 있도록 초석을 제공한 인물이었다.

---

758 Fareed Zakaria (2024), p. 40.

759 김은중, "트럼프 '경제 스승' "FTA 재협상 때 방 나가버릴 뻔"" 『조선일보』 (2024년 2월 7일), https://www.chosun.com/international/us/2024/02/07/ZIEO7L3DIZG7FGFIOASDUAQVA4/.

760 이윤희, "트럼프, FTA 관계없이 한국에 추가 관세 부과 가능성" 『뉴시스』 (2024년 4월 23일), https://www.newsis.com/view/NISX20240423_0002709175.

761 황태연 (2024), p. 117.

그림 41 | 덩샤오핑

　황장엽의 이야기도 흥미롭다. 1997년 한국으로 망명한 그는 탈북 인사 중 최고위층이었다. 또 북한의 핵심 통치 이데올로기이자 국가전략의 근간인 주체사상을 정립한 인물이었다. 아래는 김영삼 정부 시절 부총리 겸 통일원 장관을 역임한 한완상이 2007년 황장엽에게 들은 얘기다.

　남쪽으로 온 이래 그의 주변에 수구 냉전 세력들만 보인다고 했더니, 그는 슬픈 표정으로 이렇게 말했다. "정말 여기서 내가 하고 싶은 일은 서울대 같은 곳에서 똑똑한 학생들에게 초기 마르크스주의, 인간적 마르크스를 가르치는 것입니다." 역시 그의 내면 깊은 곳에는 학자다운 모습이, 학자로 살고 싶은 열정이 시퍼렇게 살아 있구나 하는 생각이 들었다. 후기 마르크스와 계급환원주의자 마르크스 또는 프롤레타리아 유혈혁명을 선동하는 마르크스가 아닌 휴머니스트 마르크스를 가르치고 싶다는 뜻이다.[762]

762　한완상, 『한반도는 아프다: 적대적 공생의 비극』 (파주: 한울, 2013), p. 459.

황장엽은 김일성·김정일 세습체제가 주체사상을 '수령 절대주의'로 변질시켰다고 개탄했다. 물론 북한의 수령 절대주의 또는 1인 지배체제 자체가 그가 원하든 원하지 않았든 주체사상에 기인해 형성됐음을 부인할 수 없고, 그런 측면에서 황장엽의 책임도 있다. 그러나 그렇다고 해서 인간적 측면을 견지하고 있는 마르크스주의 전체를 이단시하는 것은 하책(下策)이 될 것이다. 세계는 이미 레닌주의와 스탈린주의에 근거한 '수정적' 공산주의의 붕괴를 목격했다. '인간적' 마르크스를 매개로 자본주의와 민주주의 간의 상생을 도모하는 길을 충분히 찾아 나갈 수 있을 것이다. 심지어 덩샤오핑은 공산당의 영도와 마르크스·레닌주의, 마오쩌둥 사상 등을 견지하면서도 '경제건설'이라는 한 개의 중심점을 향해 나가지 않았던가. 2001년 전후 자유무역질서를 대표하는 세계무역기구(WTO: World Trade Organization)에 중국이 가입한 것은 덩샤오핑 사상이 정점을 맞이한 순간이었다. 정체성과 경제의 결절점은 생각보다 견고하지 않다.

그래서, 신자유주의는 좋은 것인가? 여기서도 핵심은 '복수의 현실'에 대한 인지다. 프리드먼(Milton Friedman)과 같은 신자유주의의 전도사들은 "자본주의의 위대한 성취는 재산의 축적이 아니라 사람들이 자신들의 능력을 확장하고 발전시키며 개선할 기회를 제공"한 것에 있다고 주장한다. "자본주의가 대안적 사회구성체제보다 불평등을 줄이는 결과"를 가져왔다는 것이다.[763] 그러나 신자유주의 시대를 거치면서 불평등의 정도가 심해진 것도 사실이다. 특히 워싱턴 컨센서스로 대표되는 신자유주의 이데올로기에 기반해 세계화를 이끌어 온 미국 내의 불평등이 심화한 것은 대표적 사례다(그림 42).

크루그먼(Paul Krugman)은 이를 두고 미국이 "도금시대 수준의 불평등한 사회로 바뀌었다"고 표현했다.[764] 불평등이 미국의 허리인 중산층을 약화시

---

763   밀턴 프리드먼, 『자본주의와 자유』 (서울: 청어람미디어, 2007), p. 263.

764   도금시대(Gilded Age). 미국 역사에서 1870년대~1890년대를 일컫는다. 괄목할만한 경제성장을 이뤘지만, 동시에 과다생산과 정치부패, 정부와 기업의 유착 등으로 경제위기로 이어졌다. 철강, 석유산업 등에서 독점 기업이 나타났지만, 원주민들은 개발과 개척의 바람 속에 광범위하게 소외되었고, 사회적 불평등 현상도 심화했다.

켰고, "사회관계와 정치를 좀먹었"으며, 미국이 "새로운 도금시대"로 옮겼다
는 것이다.[765] 크루그먼에 따르면, 1980년대에 비해 2000년대 중반에 파산을
선고하는 미국 가정의 수가 다섯 배 늘었는데, '능력 이상의 지출' 현상에 문
제의 원인을 찾는다면 그것은 잘못된 처방으로 이어질 수밖에 없다. 왜냐하
면 "미국 중산층은 욕심이 많거나 멍청해서가 아니라, 자신의 자녀에게 점
점 더 불평등해지는 사회에서 기회를 마련해 주기 위해", 즉 좋은 학군에 입
학시키기 위해 "어쩔 수 없이 빚을 지게 된 것"이었다.[766] 학생들의 수리 능
력 테스트 결과와 부모의 직업·소득 및 교육 수준에 따른 사회경제적 지위
간 상관관계의 수준이 매우 유의미하다는 점이 이를 방증한다(표 10). 부모님
의 지위와 사회적 계급이 능력에 우선하는 미국 사회의 현실은 현대 한국 사
회가 겪고 있는 소득·교육격차 문제와 매우 유사하다.

그림 42 | 미국 화폐소득 기준 지니계수(위)와 선택 분위의 실질가구소득(아래)

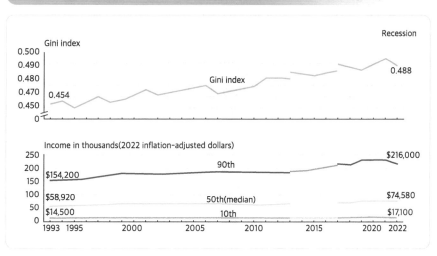

765   폴 크루그먼, 『미래를 말하다』 (서울: 현대경제연구원, 2008), pp. 308-309.
766   폴 크루그먼 (2008), p. 312.

표 10 1988년 8학년이었던 학생들의 대학 졸업 비율 [국립통계교육센터 2003년][767]

		성적	
		하위 25%	상위 25%
부모님의 사회경제적 지위	하위 25%	3	29
	상위 25%	30	74

지텔만(Rainer Zitelmann)의 견해는 다르다. 2007년과 2008년 미국 부동산 위기는 정부와 중앙은행의 금융 정책에 따른 치명적 결과다. 그는 미국 주택가격지수(US National Home Price Index)를 예로 들어 1999~2006년 주택 가격이 두 배 이상 상승했음을 지적하고, "저금리와 주택 가격 상승 간 상관관계"에 초점을 맞췄다.[768] 연방준비제도이사회에서 인위적으로 금리를 하향 조정했고, 이것이 정상적 가격 메커니즘 작동을 막는 결정적 역할을 했다는 것이다. 인위적 저금리나 제로금리가 지속되면 투자자들이 점차 위험성이 높은 주식이나 채권으로 이동할 수밖에 없다는 것이다. 결국 지텔만에 따르면 금융위기는 자본주의의 위기라기보다는 중앙은행의 인위적 시장 개입이 초래한 결과다. 더불어, 탈냉전기 20년의 기간 빈부격차가 커졌다고 하지만, "중국을 비롯한 인도와 다른 국가의 수억 명 인구가 자본주의 확산에 힘입어 극심한 빈곤에서 벗어날 수 있었던 것도 이 20년간"이었다.[769]

과학은 정체성과 경제의 약한 고리를 훌륭히 메워줄 수 있는 기제다. 과학은 진보와 보수를 연결하고, 성장과 분배를 연결하며, 세계화와 탈세계화를 연결해줄 수 있는 매개다. 물론 상술한 바와 같이 과학은 지정학적 구도에서 벗어나기 어렵다. 과학의 정치화 역시 불가피하다. 그러나 과학은 동시에 지정학을 뛰어넘을 수 있는 잠재성을 지니고 있다. 19세기 이후 과학은 경제, 사회, 정치, 법, 군사, 도덕적 구조에 심대하고 지속적인 차원에 영향을 미쳤다. 앞으로도 그럴 것이다. 과학이 논쟁 구도를 어떻게 변화시킬지

---

767   폴 크루그먼 (2008), p. 314. 원문의 표를 일부 편집한 것임.

768   라이너 지텔만, 『부유한 자본주의, 가난한 사회주의: 그들이 인정하지 않아도 역사가 말해주는 것들』(서울: 청어람미디어, 2019), p. 225.

769   라이너 지텔만 (2019), p. 15.

정확히 예측할 수 있는 사람은 아무도 없다. 특히 인간을 뛰어넘는 지능을 지닌 기계가 등장하는 소위 '특이점(singularity)'이 도래한다면―가능성의 문제가 아닌 시간문제다―그것이 창출할 세계, 그리고 그것이 인류에 미칠 영향은 우리가 가늠할 수 없는 수준이 될지도 모른다.[770]

물론 특이점을 숙명론적, 회의적 시각으로 받아들일 필요는 없다. 오히려 한국사회의 과학 논쟁은 보수 대 진보의 정체성을 넘어 '긍정적 정체성(Can Do Spirit)'과 연결돼야 하고, 지정학적 변화에 발맞추어 지속적 경제성장 가능성을 확장하는 형태로 구성돼야 한다. 예컨대 정보통신기술(ICT: Information and Communication Technology)은 정보화 시대 한국의 잠재력을 보여주는 확실한 예다. 국제전기통신연합(ITU: International Telecommunication Union)은 한국이 정보화 사회에서 ICT 강국으로 발돋움할 수 있었던 이유로 선진 교육 체계, 문화적 특성, 정부의 비전 등을 제시했다. 높은 교육열과 소프트웨어 교육의 접목, 한국의 '빨리빨리' 문화와 빠른 발전 속도를 특징으로 하는 정보기술 간의 흥미로운 접목, ICT에 대한 정부의 적극적 투자 등이 그것이다.[771]

2차 세계대전 이후 독립을 획득한 백여 개가 넘는 국가 중 민주주의와 시장경제를 모두 달성하고, 경제성장을 획득한 국가는 손에 꼽을 정도다. 그중에서도 민주주의와 시장경제를 제대로 달성하고, 경제협력개발기구(OECD: Organisation for Economic Co-operation and Development)에 가입했으며, 수원국에서 공여국으로 전환한 국가는 사실상 한국이 유일하다. 1959년 세계은행은 한국이 너무 가난해서 세계은행으로부터 대출조차 받기 어려운 상태라고 판단했다. 도시화 및 교육 수준이 너무 낮고, 산업시설은 북한에 집중돼 있다는 이유였다.[772] 지정학뿐 아니라 지경학(geo-economics) 측면에서 생각

---

770 Acharya and Buzan (2019), pp. 271-272.

771 ITU, "How the Republic of Korea Became a World ICT Leader?" The UN Specialized Agency for ICTs (May 29, 2020), at https://www.itu.int/hub/2020/05/how-the-republic-of-korea-became-a-world-ict-leader/.

772 Jim Yong Kim (2024) 조승연 인터뷰. https://youtu.be/ugyo-BkzH2c?si=czuQLYgb56sp4yFp.

해봐도 그렇다. 세계지도에서 한국은 섬(geopolitical island)이다. 인공위성에서 촬영한 한반도의 야간 사진은 유명하다. 주로 한국과 북한의 경제력 차이를 극명하게 보여주는 상징으로 활용되지만, 다른 한편으로는 전통적 시각의 지정학을 실증하는 도구다. 한국이라는 '섬'은 머리 위로 거대한 권위주의 세력을 이고 있다.

그림 43 | 한반도 야간 위성사진

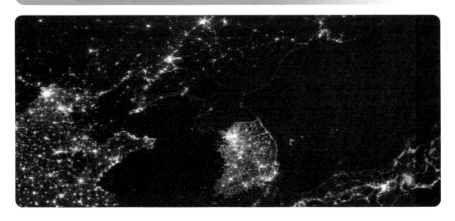

이러한 지형은 앞으로도 한국의 정체성과 경제 운용에 영향을 미칠 것이다. 그러나 반드시 부정성만 함축하는 것은 아니다. 한국은 이미 경제와 문화의 거점이다.[773] 어쩌면 소위 '안미경중(安美經中)'이야말로 지정학-경제, 정체성-경제 간 결절점을 협소한 시각에서 바라본 결과 도출된 담론일지도 모른다. '안보는 미국, 경제는 중국'이라는 담론에 갇혀 우리도 모르게 지정학적 딜레마를 재생산하고 강화해 온 것이다. 미국 중심의 안보 구도를 탈피하는 것이 현실적으로 어렵다면, 과학기술, 정치·문화적 아이디어를 매개로 우리의 활동 반경과 전략을 넓혀 나가면 된다. 원천기술 확보와 기초과학

---

773 Justin McCurry, "BTS, Blackpink, Squid Game, kimchi … what's the secret of South Korea's world-conquering culture?" *The Guardian* (March 6, 2024), at https://www.theguardian.com/world/2024/mar/06/bts-blackpink-squid-game-kimchi-whats-the-secret-of-south-koreas-world-conquering-culture.

지식의 확장, 그리고 그것을 투명하고 효과적으로 운용할 수 있는 메커니즘 구축을 통해 전략적 자율성을 점진적(가능하다면 획기적)으로 높여 나가는 것이다.

산업계와 학계, 연구기관 간의 협력은 그래서 더욱 중요하다. 연구개발 체제가 국방 능력과도 직결됨은 두말할 필요도 없다. 자동차 회사 포드의 대량생산 체제로 유명한 포드주의(Fordism)는 무기와 군수품의 대량생산을 가능케 했고, 이는 1차 세계대전 과정에서 미국의 세계적 부상을 가능하게 하는 원동력으로 작용했다. 수많은 과학자들이 전기회사 GE(General Electric)나 통신회사 AT&T(American Telephone & Telegraph)가 설립한 연구소에서 자유롭게 연구하고 기초과학 연구도 보장받았다. 매사추세츠 공과대학교(MIT: Massachusetts Institute of Technology), 캘리포니아 공과대학교(Caltech: California Institute of Technology) 등이 연구중심 대학으로 성장했고, 산학협력의 모델이 되었다. 기업들은 산업적 연구를 통해 더 크게 성장했다. 정부의 연구비 지원으로 실행된 MIT와 칼텍의 연구는 레이더 기술을 개량하고, 항공기를 포함한 공중 전력 무기체계를 강화하는 데 크게 공헌했다.[774]

마지막으로 기후변화, 인공지능, 우주개발 등 21세기 우리의 삶을 규정할 수 있는 과학기술의 핵심 영역이 모두 전 세계의 공유된 운명(shared fates)을 담보로 한다는 사실을 기억할 필요가 있다. 시장경제와 민주주의의 병행을 넘어 '과학기술과 민주주의의 병행 발전'이 반드시 필요한 이유다. 기후변화 분야에서 2023년 제28차 유엔기후변화협약 당사국 총회(COP28)는 "화석연료 시대 종말의 시작(beginning of the end of the fossil fuel era)"을 표어로 내걸었다. 그러나 정부와 기업의 활동만으로는 2015년 파리협정(Paris Agreement)에서 설정한 온실가스 감축목표를 달성하기 어렵다.[775] 기후 위기는 생명권, 환경권, 평등권과 직결된 사안이다. 과학 문제에 대한 기술관료적 접

---

774 박영욱 (2024), pp. 169-186.

775 UN, "COP28 Agreement Signals "Beginning of the End" of the Fossil Fuel Era," (December 13, 2023), at https://unfccc.int/news/cop28-agreement-signals-beginning-of-the-end-of-the-fossil-fuel-era.

근도 물론 필요하지만, 해당 사안을 주관할 수 있는 독립 행정기구의 필요성, 나아가 해당 기구를 시민사회의 시각에서 효과적으로 감시할 수 있는 제도적 장치의 마련 방안 등을 끊임없이 논의해야 한다.[776]

인공지능 기술 개발 과정에서 민주주의의 중요성은 말할 필요도 없다. 인공지능 시스템은 "객관적이고 보편적인 연산 기법"이 아니다. 그것은 "사회적·정치적·문화적·경제적 세계"와 직결돼 있으며, 인공지능 결정의 메커니즘 또한 "인간, 제도, 명령에 의해 빚어진다"는 사실을 명심해야 한다.[777] 인공지능 기술이 구조적 불평등을 재생산하고 재확산하지 않도록 감시하고, 해당 기술에 긍정성을 투영할 수 있는 고리는 민주주의가 유일하다. 우주기술도 마찬가지다. 우주의 군사화와 무기화 현상은 일정 부분 불가피한 측면이 있다. 우주기술 자체가 냉전기 미국과 소련 간 군사적 경쟁에서 비롯되었다는 점을 간과할 수 없다. 다만 우주기술이 민군(民軍) 이중 용도(dual-use)의 성격을 지니고 있고, 우주기술 확산에 따른 기업 참여 확대 등 우주의 상업화 가능성이 농후하며, 미국과 러시아와 같은 전통적 우주 강대국 외에 후발국들의 참여가 가속화되고 있다는 점에 주목해야 한다.[778] 달리 말해, 우주기술 개발 측면에서도 산학연 협력 메커니즘 마련과 더불어 우주 군사화(혹은 우주 무기화)의 속도와 과정을 제어하고 감시할 수 있는 민주적 거버넌스 마련이 긴요하다. 이는 당연하게도 국내 거버넌스를 넘어 글로벌 차원의 논의가 필요한 일이다. 한국사회의 논쟁이 보수와 진보의 대립 구도에서 벗어나야 하는 이유도 여기에서 도출될 수 있다. 21세기 한국의 정치는 전술한 의제들의 철학과 방향성을 마련해 세계에 제시하고, 글로벌 거버넌스 구축 과정을 선도해 나갈 수 있는 역량을 구축하는 데 집중해야 한다.

---

776   이영희, "한국 핵폐기물 관리정책의 '참여적 전환' 평가," 『시민사회와 NGO』 제21권 제1호 (2023), pp. 3-42.

777   케이트 크로퍼드 (2022), p. 249.

778   엄정식, 『우주안보의 이해와 분석: 우리나라 최초의 우주안보 개설서』 (서울: 박영사, 2024), p. 32.

3. 미래 지향적 정치를 위하여

　　자주와 편승, 진보와 보수, 성장과 분배, 세계화와 탈세계화, 원전과 탈원전, 기술관료적 과학과 민주적 공동체로서의 과학… 무엇이 정답인가? 본책은 정답을 제시하지는 않는다. 특정한 방향을 강요하지도 않는다. 다만 한국사회의 논쟁이 기존의 협소함을 넘어 '복수의 현실'을 인지함으로써 조금이나마 더 나은 대안을 모색하고 합리적인 방향성을 찾아 나가는데 작은 디딤돌이 되는 것을 목표로 했다. 2023년 대한민국 국민이 가장 크게 느낀 사회 갈등은 '진보와 보수의 대립'이었다.[779] 진보와 보수의 대립은 지역을 가리지 않고 어느 시대나 존재했다. 해당 대립 구도 자체를 없앨 수는 없다. 문제는 진보와 보수 진영이 각자가 지닌 가치를 일종의 '고정된 규범'으로 바라보고, 상대 진영을 폄하하는 태도다. 치열하게 논쟁하되, 비타협적이고 비생산적인 시각에 기반한 '상대 진영 깎아내리기'는 지양해야 한다. 중요한 것은 현재의 세계질서와 국제환경을 "고정된 규범으로 받아들이지 않는 것"이다. 현재의 규범을 성찰하고 재설정하는 일은 "언제나 가능하고 또 분명히 필요"하기 때문이다.[780]

　　한국 정치의 논쟁은 진보–보수 대립의 지형을 넘어, 자본주의(시장경제)–민주주의의 상생 방안, 그리고 과학기술–민주주의의 상생 방안을 궁구하고 실체적으로 구축해 나가는 형태의 구도로 전개되어야 한다. 그것은 지정학, 정체성, 경제, 과학 분야를 아우르는 포괄적 시각을 필요로 한다. 과거의 논쟁 구도를 부정하자는 얘기가 아니다. '변변찮은' 논쟁일지라도 고립된 섬(island)은 아니다. 모든 논쟁은 특정한 '결절점'에 위치해 있다. 오늘의 한국 역시 수많은 변변찮은 논쟁들이 만들어 낸 훌륭한 조합이다. 다만 자주와 편승, 진보와 보수, 성장과 분배 같은 이분법적이고 협소한 결절점을 넘어, 거

779　송정은, "지난해 국민이 가장 크게 느낀 사회 갈등은 '보수와 진보'" 『연합뉴스』 (2024년 3월 26일), https://www.yna.co.kr/view/AKR20240326082000002.

780　장하준, 아일린 그레이블, 『다시 발전을 요구한다: 장하준의 경제정책 매뉴얼』 (서울: 부키, 2009), p. 265.

시적 영역 간의 결절점을 통해 해결책을 궁구해 나갈 필요가 있다. 일견 추상적이고 멀게 느껴지더라도, 뚜벅뚜벅 걸어가는 수밖에 없다. 이것을 가능하게 하는 것이야말로 정치가 할 일이다. 세계 최초로 액체연료 로켓을 개발한 미국 물리학자 로버트 고다드(Robert H. Goddard)의 표현을 빌린다면 다음과 같이 말할 수 있을 것이다. "끝을 생각할 수는 없습니다. 별을 향한 목표를 세우는 것은 문자 그대로든 비유적으로든 여러 세대를 거쳐야 하는 일입니다. 그러나 얼마나 많은 진전을 이루든, 거기에는 항상 시작의 설렘이 있습니다."[781]

---

[781] 원문은 다음과 같다. "There can be no thought of finishing, for aiming at the stars, both literally and figuratively, is the work of generations, but no matter how much progress one makes there is always the thrill of just beginning."

그림출처

그림 1 삼전도비
출처: 송파구청 문화재과. https://www.songpa.go.kr/culture/contents.
  do?key=3854&.

그림 2 민주주의 정권 비율 변화
출처: Bastian Herre (2022) The World Has Recently Become Less Democratic"
  Published online at OurWorldInData.org., https://ourworldindata.org/
  less-democratic.

그림 3 알프레드 마한(왼쪽)과 그의 저서 〈해양력이 역사에 미친 영향, 1660~1783〉
출처: https://weekly.hankooki.com/news/articleView.html?idxno=6791724

그림 4 신탁통치 반대운동
출처: 우리 역사넷. http://contents.history.go.kr/data/img/ta/ta_e32/ta_
  e32_1330_01.jpg

그림 5 1951년 샌프란시스코 조약 체결 당시의 모습
출처: https://garystockbridge617.getarchive.net/amp/media/yoshida-signs-
  san-francisco-peace-treaty-199535

**그림 6 2016년 이순진(당시 합참의장)이 괌 미군기지를 방문해 THAAD에 관한 설명을 듣
  고 있는 모습**
출처: https://picryl.com/media/south-korea-army-joint-chief-of-staff-vis-
  its-thaad-on-guam-48d3f3

그림 7 골드만 삭스사의 보고서를 시각화한 자료
출처: https://www.visualcapitalist.com/visualizing-the-future-global-econ-
  omy-by-gdp-in-2050/#google_vignette

그림 8 1988 올림픽 당시 소비에트 연방 사이클팀

출처: Seoul Olympics `88 | Soviet Union Team Ekimov,Kaspoutis,Nelu… | Flickr

그림 9 양안문제 관련 지도

출처: https://commons.wikimedia.org/wiki/File:Taiwan-Volksrepublik_China.svg

그림 10 화성 17호

출처: 조선중앙통신

그림 11 1950.10 평양 탈환을 맞아 환영을 받는 이승만 대통령

출처: 대한민국 사랑회

그림 12 자작지와 소작지의 면적 변화

출처: 한국농촌경제연구원, "농지 개혁사 연구"

그림 13 1967년 4월 15일자 동아일보

그림 14 1972년 5월 3일 이후락 중앙정보부장(좌)을 접견하는 김일성

출처: 남북대화사료집

그림 15 전태일 열사 동상

출처: 저자 촬영

그림 16 5.18 광주민주화운동. 도청 앞 광장

출처: 한국민족문화대백과사전

그림 17 198년 6월 서울 소공동 한국은행 앞 시위

출처: 민주화운동기념사업회

그림 18 1987년 대선을 앞둔 한 행사장에서 서로 고개를 돌린 채 앉아있는 김대중 전 대통령과 김영삼 전 대통령

출처: 중앙포토

그림 19 민주자유당 창당 축하연
출처: 한겨례

그림 20 하버드 대학교 윤석열 대통령 연설
출처: 대통령실 홈페이지

그림 21 홍범도 장군 흉상
출처: 동아일보

그림 22 결혼에 대한 청년층의 인식
출처: 통계청

그림 23 혁명공약

그림 24 1968년 5월 17일자 동아일보

그림 25 2014~2023년 1인당 국민총소득
출처: 통계청

그림 26 연령별 대기업-중소기업 소득격차
출처: 통계청

그림 27 사전 정서 처치 실험 프로세스

그림 28 과학 이슈에 대한 인식의 역학

그림 29 BSE, vCJD의 유행 곡선
출처: J Gerald Collee, Ray Bradley, & Paweł P Liberski, "Variant cjd(vcjd) and bovine spongiform encephalopathy(bse): 10 and 20 years on: Part 2," *Folia Neuropathologica* 44-2 (2006).

그림 30 가압경수로 발전시스템 개략도
출처: 원자력재료종합정보시스템

그림 31 비등경수로 발전시스템 개략도
출처: 원자력재료종합정보시스템

그림 41 덩샤오핑

Wikimedia Commons, CC BY.

그림 42 미국 화폐소득 기준 지니계수(위)와 선택 분위의 실질가구소득(아래)

출처: Melissa Kollar (2023) "Income Inequality Down Due to Drops in Real Incomes at the Middle and Top, But Post-Tax Income Estimates Tell a Different Story." United States Census Bureau. September 12.

그림 43 한반도 야간 위성사진

출처: Korean Peninsula at Night. Worldview Image of the Week. EarthData: Open Access for Open Science. 미국항공우주국(NASA) 제공. https://www.earthdata.nasa.gov/worldview/worldview-image-archive/korean-peninsula-at-night.

참고문헌

제1장 한국 정치를 어떻게 이해할 것인가?

강원택. 『한국 정치의 결정적 순간들』 서울: 21세기북스, 2019.

김계동 · 박선영. 『한국사회 논쟁: 민주사회 발전을 위한 찬성과 반대논리』 서울: 명인문화사, 2019.

김영명. 『한국의 정치변동』 서울: 을유문화사, 2006.

김현성. 『선거로 읽는 한국 정치사』 파주: 웅진지식하우스, 2021.

김호기 · 박태균. 『논쟁으로 읽는 한국 정치사』 서울: 메디치미디어, 2019.

신진욱 · 이세영. 『한국 정치 리부트: 열광과 환멸의 시대를 이해하는 키워드 12』 서울: 메디치미디어, 2023.

홍익표. 『한국 정치를 읽는 22개의 키워드: 신자유주의부터 포퓰리즘까지』 서울: 오름, 2019.

제2장 한국 정치 이해를 위한 논쟁의 단층선

강원택. 『보수는 어떻게 살아남았나: 영국 보수당 300년, 몰락과 재기의 역사』 서울: 21세기북스 2020.

강원택. 『한국 정치의 결정적 순간들』 서울: 21세기북스, 2022.

강인철. "한국 개신교와 보수적 시민운동: 개신교 우파의 극우 · 혐오정치를 중심으로." 『인문학연구』 제33호 (2020).

강준만. 『한국 현대사 산책: 1940년대편 2』 서울: 인물과사상사, 2004.

김경원. 『전환시대의 생존전략』 서울: 삶과 꿈, 2005.

김명자. 『원자력, 무엇이 문제일까?』 서울: 동아엠앤비, 2023.

김성보. "북한의 주체사상: 유일체제와 유교적 전통의 상호관계." 『사학연구』 제61권 (2000).

김성수.『자본주의와 민주주의, 상생(相生)의 정치경제학을 위하여』서울: 박영사, 2020.

김순수. "중국의 '중앙국가안전위원회' 설립에 관한 연구."『민족연구』제63호 (2015).

김영란.『판결과 정의: 대법원의 논쟁으로 한국사회를 보다』서울: 창비, 2019

김진환·이미경·이인정·정은찬·차문석.『통일문제이해』서울: 국립통일교육원, 2021.

김학재.『판문점 체제의 기원: 6.25 전쟁과 자유주의 평화기획』서울: 후마니타스, 2015.

김학준. "서양인들이 관찰한 조선의 모습들: 청일전쟁 발발 직전으로부터 조선의 망국까지의 시기."『한국정치연구』제18집 3호 (2009).

김호기, 박태균.『논쟁으로 읽는 한국 현대사』서울: 메디치미디어, 2019.

데이브 레비턴.『과학 같은 소리 하네: 과학의 탈을 쓴 정치인들의 헛소리와 거짓말』서울: 더퀘스트, 2018.

데이비드 하비.『자본주의는 당연하지 않다』서울: 선순환, 2021.

브뤼노 라투르.『과학인문학 편지』서울: 사월의책, 2023.

스콧 프리켈, 켈리 무어.『과학의 새로운 정치사회학을 향하여: 제도, 연결망, 그리고 권력』서울: 갈무리, 2013.

신병주. "조선 역사상 가장 치욕스러웠던 1637년 그날의 이야기." 내 손안에 서울 (2022년 03월 24일). https://mediahub.seoul.go.kr/archives/2003921.

신진욱. "다중격차와 글로벌 다중위기의 도전."『한림지성』창간호 (2023년 1월).

유영수.『일본이 선진국이라는 착각』서울: 휴머니스트, 2021.

이완범. "한반도 분할의 국제정치학: 19세기말-20세기 초 열강간의 논의를 중심으로."『국제정치논총』제42집 4호 (2002).

이정남. "한중수교 30주년, 그리고 한중관계의 미래."『미래정책포커스』제33호 (2022).

이창민.『지금 다시, 일본 정독』서울: 더숲, 2022.

전병유, 황인도, 박광용. "노동시장의 이중구도와 정책대응."『BOK 경제연구』제2018-40호 (2018).

전봉근. 『북핵위기 30년: 북핵외교의 기록과 교훈』 서울: 명인문화사, 2023.

조지 프리드먼. 『다가오는 유럽의 위기와 지정학』 서울: 김앤김북스, 2020.

조지프 스티글리츠. 『세계화와 그 불만』 서울: 세종연구원, 2020.

진중권. 『보수를 말하다』 서울: 동아일보사, 2020.

최지영, 김진하, 박영자. "북한 최고인민회의 제14기 제9차 회의 분석." 『통일연구원』 CO 23-32 (2023).

칼 슈미트. 『정치신학: 주권론에 관한 네 개의 장』 서울: 그린비, 2010.

토머스 S. 쿤. 『과학혁명의 구조』 서울: 까치, 1999.

한완상. 『한반도는 아프다: 적대적 공생의 비극』 서울: 한울, 2013.

Acharya, Amitav and and Barry Buzan. *The Making of Global International Relations: Origins and Evolution of IR at Its Centenary*. Cambridge: Cambridge University Press, 2019.

Ball, Terence, Richard Dagger, and Daniel I. O'Neill. *Political Ideologies and the Democratic Ideal*. Oxon: Routledge, 2020.

Baradat, Leon P. and John A. Phillips. *Political Ideologies: Their Origins and Impact*. Oxon: Routledge, 2020.

Bourdieu, Pierre. *Science of Science and Reflexivity*. Chicago: The University of Chicago Press, 2004.

Bullock, Alan. *Hitler and Stalin: Parallel Lives*. Vintage Books, 1993

Carson, Rachel. *Silent Spring (Anniversary edition)*. Mariner Books, 2022.

Fukuyama, Francis. "The End of History." *The National Interest* 16 (Summer, 1989).

Kim, Dae-jung. *Conscience in Action: The Autobiography of Kim Dae-Jung*. Singapore: Palgrave Macmillan, 2019.

Kissinger, Henry. *World Order*. London: Penguin Books, 2014.

Koo, Hagen. "Rising Inequality and Shifting Class Boundaries in South Korea in the Neo-Liberal Era." *Journal of Contemporary Asia* 51-1 (2021).

Kurki, Milja. "Relational Revolution and Relationality in IR: New Conversations." *Review of International Studies 48*-5 (December, 2022).

Lafeber, Walter. "NATO and the Korean War: A Context." *Diplomatic History* 13-4 (October, 1989).

Lind, Michael. "Welcome to Cold War II." *The National Interest* 155 (May, 2018).

Reeves, Michael. *The Unquenchable Flame: Discovering the Heart of the Reformation*. London: Inter-Varsity Press, 2009.

Sagan, Carl. *Pale Blue Dot: A Vision of the Human Future in Space*. Ballantine Books, 1997.

Sandel, Michael J. *What Money Can't Buy: The Moral Limits of Markets*. New York: Farrar, Straus and Giroux, 2013.

Smith, Adam. *The Theory of Moral Sentiments* (D.D. Raphael and A.L. Macfie eds.). New York: Oxford University Press, 1976[1759].

<언론기사 및 기타 웹사이트>

김종철. "친서민 공정사회로 간다는데." 『한겨레』 (2010년 8월 25일). https://www.hani.co.kr/arti/opinion/column/436773.html.

김한울. "R&D 예산 삭감 여파에 대학 연구개발비 8.4%↓ … 학생인건비 축소로 학생연구원 '짐쌀 판'" 『한국대학신문』 (2023년 10월 9일). https://news.unn.net/news/articleView.html?idxno=553473.

김형준. "대뇌 오가노이드, AI 미래 바꾼다." 『머니투데이』 (2023년 11월 5일). https://news.mt.co.kr/mtview.php?no=2023101509204589334.

김훈. "죽음의 자리로 또 밥벌이 간다." 『경향신문』 (2019년 11월 25일). https://www.khan.co.kr/national/labor/article/201911250600045.

노정태. "'공산 전체주의'가 철 지난 반공? 민주당은 설명할 의무가 있다." 『조선일보』 (2023년 4월 9일). https://www.chosun.com/opinion/chosun_column/2023/09/11/XIU7GKAU65CIXFWE4IP2YIVB3E/.

문재철. "노태우 대통령, 10년 내 통일." KBS (1991년 7월 2일). https://news.

kbs.co.kr/news/pc/view/view.do?ncd=3705668.

박기용. "'과학 연구 접으라는 것' 예산 삭감 삭풍에 떠는 학계." 『한겨레』 (2024년 1월 12일). https://www.hani.co.kr/arti/science/science_general/1124020.html.

[사설]. "이명박 정부, '1% 프렌들리'에서 벗어나라." 『경향신문』 (2008년 2월 24일). https://www.khan.co.kr/opinion/editorial/article/200802241817425.

[사설]. "50년 뒤 인구 3600만에 절반이 65세 이상, 나라가 아니다." 『조선일보』 (2023년 12월 15일). https://www.chosun.com/opinion/editorial/2023/12/15/5RJ332VFLBGDXJXQX2AZAGSLBQ/.

송재윤. "중국, 아직도 마르크스를 떠받드는 이유는?" 『조선일보』 (2022년 12월 31일). https://www.chosun.com/opinion/column/2022/12/31/AIH4GMT-7KRBJZPFDBNXUPKJF4E/.

신경진. "시진핑 "중국 공산당은 마르크스주의 충성스런 신봉자·실천자."" 『중앙일보』 (2018년 5월 4일). https://www.joongang.co.kr/article/22597046#home.

신호경. "한은, "수도권 인구 비중 OECD 1위…저출산 문제의 원인."" 『연합뉴스』 (2023년 11월 2일). https://www.yna.co.kr/view/AKR20231102091751002.

전현우. "'R&D 예산 삭감' 파장…과학·기술계 '연구 현장 파괴 행위'" 『KBS』 (2023년 9월 6일). https://news.kbs.co.kr/news/pc/view/view.do?ncd=7766439.

홍서현. "서울 '빅5 병원'에 몰리는 환자들…의료격차 심화." 『연합뉴스TV』 (2023년 10월 18일). https://m.yonhapnewstv.co.kr/news/MYH20231018020700641.

Abrams, Elliott. "The New Cold War." Council on Foreign Relations. (2022) available at https://www.cfr.org/blog/new-cold-war-0.

Duran, Burhanettin. "New Cold War Discourses Becoming More Widespread." SETA (2022) available at https://www.setav.org/en/new-cold-war-discourses-becoming-more-widespread/.

Eliasoph, Adena. "The Cold War's Last Frontier: Where North Korea Meets

South." NATO Association of Canada (2015) available at https://na-toassociation.ca/the-cold-wars-last-frontier-where-north-korea-meets-south/.

Milmo, Dan. "AI will affect 40% of jobs and probably worsen inequality, says IMF head." *The Guardian* (January 15, 2024) available at https://www.theguardian.com/technology/2024/jan/15/ai-jobs-inequali-ty-imf-kristalina-georgieva.

Revere, Evans J. R. "The Prospects for Korean Reunification. Great De-cisions." Foreign Policy Association (February 19, 2016) available at https://youtu.be/fiWmVELM-RM?si=6rkwfulK4A6PJKCz.

Snyder, Scott A. "Three Geopolitical Constraints on South Korea's For-eign Policy." Council on Foreign Relations (July 31, 2015) available at https://www.cfr.org/blog/three-geopolitical-constraints-south-ko-reas-foreign-policy.

United Nations. "Divided Peninsula 'Last Remaining Vestige of Cold War,' Republic of Korea President Tells UN." (2015) available at https://news.un.org/en/story/2015/09/510152.

共产党. "习近平新时代中国特色社会主义思想. 总体国家安全观."『共产党员网』 (n.d.) available at https://www.12371.cn/special/xxzd/hxnr/aqg/.

제3장 논쟁의 실제: 변화와 지속

1. 한국 정치와 지정학

『한국민족문화대백과사전』

강준만.『한국 현대사 산책: 1940년대편 1』서울: 인물과사상사, 2004.

기미야 다다시.『일본의 한반도 외교: 탈식민지화·냉전체제·경제협력』서울: 제이앤씨, 2013.

김동기. 『지정학의 힘: 시파워와 랜드파워의 세계사』 파주: 아카넷, 2020.

김동노. "6.25 전쟁과 지배 이데올로기." 『아시아문화』 제16호 (2000).

김성보. "21 세기에 돌아보는 1945년 한반도의 지정학." 『역사비평』 제124호
    (2018).

김성수. 『위기의 국가』 파주: 명인문화사, 2024.

김웅희. "한일기본조약의 의의와 한계: 한일관계 50년의 성찰." 『일본연구논총』 제
    43호 (2016).

김지선 · 유재광. "한일관계에서 관심전환외교와 지연된 화해: 이명박 정부 (2008-
    2013) 대일정책을 중심으로." 『글로벌정치연구』 제15권 1호 (2022).

김태기. "1950년대초 미국의 대한(對韓) 외교정책." 『한국정치학회보』 제33집 1호
    (1999).

김학노. "한반도의 지정학적 인식에 대한 재고: 전략적 요충지 통념 비판." 『한국정
    치학회보』 제53권 2호 (2019).

김호기 · 박태균. 『논쟁으로 읽는 한국 현대사』 서울: 메디치미디어, 2019.

도시환. "한일조약체제와 「식민지」 책임의 국제법적 재조명." 『국제법학회논총』 제
    57권 3호 (2012).

박다정. "태평양전쟁 초기 중국의 팽창주의와 미국의 한반도 신탁통치 결정
    (1941~1943)." 『역사학보』 제256집 (2022).

박명수. "제2의 반탁운동과 1947년 초 국내 정치세력 동향." 『숭실사학』 제39집
    (2017).

박영준. "한국외교와 한일안보 관계의 변용, 1965~2015." 『일본비평』 제12호
    (2015).

반길주. "미 · 중 전략적 경쟁 시대 경제안보의 부상과 한국의 전략적 선택지." 『전략
    연구』 제29권 2호 (2022).

서정경. "중국의 부상과 한미동맹의 변화: 동맹의 방기(Abandonment) - 연루(En-
    trapment) 모델적 시각에서." 『신아세아』 제15권 1호 (2008).

신범식. "북방정책 - 역사적 회고와 미래적 전망 - 문재인 정부의 신 북방정책에 대
    한 함의 -." 『계간 외교』 제125호 (2018).

신복룡. "한국 신탁통치의 연구: 미국의 구도와 변질을 중심으로." 『한국정치학회

보」제27집 제2호(상) (1994).

신복룡. "해방정국에서의 신탁 통치 파동." 『사회과학논총』 제23집 (1999).

신욱희. 『한미일 삼각안보체제: 형성, 영향. 전환』 서울: 사회평론아카데미, 2019.

신종대. "남북한 외교경쟁과 '6.23선언'." 『현대북한연구』 제22권 3호 (2019).

양동안. "여운형의 민족통일노선." 『한국학(구 정신문화연구)』 제27권 4호 (2004).

윤석정. "문재인 정부의 대일 투-트랙(Two-Track) 외교와 한일 관계 — 한일 관계의 게임 체인저로서 강제동원판결 — ." 『일본학보』 제132호 (2022).

윤석정. "이승만-기시 정권기 한일회담 재개교섭: 청구권 문제와 비공식 접촉을 중심으로." 『한국정치외교사논총』 제39집 2호 (2018).

이문기. "박근혜 정부 시기 한중관계 평가와 바람직한 균형외교 전략의 모색." 『현대중국연구』 제18권 2호 (2016).

이상국. "동북아안보정세분석: 주한미군의 사드 배치 결정 이후 중국의 반응과 한국의 대응." 한국국방연구원 (2016년 7월 26일).

이성우. "한일갈등의 역사적 기원과 정치적 쟁점." 『이슈&진단』 제381호 (2019).

이원덕. "한일관계 65년 체제의 성격과 한일 신시대의 과제." 『일본학보』 제127호 (2021).

임춘건. 『북방정책과 한국정치의 정책결정』 파주: 한국학술정보, 2008.

장영호. "韓·美 방위비분담금 협상행태의 비교연구: 美트럼프·바이든 행정부 중심." 『군사발전연구』 제15권 2호 (2021).

장원석. "[교과서 바로 보기] 신탁통치안의 기원과 왜곡." 『내일을 여는 역사』 제23호 (2006년 3월).

정기웅. "노태우 정부 이후 역대 정부의 북방정책: 통일정책에서 국가전략으로." 『국제지역연구』 제25권 1호 (2021).

정기웅·윤익중. "북방정책에 대한 소고: '북방'과 '정책'의 지속과 변화." 『글로벌정치연구』 제14권 1호 (2021).

정종욱. "북방정책의 평가 및 전망; 북방정책의 평가: 외교적 측면." 『국제문제연구』 제15권 1호 (1991).

조희용. 『중화민국 리포트 1990-1993』 서울: 선인, 2022.

주용식. "노태우 북방정책의 딜레마와 한국 북방정책에 대한 함의." 『국제지역연구』

제25권 4호 (2021).

헌법재판소. 헌재 2000. 7. 20. 98헌바63, 판례집 12-2, 52, '남북교류협력에관한 법률 제9조 제3항 위헌소원'

황병태. 『한국 외교와 외교관: 황병태 전 주중대사』 서울: 국립외교원, 2014.

Megginson, Leon C. "Lessons from Europe for American Business." *The Southwestern Social Science Quarterly* 44-1 (June, 1963).

<언론기사 및 기타 웹사이트>

Tanzi, Alexandre. "China to Be Top World Growth Source in Next Five Years, IMF Says." *Bloomberg* (April 17, 2023) at https://www.bloomberg.com/news/articles/2023-04-17/china-to-be-top-world-growth-source-in-next-five-years-imf-says.

권영미. "中-브라질간 위안화 결제 무역 첫 완료…달러 중개 없었다." 『뉴스1』 (2023년 10월 05일). https://n.news.naver.com/mnews/article/421/0007089819?sid=104.

김성수. "일본 국왕 김대통령 초청만찬서 한국 고통 사과." 『MBC 뉴스데스크』 (1998년 10월 07일). https://imnews.imbc.com/replay/1998/nwdesk/article/2005187_30723.html.

김태영. "테슬라, 미-중 갈등 속에도 中 투자 확대…'메가팩' 공장 신설." 『서울경제』 (2023년 04월 10일). https://www.sedaily.com/NewsView/29O8Y27T6N/GF0602.

미국 국무부 외교편찬실. https://history.state.gov/historicaldocuments/frus1945v02/d268.

장종덕. "'육군사관학교 졸업식파문, 민병돈 교장 사의표명'." 『KBS뉴스』 (1989년 03월 25일). https://news.kbs.co.kr/news/pc/view/view.do?ncd=3685997.

조선일보. "송진우 살해범 한현우, 옥중수기 발표." 『조선일보』 (1946년 5월 12일). https://db.history.go.kr/id/dh_002_1946_05_12_0110.

조철호. "북방외교." 한국민족문화대백과사전. https://encykorea.aks.ac.kr/Article/E0066460.

OECD. "Economic projections to 2060." OECD iLibrary (June 21, 2022) at https://www.oecd-ilibrary.org/sites/719db0de-en/index.html?itemId=/content/component/719db0de-en.

NA. "Visualizing the Future Global Economy by GDP in 2050." *Stone News* (September 8, 2023) at https://stonenews.eu/visualizing-the-future-global-economy-by-gdp-in-2050/.

2. 한국 정치와 정체성

강명구. "진보 논쟁은 무엇을 놓치고 있는가?" 『인물과 사상』 통권 108호 (2007).

강명세. "불평등한 민주주의와 평등한 민주주의." 『기억과 전망』 제23호 (2010).

강원택. "3당 합당과 한국 정당 정치: 의도하지 않은 정치적 결과." 『한국정당학회보』 제11권 1호 (2012).

강원택. "한국에서 정치 균열 구조의 역사적 기원: 립셋-록칸 모델의 적용." 『한국과 국제정치』 제27권 3호 (2011).

강원택. "한국의 이념 갈등과 진보 · 보수의 경계." 『한국정당학회보』 제4권 2호 (2005).

강원택. 『한국인의 국가정체성과 한국정치』 서울: EAI 동아시아연구원, 2007.

김구. 『백범일지』 파주: 돌베개, 2005.

김대중. "통일과 민족의 운명." 김대중(편), 『김대중전집 II』 서울: 연세대학교 김대중도서관, 1993.

김동근. "자유민주주의의 한계와 가망성." 『윤리교육연구』 제23호 (2010).

김동노. "민족주의의 다원화와 이념 갈등." 『동방학지』 제159호 (2012).

김명섭. "윤보선의 반공사상과 5.16군사정변 직후의 정치적 선택." 『한국정치외교사논총』 제36권 1호 (2014).

김병곤. "한국 보수주의의 이념적 특징." 『역사비평』 제95호 (2011).

김병문. "김영삼, 김대중, 노무현 정부의 개혁 정책 비교." 『비교민주주의연구』 제8권 1호 (2012).

Kim, Sungsoo. *The Role of the Middle Class in Korea Democratization.* Edison: Jimoondang, 2008.

김연철. "7·4 남북공동성명의 재해석." 『역사비평』 통권 99호 (2012).

김일영. "한국에서 보수와 진보의 의미 변화와 현위상: '뉴라이트', '뉴레프트' 그리고 자유주의." 『철학연구』 제100집 (2006).

김종엽. "분단체제와 87년체제." 『창작과비평』 제33권 4호 (2005).

김지형. "1960~1970년대 박정희 통치이념의 변용과 지속." 『민주주의와 인권』 제13권 2호 (2013).

김창록. "법적 관점에서 본 대한민국의 정체성." 『법과사회』 제59호 (2018).

남광규. "남북대화의 국내적 활용과 '7·4남북공동성명'의 도출." 『평화학연구』 제17권 3호 (2016).

박정희. 『우리 민족의 나갈 길』 서울: 동아출판사, 1962.

박정희. 『한국 국민에게 고함』 서울: 동서문화사, 2006.

박해남. "1990년대의 국제화·세계화와 대중 민족주의." 『한국민족문화』 제77호 (2020).

손호철. "'한국체제' 논쟁을 다시 생각한다: 87년 체제, 97년 체제, 08년 체제론을 중심으로." 『한국과 국제정치』 제25권 2호 (2009).

송주명. "한국 시민사회의 보수적 지배 이념의 균열." 『한일공동연구총서』 제16호 (2007).

신주백. "정부수립과 한국근현대사 속에서 광복·건국의 연속과 단절." 『한국근현대사연구』 제48집 (2009).

오승용. "지역주의와 지역주의 연구: 회고와 전망." 『사회과학연구』 제12권 2호 (2004).

유용민. "정체성 갈등 시대 정체성 정치문화에 대한 소고: 자기 동일성으로서의 정체성 개념에 대한 비판적 접근을 중심으로." 『OUGHTOPIA』 제37권 3호 (2023).

유헌식. 『근대 한국사회의 정치적 정체성』 서울: 소명출판, 2023.

윤민재. "한국 보수세력의 이념과 활동에 대한 정치사회학적 연구." 『사회이론』 제26호 (2004).

윤상철. "87년체제의 정치지형과 과제." 『창작과비평』 제33권 4호.

이광일. "'민주화' 전후 이데올로기 독점과 변형." 『마르크스주의 연구』 제4권 2호 (2007).

이나미. "박정희 정권과 한국 보수주의의 퇴보." 『역사비평』 제95호 (2011).

이나미. "한국의 진보 · 보수 개념 변천사." 『내일을 여는 역사』 제67권 (2017).

이병완. 『박정희의 나라 김대중의 나라 그리고 노무현의 나라』 파주: 나남, 2009.

이상록. "1960~70년대 민주화운동 세력의 민주주의 담론." 『역사와현실』 제77호 (2010).

이상우. "21세기 시대흐름과 대한민국의 자유민주주의." 『신아세아』 제19권 1호 (2012).

이완범. "건국 기점 논쟁: 1919년설과 1948년설의 양립." 『현상과 인식』 제33권 4호 (2009).

이재호. "한국 지역주의의 변화." 『전남대학교 글로벌디아스포라연구소 국내학술회의』 (2010).

이주철. "조약으로 보는 우리 역사 7 · 4 남북공동성명." 『내일을 여는 역사』 제11호 (2003).

이찬수. "분쟁의 심층, 정체성 갈등과 평화다원주의의 길." 『원불교사상과종교문화』 제79호 (2019).

이창언. "유신체제 하 학생운동의 집합적 정체성과 저항의 관계." 『역사연구』 제23호 (2012).

임혁백. "박정희에 대한 정치학적 평가." 『평화연구』 제20권 2호 (2012).

전일욱. "문민정부의 행정개혁." 『한국행정사학지』 제54권 54호 (2022).

정준표. "대통령선거를 통해 본 지역주의의 시작과 그 변화 양상." 『한국정치연구』 제24권 2호 (2015).

정태석. "87년 체제와 시민사회 이데올로기-가치들의 변화." 『경제와사회』 제117호 (2018).

정태헌. "기획: 누가 대한민국을 위태롭게 하는가 -대한민국의 정체성 논쟁." 『기억과 전망』 제10집 (2005).

조희연. "'수동혁명적 민주화 체제'로서의 87년 체제, 복합적 모순, 균열, 전환에 대하여: 87년 체제, 97년 체제, 포스트민주화체제." 『민주사회와 정책연구』 제24

호 (2013).

지병근. "민주화 이후 지역감정의 변화와 원인."『한국정당학회보』제14권 1호
(2015).

최광승·조원빈. "박정희의 민주주의관과 유신체제 정당화."『한국동북아논총』제
26권 2호 (2021).

최치원. "한국에서 보수주의의 의미에 대한 하나의 해석."『시대와 철학』제20권 4
호 (2009).

편집부. "5·16군사정변과 제3공화국 - 정변의 실체와 민주공화당의 정당정치를 중
심으로."『한국정치외교사논총』제14권 (1997).

한국사사전편찬회.『한국근현대사사전』서울: 가람기획, 2005.

현승윤.『보수·진보의 논쟁을 넘어서』서울: 삼성경제연구소, 2005.

홍사명.『한국인의 정체성 한국인은 누구인가?』서울: 온북스, 2022.

홍석률. "1971년의 선거와 민주화운동 세력의 대응."『역사비평』통권 98호
(2012).

홍태영. "'민중'이라는 주체의 탄생과 1980년대의 사회적 상상."『한국정치연구』제
33권 1호 (2024).

<언론기사 및 기타 웹사이트>

고철종. "[깊은EYE] 헌법에 없는 단어 '자유민주주의'의 함의."『SBS NEWS』
(2022년 05월 22일). https://news.sbs.co.kr/news/endPage.do?news_
id=N1006756446.

금준경. "보수정부와 조선일보의 이승만 영웅만들기 프로젝트."『미디어오늘』
(2024년 02월 18일). https://www.mediatoday.co.kr/news/articleView.
html?idxno=315979.

금준경. "이게 다 햇볕정책 때문이다."『미디어오늘』(2017년 07월 16일). https://
www.mediatoday.co.kr/news/articleView.html?idxno=137856.

김두환. "〈7.4 공동성명의 `明과 暗〉."『연합뉴스』(2003년 07월 02일). https://
n.news.naver.com/mnews/article/001/0000402817?sid=100.

김미나. ""대통령에게 건국 논란 안 붙였으면" 건국절 논쟁은 피해갔다 '건국절 주

장' 선 그은 경축사." 『한겨레』 (2023년 08월 15일). https://www.hani.co.kr/arti/politics/bluehouse/1104437.html.

김미나. ""윤 대통령, 시스템 공천 당부" 윤심 공천 논란 선긋지만⋯." 『한겨레』 (2024년 02월 05일). https://www.hani.co.kr/arti/politics/politics_general/1127372.html?utm_source=copy&utm_medium=copy&utm_campaign=btn_share&utm_content=20240225.

김성수. "팬덤을 넘어 부족주의로 진화하는 정치." 『국민일보』(2022년 9월 5일). https://www.kmib.co.kr/article/view.asp?arcid=0924262332.

김성수. "한 · 아프리카 정상회의 성과와 숙제." 『내일신문』 (2024년 7월 16일). https://m.naeil.com/news/read/516882.

김성수. "혼자 가는 것보다 함께 가야 멀리 간다." 『국민일보』 (2022년 4월 18일). https://www.kmib.co.kr/article/view.asp?arcid=0924241046.

김성진. "[평양NOW] 남북관계 단절 속 7.4공동성명 51주년." 『연합뉴스』 (2023년 07월 04일). https://www.yna.co.kr/view/AKR20230704121300535?input=1195m.

김재경. "윤석열 대통령님, 자유가 중요하다면서요?" 『Medium』 (2023년 05월 05일). https://medium.com/lab2050/윤석열-대통령님-자유가-중요하다면서요-d5048b859021.

김호기. "더 나은 삶? 20세기 유럽 사민주의 복지국가를 보라." 『한국일보』 (2020년 10월 13일). https://www.hankookilbo.com/News/Read/A2020101209350003383.

김환기. "[세계포럼] 산업화 세력과 민주화 세력의 악수." 『세계포럼』 (2014년 01월 15일). https://www.segye.com/newsView/20140115005693.

김환영. "2600년 전사람 이솝 "뭉치면 살고 흩어지면 죽는다." 『중앙일보』 (2011년 04월 30일). https://www.joongang.co.kr/article/5427243#home.

남시욱. "햇볕정책 대안 찾아야." 『동아일보』 (2002년 07월 10일). https://www.donga.com/en/article/all/20020710/223651/1/Opinion-We-Need-A-Measure?m=kor.

대한민국 정부수립과 우리의 각오. "이대통령훈화록." 행정안전부 대통령기록관

(1948년 08월 15일). https://www.pa.go.kr/research/contents/speech/index.jsp?spMode=view&catid=c_pa02062&artid=1310444.

문재인. "제72주년 광복절 경축식." 행정안전부 대통령기록관 (2017년 08월 15일). https://www.pa.go.kr/research/contents/speech/index.jsp.

박민규. "육사 '독립 영웅' 홍범도 · 김좌진 · 이범석 · 이회영 흉상 철거 · 이전한다." 『경향신문』 (2023년 08월 25일). https://www.khan.co.kr/politics/assembly/article/202308251635001.

박민철. "정치권 건국절 논란 1919 VS 1948…왜?" 『KBS 뉴스』 (2017년 08월 17일) https://news.kbs.co.kr/news/pc/view/view.do?ncd=3534698.

박상현. "[3.1 운동. 임정 百주년] (11) 건국절 논란… "통일돼야 진짜 건국"." 『연합뉴스』 (2019년 01월 16일). https://www.yna.co.kr/view/AKR20190111056400005.

박정희. "헌법개정안(憲法改正案) 공고(公告)에 즈음한 특별담화문(特別談話文)." 행정안전부 대통령기록관 (1972년 10월 27일). https://www.pa.go.kr/research/contents/speech/index.jsp#this_id3.

박초롱. "한국경제, 기적을 만들다." KDI 경제정보센터 (2015년 07월 29일). https://eiec.kdi.re.kr/material/clickView.do?click_yymm=201508&cidx=2437.

법제처 국가법령정보센터. "대한민국 헌법." https://www.law.go.kr/%EB%2%95%EB%A0%B9/%EB%8C%80%ED%95%9C%EB%AF%BC%EA%B5%AD%ED%97%8C%EB%B2%95.

복거일. "독립운동 세대서 경제 발전 세대로… 이승만 후계자는 박정희였다." 『조선일보』 (2023년 11월 29일). https://www.chosun.com/opinion/column/2023/11/29/K4AXUU2MNBBZJHADETACA5WEKQ/.

성유보. "[길을 찾아서] '반공 대 평화' 차별성 뚜렷한 7대 대선 / 이룰태림." 『한겨레』 (2014년 02월 19일). https://www.hani.co.kr/arti/society/media/624905.html.

우리역사넷. "5.16 군사 정변시 내세운 혁명 공약." 국사편찬위원회 (n.d.). http://contents.history.go.kr/front/hm/view.do?levelId=hm_150_0010.

이기홍. "왜 '자유민주주의' 삭제에 집착할까." 『동아일보』 (2018년 06월 28

일). https://www.donga.com/news/Opinion/article/all/20180628/90796908/1.

이유진. "또 '좌편향' 교과서 운운…'자유'민주주의, '남침' 빠졌다고?"『한겨레』(2022년 09월 01일) https://www.hani.co.kr/arti/society/schooling/1057029.html.

이주영. "[연재] 이승만시대 (23) 미, 이승만 귀국 막아…"뭉치면 살고 흩어지면 죽는다" 호소."『뉴데일리 경제』(2012년 08월 27일). https://biz.newdaily.co.kr/site/data/html/2012/08/27/2012082710012.html.

이택선. "이승만 전문가가 본 '건국전쟁' 흥행…"586세대의 이승만 찾기"."『중앙일보』(2024년 02월 19일). https://www.joongang.co.kr/article/25229648#home.

이혜리. "민주당 돈봉투 의혹 닮은꼴 '2008년 한나라당 돈봉투' 판결 살펴보니."『경향신문』(2023년 04월 17일). https://m.khan.co.kr/national/court-law/article/202304171703001#c2b.

정원식. "[표지이야기]'1987년 체제'를 극복해야."『주간경향』(2012년 01월 10일). https://m.weekly.khan.co.kr/view.html?med_id=weekly&artid=201201041133161&code=113#c2b.

중앙선거관리위원회 사이버선거역사관. "대한민국 선거사." http://museum.nec.go.kr/museum2018/bbs/2/1/1/20170912155756377100_view.do?bbs_id=20170912155756377100&article_id=20171208142843743100&article_category=1&imgNum=%EB%8C%80%ED%86%B5%EB%A0%B9%EC%84%A0%EA%B1%B0%EC%82%AC.

중앙선거관리위원회 선거통계시스템. "박정희/김대중." http://info.nec.go.kr/main/showDocument.xhtml?electionId=0020240410&topMenuId=CP.

최진호. "왜 문학과 과학의 상생인가?"『연합뉴스』(2013년 07월 23일). https://www.yna.co.kr/view/RPR20130723008700353.

한겨레. "낯부끄러운 '좌파적 분배정책'의 현실."『한겨레』(2007년 01월 23일). https://www.hani.co.kr/arti/opinion/editorial/185921.html.

홍석재. "건국절 논란 '1948년 정부 수립' 못박아…국정화 왜곡 바로잡기."『한겨레」(2018년 05월 02일). https://www.hani.co.kr/arti/society/society_
general/843057.html?utm_source.

황광모. "⟨87년체제 30년⟩ ①87년체제의 명암…미래향한 보완과 혁신 나서
야." 『연합뉴스』(2016년 10월 24일). https://www.yna.co.kr/view/
AKR20161021030400001.

BBC. "분석: 7.4 공동성명 50주년…'남북 대화의 틀' 마련." 『BBC NEWS 코리아』
(2022년 07월 04일). https://www.bbc.com/korean/news-61992350.

IMF. "GDP, current prices." at https://www.imf.org/external/datamapper/
NGDPD@WEO/WEOWORLD/KOR.

3. 한국정치와 경제

기획재정부 · 한국외국어대학교. "2012 경제발전경험모듈화사업: 한국의 농지개
혁." 한국개발연구원 국제정책대학원 (2013년 05월 01일).

김경필. "노태우 정부 시기 국가-기업 관계의 재검토: 시소게임 접근을 넘어서." 『경
제와사회』 제135호 (2022).

김상조. "재벌,금융개혁 -김대중정부 평가와 차기 정부의 과제." 『민주사회와 정책
연구』 제3권 (2003).

김성구. "IMF 와 김대중 정권의 경제정책 비판: 시장주의 구조조정이 제 2 의 위기
를 부른다." 『월간 사회평론 길』 제98권 8호 (1998).

김성수. "시민사회운동과 신자유주의 경제개혁." 『정치 · 정보연구』 제17권 2호
(2014).

김성수 · 유신희. "김영삼 정권의 신자유주의 경제개혁: 기술관료(Technocrat)와 정
당엘리트의 상호관계를 중심으로." 『사회과학연구』 제25권 4호 (2014).

김용성 · 이주호. "인적자본정책의 새로운 방향에 대한 종합연구." KDI 한국개발연
구원 (2014년08월). https://www.kdi.re.kr/research/reportView?pub_
no=14159.

김종인. 『영원한 권력은 없다』 서울: 시공사, 2020.

김희삼. "다중격차와 사회통합의 다중장벽: 경제자본, 인적자본, 사회자본의 동조
성." 한국사회보장학회 정기학술발표논문집 (2017. 05).

대니얼 마코비츠.『엘리트 세습』서울: 세종서적, 2020.

박정원. "구조화된 교육불평등: 대학입시에서 대학재정까지: 미국과의 비교를 중심으로."『대학: 담론과 쟁점』제1호 (2024).

박정희.『우리민족의 나갈 길』서울: 기파랑, 2017.

박종관. "생산적 복지정책의 효과 분석."『한국사회와 행정연구』제16권 1호 (2005).

박진근. "한국 역대정권의 주요 경제정책."『한국경제연구원 정책연구』제3호 (2009).

서정대. "전두환, 노태우 정부의 중소기업 정책."『중소기업정책연구』제1권 3호 (2016).

양지연. "이중구조화된 노동시장에서 최저임금의 고용효과:한국의 사례를 중심으로."『노동정책연구』제17권 1호 (2017).

유종일. "한국경제 양극화의 역사적 기원, 구조적 원인, 해소 전략."『경제발전연구』제24권 1호 (2018).

윤민재. "민주화 이후 신자유주의의 강화와 사회경제정책의 특징: 김대중 정부의 사례를 중심으로."『인문사회 21』제7권 3호 (2016).

윤희숙.『정책의 배신』파주: 21세기 북스, 2020.

이상록. "『사상계』에 나타난 자유민주주의론 연구." 한양대학교 박사학위논문, 2010.

이종욱 · 오승현. "대기업 성과가 중소기업에 미치는 영향: 네트워크론 자료를 이용한 낙수효과 실증분석."『금융지식연구』제12권 2호 (2014).

이호연 · 양재진."퍼지셋 분석을 통해 본 한국 노동시장의 이중구조와 불안정 노동자."『한국정책학회보』제26권 4호 (2017).

장나연 · 주진영 · 신규리. "MZ세대의 자기애성향, SNS 이용동기, 시적 여가소비의 관계."『한국여가레크리에이션학회지』제46권 3호 (2022).

장준하. "박대통령에게 보내는 공개 서한" 장준하(편).『씨올의 소리』광주: 광주광역시5 · 18사료편찬위원회. 1997.

장준하.『죽음에서 본 4.19』서울: 기독교 사상, 1975.

조재호. "베트남 파병과 한국경제 성장."『사회과학연구』제50집 1호 (2011).

토마 피케티. 『21세기 자본』 파주: 글항아리, 2014.

한국은행 국제종합팀. "1980년대 중반과 금번 원유하락기의 원유시장 여건 비교 분석." 『국제경제리뷰』 제15호 (2016).

허철행. "박정희식 국가 발전 모델." 『동양문화연구』 제16권 (2013).

<언론기사 및 기타 웹사이트>

고차원. "청년 고용률은 평균 밑돌고, 실업률은 웃돌아." 『전주 MBC』 (2024년 01월 19일). https://www.jmbc.co.kr/news/view/39328.

공성윤. ""저출산 정책 접고 1억 달라"…정부 딜레마 빠뜨린 국민." 『시사저널』 (2024년 05월 03일). https://www.sisajournal.com/news/articleView.html?idxno=290059.

국가기록원-나라기록포털. "기록으로보는 경제개발 5개년 계획." https://theme.archives.go.kr/next/economicDevelopment/fifth.do?page=1&eventId=0014765487.

권경률. "[권경률의 노래하는 한국사(10)] 5공화국의 3S 정책, 억압과 자유화의 부적절한 동침." 『월간중앙』 (2022년.12월 17일). https://jmagazine.joins.com/monthly/view/337197.

김덕련 · 서어리. "박정희 정권은 어쩌다 차관 망국 위기 자초했나 [서중석의 현대사 이야기] 〈79〉 경제 개발, 다섯 번째 마당." 『프레시안』 (2015년 01월 06일). https://www.pressian.com/pages/articles/122920.

김동은. "귀족노조, 기사 딸린 차 타는데…회사 한번 와보지도 않고 정책 결정하나." 『매일경제』 (2024년 02월 01일). https://www.mk.co.kr/news/business/10934829.

김성수. "승자독식 사회." 『경기일보』 (2021년 3월 1일). https://www.kyeonggi.com/article/202103011158577.

김세직. "장기성장률 높여 청년 소득 늘려야 저출산 문제 푼다." 『중앙일보』 (2024년 02월 20일). https://www.joongang.co.kr/article/25229764#home.

김유림. "전두환 정권부터 이명박까지 경제정책 탐구." 『주간현대』 (2015년 05월 11일). http://www.hyundaenews.com/13231.

김은경. "올해 서울대 신입생 10% 강남구·서초구 고교 출신." 『조선일보』 (2022년 10월 19일). https://www.chosun.com/national/education/2022/10/18/EB6DF3VYUNFY5O7EY75ZQVXWNQ/.

김자영. "역대 대통령 1년차 '1분기→4분기' 지지율은? [어땠을까]." 『시사오늘』 (2023년 05월 11일). https://www.sisaon.co.kr/news/articleView.html?idxno=150155.

김태주. "[NOW] 초등 4학년 '의대 입시반'까지 생겼다." 『조선일보』 (2023년 02월 18일). https://www.chosun.com/national/education/2023/02/18/ULL-3FCZU6VFVNKQR72GN5SDJT4/.

김호기. " [DJ정부평가11] 준비안된 빅뱅식 개혁 실패." 『경향신문』 (2002년 08월 20일). https://www.khan.co.kr/politics/politics-general/article/200208201827001.

김희원. ""유전자녀 무전무자녀"…출생아 절반 이상이 '고소득층'." 『세계일보』 (2024년 02월 22일). https://www.segye.com/newsView/20240222507739?OutUrl=naver.

남지원. "서울대·전국 의대 신입생 절반 이상 수도권 출신… 정시 합격생 5명 중 1명은 '강남 3구'." 『경향신문』 (2023년 05월 09일). https://www.khan.co.kr/national/education/article/202305091630001.

두산백과. "니트족." https://terms.naver.com/entry.naver?docId=1233981&cid=40942&categoryId=31630.

류정. ""최저임금 1만원 되면, 일자리 6만9000개 사라진다"." 『조선일보』 (2023년 06월 26일). https://news.chosun.com/svc/list_out/content.html?catid=12&scode=www&contid=2023062600570&css_url=.%2Fcss%2FdefaultStyle.css&resize_url=.

매일경제. "격차사회." https://terms.naver.com/entry.naver?docId=12563&cid=43659&categoryId=43659.

맹성규. ""한국은 세계에서 가장 우울한 나라"…미국 유명 작가의 솔직한 여행기." 『매일경제』 (2024년 01월 28일). https://www.mk.co.kr/news/society/10931121.

박광원. "현경연, 국내 니트족 44만명…"정확한 분석과 정책적 배려 강화돼야". 『파이낸셜 신문』 (2021년 03월 22일). https://www.efnews.co.kr/news/articleView.html?idxno=89248.

박근종. "[기고] 합계출산율 0.78명 충격, 미래 없는 한국 국정 전반 재설계를." 『매일일보』 (2023년 02월 27일). https://www.m-i.kr/news/articleView.html?idxno=991229.

박성우. "[노태우 별세] 시장 개방·자유화 門 연 대통령…재임기 평균 8.5% 성장." 『조선비즈』 (2021년 10월 27일). https://biz.chosun.com/policy/policy_sub/2021/10/26/JKMQ37Q6RBC2ZNCOZZS4PNNKD4/?utm_source=naver&utm_medium=original&utm_campaign=biz.

박지운. "육아휴직도 양극화…중소기업엔 사용 쉽지 않아." 『연합뉴스TV』 (2024년 01월 21일). https://m.yonhapnewstv.co.kr/news/MYH20240121011500641.

배진영. "라모스 전 대통령 타계로 본 필리핀과 한국." 『월간조선』 (2022년 08월 02일). http://m.monthly.chosun.com/client/mdaily/daily_view.asp?Idx=15862&Newsnumb=20220815862.

백승호. "초·중·고 사교육비 4년 연속 증가 "또 역대 최고"." 『한국교육신문』 (2024년 03월 18일). https://www.hangyo.com/news/article.html?no=101187.

성혜미. "역대 '정경유착' 역사①-박정희 정권." 『주간 현대』 (2015년 09월 11일). http://www.hyundaenews.com/15906.

송광호. ""초중고생 사교육 참여율 약 80%…사교육비 사실상 준조세"." 『연합뉴스』 (2024년 05월 03일). https://www.yna.co.kr/view/AKR20240503025200005?input=1195m.

송광호. "저출산의 이면…"태어나는 아이 중 절반은 고소득층 자녀"." 『연합뉴스』 (2024년 02월 22일). https://www.yna.co.kr/view/AKR20240222050100005?input=1195m.

시사상식사전. "수출입 링크제." https://terms.naver.com/entry.naver?docId=67745&cid=43667&categoryId=436

신현보. ""전쟁 없이 어떻게 이런 일이"…한국 심각한 상황에 '경악'." 『한국경제신문』 (2024년 05월 30일). https://www.hankyung.com/article/2024053032577.

안병용. "에너지 정책 방향, 친환경 확대 56% vs 탈원전 중단 32%." 『데일리한국』 (2019년 5월 23일). https://daily.hankooki.com/news/articleView.html?idxno=606887.

안현·이순규. "법무사·노무사·세무사, 지원자 수 역대 최고." 『아시아경제』 (2024년 05월 29일). https://view.asiae.co.kr/article/2024052914370499292.

어기선. "[역사속 경제리뷰] 3저 호황." 『파이낸셜 리뷰』 (2024년 01월 03일). http://www.financialreview.co.kr/news/articleView.html?idxno=26840.

어기선. "[역사속 경제리뷰] 대만 UN 탈퇴 그리고 박정희 중화학공업 육성." 『파이낸셜 리뷰』 (2023년 03월 06일). http://www.financialreview.co.kr/news/articleView.html?idxno=23720.

오인석. "합계출산율 사상 첫 0.6명대 추락…지난해 출생아 23만 명." 『연합뉴스』 (2024년 02월 28일). https://www.ytn.co.kr/_ln/0102_20240228 1200298803.

원선우. "[4.15 팩트체크] "의료보험 박정희가 했다" 黃발언 사실?" 『조선일보』 (2020년 04월 01일). https://www.chosun.com/site/data/html_dir/2020/03/29/2020032900779.html.

월간매거진. "李承晩과 1950年代를 다시 본다." 『월간조선』 (2000년 11월). https://monthly.chosun.com/client/news/viw.asp?nNewsNumb= 200011100048.

윤영호. "DJ 노믹스 '절반의 성공'." 『주간동아』 (2004년 11월 03일). https://www.donga.com/WEEKLY/coverstory/article/all/11/67475/1.

이덕연. "건국 후 한국 경제 '리셋'…농지개혁 이야기 1 [이덕연의 경제멘터리]." 『서울경제』 (2024년 02월 17일). https://n.news.naver.com/article/011/ 0004300822?lfrom=kakao.

이승훈. "[이승훈의 신국부론] 중산층의 몰락과 경제정책의 오류." 『연합인포맥스』 (2022년 10월 26일). https://news.einfomax.co.kr/news/articleView.html?idxno=4239318.

이지민. "고소득 가구, 1인당 사교육비 월 49만원 더 썼다 [사교육비 또 역대 최대]." 『세계일보』 (2024년 03월 14일). https://www.segye.com/news-View/20240314517313?OutUrl=naver.

이진호. ""문과로 살아남기 힘들어요", 문과생들의 이탈과 전문직 쏠림 현상." 『매거진 한경』 (2024년 03월 04일). https://magazine.hankyung.com/job-joy/article/202403046644d.

이한선. "부모 소득 높을수록 학생 성적 상위 10% 들 가능성 높아." 『아주경제』 (2014년 12월 30일). https://www.ajunews.com/view/20141230161109636.

이현택. "국민 지지 업고 '재벌 개혁' … 총수 사면해 재기 기회 줘." 『중앙일보』 (2015년 11월 23일). https://www.joongang.co.kr/article/19115372#home.

이호준·이하늬. "부모 월소득 대비 자녀의 특목고 진학률…700만~1000만원 3.5%, 300만원 이하 1.4%." 『경향신문』 (2021년 11월 02일). https://www.khan.co.kr/national/education/article/202111020600025.

이후민. "김종인 "대기업 탐욕 해소없이 경제민주화 어려워"." 『머니투데이』 (2013년 10월 17일). https://news.mt.co.kr/mtview.php?no=2013101720238260576.

전민구. ""노태우 5년은 중산층 제대로 형성된 시대"…노태우센터 세미나." 『중앙일보』 (2023년 07월 06일). https://www.joongang.co.kr/article/25175405#home.

정철욱·이창언. "380조 쏟아붓고도 0.72명… 들쭉날쭉 지원 '원정 출산'만 낳았다 [대한민국 인구시계 '소멸 5분전']." 『서울신문』 (2024년 02월 05일). https://www.seoul.co.kr/news/2024/02/05/20240205006004.

정혜정. "국민 10명 중 3명 "노후 준비 안해"…"준비할 능력 없어"." 『중앙일보』 (2023년 11월 08일). https://www.joongang.co.kr/article/25205668#home.

조재연. ""부민강국 토대를 놓은 대통령은 박정희" 압도적 1위[창간 32주년 특집]." 『문화일보』 (2023년 11월 01일). https://www.munhwa.com/news/view.html?no=2023110101030430103001.

차지연. "[전두환 사망] '3저' 기반에 고도성장…비리로 빛바래." 『연합뉴스』 (2021년 11월 23일). https://www.yna.co.kr/view/AKR20211123110600002?input=1195m.

최가영. "[밀착취재T] 서울시 예산 45조원, 어디에 어떻게 쓸까?" 『TBS 뉴스』 (2024년 01월 04일). https://tbs.seoul.kr/news/newsView.do?typ_800=7&idx_800=3513787&seq_800=20506488.

최준영. "최저임금의 역설… 사람대신 로봇 뽑는 골목상권." 『문화일보』 (2024년 05월 27일). https://www.munhwa.com/news/view.html?no=2024052701071707025001.

통계청. "가구당 월평균 가계수지 (전국, 1인 이상)." (2024년 05월 23일). https://kosis.kr/statHtml/statHtml.do?orgId=101&tblId=DT_1L9U001&vw_cd=MT_ZTITLE&list_id=G_A_10_003_001&scrId=&seqNo=&lang_mode=ko&obj_var_id=&itm_id=&conn_path=K2&path=%252Fcommon%252Fmeta_onedepth.jsp.

특별취재팀. ""중기 쥐어짜는 건 황금알 거위 배 가르는 것… 대기업 상생 시급"." 『조선일보』 (2024년 03월 06일). https://www.chosun.com/national/national_general/2024/03/06/OB6VZDNV6BBVRMPDH65M3QB2KU/.

특별취재팀. "정규직 용접공 8700만원, 하청 4500만원… 위기 때마다 하청만 깎여." 『조선일보』 (2024년 03월 06일). https://www.chosun.com/national/national_general/2024/03/05/OMUK4XYVRVALFB2GXWBJAUNCEI/.

특별취재팀. "中企 직원 "여기선 결혼도 출산도 모두 불가능할 것 같아"." 『조선일보』 (2024년 03월 06일). https://www.chosun.com/national/national_general/2024/03/06/Q5WBSAOVZBHN5DJO4FSDXEQPRY/.

행정학 사전. "GNP 디플레이터." https://terms.naver.com/entry.naver?cid=42155&docId=77922&categoryId=42155.

홍성국. "브라만 자본주의는 지속 가능할까?" 『한국일보』 (2024년 05월 30일). https://www.hankookilbo.com/News/Read/A2024052714290005043?did=NA.

홍성희. "능력이 부족해서? '임금격차 이유' 따로 있었다." 『KBS』 (2023년 02월 19일). https://news.kbs.co.kr/news/pc/view/view.do?ncd=7608573.

황지윤. "청년 36%만 "결혼에 긍정적"⋯ 80%는 "비혼 동거 가능"." 『조선일보』 (2023년 08월 28일). https://www.chosun.com/economy/economy_ general/2023/08/28/C6HCFEYA2JG5ZJKBAKCZWUUWXU/?utm_ source=naver&utm_medium=referral&utm_campaign=naver-news.

NA "김대중 전 대통령 어록 "민주주의와 시장경제는 수레의 양 바퀴." 『중앙일보』 (2009년 08월 19일). https://www.joongang.co.kr/article/3733069#home.

NA. ""종합과세제도 96년 실시"." 『매일경제』 (1993년 09월 01일). https://www.mk.co.kr/news/all/1275067.

NA. "[IMF 관리 경제] IMF 이행각서(전문)." 『한국경제신문』 (1997년 12월 06일). https://www.hankyung.com/article/1997120600421.

NA. "〈8.15 경축사〉 생산적 복지체제의 내용과 방향." 『조선일보』 (1999년 08월 15일). https://biz.chosun.com/site/data/html_dir/1999/08/15/1999081570033.html.

NA. "大衆(대중) 희생을 强要(강요)." 『동아일보』 (1968년 05월 17일). https://www.donga.com/archive/newslibrary/view?ymd=19680517&-mode=19680517/0001061839/1.

4. 한국정치와 과학

김소영 · 금희조. "과학 이슈의 정치 프레임이 메시지 평가, 정서적 태도, 정책 지지에 미치는 영향 접종과 정서의 조절 효과를 중심으로." 『한국언론학보』 제63권 6호 (2019).

김수진. "원자력 정치의 부재와 탈원전의 정책규범에 관한 고찰." 『ECO』 제22권 1호 (2018).

김용선. "광우병과 변종 크로이츠펠트 야콥병." 『가정의학회지』 제25권 7호 (2004).

김용선. "프리온 질환." 『대한신경과학회지』 제19권 1호 (2001).

농림수산식품부. "미국산 쇠고기 수입위생조건 협의결과 및 대책." 제273회 국회 제2차 농림해양수산위원회 청문회 (2008년 05월 07일).

박옥. "크로이츠펠트-야콥병의 개요와 발생현황 및 역학적 특성, 감시체계." 『한국

농촌의학회지』제26권 1호 (2001).

산업통상자원부. "제8차 전력수급기본계획(2017~2031) 공고." (2017년 12월 29일). https://www.motie.go.kr/kor/article/ATCL3f49a5a8c/160040/view.

석정현·주다영. "AI 그림에 대한 사회 인식 및 AI 생성 서비스의 발전 방향성 분석." PROCEEDINGS OF HCI KOREA 2023 학술대회 발표 논문집 (2023. 02).

신희성. "태양광발전 시스템이 환경에 미치는 영향." 한국과학기술정보연구원 (2010년 02월 16일). https://www.reseat.or.kr/portal/cmmn/file/fileDown.do?menuNo=200019&atchFileId=72fceb17ab514e7bb4adf-14770c7132d&fileSn=1&bbsId=.

우석균. "2008년 시위와 광우병, 그리고 2023년 후쿠시마 오염수 방류." 『의료와사회』제13호 (2023).

이정민·허덕. "미국산 쇠고기 수입확대의 파급 영향과 시사점." 한국농촌경제연구원 (2008년 04월 01일) https://www.krei.re.kr/krei/researchReportView.do?key=70&pageType=010301&biblioId=103475.

이지혜. "누가 소들을 분노케 했는가-유럽의 광우병 파동." 『다른과학』제10호 (2001).

임용. "프리온 그리고 광우병과 변형 크로이츠펠트 야콥병(인간광우병)간의 유사성." 『조선대학교의대논문집』제33권 3호 (2008).

전용철·진재광·정병훈·김남호·박석주·최진규·김용선. "BSE: 프리온 질병의 진단법 및 최근 연구동향." 『Korean Journal of Veterinary Public Health』제31권 2호 (2007).

정해관. "CJD/vCJD의 역학." 대한산업의학회 2008년 제41차 추계학술대회 (2008. 11).

질병관리청. 2024년도 크로이츠펠트-야콥병 관리지침. (2024년 03월 18일). https://www.kdca.go.kr/board/board.es?mid=a20507020000&bid=0019

함재봉. "광우병 괴담의 정보적 특성분석과 대비책에 관한 연구." 치안정책연구소 (2010년 06월). https://psi.police.ac.kr/police/board/view.do;jsessionid=94D59FB20FD645A010A58E161B1D2798?bbsId=BB-

SMSTR_000000000151&pageIndex=1&nttId=146188&menu-No=115001000000.

AHG on BSE risk status evaluation of Members. "Electronic consultation of the OIE ad hoc group on bovine spongiform encephalopathy risk status evaluation of members." OIE (2017).

Appleby, Brian. "Creutzfeldt-Jakob Disease (CJD)." (2022). MSD MANU-AL Consumer Version (November 2022) at https://www.msdmanuals.com/home/brain,-spinal-cord,-and-nerve-disorders/prion-diseases/creutzfeldt-jakob-disease-cjd.

Bolsen, Toby and James N. Druckman. "Counteracting the politicization of science." *Journal of Communication* 65-5 (July 2015).

Bolsen, Toby, James N. Druckman, & Fay Lomax Cook. "How frames can undermine support for scientific adaptations: Politicization and the status-quo bias." *Public Opinion Quarterly* 78 (February 2014).

Cazzaniga, Mauro, Florence Jaumotte, Longji Li, Giovanni Melina, Augustus J Panton, Carlo Pizzinelli, Emma J Rockall, & Marina Mendes Tavares. "Gen-AI: Artificial Intelligence and the Future of Work." IMF (January 14, 2024) at https://www.imf.org/en/Publications/Staff-Discussion-Notes/Issues/2024/01/14/Gen-AI-Artificial-Intelligence-and-the-Future-of-Work-542379.

Centers for Disease Control and Prevention. "Variant Creutzfeldt-Jakob Disease(vCJD): Reported in the US." (2021).

Collee JG, Ray Bradey, & Paweł P Liberski. "Variant cjd(vcjd) and bovine spongiform encephalopathy(bse): 10 and 20 years on: Part 2." *Folia Neuropathologica* 44-2 (June, 2006).

European Centre for Disease Prevention and Control. "Creutzfeldt-Jakob Disease International Surveillance Network." The University of Edinburgh.

IEA. "Projected Costs of Generating Electricity 2020." (December, 2020) at https://www.iea.org/reports/projected-costs-of-generating-electricity-2020.

Ipsos. "GLOBAL VIEWS ON A.I. 2023: How people across the world feel about artificial intelligence and expect it will impact their life." (July 2023) at https://www.ipsos.com/sites/default/files/ct/news/documents/2023-07/Ipsos%20Global%20AI%202023%20Report-WEB_0.pdf.

Morris, Meredith R., Jascha Sohl-dickstein, Noah Fiedel, Tris Warkentin, Allan Dafoe, Aleksandra Faust, Clement Farabet, & Shane Legg. "Levels of AGI: Operationalizing Progress on the Path to AGI." arXiv preprint (November 2023).

OECD NEA and IAEA. "Uranium 2022: Resources, Production and Demand." (May 11, 2023) at https://nucleus.iaea.org/sites/connect/UPCpublic/Documents/Uranium%202022_%20Resources,%20Production%20and%20Demand.pdf.

UNECE. "Life Cycle Assessment of Electricity Generation Options." United Nation (October 29, 2021) at https://unece.org/sed/documents/2021/10/reports/life-cycle-assessment-electricity-generation-options.

Pearl, Judea. *Heuristics: Intelligent Search Strategies for Computer Problem Solving.* Addison-Wesley Series in Artificial Intelligence, 1984.

Resume Builder. "4 in 10 Companies Anticipate Layoffs in 2024" (December 11, 2023). https://www.resumebuilder.com/4-in-10-companies-anticipate-layoffs-in-2024/.

Schneider, G. Michael and Judith Gersting. *An Invitation to Computer Science.* West Publishing Company, 1995.

<언론기사 및 기타 웹사이트>

고은지. "[문재인 당선] '탈 원전·탈 석탄' 정책 속도 낼 듯." 『연합뉴스』 (2017년 05월 10일). https://www.hankyung.com/article/2017051071248.

과학기술정보통신부. "원자력 궁금증 해결: 100도에서 끓지 않는 물이 있다고요?" 원자력뉴스레터 (2020년 09월). https://kaeri.re.kr/AtomicNews/general/202009/sub07.jsp.

국가법령정보센터. "신에너지 및 재생에너지 개발, 이용, 보급 촉진법(약칭 신재생에너지법)." https://www.law.go.kr/%EB%B2%95%EB%A0%B9/%EC%8B%A0%EC%97%90%EB%84%88%EC%A7%80%EB%B0%8F%EC%9E%AC%EC%83%9D%EC%97%90%EB%84%88%EC%A7%80%EA%B0%9C%EB%B0%9C%E3%86%8D%EC%9D%B4%EC%9A%A9%E3%86%8D%EB%B3%B4%EA%B8%89%EC%B4%89%EC%A7%84%EB%B2%95.

국기연. "美 구인난 속 올해 대졸자는 취업난...신규 대졸자와 전체."『글로벌이코노믹』(2023년 11월 20일). https://www.g-enews.com/article/Global-Biz/2023/11/2023112009571256806b49b9d1da_1.

김대영. ""자연감소 사무직 인력 채용 않겠다&는 기업 나왔다...이유는 AI."『MIRAKLE AI』(2023년 08월 24일). https://www.mk.co.kr/news/business/10814264.

김리안. "전 세계 '원전 르네상스'에⋯갈수록 몸값 치솟는 우라늄 [글로벌 新자원전쟁⑤]."『한국경제』(2023년 09월 24일). https://www.hankyung.com/article/202309215892i.

김성수. "AI는 인문학이다."『국민일보』(2022년 7월 11일). https://www.kmib.co.kr/article/view.asp?arcid=0924254329.

김소연. "후쿠시마 원전 사고, 규제의 완벽한 실패였다."『원자력신문』(2017년 03월 16일). http://www.knpnews.com/news/articleView.html?idxno=12632.

김승범. "3세대 원전 100년 돌려도 사망자 0.0008명."『조선일보』(2021년 07월 18일). https://www.chosun.com/national/transport-environment/2021/07/17/32VI636XKJB6FGGBOQ6QAN33FE/.

김영우. "이런 것도 가능? 확산되는 AI 기반 업무 자동화."『동아일보』(2023년 08월 21일). https://www.donga.com/news/It/article/all/20230821/120786497/1.

김정수. "[단독] 고리 · 월성 16개 원전 설계 때 '지진 우려 단층' 고려 안했다."『한겨레」(2023년 03월 02일). https://www.hani.co.kr/arti/society/environment/1081792.html.

김진철. "국민 10명중 7명 "뼈 쇠고기 수입반대"."『한겨레』(2007년 10월 19일) https://www.hani.co.kr/arti/economy/economy_general/244349.html.

김충환. "안전한 대한민국 원자력발전소: 주요 원자력발전소 사고 발생 원인과 개선책." 한국원자력연구원 (2022년 04월 25일). https://kaeri.re.kr/board/view?linkId=141&menuId=MENU00461.

김해창. "[핵 없는 사회] 체르노빌?후쿠시마 원전 사고의 교훈."『울산저널』(2015년 07월 24일). https://m.usjournal.kr/news/newsview.php?ncode=179513412329499.

김현기. "[이코노미조선] 트레이더, 600명에서 2명으로…IT 기업된 골드만삭스."『조선비즈』(2017년 02월 22일). https://biz.chosun.com/site/data/html_dir/2017/02/20/2017022002225.html

류은혁. "윤석열 대통령, 文정부 '탈원전' 겨냥…"5년간 바보짓""『한국경제』(2022년 06월 22일). https://www.hankyung.com/article/2022062284907.

리얼미터. "에너지 정책 방향, 친환경 확대 56% vs 탈원전 중단 32%."『리얼미터』(2019년 05월 23일). http://www.realmeter.net/%EC%97%90%EB%84%88%EC%A7%80-%EC%A0%95%EC%B1%85-%EB%B0%A9%ED%96%A5-%EC%B9%9C%ED%99%98%EA%B2%BD-%ED%99%95%EB%8C%80-56-vs-%ED%83%88%EC%9B%90%EC%A0%84-%EC%A4%91%EB%8B%A8-32/.

문화체육관광부. "차일피일 미루다 한미 신뢰에 금…'이젠 풀고 가자'."『대한민국 정책브리핑』(2008년 04월 25일). https://www.korea.kr/briefing/policy-BriefingView.do?newsId=148651245.

박설민. "AI는 왜 '손'만 못 그릴까?"『THE AI』(2023년 03월 03일). https://www.newstheai.com/news/articleView.html?idxno=3812.

박종찬. "'이명박 대통령 탄핵' 서명 100만 넘어."『한겨레』(2008년 05월 04일). https://www.hani.co.kr/arti/society/society_general/285744.html.

박홍두. "노무현은 부동산에, 이명박은 광우병에…지지율 곤두박질."『경향신문』

(2019년 09월 20일). https://www.khan.co.kr/politics/president/article/201909202117005

배민식. "미국산 쇠고기수입 재개 문제." 행정안전부 국가기록원 (2014년 07월 03일). https://www.archives.go.kr/next/newsearch/listSubjectDescription.do?id=009024&pageFlag=A&sitePage=1-2-1.

변상근. "[에너지 정책 여론조사] 국민 과반 "文 정부 탈원전 정책 잘못"⋯중도 성향도 비판."『전자신문』(2022년 04월 03일). https://www.etnews.com/20220401000140.

산업통상자원부. "산단·도심 태양광 등 신재생에너지 보급에 5610억원 금융지원." 대한민국 정책브리핑 (2021년 03월 29일). https://www.korea.kr/news/policyNewsView.do?newsId=148885555.

선정수. "[에너지전환 팩트체크] ① 태양광 발전은 환경파괴 시설이다?"『뉴스톱』(2021년 11월 01).

손해용. ""후쿠시마보다 센 지진 덮쳐도 韓원전 안전" 전문가 입모았다."『중앙일보』(2021년 03월 09일). https://www.joongang.co.kr/article/24007821.

송혜진. "미국산 소고기가 품질 좋고 가격 합리적이라는 인식, 코로나 기간이 결정적."『조선일보』(2024년 01월 25일). https://www.chosun.com/special/special_section/2024/01/24/7KU3MXXOIJGSVHRYFWKW4YL4NM/.

영국 식품기준청. "Confirmed cases of BSE worldwide up to 31 December 2007."

연윤정. "혁신성장 동력으로 '수소경제' 주목한 문재인 대통령."『매일노동뉴스』(2019년 01월 18일). https://www.labortoday.co.kr/news/articleView.html?idxno=156319.

오로라. "구글 3만명 일자리 잃을 위기⋯ 'AI의 습격' 현실화됐다."『조선일보』(2023년 12월 27일). https://www.chosun.com/economy/tech_it/2023/12/27/5T2P3XDURNE4PFH4T7FNY7OZVI/.

원자력재료종합정보시스템. &원자력 시스템과 재료&. (2015.07.19).『한국원자력연구원』.

윤성민. "文정부 태양광에 뭉텅뭉텅⋯나무 265만그루 잘려나갔다."『중앙일보』

(2022년 09월 16일). https://www.joongang.co.kr/article/25102080.

이승관. "任농림 인사청문회 美쇠고기 수입 논란." 『연합뉴스』 (2007년 08월 29일). https://n.news.naver.com/mnews/article/001/0001740395?sid=101.

이윤정. "미술대회 우승까지 한 'AI 그림'…단순 표절일 뿐 vs 새로운 예술 도구." 『경향신문』 (2022년 09월 10일). https://www.khan.co.kr/economy/economy-general/article/202209100800001.

이정현. "'24조 잭팟' 체코원전, 계약협상 본격화…내년 3월 도장 찍는다." 『뉴스 1』 (2024년 7월 28일). https://www.news1.kr/economy/trend/5491505.

이주영. "델, 2024 IT 기술 전망 발표…"AI가 이론에서 실행 단계로 이동하는 한 해". 『AI타임스』 (2023년 12월 05일). https://www.aitimes.com/news/articleView.html?idxno=155663.

이지선. "반정부 구호 확산." 『MBC NEWS』 (2008년 06월 01일). https://im-news.imbc.com/replay/2008/nwdesk/article/2172180_30609.html.

이진호. "글로벌 진출을 시작하는 인공지능 업무 자동화 스타트업 "노리스페이스"." 『한국경제』 (2023년 08월 29일). https://www.wowtv.co.kr/NewsCenter/News/Read?articleId=202308285917d.

임수근. "FTA '4대 선결 조건' 논란일 듯." 『YTN』 (2006년 07월 11일). https://m.ytn.co.kr/news_view.amp.php?param=0102_200607110636367976.

임세은. "문재인 대통령, '수소경제 성과 및 수소선도국가 비전 보고' 참석 일정 관련 사전 서면브리핑." 행정안전부 대통령기록관 (2021년 10월 06일).

임형섭. "문대통령 "수소경제, 거스를 수 없는 대세…국가역량 모을것"." 『연합뉴스』 (2021년 10월 07일). https://www.yna.co.kr/view/AKR20211007139700001.

조정호 · 김선호. "재난영화 '판도라' 본 문재인 "탈핵 · 탈원전 국가 돼야"" 『연합뉴스』 (2016년 12월 18일). https://www.yna.co.kr/view/AKR20161218053900051.

조채원. ""美 경제 연착륙, 역사적으로 희박하지만 이번엔 가능할 것"." 『포춘코리아』 (2023년 12월 20일). https://www.fortunekorea.co.kr/news/articleView.html?idxno=32586.

코메디닷컴 관리자. "특정 위험물질." 코메디닷컴 (2017년 01월 01일). https://kormedi.com/1280242/%ED%8A%B9%EC%A0%95-%EC%9C%84%

ED%97%98%EB%AC%BC%EC%A7%88-%EC%9E%90%EC%84%B8%ED%9E%88/.

한국수력원자력. "원전 내진설계 기준." 열린원전운영정보. https://npp.khnp.co.kr/index.khnp?menuCd=DOM_000000103007003003.

한국원자력학회. "원전 일반 상식(원전의 안전성)." (2017년 08월 21일). http://www.kns.org:8116/index.php?document_srl=248&mid=kns_board_02.

한면택. "미국 올 대학졸업생 200만명 180도 달라진 취업난에 당황." 『radio-KOREA』 (2023년 03월 30일). https://radiokorea.com/news/article.php?uid=415164.

한익재. "노대통령, 한미 FTA 4대 선결조건 수용." 『한국경제』 (2006년 07월 21일). https://www.hankyung.com/article/2006072108235.

한전원자력연료. "원자력발전소의안전설계개념." https://www.knfc.co.kr/board?menuId=MENU00608&siteId=null.

홍대선. "수소경제는 친환경?…문제는 수소 생산방식이다." 『한겨레』 (2021년 04월 12일). https://www.hani.co.kr/arti/economy/economy_general/990633.html

홍수정. "EU '규제법안', 美 '활용 지침'… 韓 AI법안은 국회서 낮잠." 『법률신문』 (2024년 03월 17일). https://lawtimes.co.kr/news/196782.

Bhattarai, Abha. "New college grads are more likely to be unemployed in today's job market." *The Washington Post* (November 19, 2023). https://www.washingtonpost.com/business/2023/11/19/college-grads-unemployed-jobs/.

NA. "U.S. Consumer Price Index (CPI) YoY." Investing.com (2024년 06월 12일). https://www.investing.com/economic-calendar/cpi-733.

NA. "U.S. Unemployment Rate." Investing.com (2024년 06월 07일). https://investing.com/economic-calendar/unemployment-rate-300.

제4장　미래지향적 정치를 위하여

『고려사』

『선조실록』

『선조수정실록』

강성학. 『새우와 고래싸움: 한민족과 국제정치 (증보판)』 서울: 박영사, 2023.

강성학. 『조지 워싱턴: 창업의 거룩한 카리스마적 리더십』 서울: 박영사, 2020.

강준식. 『대한민국의 대통령들』 파주: 김영사, 2017.

김민전. "집단정체성, 사회균열, 그리고 정치균열." 강원택(편). 『한국인의 국가정체
　　성과 한국정치』 서울: 나남출판, 2007.

대니얼 리 클라인맨. 『과학, 기술, 민주주의: 과학기술에서 전문가주의를 넘어서는
　　시민참여의 도전』 서울: 갈무리, 2012.

라이너 지텔만. 『부유한 자본주의, 가난한 사회주의: 그들이 인정하지 않아도 역사
　　가 말해주는 것들』 서울: 청어람미디어, 2019.

마르쿠스 가브리엘. 『왜 세계사의 시간은 거꾸로 흐르는가』 서울: 타인의사유,
　　2021.

밀턴 프리드먼. 『자본주의와 자유』 서울: 청어람미디어, 2007.

박영욱. 『과학이 바꾼 전쟁의 역사』 파주: 교보문고, 2024.

박현모. "이성계의 위화도회군에 나타난 리더십 모멘트 연구." 『한국정치연구』 제21
　　집 2호 (2012).

신영복. 『강의』 파주: 돌베개, 2004.

엄정식. 『우주안보의 이해와 분석: 우리나라 최초의 우주안보 개설서』 서울: 박영사,
　　2024.

여영준. "AI 시대 대한민국 사회와 개인의 미래: 기술과 공간의 변화가 주도하는
　　2050년 미래와 대응전략." 국회미래연구원 (2024년 04월 22일). https://
　　www.nafi.re.kr/new/report.do?mode=view&articleNo=7288.

윤상우. "현대 자본주의의 위기와 재구조화: 세계화·정보화 자본주의의 등장과정."
　　『사회과학논총』 제16집 (2013).

윤성원. "안보화 주해: 북핵 담론 조정." 『국제정치논총』 제61집 4호 (2021).

이영희. "한국 핵폐기물 관리정책의 '참여적 전환' 평가." 『시민사회와 NGO』 제21권 1호 (2023).

이준구. 『쿠오바디스 한국 경제: 이념이 아닌 합리성의 경제를 향하여』 파주: 푸른숲, 2009.

장하준·아일린 그레이블. 『다시 발전을 요구한다: 장하준의 경제정책 매뉴얼』 서울: 부키, 2008.

정상조. 『인공지능, 법에게 미래를 묻다』 서울: 사회평론, 2021.

정창현. "모스크바3상회의 결정과 신탁통치 파동." 정창현(편). 『한국현대사 1: 해방과 분단, 그리고 전쟁』 서울: 푸른역사, 2018.

조지 프리드먼. 『다가오는 유럽의 위기와 지정학』 서울: 김앤김북스, 2020.

칼 슈미트. 『정치신학: 주권론에 관한 네 개의 장』 서울: 그린비출판사, 2010.

케이트 크로퍼드. 『AI 지도책: 세계의 부와 권력을 재편하는 인공지능의 실체』 서울: 소소의책, 2022.

페터 쿤츠만·프란츠 페터 부르카로트·프란츠 비트만. 『철학도해사전』 파주: 들녘, 2020.

폴 크루그먼. 『미래를 말하다』 서울: 현대경제연구원, 2008.

한완상. 『한반도는 아프다: 적대적 공생의 비극』 파주: 한울, 2013.

헨리 키신저. 『헨리 키신저의 외교』 서울: 김앤김북스, 2023.

황태연. "김대중의 중도정치와 창조적 중도개혁주의." 황태연(편). 『사상가 김대중: 그의 철학과 사상』 파주: 지식산업사, 2024.

Acharya, Amitav and Barry Buzan. *The Making of Global International Relations: Origins and Evolution of IR at Its Centenary.* Cambridge: Cambridge University Press, 2019.

Boot, Max. "Neocons." *Foreign Policy* 140 (October 2004) https://foreign-policy.com/2009/10/28/think-again-neocons/.

Brands, Hal and John Lewis Gaddis. "The New Cold War: America, China, and the Echoes of History." *Foreign Affairs* 100-6 (October 2021).

Chang, Ha-Joon. *Bad Samaritans: The Guilty Secrets of Rich Nations & The Threat to Global Prosperity.* London: Random House, 2008.

Gabriel, Markus. *Why the World Does Not Exist.* Polity Press, 2017.

Lind, Michael. "Welcome to Cold War II." *The National Interest* 155 (2018).

Lyotard, Jean-François. *The Postmodern Condition: A Report on Knowledge.* Minneapolis, MN: University of Minnesota Press, 1984.

Pempel, T. J. "The Developmental Regime in a Changing World Economy." in Meredith Woo-Cumings(ed.). *The Developmental State.* New York: Cornell University Press, 1999.

Schmukler, Sergio L. "Financial Globalization: Gain and Pain for Developing Countries." in Frieden, Jeffry A(eds.). *International Political Economy: Perspectives on Global Power and Wealth (Fifth edition),* New York: W. W. Norton & Company, 2010.

Snyder, Richard C., H. W. Bruck, and Burton Sapin. *Decision-Making as an Approach to the Study of International Politics.* Princeton: Princeton University Press, 2002.

The White House. *National Security Strategy.* (October 12, 2022) at https://www.whitehouse.gov/wp-content/uploads/2022/10/Biden-Harris-Administrations-National-Security-Strategy-10.2022.pdf.

Wolverton, Mark. *Nuclear Weapons.* Cambridge, MA: The MIT Press.(2022)

Woo-Cumings, Meredith. ed. *The Developmental State.* New York: Cornell University Press, 1999.

Zakaria, Fareed. "The Self-Doubting Superpower: America Shouldn't Give Up on the World It Made." *Foreign Affairs* 103-1 (Decmber, 2024). https://www.foreignaffairs.com/united-states/self-doubting-superpower-america-fareed-zakaria.

\<언론기사 및 기타 웹사이트\>

김세동. "한나라, 대안없이 보수일변도." 『문화일보』 (2001년 05월 07일). https://www.munhwa.com/news/view.html?no=2001050701030423062002.

김은중. "트럼프 '경제 스승' "FTA 재협상 때 방 나가버릴 뻔"" 『조선일보』 (2024년 02월 07일).

송의호. "온몸 바쳐 임란 맞선 학봉(鶴峯) 김성일." 『월간중앙』 (2022년 11월 17일). 137/monthly/vi.

송정은. "지난해 국민이 가장 크게 느낀 사회 갈등은 '보수와 진보'." 『연합뉴스』 (2024년 3월 26일). https://www.yna.co.kr/view/AKR20240326082000002.

신승근. "보혁갈등에 총재는 괴로워!" 『한겨레21』 (2001년 06월 27일). https://h21.hani.co.kr/arti/politics/politics_general/2795.html.

이윤희. "트럼프, FTA 관계없이 한국에 추가 관세 부과 가능성." 『뉴시스』 (2024년 4월 23일). https://www.newsis.com/view/NISX20240423_0002709175.

임석규. "참여정부 '양극화' 해소 노력했나 부채질했나: 불붙은 진보논쟁: 노대통령-진보진영 4대 쟁점." 『한겨레』 (2007년 2월 21일). https://www.hani.co.kr/arti/politics/politics_general/192000.html.

지승종. "임진왜란과 진주성전투," 디지털진주문화대전. http://www.grandculture.net/jinju/toc/GC00403207.

한계희. "김대중·노무현 정부 정책실패 1호는 양극화." 『매일노동뉴스』. (2010년 07월 08일). https://www.labortoday.co.kr/news/articleView.html?idxno=97690.

한국무역협회. "수출강국을 만든 숨은 공신 '수출진흥확대회의' 60년." (2022년 12월 12일). https://www.kita.net/board/totalTradeNews/totalTradeNewsDetail.do;JSESSIONID_KITA=7E2353275F1B640D942E729FC1414D66.Hyper?no=72060&siteId=1.

한명기. "'왕자의 난'에 무산된 요동정벌이 남긴 유산은…" 『한겨레』 (2019년 11월 25일). https://www.hani.co.kr/arti/culture/culture_general/507217.html.

홍세화. "진보의 경박성에 관해." 『한겨레』 (2010년 10월 10일). https://www.hani.co.kr/arti/opinion/column/443094.html.

Kim, Jim Yong. 조승연 인터뷰 (2024년 4월) available at https://youtu.be/ugyo-BkzH2c?si=czuQLYgb56sp4yFp.

미국 국무부. "Nixon and the End of the Bretton Woods System, 1971-1973." (n.d) available at https://history.state.gov/milestones/1969-1976/nixon-shock.

Atomic archive. "J. Robert Oppenheimer "Now I am become death…" at https://www.atomicarchive.com/media/videos/oppenheimer.html.

Burn-Murdoch, John. "It's no longer the economy, stupid." *Financial Times* (March 22, 2024). at https://www.ft.com/content/b2f17824-cdfc-4547-abf0-66178a0a747f.

Friedman, Thomas L. "Foreign Affairs; Now a Word From X." *The New York Times* (May 2, 1998).

IMF. "The end of the Bretton Woods System (1972-81)." https://www.imf.org/external/about/histend.htm.

ITU. "How the Republic of Korea Became a World ICT Leader?" The UN Specialized Agency for ICTs. (May 29, 2020) at https://www.itu.int/hub/2020/05/how-the-republic-of-korea-became-a-world-ict-leader/.

Lipscombe, Trevor. "Einstein Feared a Nazi Atom Bomb—But Immigrants Made Sure the U.S. Got There First." *Time* (August 2, 2019) at https://time.com/5641891/einstein-szilard-letter/.

McCurry, Justin. "BTS, Blackpink, Squid Game, kimchi … what's the secret of South Korea's world-conquering culture?" *The Guardian* (March 6, 2024), available at https://www.theguardian.com/world/2024/mar/06/bts-blackpink-squid-game-kimchi-whats-the-secret-of-south-koreas-world-conquering-culture.

Perrigo, Billy. "Exclusive: OpenAI Used Kenyan Workers on Less Than $2

Per Hour to Make ChatGPT Less Toxic." *TIME* (January 18, 2023) at https://time.com/6247678/openai-chatgpt-kenya-workers/.

Roose, Kevin. "An A.I.-Generated Picture Won an Art Prize. Artists Aren't Happy." *The New York Times* (September 2, 2022).

RT. "Arrest Warrant Issued for Ex-Kremlin Speechwriter." (March 04, 2024). https://www.rt.com/russia/593756-kremlin-speechwriter-arrest-warrant/.

Statista. "Forecast Growth of the Real Gross Domestic Product (GDP) Worldwide from 2020 to 2025, by Economic Group." (2024) at https://www.statista.com/statistics/268295/forecast-on-the-gdp-growth-by-world-regions/.

Statista. "Real Gross Domestic Product (GDP) growth of G20 countries from 2013 to 2022 with a forecast until 2024." (2024) at https://www.statista.com/statistics/1102915/covid-19-forecasted-real-gdp-growth-g20-countries/.

UN. "COP28 Agreement Signals "Beginning of the End" of the Fossil Fuel Era." (December 13, 2023) at https://unfccc.int/news/cop28-agreement-signals-beginning-of-the-end-of-the-fossil-fuel-era.

색인

저자약력

- **김성수**
  한양대학교 정치외교학과 교수
  한양대학교 국가전략연구소 소장
  한양대학교 유럽아프리카연구소 소장
  미래문화융합연구센터 센터장
  University of Southern California 정치학박사

- **윤성원**
  한양대학교 정치외교학과 조교수
  University of Bradford 국제정치학박사

- **홍준현**
  한양대학교 정치외교학과 박사과정

- **고건**
  한양대학교 정치외교학과

- **김은설**
  한양대학교 정치외교학과

- **박종서**
  한양대학교 정치외교학과

- **박지연**
  한양대학교 정치외교학과

한국 정치의 이해

초판발행	2024년 9월 20일
엮은이	김성수·윤성원
지은이	홍준현·박종서·박지연·김은설·고 건
펴낸이	안종만·안상준
편 집	양수정
기획/마케팅	최동인
표지디자인	Ben Story
제 작	고철민·김원표
펴낸곳	(주) **박영사**
	서울특별시 금천구 가산디지털2로 53, 210호(가산동, 한라시그마밸리)
	등록 1959.3.11. 제300-1959-1호(倫)
전 화	02)733-6771
f a x	02)736-4818
e-mail	pys@pybook.co.kr
homepage	www.pybook.co.kr
ISBN	979-11-303-2097-7 93340

정 가   28,000원